贻芳译丛

GENDER AND HIGHER EDUCATION

社会性别与高等教育

[美国]芭芭拉·J.班克 编著

朱运致 周宇芬 马黎燕 译

江蘇鳳凰教育出版社

图书在版编目（C I P）数据

社会性别与高等教育/[美]班克编著，朱运致等 译. 一南京：江苏凤凰教育出版社，2015. 12
（贻芳译丛）
ISBN 978-7-5499-5401-8

Ⅰ.①社… Ⅱ.①班… ②朱… Ⅲ.①妇女教育一高等教育一研究 Ⅳ. ①G776

中国版本图书馆 CIP 数据核字(2015)第 211423 号

书　　名　社会性别与高等教育
编　　著　[美国]芭芭拉·J. 班克
译　　者　朱运致　周宇芬　马黎燕
责任编辑　严明瑗
出版发行　凤凰出版传媒股份有限公司
　　　　　江苏凤凰教育出版社（南京市湖南路 1 号 A 楼　邮编 210009）
苏教网址　http：//www.1088.com.cn
照　　排　南京紫藤制版印务中心
印　　刷　江苏凤凰通达印刷有限公司（电话 025-57572508）
厂　　址　南京市六合区冶山镇（邮编 211523）
开　　本　787 毫米×1092 毫米　1/16
印　　张　31
版　　次　2015 年 12 月第 1 版　2015 年 12 月第 1 次印刷
书　　号　ISBN 978-7-5499-5401-8
定　　价　75.00 元
网店地址　http://jsfhjycbs.tmall.com
新浪微博　http://e.weibo.com/jsfhjy
邮购电话　025-85406265，85400774 短信 02585420909
盗版举报　025-83658579

苏教版图书若有印装错误可向承印厂调换
提供盗版线索者给予重奖

目　录

前言 / 1

导论 / 1

第一部分　理论视角与教育研究

综述 / 11

第一章　学术资本主义

埃米·斯科特·梅特卡夫　希拉·斯劳特 / 17

第二章　黑人女性主义、妇女主义和立足点理论

伊万杰琳·A.惠勒 / 24

第三章　大学生发展

蒂法妮·A.里格斯　琳达·J.萨克斯 / 33

第四章　教育研究与实践的女性主义批评

露西·E.贝莉 / 44

第五章　女性主义复制理论

乔安妮·迪拉波夫 / 54

第六章　女同性恋、男同性恋、双性恋和跨性别者身份发展理论

克里斯滕·A.雷恩　布伦特·L.比洛多 / 62

第七章　自由女性主义与激进女性主义

克丽丝·威登 / 71

第八章　多元文化和全球女性主义

罗斯玛丽·唐 / 80

第九章　后现代和后结构主义理论

贝姬·弗朗西斯 / 88

第十章　酷儿理论

苏珊·塔尔伯特 / 96

第二部分　制度结构和背景

综述 / 107

第十一章　男女同校的学院与大学

芭芭拉·J.班克 / 113

第十二章　社区学院

芭芭拉·K.汤森 / 122

第十三章　远程教育

克里斯汀·冯·普鲁莫 / 131

第十四章　历史上的黑人学院与大学

玛丽贝思·加斯曼 / 140

第十五章　男子学院与大学

莱斯利·米勒-伯纳尔 / 150

第十六章　军事学院与大学

黛安娜·戴蒙德 / 159

第十七章　部落学院与大学

韦恩·J.斯坦 / 167

第十八章　女子学院与大学

莉萨·沃尔夫-温德尔　贝基·伊森 / 175

第三部分　学术课程体系中的社会性别建构和争议

综述 / 187

第十九章　学位项目:本科生、研究生及专业学位

斯蒂法妮·伍德姆·伯奇 / 192

第二十章　生物科学和自然科学

休·V.罗瑟 / 205

第二十一章　黑人研究和黑人女性研究

莫拉纳·卡伦加 / 214

第二十二章　工程学

苏珊·斯塔芬·梅茨 / 222

第二十三章　女性主义教育

贝尼丝·马尔卡·费希尔 / 230

第二十四章　从家政学到家庭和消费者学

弗吉尼亚·B.文森特 / 240

第二十五章　历史学

玛丽·E.弗雷德里克森 / 248

第二十六章　文学研究

安妮特·克洛德尼 / 255

第二十七章　数学

阿贝·赫齐格 / 260

第二十八章　男性研究

罗伯特·希斯利 / 268

第二十九章　多元文化教育

雷内·J.马丁 / 276

第三十章　师范教育

佩吉·帕莱西尔 / 284

第三十一章　技术和计算机科学

罗纳德·E.安迪生 / 292

第三十二章　女性和社会性别研究

琼·C.鲁滨逊 / 301

第四部分　课外活动体系中的社会性别建构

综述 / 311

第三十三章　LGBTQQIA 学生和教职员工可获得的校园资源与支持

克里斯琴·梅塞伊斯 / 316

第三十四章　兄弟会

爱德华·G.惠普尔　基思·B.奥尼尔 / 325

第三十五章　预备役军官训练营(ROTC)

珍妮弗·M.席尔瓦 / 333

第三十六章　服务性学习和行动主义

卡伦·博加 / 341

第三十七章　姐妹会

埃米·E.韦尔斯　德博拉·沃利 / 347

第三十八章　女性中心

夏洛特·A.孔克尔 / 356

第五部分　社会性别化的教师和行政管理

综述 / 367

第三十九章　学术生涯模式

玛丽·安·达诺威兹　林塞·J.阿甘斯 / 371

第四十章　行政领导风格

玛格丽特·E.马登 / 378

第四十一章　为研究生提供咨询和指导

桑德拉·阿克 / 387

第四十二章　教师工作负荷

萨拉·E.温斯洛-鲍　杰里·A.雅克斯 / 395

第四十三章　对女性教师的指导

吉尔·M.赫斯姆　杰奎琳·S.利特　珍妮·哈特　谢乐尔·安·塔克 / 403

第六部分　社会性别和高等教育政策

综述 / 413

第四十四章　平权运动

朱迪思·格莱泽-雷莫 / 420

第四十五章　学术评估政策

桑德拉·哈丁 / 432

第四十六章　性骚扰政策和应对

米歇尔·帕卢迪 / 440

第四十七章　学生的权利

约翰·韦斯利·洛厄里 / 449

第四十八章　第九条法案和大学体育运动

辛西娅·法布里齐奥·佩拉克 / 457

第四十九章　大学妇女委员会和政策话语

伊丽莎白·J.阿伦　莉萨·普卢姆·哈伦 / 466

第五十章　工作-家庭冲突和政策

雷切尔·E.海尔 / 474

前　言

本书的宗旨是反映有关社会性别与高等教育的学术观点、研究和实践的现状。尽管长期以来,对于男性和女性所接受的高等教育在数量和种类上存在差异是否合适一直存在关注和争议,但有关社会性别与高等教育的多层面研究和学术支持在20世纪60年代和70年代才算起步。在当时的社会运动的刺激下,尤其是在我们现在称之为“女权主义第二次浪潮”的推动下,很多研究侧重于女童和成年女性教育,因其较之于男童和成年男性教育颇有差距。实际上,这本书如果在20世纪70年代或80年代面世,可能会取名为《女性与高等教育》。不过,即便在那个年代,女权主义与教育领域的理论发展已经把学术注意力从女性的弱势地位转移到了围绕性别的社会意义及其如何植根于教育实践和大学机构设置的更广阔、更复杂的问题上。本书的导论部分讨论的正是这些更广阔、更复杂的问题,并且在本书的各个章节和综述部分对此予以了详细阐述。

本书各章取材于各类文章,其中包含已发表刊登的文章、对原先刊文进行大幅修改后的文章,以及应我的邀请为本书而创作的新章节。本书中已发表的章节都曾收录在由我组织和编辑,由格林伍德出版集团旗下的普莱格出版社于2007年发行的《社会性别与教育》的两卷《百科全书》及ABC-CLIO出版社发行的该书的电子版中,只除了一个章节,这个章节就是第三部分的第二十六章,题为“文学研究”,作者是安妮特·克洛德尼。这篇文章最初发表在2006年由铃木美穗子和罗森纳·杜福特编辑、美国现代语言协会出版的《语篇的多样化:杰出女性主义研究佛罗伦斯·豪尔奖,1990—2004》一书中,题为“从此以后:佛罗伦斯·豪尔奖如何改变了文学研究”。非常感谢美国现代语言协会允许我重印这一章。感谢格林伍德出版集团允许霍普金斯大学出版社重新印刷原来的《社会性别与教育：一部百科全书》(Praeger，2007)中的40篇文章。

在这40篇文章中，33篇基本保留了《百科全书》中原作的结构和内容，但大多数文章都作了更新和修改，其中有7篇应编者的要求改动幅度较大。之所以要修改，主要是因为《百科全书》里的中小学教育内容与本书的高等教育主题不再匹配。对于罗纳德·安迪生、斯蒂法妮·伍德姆、玛丽·弗雷德里克森、雷切尔·海尔、米歇尔·帕隆德、辛西娅·佩拉克和弗吉尼亚·B.文森特，我深表感激，感谢他们愿意按照新的主题要求对他们原先的文章作修改。此外，我还要感谢伊丽莎白·阿伦、布伦特·比洛多、朱迪思·格莱泽-雷蒙、詹尼·哈特、吉尔·赫蒙森、莉萨·普卢姆·哈伦、阿贝·赫齐格、杰基·利特、克里斯琴·马西斯、苏珊·斯塔芬·梅茨、克里斯滕·雷恩、蒂法妮·里格斯、琳达·萨克斯、珍妮弗·席尔瓦和谢里尔·安·塔克，感谢他们为本书所编写的新章节。我在编撰《百科全书》时忽略了几个重要问题，在修订本书时希望能有所补益，而这些学者对我的请求作出热情回应和专业指导，他们依据各自的教育实践、研究和学术著作，撰写或合著了九个新章节，每一章都是对本书的重要补充。

本书延续了《百科全书》的七大特点。第一，所有作者的文章都必须紧扣社会性别这一主题，但并未对社会性别这一概念给出规范性定义。因此，各章节对于性别的界定和分析各有千秋。尽管有些作者可能比较随意地使用社会性别来指代男人和女人或男性和女性，但仔细阅读后你会发现，这些作者和其他那些社会性别分析意识强的作者一样，将社会性别理解为有待改变的不平等社会构量。所以，可以说不平等和社会性别的延展性是贯穿本书的核心主题。在此提醒读者留意不同作者阐释这些主题或理所当然视之的不同方式。

第二，所有作者都需要针对其所讨论的话题给出简要总结和现状报告，且必须能让对该话题或者学科性的社会性别和高等教育缺乏专业背景的学者、学生及普通大众所理解。换言之，本书不同于专供学者、研究者和教育者使用的专业手册，不包含针对某一话题的长篇文献综述及大量注释与参考书目。

鉴于读者是受过教育的非专业人士，本书第三个特点是，语言简明清晰，杜绝专业术语。在极少数必须使用专业术语的部分，作者被要求提供定义并举例，以便学生和普通读者理解。第四个特点是每章开头都有一个介绍性的综述(基本上与概述类似),但避免和每章末尾的总结雷同。这样的做法有助于控制每章篇幅,以便容纳更多章节,讨论更多话题。

本书百科全书式风格的第五大特点是对引用和参考文献的数量控制。对于很多习惯于列及相关话题所有文章的作者来说,这一要求可谓苛刻。遵照百科全书出版社的要求,编者对参与过《百科全书》编写的作者尤为严格。如果有读者发现自己或他人的文章应该在本书的相关章节中有所述及但却遭忽略而对此提出批评,我非常乐意接受。专门为本书所写的章节引用略多一些。但即便这些章节,引用的数量也远远少于作者的初衷,或同类主题手册类著作中出现的引用数量。尽管引用不多,每章最后都有参考文献和推荐读物,读者可以从这些著作中获得更多与本章主题相关的详细信息以及更广泛的文献(见原著——译者注)。

如无不当,这些书目中也包含本章作者自己的著作。尽管本书的目标读者不是学者和研究者,但本书的作者都是在各自领域卓有建树的专家。有些作者在特定领域的研究已经达到相当广度和深度,因此在本书中的论述基本上是对其以往研究的总结提炼。其他一些章节,则更多关注作者的研究、文章及其作为学者和教育者的工作,而不是作者本人。所有这些章节的推荐读物中都包含本章所依据的更大范围的引用著作和参考文献。

本书的第六和第七个百科全书式的特点是:章节按话题区分,并按首字母顺序排列。虽然并不是所有的百科全书都按话题分章节,但近年来这样的做法日益普遍。用字母顺序排列的做法也很常见,这两个特点都有助于读者方便快捷地查找讨论特定话题的特定章节。字母顺序排列法提供了阅读的灵活性,但不能体现章节之间的联系。读者必须查看每部分的综述,才能了解各章节的话题如何与其他章节相关联和比较。由于本书主要用于大学课程教科书以外的补充阅读,教师和学生并不一定想听从编者的建议来理解各章节之间的关系,并按相应顺序来阅读。按字母顺序排列章节,便于让读者根据自己的目的来阅读此书。

但是,编者希望所有的读者都能仔细阅读本书的前言及随后的导论。两者都是为了引导读者了解这本书。导论部分讨论了社会性别意义的演化史以及把社会性别列为高等教育分析核心内容的重要性。尽管有些时候人们还使用性别这个近义词，但社会性别是一个更复杂的构量。探究社会性别不仅仅意味着对男人和女人这两个相对群体做比较研究，其内涵要丰富得多。相对于性别，社会性别不再两极化，其生理基础弱化了，更强调相互作用和社会建构，对于激发、转化、表现和削弱男性气质和女性气质的多元方式更敏感。

阅读导论，你会发现本书分为六大部分。正如综述里说的，编者希望本书每一部分的所有章节都彼此相关，也和综述里提及的其他部分的有关章节呼应。本书最后有索引，为读者迅速查找信息提供更多途径(见原著——译者注)。

第一部分各章侧重于介绍理论视角和教育研究。文中选择的理论和研究方法都十分重要，有助于从社会性别角度全面、深入地理解当代高等教育，尤其是美国高等教育状况。第一部分中篇幅最重的主题是关于教育和教育的变化，涉及第一章、第三章、第四章、第六章，其中第三章和第六章聚焦于大学生发展，第三章侧重男生和女生的发展，而第六章侧重女同性恋、男同性恋、双性恋和跨性别者的身份发展，第四章描述了教育研究和实践的女性主义批评，第一章阐释了高等教育机构的理论，如学术资本主义及其在社会性别不平等分析中的应用。

第一部分的其他章节将重心从高等教育转移到了对女性和社会性别的讨论。出于第一部分综述所提到的历史原因，这些章节被分为三组。第一组涵盖了对社会性别不平等和男权统治的早期批评，包括自由与激进女性主义(第七章)和马克思主义女性主义或女性主义复制理论(第五章)。由于学术资本主义发源于激进女性主义和马克思主义女性主义，第一章除了可归入上述侧重高等教育的组别外，也可被纳入这一组。第二组包含第二章和第八章，侧重讨论黑人、多元文化和全球女性主义，这类观点批评了早期女性主义的白人中心、欧洲中心的分析视角，旨在通过强调种族、文化和民族来拓展女性主义分析。第三组，第九章和第十章以及第一部分的综述，讨论了两个后现代主义理论——后结构主义和酷儿理论。这两个理论抨击了女性主义理论利用语言分析重塑女性主义者努力摧毁的社会性别二元论和男权统治的做法。第一部分的这最后两章结尾部分展示了后结构主义和酷儿理论对教育研究和实践的影响。

第二部分的综述和章节侧重于美国男性和女性正在经历和曾经经历过的不同类型的机构化高等教育。除了第十三章讨论的远程教育，所有机构都推行校园化教育。众多校园机构中，从开办之初从未支持或排斥特定人群及其文化的是社区大学，这些学校在第十二章中讨论。相反，第十四章和第十七章专门讨论专为非裔美国人和美国印第安人开办的大学。相应地，第二部分的综述讨论了现在被美国政府称为"为少数族裔服务"的高等教育机构，尽管这些章节都侧重讨论高等教育机构中的社会性别差异体现。第十一章、第十五章、第十六章、第十八章清晰地回顾了大量文献，讨论了男女同校的公立、私立、基督教和天主教教育机构相对于单一性别机构(包括军事院校)在起源、历史方面的差异及各自的优缺点。

第三部分涉及高等教育机构的正式教学课程设置，通常这一术语用于指代经正式认证的课程和与这些课程相关的学位项目。这一部分的作者被要求侧重讨论他们所涉及的课程领域是如何体现社会性别的。具体地说，他们需要讨论特定课程领域在哪些方面只限定某个社会性别，哪些方面包容所有社会性别，以及这些课程领域的社会性别建构及争议的原因。大多数作者同时比较了男性和女性在特定学科和研究领域的参与度及成就。

本书篇幅有限，因此很难对高等教育机构中的众多课程领域逐一展开讨论。虽然第三部分的各章节按字母顺序排列，但从综述可以得知，第一章讨论了过去35年中男性和女性选择作为大学专业的不同学科，覆盖面极广。其余各章分别反映了高等教育课程中的四种不同类型的社会性别差异：女性集中的学科(第二十四章和第三十章，涉及家政学和教师教育)；男性集中的学科(第二十章、第三十一章、第二十二章、第二十七章，涉及科学、技术和计算机科学、工程学和数学——如今被简称为 STEM 领域)；标准的男性学科领域(第二十五章和第二十六章，讨论历史和文学研究)；解放性研究领域(其余各章——第二十一章、第二十三章、第二十八章、第二十九章和第三十二章，分别对应黑人研究、女性主义教育学、男性研究、多元文化教育和女性及社会性别研究)。

第四部分专门讨论在过去被称为"课外活动"的课程中的社会性别建构和成就，如今有些教育者将这类课程称为协作课程，特别是在学生事务和服务领域就职的教育者。正如第四部分综述和各章所示，某些课外活动，如大学体育竞赛和啦啦队、兄弟会、预备役军官训练项目(ROTC)、姐妹会等，对高等教育机构中女性气质和男性气质主流模式的建构有着重要影响。这一部分还讨论了一些与社会性别建构的主流模式截然不同的其他课外活动形式,如服务性学习项目、女性中心和最近盛行的旨在为同性恋、双性恋、跨性别者、爱好异性模仿、酷儿、质疑性别和跨性别的学生、教师和员工提供支持的校园中心与项目。当然,还有很多课外活动没有在本书中讨论,一方面是出于篇幅原因,另一方面是因为如第四部分的综述中所指出的那样,很多课外活动、俱乐部和项目还没有从社会性别视角进行研究。

高等教育机构的一个有趣的异常现象是:高等学府本是引导大学生追求自我实现的场所,然而,当他们仔细打量时,却发现这是一个高度性别隔离的地方,女性主要从事秘书类、兼职、教学和低级别的管理工作,而男性则占据着大部分技术职位、全职教授、资金充裕的研究者和高级管理者的位置。尽管其他部分对这种劳动分工问题也有涉及,第五部分对此讨论得最为详尽,其综述和一些章节专门讨论了高等学府的男性和女性教职工、顾问、导师以及管理者的状况。

第六部分的综述开篇就讨论了与社会性别和高等教育相关的政策的意义和性质,此外还描述了政策制定过程的复杂性,分析了有关社会性别差异理论的争议对于已经实施或应该实施以促进社会性别平等、最大限度提升不同性别大学生教育成就及解决社会性别相关问题的政策引发的争论所施加的影响。第四部分的各章广泛探讨了美国的相关政策,揭示了有关社会性别和高等教育的政府及组织政策可能实现的环境。

第六部分第一章是平权运动,这一章并不仅仅是因为其字母顺序排在首位,更是因为其重要性。本章回顾了大量对管理者、教职工和学生的权利、机会和行为产生重要影响的平权运动政策。其后几章重点讨论更具体的政策内容。第四十五章、第四十九章、第五十章分别讨论了评估政策、大学女性委员会提议的政策、工作-家庭政策,所有这些都对高等学府里教师和其他工作人员有重要影响。相比之下,第四十六章、第四十七章、第五十章更侧重学生,分别讨论反对性骚扰的政策、学生权利和美国教育修正法案第九条对大学体育竞赛的影响。

导 论

那些认为不关注社会性别问题就不可能充分理解高等教育这一社会机构和过程的人，总会惊讶地发现，诸多概论高等教育，或专门讨论高校学位专业、学术标准降低、教师发展、学生服务、学术管理、机构融资、政府政策及其他教育问题的各类专著要么对社会性别视若无睹，要么只用单一章节的篇幅来讨论“女性与本书所关注的问题”。很多权威教育刊物整期看不到一篇有关社会性别文章的现象依然存在。专业会议方面，所有关于女性和社会性别的文章都只局限于在为数不多的几个会议上讨论，而其他会议大谈特谈与教育相关的理论、研究和实践，却对社会性别避而不谈，仿佛社会性别与之毫不相干。本书与这种忽视和边缘化女性与社会性别的趋势逆向而行，以社会性别为核心来讨论高等教育，所有章节无不透过社会性别的视角来讨论相关话题——从理论视角和教育研究到高等教育的历史与当代架构，从高校课程、课外活动、员工和管理，到高等教育政策。

但是，何为社会性别？要回答这个问题，我们可以回溯有关男性和女性、男孩和女孩、男人和女人教育的学术思想和研究，这些学术思想和研究的理念框架经历了一系列变化：从强调性别的生物性到性别角色理论，到关注女性和性别平等，到聚焦具有延展性和交叉性、不平等且制度化的社会性别认同。这些术语和概念的变化该如何解释？

在20世纪70年代之前，大量的论文和研究侧重于当时被称为“教育中的性别差异”问题。男性和女性是否应该同校？他们可以同班学习吗？他们需要同等程度的教育吗？他们需要选修同样的课程，还是应该根据他们的特定兴趣量身打造相应课程？他们在学术学习的不同课程领域能够学得一样好吗？他们的考试成绩和等第会趋同吗？他们需要同样的课外活动吗？他们应该享有同等的权利和特权吗？还是说女生需要额外的保护，比如大学里实行宵禁？有些问题可能可以从精心的调查研究中找到答案，但很多问题的答案却只是基于男性和女性差异的未经检验或证据不足的假设。

早在这一阶段，就已有教育者和社会科学家对性别差异的本质性假设和论调感到很不舒服。他们指出，*男性*和*女性*这两个词语附带太多生物性色彩，讨论"性别差异"的文章很容易被误读为基于生物性的差异，或者被误解为性方面的差异。而这些教育者和社会科学家认为，男孩和女孩或男人和女人在兴趣、行为，甚至考试成绩上的差异完全或主要是由于社会环境造成的。为了提醒大家关注与性别相关偏好和行为的社会起源，很多学者采用了角色理论的表述。

在角色理论家看来（参见如 Biddle，1979），很多人类行为可以理解成是人们在社会中的社会地位或身份标签的结果。附着于这些社会地位或身份标签的，是具有说明性和限定性的特定行为期望，通称为社会规范。当一个人具备了或希望具备某个社会身份时，他/她就要学习相应的社会规范，努力将其内化为自我期待，并用这些规范引导自己的行为。这一角色学习的过程，即社会化过程，有时需要很长时间才能完成，而且有些人学得快，有些人学得慢。那些占据了某个社会地位但却不能遵从这个地位所要求的社会规范的人，会受到负面评价，如果这些人始终无法顺应行为规范，他们想要的地位或角色的权利就会受到挑战或被剥夺。角色理论特别适用于职业地位的研究，比如教师，但这一理论对于后来的"性别角色"研究和学术思想也很有助益。

谈论性别差异很容易衍生出生物性的因果关系，而讨论性别角色的差异则可以迫使听众去思考这一话题的社会性质。"角色"这一术语来源于戏剧，正如我们不会对舞台上人们扮演的不同角色进行生物性解读一样，性别角色的表述让我们很难把男性和女性的社会性别行为归结于生物性原因。离开了"角色"这个词，"男性"和"女性"这两个词本身仍然可能承载了太多生物性假设，因此，性别角色理论家倾向于采用"男性角色"或"女性角色"这两个术语，或者完全避开"男性"和"女性"这两个词，代之以"男孩""女孩"或者"男人""女人"。受此影响，很多研究和学术探讨开始聚集人一生中的角色发展（如 Gordon，1972），包括男孩和女孩如何在家或在学校习得性别角色;很多学生经历的来源于教师和同伴所期待的不同的性别角色规范之间的角色冲突(如互相矛盾的角色期待);学生的性别角色如何随年级升高而产生变化等。教师和教育管理者的角色也引起了研究者的关注(如Gross,Mason and McEachern,1958),不过这些研究大多侧重职业角色而非性别角色。

20世纪六七十年代,当女性主义的第二次浪潮席卷美国和世界各地时,人们关注的焦点从性别角色转移到了性别平等(见Stockard et al.,1980)。原来被性别角色理论家认为可预见的,而且是良性的,甚至有益的课堂行为、课程选择、学术成就和教育结果等方面体现的性别差异,被认为是不公正、不公平且不可接受的性别不平等,其中多半更偏向于男孩和男人。在教育领域消除这些不平等的政策议程也跟随其他社会机构消除性别不平等的步伐应声而出(Kevin,1985)。必须终止区分男孩和女孩课程的做法,所有课程应该对男女学生平等开放。女性还应该有权进入只收男性的大学,包括常青藤联盟大学,并且录取条件应和男性一样。忽略或贬低女性的课程材料应该被剔除,代之以不含仇视女性的偏见性内容的课程材料。各级教育机构的教师都应该意识到自己区别对待男生和女生的行为,要求他们平等对待学生。那些组织男生课外活动项目(如运动队)的学校应该以同等条件组织女生的课外活动。中学教师、学校辅导员以及高校教职员应该保证针对学生的学习问题、个人生活、教育计划和职业目标方面所给的建议不受传统、刻板的性别角色观念的禁锢。

在第二波女性主义思潮的早期,大量研究记录了男孩、女孩不公平的教育机会和教育结果,很多支持平等的观点仍沿用角色理论和性别不平等等用语(参见如Stacey,Bereaud,& Daniels,1974;Weitzman,1979)。然而随着时间的推移,这些用词逐渐被社会性别的术语所取代。性别差异演变成社会性别差异或社会性别不平等(Klein,1985,2006)。男性和女性性别角色变成了男性特质和女性特质。社会化、角色习得、角色扮演变成了“践行社会性别”(West & Zimmerman,1987)和社会性别建构(Ferree,Lorber,& Hess,1999)的过程。

这些变化产生的原因很多,其中之一就是性别角色理论过于侧重人们在儿童早期习得性别角色的社会化过程。这一侧重导致了一种社会本质论,而这正是第二波女性主义者，包括寻求性别平等的社会活动家和新兴的女性研究学科的参与者所反对的。社会本质论的观点是：由于男孩和女孩在很小的时候就在社会化过程中接受了不同的性别角色，他们从本质上内化了不同的身份认同、信仰、喜好和行为。这些差异是根深蒂固的，从而成为社会稳定和延续的基础。这一论点与性别角色理论曾经排斥的强调性别的本质性生物差异的论点并无太大差别。尽管社会本质论并未否认社会所引发的结果也可能被社会所改变，但是(被成功社会化的)男孩女孩对性别角色的深层内化意味着改变将是一个漫长的、心理上极其艰难的重新社会化过程。这样的男人和女人形象与追求快速变革的女性主义运动格格不入，而把焦点放在社会性别的社会建构属性上和当时的思想更为合拍。

性别角色理论用语逐渐式微的另一个原因是这一理论对于理想的男女性别角色有很强的倾向性，理想的男性角色往往对于工具很在行，善于完成任务，而理想的女性角色往往能说会道、擅长交际、懂得相夫教子。依据这一理论，这些性别角色是常态的，是被一致认同的行为标准。所有男孩都被教育要符合男性角色期望，当然有些男孩比其他男孩表现更好，所有女孩也被期望内化女性角色。在社会层面，这两种角色被认为是互补的，为稳定制度化的生活奠定了基础。特别是在家庭中，相夫教子的母亲和通过工作养家的父亲角色相辅相成，为儿女的性别角色社会化过程树立了鲜明的榜样。尽管有些女性主义者不愿意否认女性擅长表达和养育的特点，甚至还有少数人推崇这些“女性”行为，但大多数女性主义者认为从历史和文化角度出发，无论是过去、现在还是将来，男性和女性的行为都是多层面的。从这个视角看，并非只有一种大家公认的合理的男性角色和与之互补的女性角色，而是有很多男性特征和女性特征，这些特征并不都是互补的，有些是相反的。

尽管这些男性特征和女性特征中有一些更容易被社会所接纳，但对它们的评价会因时间和地点而异。最受青睐和推崇且最主要的男性特征——康奈尔(Connell，2005)所称的霸权男性特征——并不是所有男性都具备或被期望具备的，即使是在某个特定的时间和地点亦是如此，它既可能获得认同和支持，也可能受到抵制和改变。同样地，虽然有些社会群体提出女性应该遵循康奈尔所说的“被强调的女性特征”范式，认为这些女性特征是最受推崇也是最为理想的女性特质，但人们并不期望大多数女性都具备这样的特征，有些人甚至对此表示强烈抵触。正是这种基于性别特征的变异性和受排斥性的认知使得涵盖了多重男性和女性特征的社会性别这一概念比统一互补的性别角色观念更受历史学家、国际比较学者和众多女性主义者的认同。

强调多重性和努力避免泛化男人和女人的类属也是其他一些理论和研究的重要主张，如黑人女性主义、多元文化女性主义和全球女性主义；对非此即彼的二元论一直持排斥态度的后现代和酷儿理论；有关女同性恋、男同性恋、双性人和跨性别者的理论和校园资源研究；黑人研究、女性和社会性别研究、多元文化研究和男人研究（见第一、第三、第四部分的论文）。在诸多的男性特征和女性特征中，要考虑那些与不同的社会阶层、种族-民族和性取向有交错关系的特征。如果你的目光聚焦在不平等的话题上，还需要把宗教、年龄和身体残疾等因素纳入其中。

社会性别理论和性别角色理论的共同之处是：二者都坚定地认为社会性别（性别角色）及其包含的男性特征和女性特征不单纯是个人的特征，而是植根于社会互动、社会结构和文化规范中的，尽管这两个理论在互动、结构和文化上的概念并不一致。两者都强调社会性别（性别角色）既有表现为身份的内在性，亦有外在性（有时被称为社会性别制度化）。有些社会性别理论家（如 Risman，2004）坚持认为，社会性别是植根于界定制度结构（如教育）的劳动、任务、目标和社会关系分工上的，但是社会性别自身也是一个社会结构，因为它是体现权力和地位等级的社会构成体。从这个观点看，霸权男性特征意味着它不仅主宰女人，也凌驾于其他形式的男性特征之上。而且，尽管霸权男性特征可能只体现在个别人身上，如大学橄榄球队的四分卫明星球员，但其权力并非源自于这个运动员自身，而是源于赋予这一社会建构的男性特征权威性的大学结构和文化认同。这种基于社会性别的权威和权力等级通过交互作用过程植入社会结构和文化中，反过来又影响人们的自我认识和表现。当读者们读到“社会性别化的教育”时，需要特别注意这一点。

社会性别和社会性别化的用语并没有全然代替早先涉及教育及其他机构中男孩和女孩或男人和女人差异的说辞。每年，我都会收到不同专业组织要求我续会的信件。大多数组织发来的表格中要求我填写“性别”，要么男性，要么女性，还有少数表格要求我用同样的选项注明我的"社会性别"。这些续会表格不仅先入为主地把人截然分为两个基于生物性的类别,有些还给这种二元思想贴上了"社会性别"的标签。显然,这不是提出社会性别理论的学者们脑子里所想的,他们所指的社会性别包含多重的、相互交错的男性特征和女性特征,是对立于男性/女性二元论和性别差异理论的。然而,如果一个组织提出关于性别或社会性别的简单化问题,目的可能是想确定女性会员比例是否大于女性管理者比例来更好地实现性别平等时,我们就很难对其苛责了。

本书中提到的很多研究也有类似的问题和目标。根据教师观察、自评报告或管理记录,学生被归于两种社会性别类别(男性或女性,男人或女人),这样的分类多用于计算学生在课程选择、学术领域、课堂行为、学术表现、教育成就或毕业率方面的社会性别差异。或者,如果研究者的兴趣是学校工作人员,教师和管理者就可能被分成男性和女性两个类别,这种二分法主要用来比较他们的行为、事业发展模式、薪资和其他工作成果。这一类型的研究是教育领域性别不平等观点的主要依据,读者可以在第三部分和第五部分读到大量的相关综述和分析。

然而与此同时,这些章节——也包括本书的其他部分——并没有忽略关于社会性别理论的深入剖析。很多作者关注了男女同性间的变异性,有好几篇文章讨论了社会性别和种族-民族、社会阶层和/或性取向之间的交错效应。有些文章着重考察了一段时间后或不同类型学校间的社会性别行为或结果的变化。很多章节侧重讨论社会性别是如何建构并融入教育的社会结构和文化形态中的,其中包括机构背景(第二部分)、学术课程(第三部分)、课程活动(第四部分)和高等教育政策(第六部分)。不同章节对于社会性别的可延展性及其与交叉身份属性、社会互动和制度结构的关系的讨论程度不同。这些差异主要源于所讨论的话题、与话题相关的已有研究的类型,以及作者自己的判断——作者对于如何析述自己主笔的社会性别与教育话题的学术观点现状有自己的见解。

当前是参与社会性别和教育研究的最佳时机。这个涉及范围广泛的话题是很多理论和研究方法的关注焦点,交织着各种有趣的理论和方法论的争议(见第一部分),激发了各种有趣的研究发现(很多研究在本书中都有介绍),从中我们可以看到女人和男人的地位在高等教育机构中经历的巨大变化。

但最佳时机并不等同于幸福时刻。对致力于加深对社会性别与高等教育交互影响的认识和理解的学者来说，很多问题得到了解答，很多新问题又浮现了出来。对致力于教育领域社会性别平等的学者来说，本书带给他们的福音是美国高等教育领域已经消除了众多社会性别偏见，但同时也有令人灰心失望的消息，那就是美国高等教育体制和文化中仍然存在社会性别不平等。不过，与其花时间争论社会性别与高等教育以及教育中的社会性别平等问题这两方面知识的酒杯是已过半杯还是只剩半杯，还不如把这两个杯子都斟满。本书针对如何完成这两项任务，在理论、研究、学术观点、政策制定和实施及教育实践方面提出了不少建议。

第一部分　理论视角与教育研究

综　述

社会性别，尤其是女性，从未得到认真对待——这是20世纪六七十年代第二次女性主义浪潮的参与者对教育理论、研究和实践的批评之一。这类批评指出：心理学和社会科学理论以及在此基础上建立起来的教育理论，常常把对“人”、“人类”或“学生”的假设和观察不加区分地应用于男人和女人。其中一个例子是，关注大学生发展的理论假设所有学生的认知和身份的发展过程是一样的，完全忽略了社会性别差异。除此之外，这些理论十分盛行并且促发了大量研究，即使研究的对象是男人，研究发现也通常会应用于女人。

正如第三章（“大学生发展”）所揭示的，直到20世纪80年代才出现对这些理论的质疑。有学者设计了一系列研究来验证这些理论是否对于男人和女人同等适用。研究发现，不同社会性别的发展过程和结果不同，从而引出了女性学生发展理论，进而出现了男性学生发展理论（见第三章），以及性取向和社会性别身份发展理论（见第六章，“女同性恋、男同性恋、双性恋和跨性别者身份发展理论”）。

第二波女性主义浪潮对教育研究和实践的批评与对教育相关理论的批评同样激烈。这些批评指出，教育研究者和实践者的注意力主要集中在男孩和男人的教育成就与问题上。在这种以男性为中心的实践和研究项目背后，深藏着高等教育对男人比对女人更重要的假设——女人接受高等教育被认为是浪费，因为她们要么成为家庭主妇，要么把家庭放在事业前面。因此，在这个历史时期，相对于男人而言，女人完成学业或攻读研究生及其他职业学位项目的可能性较小是不足为奇的。相反，男人想要更有成就，成为劳动力大军中的成功者，接受高等教育就格外重要。因而，侧重于如何促进这种结果的研究被广为接受。

这一时期的女性主义者认为,教育研究中暗含的对女人的假设是彻彻底底的偏见。这些女性主义者致力于社会变革的决心引领他们倡导面向女人的教育,从而能让女人获得与男人同等的就业机会,而不是那些传统观念中适合女性的工作。为了实现这一目标,第二波女性主义者把研究的视角从男性的教育成就上转移到了阻碍女性施展潜能、获得更大成就的障碍上。此后出现的大量研究证据显示社会性别,以及其他社会身份,如种族、民族、社会阶层、性取向等影响学生在学校受到的待遇和接受教育的方式。此外,学校是重要的雇佣者,因此研究者也越来越重视社会性别对教师、学者和管理者的职业生涯与前景的影响。

然而,发生变化的不仅是研究的内容,研究方式和程序也受到了挑战和改变。女性主义研究、女性主义学科知识、女性主义方法论的术语从 20 世纪 70 年代开始至今不断涌现,尽管这些术语的意义不断受到质询。女性主义批判和研究方法以及程序重整的核心思想是:所谓的客观研究实质上是以男性为中心的,这些男性中心的研究要么忽略女性,要么歪曲女性,只有当研究者能灵活调整研究过程,站在被研究者的立场,并对研究结果的道德及政治影响高度敏感,女性经验才可能被更好地理解。更多关于女性主义研究方法论的讨论见本书第一部分第二章("黑人女性主义、妇女主义和立足点理论")和第四章("教育理论与实践的女性主义批评"),第三部分有关学术课程的大多数章节也有相关内容。

在发展理论和教育研究领域颇有影响的女性主义学者和活动家并非是一个持有统一女性主义观点的群体。事实上,从过去到现在,他们之间一直存在对社会性别、教育或平等的概念的争议。但是,如果不了解女性主义的诸多主要观点以及批判并拓展这些观点的后现代理论,谁都不可能完成对社会性别与高等教育的思考和论著。20 世纪 60 年代和 70 年代,最受推崇、最富影响力的理论是自由女性主义和激进女性主义(见第七章"自由女性主义和激进女性主义"),马克思主义女性主义,更近期的其他理论见第五章("女性主义复制理论")和第一章("学术资本主义")。

强调个人主义,包括个人学习,一直被认为是自由女性主义的特点。这一说法有一定的道理,因为自由女性主义和其他形式的自由理论一样,的确侧重于个人努力和竞争成就。然而,自由女性主义关注了群体差异,尤其是社会性别差异,以及一些群体，特别是女性是如何遭到系统性的歧视、被剥夺了平等机会的。因此，一些自由女性主义者将社会性别和教育的分析从个人引向社会结构再回到个人。为了使个人竞争更平等，就必须有一个平等机会机制，尤其是个人获取在就业市场上有效竞争所需的知识、技能和资质的学校。在很多批评家看来，自由女性主义理论在政治上很天真，因为它未能认识到社会性别压迫与其他形式压迫（如种族和阶级）交错共生的复杂性，而且自由女性主义试图在公共生活和私人生活之间划一条界线，并简单地认为个人学习、成就及婚育选择取决于教育和就业机会，而不是经济、社会和政治权利的制度化结构。

与自由主义者强调个人主义和平等机会的观点相反，激进女性主义的核心观点是父权，即植根于当代社会高等教育及其他一切制度性结构的男权系统。马克思主义女性主义强调社会阶层等级和阶级剥削，而激进女性主义更强调父权制度，将男权统治和女性压迫作为分析的重点。对激进主义者而言，教育并非自由女性主义者所认为的是女性获得资格证书和社会性别平等的途径，而是教师和学者揭示男人如何运用种种手段寻求和获得对女性的精神和肉体控制的革命过程。被边缘化的女性，例如巫婆、女神和女同性恋者，被激进女性主义者奉为英雄，因为她们拒绝男权和男性建构出的女性特质。而那些传统女性特质，如母性和直觉，也被给予积极评价。激进女性主义者认为：对女性最好的教育是建立在帮助她们克服异性恋强制和父权控制的自身经验、历史和文化创造之上的。

对教育进行革命性改变的呼吁也是以马克思主义为基础的女性主义理论的特点，这些理论将现存教育机构看成社会阶级不平等的主要繁殖场所，马克思主义女性主义理论认为这也是社会性别不平等的孵化器。换句话说，中小学和大学是准备和复制按地位和性别分层的劳动力结构和政治体制的场所，女性被训练成为低地位工作的就业者和二等公民。这与自由女性主义理论形成鲜明的对比，因为后者将高等教育看做是女性获得解放性知识和技能的场所。有关这些理论的差异和后马克思主义女性主义思想发展的内容详见第五章。

在激进女性主义和马克思主义女性主义基础上派生出了学术资本主义，这是一个针对教育体制的理论框架，我们将它放在第一章中讨论，侧重介绍当代美国、加拿大、澳大利亚和英国大学的发展变化以及这一理论。学术资本主义的主要观点是大学正在经历从公共良知教育/学习时代向学术资本主义知识学习的时代的转变，其结果是在这个以理性经济计划为特征的新时期，父权主义在高等教育体制中得到了进一步的强化。系科之间的资源不均在高等教育机构中十分普遍，从而使得女性教师和学生处于劣势，她们相对集中于经济资源和市场机会较少的学术领域。因此，学术资本主义理论既弘扬了马克思女性主义强调的不平等复制的观点，也支持激进女性主义提出的大学教育有必要进行彻底重建来消除西方高等教育体制中根深蒂固的父权影响，从而实现社会性别平等的观点。

针对早期自由女性主义和激进女性主义理论的批判将主要矛头指向其对性别二元论的默认，即所有人的性别可划分为男性和女性两类，以及他们强调的性别是人类重要划分标准的观点。以马克思主义为基础的早期女性主义理论，则被批评过于强调社会阶级不平等，未足够认真对待社会性别。正如第一章、第五章、第七章所述，这些批评促使了这些理论的不断修正。最显著的是，激进女性主义向同性恋女性主义打开了大门，对更广泛的性取向和爱情观更为包容，详见第六章。马克思女性主义努力成为双系统理论，既强调阶级，又强调社会性别，所有形式的女性主义，尤其是女性主义复制理论，逐渐把视野从国内延伸到了全球领域。有些变化源自于非欧洲中心的女性主义理论的发展，例如第二章里介绍的一些理论（“黑人女性主义、妇女主义和立足点理论”）以及第八章介绍的“多元文化和全球女性主义”。

对于黑人、多元文化和全球女性主义者而言，男性女性二元论最大的问题是它把所有男性和所有女性都一股脑儿地笼统概括起来。相反，这些理论不单纯探讨男人和女人之间的区别，而是追问“你所说的是什么男人和什么女人”，这一问题立刻引发对女人和男人内部各种差异的关注。黑人女性主义特别关注社会性别、种族-民族以及社会阶层之间的交互作用，并提醒其他女性主义者以及教育研究者，从贫困的黑人女性的视角看到的世界与白人中产阶级女性眼中的世界是不一样的。和黑人女性主义者一样，多元文化和全球女性主义者也拒绝女性沙文主义，也就是相对具有特权的女性——大多是白人、西方/北方、中产阶级、异性恋、受过良好教育的女性——错误地假设她们看世界的方式是所有女性看世界的方式。

尽管黑人、多元文化和全球女性主义者反对所有女性都基本一样的观点，也就是女性本质论的观点，但他们并不希望让不同社会阶层、不同种族-民族、不同国籍和不同性取向的女性相互对立。相反，他们希望不同背景的女性相互尊重，结为同盟，共同反对基于性别的社会不平等，并与各种把人划分成“我们”和“他们”的其他不平等进行斗争。正是这种揭示各种区别对待和不平等界限的意愿，和以社会公平取代传统等级观念的热望，将第一部分所介绍的不同流派的女性主义理论凝聚在了一起。

近几年来，不同流派的女性主义理论都成了后现代批判的靶心，见第九章（“后现代和后结构主义理论”）以及第十章（“酷儿理论”）。后结构主义和酷儿理论的倡导者强烈反对其他理论将男性或异性恋取向及女性或同性恋取向视为基于生物性和社会化而产生的个体固有的身份特征。相反，他们希望人们认识到语言如何被用来建构这些身份并使得这些身份看起来稳定而一致。就社会性别这一话题而言，后现代主义最关心的是当代社会的权力结构是如何创造出话语系统，例如文学、艺术、法律或研究报告，从而对人类主题作出界定性描述的。大多数这些描述，如男性和女性，是基于二分法的，酷儿理论家和其他后现代主义者认为这些二分类别从根本上来说既不自然，也不中立。相反，他们创造并维护权力关系。不论这种二分法的体现是男性和女性，还是其他与社会性别相关的二元论，如男性特质/女性体质，理性/感性，或者异性恋/同性恋，其背后的假设都是这二者的其中一种优于另一种。如果语言和思想意识仍然将女性看做次等的，那女性永远不可能赢得和男性一样的平等地位。高等教育机构作为语言和意识形态主流形式的创造者和提供者，对于社会性别不平等的持续存在负有主要责任，但同时，它们也是解构性别化或其他形式的权力关系的重要场所。

很多教育者和女性主义者反对后现代主义的社会性别观点。他们指出，对于社会性别而言，绝不仅仅是语言和其他文本因素，更需要关注的是植根于机构中的有利于男性和异性恋者，而非女性和同性恋者的物质条件。后现代主义者否认这些物质因素和社会性别分类，从而低估了人们把身份，如女性、女同性恋或女性主义者，组织到社会活动中有效争取社会性别平等和反对异性恋男性享有权力和特权的能力。

其他女性主义者更愿意接受后现代主义理论的一些见解，特别是基于拒斥各种身份二元论的权力关系解构。他们接受这一观点，是因为只有反对二元论，教师和学生才可能不被裹挟到对一些人的标准化和对另一些人的边缘化和压迫中去。除了第九章和第十章关于女性职权的讨论，本书第六部分也揭示出，即使是争取社会性别平等的善意努力也可能事与愿违，反而加剧消极的、恶意的、弄巧成拙的女性刻板印象。为了避免这样的陷阱，一些女性主义者愿意加入后现代主义者的队伍，来推进那些相比于发展理论或女性主义理论要弱化身份属性，但更可能付诸实施的教育实践和政策。

第一章　学术资本主义

埃米·斯科特·梅特卡夫　希拉·斯劳特

学术资本主义指的是高等教育机构的市场或类似市场的行为，以及那些旨在保障外部资源的学校内部行为。学术资本主义的核心观点是：在金融危机或不稳定时期，个人与组织机构通常会采取市场策略来加强或巩固他们/它们在经济中的相对地位。有时，这些行为可能违背非盈利立场，允许市场价值观进入公共领域。这一观点最早相继出现在斯劳特和莱斯利及斯劳特和罗兹的论著中。学术资本主义本身并非社会性别理论，但它的确揭示了自女性获得男性许可进入男女同校的大学接受高等教育开始，女性一直在学术界处于不利地位的资源不均衡因素。

企业型大学

对学术资本主义的深入探讨，最早出现在斯劳特和莱斯利撰写的《学术资本主义：政治、政策和企业型大学》(1997)一书中。书中，两位作者在科学社会学家和经济学家的研究成果基础上，开创性地探究了 20 世纪 80 年代和 90 年代推动四个英语国家(澳大利亚、加拿大、美国和英国)高等教育重构的原动力。她们的研究包含了三个层面的探询：国际层面、国家层面和机构层面。在不同层面，她们运用了不同的理论框架和数据收集方法，包含了从全球化到职业化的概念。

在国际层面，她们借助全球政治经济理论来解释高等教育资源分配的变化。她们发现从工业向后工业经济的转变已经反映、并将持续反映在很多方面：从业者教育(从基础教育到即时和终身教育)、生产过程(从物质到精神)、管理权力的定位(从寡头垄断控制下与国家密切关联的公司到仍存在垄断的多国公司),以及为盈利而创新的角色。她们还发现全球化对高等教育有四大影响:(1) 自主活动(如高等教育)可支配的货币资金紧缩;(2)科技与市场,尤其是与国际市场相关的领域逐渐获得中心地位;(3)国际公司和关心产品发展与创新的国家机构之间的关系日益紧密;(4)多国公司和发达工业国家越来越重视全球知识产权战略。随着后期研究和开发所耗费时间的降低,基础和应用研究的差异变得不再显著,所有研究都具备产业化潜质。简言之,不断繁荣的全球市场,也就是全球化进程,导致针对以大学为基础的产业化研究(和市场相关的或具有商业化潜力的项目)的国家资助政策的出台,同时给予高等教育机构的整体经费(未指明用途的,通常根据公式计算出的经费)有所缩减,从而促使学术界与市场的直接联系增加。

在国家层面,斯劳特和莱斯利检验了四个国家高等教育机构的经费数据,并采用普费弗和萨兰西克(2003)的资源依赖理论作为解释依据。资源依赖理论认为,组织受到为之提供货币或其他形式支持的外部机构的影响。影响程度取决于资源交换的相对数量和资源对该组织功能的重要性。运用这一框架,她们发现国家政策的改变对四个国家高等教育机构经费使用方式的影响相当大。国家政府给予机构的整体经费相对减少(相比于其他渠道的支持),导致经费开支从不容易产生经济效益的领域(如图书馆、校舍维护、校园标识等)向有收益潜力的领域(如有赞助的研究、继续教育和学生服务等)流动。因为认识到高等教育与外部环境的关系复杂,依赖性并不像先前描述的那么强,斯劳特和罗兹(2004)对于是否将资源依赖理论作为学术资本主义的核心原则有过动摇,不过她们仍然相信组织行为和价值观必须放到收益产生和支出的框架里才能被理解。

最后,在机构层面,斯劳特和莱斯利调查了参与类似市场行为的教职员和管理者,看看他们的职业和劳动的概念是否因此发生变化。她们对受访者作了定性访谈,然后在假定职业化是一个过程,在此过程中组织、政治、经济方面的技能至少与知识、理论、专长和利他精神同等重要,甚至更重要的理论前提下对访谈进行了分析。此外,她们参考了韦伯(1958)提出的“国家资本”的概念,把享受公共财政支付的大学工作人员看成是“享受国家补贴的企业家”,通过参与生产实现学术资本。尽管斯劳特和莱斯利的研究焦点是科学技术领域的技术转化活动,她们仍得出了这样的结论：教职员的角色正在发生变化，原因是高等教育经费分配方面的国家政策发生了变化。在20世纪80年代和90年代，资源配给模式的变化导致高等教育机构不可能继续依赖政府下拨的无限制的固定拨款，它们必须鼓励学者参与竞争去申请研究经费并寻求其他收入来源。很多时候，学费限制也被取消了，相比以往，学生必须支付更多的教育费用。斯劳特和莱斯利的专著最后一部分为斯劳特和罗兹后来进一步完善学术资本主义理论奠定了基础。

新经济时期的高等教育

在《学术资本主义和新经济：市场、国家和高等教育》(2004)一书中，斯劳特和罗兹探讨了高等教育机构创收行为的内部组织动态。在前期研究基础上，这本书把国家赞助的学术产业主义置于相互关联的、全球政治经济的网络中，进一步深入探讨了学术资本主义的主题。正如其他对日益全球化和相互关联的新经济的描述，学术资本主义理论吸纳了经济学家的观点，认为灵活性、冒险精神和创业行为在全球市场尤为突出。

斯劳特和罗兹指出，大学正在从公共利益知识/学习的权力制度向学术资本主义知识/学习权力制度转移。“权力制度”这一观念作为主导言论或范式，来自于福柯(1977，1980)的论著，他曾用这个术语描述权力和知识的交叉。

在斯劳特和罗兹描述的公共利益知识/学习权力制度下，学术研究被认为是为谋求公共利益的集体劳动。对于学术成就的这一思考方式，契合了罗伯特·默顿的非利益科学(disinterested science)的标准(地方自治主义、广泛性、知识的自由流动和有组织的怀疑论)，同时也符合范纳瓦·布什的社会协议模型：政府资助大学在一个以发现为导向的环境中追求“基本”科学，一旦释放到知识共同体中，就可以为消费者市场提供生产发展的基础。在这个公共利益知识/学习权力制度下，学术生产过程脱离于市场，中间的衔接由把科学转变为应用科学的政府实验室和公司来完成。关于科学研究的这一理论隐含着一个观念，那就是社会科学，特别是艺术，尽管对公共利益有贡献，却并不在知识生产的前沿领域。这一观点受到科学界的广泛支持。国家向科学和技术领域研究倾斜的资助模式以及社会科学和艺术学科政府话语权的缺位强化了这样的学科等级观念。尽管如此，只要政府给高等学府的经费通过教师编制继续支持社会科学和艺术以保持本科教育的主要功能，这些学科领域仍能生存，只是与创业能力强的院系拉大了距离而已。

与公共利益知识/学习权力制度相反的是资本主义知识/学习权力制度，根据斯劳特和罗兹的描述，这一制度重视知识的私有化和利益的获取，机构、发明团队和公司在将研究成果公布于众之前对此享有合法所有权。高等教育与市场的关联日益增强，常见的合作形式包括：与产业的合作伙伴模式、创建新公司、产权利息、远程学习活动、战略同盟和理想实验室。驱动资本主义知识/学习权力制度的价值观并未全然替代默顿式的标准模式和基本科学的理念，但随着公共部门（机构和政府）在推进当地、国家和全球经济方面所起的作用日益增强，公用利益被界定成了对经济发展有益的成分。不过，在公共利益知识/学习权力制度下最受推崇的学术自由和知识共同体（同伴评价）被通过知识产权协议达成的知识所有权声明和研究成果的商业化中断了。换句话说，学术职业由于个人或公司（私人）对知识资本所有权的主张而弱化了。

然而，在资本主义知识/学习权力制度中，知识的私有化，即从为公共利益服务向为私人利益服务的转变，并非科学和应用科学领域所独有。社会科学和艺术也可以与市场有更多接触，因为教育本身也被商品化了，其形式有远程教育、预先打包的系列课程、继续/协议教育项目等。在资本主义知识/学习权力制度下，所有学科，包括传统教学、研究和大学本身的服务功能，都成了开放的市场。

斯劳特和罗兹将资本主义知识/学习权力制度成为主流的过程进一步归纳出四个要素：知识的新环路的形成、间质组织的出现、中介网络和管理能力的拓展。

当知识不再局限于科学、职业或学者网络内部流动，大学就创建出了新的组织间和组织内链接。信息和通讯技术的腾飞促进了新的知识环路的建立，学术界以前所未有的规模与高等教育以外的世界建立联系。此外，校园内负责安装并支持这些电子网络的技术管理者的数量增加本身也在学术界创设出一个新的知识领域，技术专长常常被认为是获取组织权力和影响力的途径（如首席信息执行官的行政内阁角色）。

为了辅助新知识环路的建立和维护,间质组织应运而生来管理与产生外部收益相关的新活动。建立在高等机构内部的这类新型组织有多种类型,如经济发展办公室、商标和执照办公室、技术转化办公室等。这类跨在高等教育边界上的间质组织通常与公共、非盈利和私人机构间的中介网络关系紧密。

在公共、非盈利和私人领域间进行协调的中介组织是独立机构,如基金会、职业协会、金融财团、智库等。这些组织把国家、市场和高等教育(一般通过间质部门)中的跨越边界的个人聚集到一起,展开合作,推广学术资本知识/学习权力制度。

这一新的知识环路、间质组织和中介组织由学术管理者构成,其数量和影响力在资本主义知识/学习权力制度中不断扩大。这些管理者与市场打交道以及重新划分大学和公司领域边界的能力越来越强。随着这些管理者职业化水平的提高,他们在学术界的地位日益巩固,他们对高等教育方向的影响也不断增强。

学术资本主义和女性主义

鉴于学术资本主义知识权力制度是中产阶级和上层中产阶级的核心产物,斯劳特和罗兹汲取了几位关注社会阶级霸权问题的社会学理论家的观点。整体来看,女性在学术资本主义理论建构中的地位并不突出,因为男性在资本主义知识/学习权力制度的建构中表现得最为积极。的确,这个制度的建构一方面就是为了延续男性自古以来因高等教育而获得的特权。学术资本主义之所以能被看做社会性别理论,正是因为它解释了父权如何通过某种理性的、着眼经济的规划在高等教育机构中进一步得到保护,并对女性个体的成就视若无睹。

学术资本主义理论吸纳了不少深受卡尔·马克思的经济不平等理论影响的理论家的观点。这些理论家同样关注权力在组织和社会中的作用机制,但他们并不探究马克思视之为社会变革的核心动力——资本和劳动(这里的劳动被理解为工人阶级)之间的斗争,相反,他们把行为者和组织看做构成社会权力机制的主角。例如,格拉姆斯(1971)认为国家不单纯是一个资产阶级的执行委员会,而是相对独立的部门,其中的阶级权力的动态以难以预测的方式展现。格拉姆斯还概括了意识形态的霸权，它超越了马克思的有意识/伪意识。尽管这些理论家认为资本的权力在全球公司中集中体现并至少区分出了商业阶层和精英权力，但他们并未局限于资本的原始力量，而是聚焦于意识形态、霸权和上层中产阶级所掌握的规范和技术权力。他们认为上层中产阶级，无论跻身学术界、政府机关，还是小型的创业公司，都是流动的、有谋略的、从自身利益出发的，有能力施展力量进一步发展他们所参与的组织和团体。

传统上，高等教育以资格认定的形式为中产阶级，特别是为上层中产阶级服务，以确保他们占据社会中的专业、学术和管理地位。20 世纪 70 年代之前，女性要么被排斥在专业院校之外，要么受到女生录取名额的限制。20 世纪 50 年代和 60 年代，除了一些女子学院，女性教授屈指可数，研究型大学中几乎没有女教授的身影。女性社会运动的开展使得女性逐渐在学术界获得了一席之地，男性被迫与女性分享一些特权。但这远未达到一个双赢的局面，除非专业、学术和管理职位由更多女性来承担。

随着女性在高等教育领域取得进展——实际上，当今女大学生毕业人数已过半——男性在建构学术资本主义知识/学习权力制度方面变得格外积极，目的是维护他们的历史特权。市场行为或类似市场活动是学术资本主义的商标，男性是这类活动的领导者和受益者。例如，从学术劳动中获取的专利方面，男性人数多于女性；男性在学术活动衍生出的公司中担任首席执行官的人数多于女性；男性更多从大学研究成果的专利使用权转让中受益。这并不是说，女性没有参与这个让学术资本主义融入大学的新知识环路、间质组织、中介组织以及扩张了的管理部门。她们也在这些部门从事研究或工作，但她们往往是男性创业家的女助手，而不是创业者本身。当然，考虑到第三波女性主义浪潮的复杂性，有一些女性在学术资本主义知识/学习权力制度中已经取得了非凡的成功。但即便这些非常成功的女性，与男性相比仍有差距，大多数女性在扮演这个权力制度催生的新角色时，难以企及男性。换句话说，学术资本主义知识/学习权力制度使得男性重新夺回了原来在男性独享的高等教育系统中拥有的历史优势。

因此，引入学术资本主义作为女性主义的一个理论框架，有助于我们深入分析有着历史根源、又在当今社会得到积极强化的学术父权体系。学术父权导致了大学里与市场关系密切的领域主要由男性占据，而与社会福利功能相关的领域（社会工作、教育、护理）则女性参与更多。女性化的领域工资收入较低（无论从事这个行业的是男性还是女性），社会科学和人文学科得到的政府资助和支持远远低于男性主导的科学和工程领域。很多情况下，这还导致了有进取心的教授们在各类不具优势的领域中通过市场行为创造收益（如教育学教授申报测试和量表的版权、学习使用尖端仪器和技术、开发远程教育模块，艺术系教师申报网络设计、电子艺术、图标设计版权等）。然而，这些途径一般只能使相对较少的个人受益，原因是：(1) 缺乏外部支持系统，如资助这一领域研究的联邦项目机构；(2) 这些领域的女性化；(3) 这些领域在地位和权力等级上的级别较低。换句话说，尽管这些领域有市场行为，但远不足以提升整个领域的收入水平。虽然这些差距可以用外部劳动力市场的功能来解释，但学术资本主义可以让我们更清楚地看到，在国际竞争力和全球资本主义方面不具优势的领域越来越被边缘化，从而导致了全球范围内对女性贡献和对女性认识的贬低。由于高等教育的社会复制功能，女性及其价值在学术舞台上的相对地位，很大程度上决定着未来女性在社会、政治和经济领域的地位。学术资本主义理论和激进女性主义相得益彰，因为二者都认为，要想推翻植根于高等教育系统中的历史性等级制度，必须要在学术界进行“革命性”的重新建构。

第二章　黑人女性主义、妇女主义和立足点理论

伊万杰琳·A.惠勒

黑人女性主义是黑人解放主义和女性解放主义运动之间的连接，但它有自己独到的思想体系。黑人女性主义思想包含了非裔美国女性创造出的专门用来为黑人女性厘清女性主义观点的专门知识。换句话说，黑人女性主义思想囊括了身在其中的黑人女性对黑人女性现状的理论解释。黑人女性主义视角侧重探究各种形式的社会性别、种族和阶级压迫如何联合起来形成社会统治的矩阵。这些压迫交织在社会结构中，相互作用，界定了美国黑人女性及世界各地有色人种女性的历史。这些文化压迫的历史可以追溯到美国黑奴时期，当时的社会等级制度把白人男性置于顶层，白人女性次之，随后是黑人男性，黑人女性位于最底层。黑人女性主义作家和理论家认为，由于压迫者势力广泛以及经历了长达400年的压迫，黑人女性形成了独特的视角和认识，从而具备了高超的社会和经济生存技能，其中包括抵御强权的日常策略运用。

黑人女性每天面对交织在一起的种种压迫，这迫使她们形成了对社会现实的特定理解。黑人女性主义者对于过于简单化的压迫理论提出了强烈批评，指出这些理论对黑人女性的界定要么是黑人，要么是女人，首先是女人，然后是黑人，或者首先是黑人，然后是女人。黑人女性主义者相信，当黑人女性的生活得到改善，非裔美国男性及他们的家庭和社区也会随之得以发展和进步。黑人女性主义与黑人女性活动家致力于自我赋权并为所有人创建人文主义社区的历史传统一脉相承。

因为传统女性主义运动中的中产阶级白人女性被批评只关注社会性别的压迫，忽略了种族和阶级，黑人女性主义理论逐渐锻造出来以抵制这种她们感受到

的边缘化。还有人指出，黑人女性常常避开女性主义运动，是因为害怕受到来自同一群体的那些把女性主义运动与种族主义联系起来的成员的审问。在盖伊·谢夫特尔主编的文选《火之语：非裔美国女性主义思想文选》(Guy Sheftall，1995)中包含了这样的一些例子：米歇尔·华莱士在其文章《隔离中的愤怒：一位黑人女性主义者对姐妹情谊的追寻》中指出，女性主义运动仅仅是利用黑人女性来打造自身的正义形象。布莱克在《提出女性主义理论的黑人女性》一文中，对女性主义运动认为所有女性都受到同一种压迫的前提假设表达了不满。黑人女性主义者对种族主义的批判要求白人女性对自身的种族主义负责，并要求黑人女性要么在种族问题上教育白人女性，要么为削弱种族主义的努力鼓掌喝彩。

黑人女性主义运动和学术

随着康比河集体(强调资本主义是压迫黑人女性的主要根源)和全国黑人女性组织(NBFO)对男性主导的黑人民权运动中的性别主义和同性恋恐惧症作出回应，黑人女性主义运动在20世纪60年代晚期到70年代早期在美国兴起。康比河集体是一个发起于波士顿的草根黑人女性主义组织，创立初期曾是全国黑人女性组织的一个分部。1977年，该组织发表了一份立场宣言，分析了黑人女性生活中所受的多重压迫，并提出黑人女性主义组织的合法性。康比河集体的言论打开了女性主义运动的新局面，因为它明确表达了社会主义观点，直面了同性恋恐惧症，呼吁不同性取向的黑人女性团结起来结成同盟。事实上，黑人女同性恋女性主义者的早期努力对于20世纪70年代的这一运动的兴起至关重要，因为当时很多异性恋黑人女性不愿意把自己认同为女性主义者。

1973年5月和8月，非裔美国女性两次在全国女性组织的纽约办公室举行会议，成立了全国黑人女性组织。全国黑人女性组织致力于解决非裔美国女性面对的种族和性别歧视问题。全国黑人女性组织寻求改变媒体对非裔美国妇女形象的刻画，提高大家对非裔美国社区中的性虐待问题的关注，并为提高非裔美国女性的工资和政治影响力而斗争。全国黑人女性组织在美国的几个大城市，包括芝加哥和底特律建立了分部，但在1977年，全国性组织解散。1984年，《贤人：黑人女性的学术期刊》——第一部公开表达黑人女性主义者观点的刊物在佐治亚州亚特兰大市一所传统黑人女子学院——斯佩尔曼学院创立，专门刊登反映非裔女性经历的文章。芭芭拉·史密斯和奥德利·洛德合作创办了“餐桌:有色人种女性出版社”，这是第一个专门出版有色人种女性主义者作品的独立出版社。这个出版社发行的经典著作包括:《居家女孩:黑人女性主义文集》和《这座桥叫做我的过去:有色人种激进女性文选》等。

帕特里夏·希尔·柯林斯——黑人女性主义思想家和理论创建者——在她1990年发表的标志性著作《黑人女性主义思想:知识、意识和政治赋权》中描述了构成黑人女性主义思想的关键主题，其所有思想都源于黑人女性的视角。最重要的是，黑人女性通过自我定义和自我赋值来自我赋权，建立积极的自我印象，消除他人构建的消极的、束缚性的黑人女性形象。这些消极的、病态的、束缚性的形象有一些是大家熟知的，如“保姆”、“女族长”、“福利皇后”、“放荡女”。这类种族刻板印象误导了很多人的思想，导致大家轻易地忽略了黑人女性被社会迫害的程度。黑人女性主义者特别强调积极的自我定义在通往社会和政治赋权之路上的重要性。

为了减轻黑人女性所承受的心理和经济苦难，帮助她们获得政治权力，黑人女性主义者倡议开辟一个独立的学术研究领域，专门表述和了解黑人女性当下的经历。一位典型的黑人女性主义者可以被宽泛地描述为:相信非洲奴隶的女性后裔的经历不同于黑人男性和白人女性的非裔美国女性学者。20世纪80年代，高等院校里黑人女性研究的出现以及托尼·莫里森、艾丽斯·沃克和格洛丽亚·内勒等黑人女性作家团体的形成，为黑人女性知识分子表达自己的思想创建了一个机构场所，其中一种学术流派，最初主要描述源于废奴运动时期的社会运动传统，继而研究当代正式组织发起的运动以及日常生活和工作中的运动案例。记录社会结构对黑人女性意识影响的黑人女性历史，以及探究黑人女性自我定义的黑人女性主义文学评论，成为黑人女性学术研究的两大焦点。然而，主流学术界以及内部非洲中心主义和女性主义批评都对黑人女性主义思想进行压制，使得黑人女性知识分子传统上只能依赖于非主流的机构场所来建构基于黑人女性立场的知识体系。当黑人女性获取了足够的知识去挑战主流学术界的观点时，学术界往往不认同黑人女性学者的学术观点，因为她们的观点建立于非常规的知识合理化程序。主流学术界所控制的任何认定标准都能够以研究不具可信度的说辞否认黑人女性主义学者的成果。很多黑人女性学者、作家和艺术家有的独自工作，如玛丽亚·W.斯图尔特，有的加入非裔美国社区组织，例如在历史俱乐部运动和当代教会中的黑人女性。在学术生涯发展方面，帮助社会和政治上的弱势群体增强自我决策能力的重心通常处于传统学科（如心理学）边界之外，所以，黑人女性主义的定位往往不利于学者的职业发展。

黑人女性主义者联合了学术思想和政治运动。黑人女性知识分子借助在工厂做工、做家务、就医、组织委员会和抚育儿女的生活经历来完成自己的理论和论著。她们重新诠释非裔美国女性的生活经历，使她们意识到大家的集体智慧能够帮助自己获得力量而不是承受压迫。黑人女性主义运动并不是通过机构化的正式组织来推进的。黑人女性群体通过非集中甚至被分隔的当地社区，也就是文学中所称的“隐蔽的网络”来开展运动。包含黑人女性主义观点的妇女集会在非裔美国人的历史中一直存在，但是这些活动很少贴上女性主义的标签，其中一些非正式团体包括自助小组、读书俱乐部、“姐妹”派对和集会，以及公开的政治教育团体。

妇女主义

1983年，小说家和散文家艾丽斯·沃克引入了“妇女主义者”这个说法，对于不喜欢黑人女性主义者标签的人来说，这个术语在文化上更容易被接受。沃克第一次使用这一术语是在她的诗集《寻找母亲的花园：妇女主义散文诗》中。对这个术语的需求源于倡导社会变革、号召女性从家庭领域走向职场和职业领域的早期女性主义作品。这一女性主义主张忽略了一个事实：很多黑人女性并非家庭妇女，她们早已走出家门，在外工作，养家糊口，但她们外出工作通常并非出于自主选择，更不是为了自我实现。同样地，黑人解放运动主要聚焦非裔美国男性的平等问题，而非裔美国女性则被无意地（暂时地）抛在了脑后。随着这一术语的广泛使用，非裔美国黑人研究和女性研究项目都开始把妇女主义融入大学课程。一位历史学家，如果把非裔美国女性的视角和经验融合进自己的历史观点，就被认为是妇女主义历史学家。“非裔妇女主义”将非洲置于分析的中心，因为其宗旨是关注非洲女性后裔，无论她们生活在世界的哪个角落。因而，在描述非裔女性的散居状态方面，非裔妇女主义比黑人女性主义、妇女主义或其他任何术语更为贴切。

黑人女性主义和立足点理论

立足点是一个特定的思维落点，立足于此，人们可以观察并理解社会现实。与此相关的一个隐喻是“透镜”，通过不同的透镜我们可以看到不同的世界。立足点帮助人们表达一个社会群体对生活经验的观点并勾画出压迫他们的权力结构的运行图。各种立足点理论，如黑人女性立足点理论，声称如果从某个独特的社会视角出发，可以获得某类特殊的知识、某种认识优势或权威，从而可以呈现世界的面貌。

黑人女性主义立足点理论反对无中介事实的说法，他们认为，所有知识都会受到与个人或群体在社会历史画面上的特定位置相关的无数因素的干扰。立足点理论的基本观点是：受压迫群体的成员，如黑人女性，因为所处的边缘化社会地位而具备了一种特殊的知识。通过在自己特定的立足点获取的知识，黑人女性能最有效地提升集体意识，实现政治赋权。尽管黑人女性不能通过声称自己的观点更接近现实而直接受益，但它们展现了一种不同的社会现实画面，这比其他所谓的真实写照对黑人妇女更有用。立足点理论在发展过程中逐渐融合了其他像黑人女性一样被边缘化的群体的立足点，开始侧重立足点的政治性质，并关注女性的多样性。黑人女性主义立足点理论是一种批判性理论，它致力于为受压迫者赋权，并改善他们的处境。这是一个支持解放行动的立场。

女性主义立足点理论从马克思主义观点衍生而来，马克思主义理论认为受到社会压迫的群体可以获得特权阶级无法获取的知识，不同的社会群体对于知识的获得有不同的视角，特别是关于社会关系的知识。女性主义立足点理论吸纳了马克思主义所说的被压迫群体具备认识论的优越性——或至少是平等性的观点。在马克思看来，工人们一开始并没有立足点，而是通过形成对自己在资本主义体系和历史中角色的集体意识获得立足点，因为工人社会处境的诸多方面赋予他们认识社会的独特视角。资本主义生产模式中，工人是受压迫的，他们与自然展开实践性和生产性的物质互动，在此基础上形成了一种独特的认知风格。压迫使得他们必须清楚地了解资本主义系统中谁的利益得到满足的真相。他们对资本主义有着独到的理解。因为在资本主义制度下，其他所有阶级的地位都是相对于工人而界定的，在了解自己及自身阶级地位的过程中，工人们了解了整个社会。

马克思主义为立足点理论提供了一个经典模型，也就是代表最下层群体的立足点具备理解经济、社会和历史基本问题的认知优势。因而，女性主义立足点理论认为被边缘化的群体的知识与主流群体产生的知识同等重要。边缘化的立足点，如黑人女性的立足点非常重要，不仅因为它可以提供一个观察主流群体的不加粉饰的角度，而且可以看到其他不同立足点并进行评论。当这些基于特定立足点看到的事实形成一种规律，这个规律就可以被看做是一种知识。受压迫群体被赋予的这种认识优势，在某种意义上类似于杜波依斯所说的“分叉意识”，即能够从压迫者和被压迫者两个角度看问题并比较和评价两种观点的能力。

黑人女性备受压迫，因而，她们更倾向以揭露而不是掩盖真相的方式反映社会现象。正如黑格尔描述的主人与黑奴的关系，处于隶属地位的奴隶依赖于处于统治地位的主人，所以奴隶了解主人跟其自身利益是息息相关的。同理，一个处于从属地位的群体的观点往往更全面，因为他们不想维持现状，也就更有必要去了解主导地位群体的观点。黑人女性同样对压迫有着直接体验，不像黑人男性或白人女性，他们所处的地位使得他们可以忽略自己的行为对黑人女性阶层的影响。每一个立足点理论都必须对一个群体如何获得特定立场的知识提供相应解释。这取决于一个特权群体成员的身份是由其在社会结构中的地位客观决定的，还是这个成员自己的主观认同而主观决定的。

在20世纪80年代，南希·哈茨索克提出了“女性主义立足点”概念，试图修订马克思主义所认为的一个人的视角只取决于资本主义社会两个主要阶级立场之一的观点。哈茨索克认为女性地位与男性地位在结构上有很大差异，女性的生活现实也和男性的有着深刻区别。她指出劳动的性别分工构成了女性主义立足点的基础。正如马克思从无产阶级人民视角对世界的理解使得他深入资产阶级意识形态的内核,女性立足点也能够让我们深入了解父权体制和意识形态与人道社会关系的背离。哈茨索克试图通过类比把无产阶级立足点的概念转换成女性主义的术语。

女性经验没有一模一样的,因而很难有一个单一的女性立足点。女性从不同的社会方位观察事物,不同的边缘群体有着不同的社会、经济和象征性观点。对于黑人女性而言,认为被压迫者具有认知优势的认识论逻辑意味着受到多重压迫的人应该具备多重认知优势。在女性主义理论中,这一逻辑引发了黑人女性主义认识论的发展。因此,帕特里夏·希尔·柯林斯将黑人女性对种族主义和性别主义的个人体验与黑人女性的认知风格作为女性主义认识论的依据。从这一认识论出发,她为黑人女性呈现了新的自我表现形式,帮助她们抵制外部世界里消极的种族主义和性别主义的黑人女性形象,并为自己的黑人女性身份自豪。黑人女性是"家里的外人",作为身处其中者,她们有着足够的个人经历来理解自身的社会地位,同时也有着足够的判断距离来进行有力的批判。

立足点理论家对这一理论的历史、地位及其与当代思想的相关性提出了自己的观点,他们认为立足点理论提供了一个确定哪些立足点具备认知优势的循环基础。因为产生知识的立足点很多,立足点理论被指责为相对主义知识敞开了大门。但事实上,很多立足点的集合可以指向一个更有生命力的认识论的实证表征。对同一现象的很多不同表述,例如历史事件,可以拿来进行批判性检验,看什么样的规律能够从对这个现象的诸多描述中浮现出来。从很多不同立足点出发,可以勾画出对同一现象更加生动的描述。对不同立足点的采纳,包括黑人女性的立足点,可以让我们有机会发现哪些观点纯属诡辩或完全不是立足点的观点,从而判断其客观性。

对高等教育和研究的意义

在美国白人女性教育史中,女性高等教育受到所谓"真女人"的观念的影响,但这一观念并不适用于黑人女性。高等教育采纳的还是男性和女性存在认知和思维差异的理念,所以女性受教育的领域主要是家庭生活艺术。黑人女性从未做过不同于男人的事情，她们所受到的教育强调男女都一样，终极目的是种族地位的提升。19世纪和20世纪，黑人女性在教育方面提出的女性主义观点，强调所有群体成员都接受教育的重要性。高中毕业后从事教育工作的白人女性往往在结婚成家后放弃教职，而黑人女性一般会继续工作，这并不总是因为经济需要，有时是出于参与群体赋权和给一代又一代学生灌输黑人女性主义思想的需要。

黑人女性主义教育学致力于通过引入理解世界的非洲中心取向来提高所有学生的政治意识，强调种族和社会性别对于理解所有社会和历史现象的重要作用，并激发学生积极参与政治的动机。黑人女性主义立足点理论在教育中作为一种另类认识论的出现非常重要，因为它的存在不仅挑战了正在被传授的真相的内容，同时还挑战了真相获取的过程。黑人女性教育学作为一种解放哲学，能够鼓励学生采取革命性的行动去改变她们的群体，无论是当地的，还是全球的。要想把基于黑人女性的立足点形成理论的知识恰当地传授给学生，教师就需要远离无价值观的教育理念，采用以伦理学和公民参与为基础的教学法，而这种从实际境遇出发呈现现实和知识的做法摒弃了精英主义的学术思维模式。

由于黑人女性主义思想大多蕴含在黑人女性作家的作品中，黑人女性主义批评家的文学评论为黑人女性思想提供了一方沃土。黑人女性主义立足点理论对社会和自然科学领域的传统认识论进行了批判。相比于出于关心统治阶级单方面利益的认识方式，出于关心群体需要的认识方式更能产生有价值的事实呈现，因为它们能够从广泛的人类利益的角度展现这个世界，而不是仅从统治阶层的利益出发，可是到目前为止，统治阶级的利益仍被错误理解为大众的利益。

黑人女性主义研究的主要目的是解决现实问题。研究者和研究参与者展开对话，研究者运用自己的知识和技能激发出群体新的意识。这种应用科学的一个重要特点是对研究参与者的尊重，认可她们自己产生知识的能力和潜力。立足点理论家和活动家必须把自己置于研究话题中，随时检验或证明自己的知识观点。一个人的认识论立足点赋予其在任何社会科学领域进行研究的权威性。这种参与性研究方式要求研究者对研究对象的社会赋权担负一定的责任。

事件的历史叙述被当做客观真理记录下来，但是官方描述很少从黑人女性的角度展现事件真相。有一句非洲格言鞭辟入里：只有当狮子有了历史学家，猎人才不被当成英雄。统治阶级从自己的角度撰写历史，边缘视角往往被认为是野史，或是反动史。统治阶级认为自己的视角是客观和正确的，而边缘化的历史视角则注定被认为是主观解释。根据立足点理论，要想得到最接近客观事实的历史描述，就需要考虑对同一事件进行多种不同视角的描述，然后解构各种描述，让内在规律最后浮现出来。但是批评家们一定会立马指出，这种从一个立足点上解构，随后又在另一个立足点上重构所得到的客观性非常缥缈，很难确定。正如传统欧美立足点的历史把抢夺印第安人土地的白人移民描绘得彬彬有礼，可是印第安人的历史描述则截然相反，揭露了白人对印第安文明的有预谋的残酷摧毁。黑人女性主义历史学家讲述的黑人女性历史肯定也跟非黑人女性主义历史学家的讲述有所不同。

黑人女性主义理论立足点与科学研究方法的关系尤为密切。只有对某个假设进行多次检验而结果都一致时，我们才能说这个科学方法是有效的，而认为某个认识论立足点具有普遍适用性，就好比从相同的角度和相同的条件下对某个假设进行反复检验。为了科学的进步，为了消除科学傲慢，多种立足点应该被引入科学研究共同体作为验证模式来验证一个特定的科学假设。科学领域的很多个案研究，从药理学到社会学，都受到单一认识论立足点，也就是统治阶级立足点的限制。完全将以统治阶级为对象的科学研究结果用于概括黑人女性，往往是错误的。

社会性别理论家开始只研究社会性别概念本身，忽略了种族问题，只从个别社会和心理变量方面探究男性和女性之间差异的意义。很多社会性别理论的女性主义支持者依据对社会性别意义的普遍性假设以及建立在白人女性的社会性别经验基础上的男性和女性特质来分析问题，引起了黑人女性主义者的质疑。1851 年，索杰纳·特鲁斯在女性权利大会上发表的著名演讲中就提出了这样的问题："难道我不是一个女人吗？"特鲁斯指出：被动的、柔弱的女性特质，就像白人女性在"真女人"的观念中被描述的那样，并不适用于她和大多数黑人女性，而她和其他黑人女性同样也是女人。

第三章　大学生发展

蒂法妮·A.里格斯　琳达·J.萨克斯

关于大学生发展的大量实证研究探究了大学生在校期间的身份和认知发展机制。这些研究所依据的各种理论有助于我们解释大学生在大学期间变化的特征和过程。大多数研究依据的是认知和身份发展理论，这些理论把大学生当作一个整体看待（不考虑发展过程可能因社会性别、种族和其他特征的影响而产生的差异）。然而，这些理论的批评者提出了一个新的观念：不同类别的学生可能有不同的发展过程。以社会性别为例，就存在很多问题：传统的学生发展理论是否同等地适用于男性和女性？不同社会性别的学生在大学期间是否各自以独特的方式发展？

针对这些批评和相关问题，关于大学生发展的理论观点在不断演化。女性发展被认为是不同于男性的，越来越多的研究聚焦大学男性发展的特异性。理论的持续发展，为更好地理解大学男生和女生发展的实证研究奠定了基础。实际上，近年来大量涌现的关于社会性别差异对大学影响的研究支持了大学生发展在变化的特征和促使变化的动因上存在性别差异的说法。然而，这些侧重大学生发展社会性别差异的研究并不总是和以社会性别为基础的理论观点一致。需要更多的研究来检验男性与女性发展现有理论观点的准确性，并解决理论对同一社会性别的整体适用性问题，因为在男性和女性学生群体内部也存在巨大的差异性。

一般学生发展理论

最初，与大学生发展相关的理论并未考虑社会性别差异，而是假设发展过程同等适用于男性和女性。其中有些理论现在只用于男性,还有一些则与适用于女性的理论互为呼应(科尔伯格与吉利根的道德发展理论就是一个突出的例子)。简要回顾一下这些引导了大学生发展领域研究的基础理论还是很有必要的。

身份发展

埃里克·埃里克松被公认为“身份发展之父”。他的发展理论涵盖人的一生,常规年龄入学的大学生处于发展的第五阶段(身份相对于角色混淆)(Erikson, 1968)。埃里克松指出,男性和女性都在这一阶段开始根据周围的环境影响和自身经验建构身份。这一阶段的目标是发展出对自我和对人际关系的责任感。埃里克松相信,到这一阶段结束时,一个人就做好了与他人发展长久关系和真正的亲密关系的准备。在各阶段之间的过渡期,一个人可能体会到“危机”(即被迫面对特定规范或内部发展变化的时刻)。当危机得到解决,个人发展就能够进入下一个阶段。

奇克林的身份发展理论

奇克林认为:大学生的身份发展过程会经历七个阶段,或“向量”(Chickering & Reisser, 1993)。“向量”这一术语用来表示各阶段是有方向性的,其影响会随着学生完成各阶段的任务而不断加深和扩大。在最初的两个向量(发展能力和管理情绪)中,学生获得智力、实践和人际关系技能。这些技能有助于学生建立健康的人际关系,为其进入后两个阶段打下基础(从自主到独立和发展成熟的人际关系)。经过这两个向量后,学生开始更自信地处理人际关系,对差异有更宽容的理解,并内化对差异的容忍和接纳。

在第四阶段发展出的人际关系(既可以是浪漫关系,也可以是柏拉图式的关系)被认为是身份建立(第五阶段)的关键。奇克林认识到个人可以有多重属性(如女性、非裔美国人、女同性恋),他指出,学生不会同时建立起各个层面的身份认识,完成这一阶段的学生会表现出对自己的悦纳,无论是身体上还是情感上。奇克林还认为,经历了这一阶段的学生会具有更强的自信心和安全感。在最后两个阶段(发展目标和发展完整性),学生运用发展身份时练就的技能和自信来引导自己寻求生活的目标和人际关系。在这两个阶段,学生在调和外部影响(如家庭)与个人目标与理想方面的能力上变得更自信。学生还会展现出在个人价值观和道德方面更坚定的信念,并能够把信仰和行为统一起来。

在过去的20年里,学者们做了很多研究来检验奇克林最初提出的理论是否同等适用于男性和女性。奇克林和雷瑟指出,相比于独立(一种自足和自主意识),女性更强调相互依赖的元素(一种对与他人相互支持的依赖)。对女性而言,相互依赖的发展早于独立的发展(男性则相反)。福尔伯特、尼克松、西森和巴恩斯(2005)发现女性的成熟人际交往能力发展早于男性,但在后面的阶段,如发展目标阶段,男女基本同步。

马西亚的自我身份发展理论

詹姆斯·马西亚(1996)采用了埃里克松关于身份发展的观点建构了自己的身份发展和地位理论。马西亚聚焦在两个可能同时发展也可能分别发生的特定心理任务上:探索和承诺。在探索中,男性和女性在探究自己的身份并界定自己是谁的过程中将自己与同伴区别开来,将自己看做独立的个体。完成承诺的任务能够带来稳定感和对自己探索和选择的身份的欣慰感。

马西亚指出,在这两个身份形成任务中,男性和女性都会有四种反应。第一种是前危机反应,个人的身份是"混沌"的或者不明确的。在这个阶段,年轻人尚未真正努力地探索自己的身份,而且也没有兴趣去探索。同样,人在这一阶段还没有对其身份的任何一个具体方面作出承诺,还会在思考问题时表现出矛盾态度。面对危机时,有些学生会表现出一种"提前关闭"的反应,即对关于自己和世界的某一套信仰和价值观不加反思和不加质疑地遵从。这些信仰或价值观往往来源于家长或其他有影响力的成年人(如老师、教练),也有可能来源于同龄伙伴。处在身份危机中的学生可能有"延缓"反应,他们积极探寻自己是谁。这种探寻是有意识、有目的的,尽管他们还没有达到承诺的阶段,男女学生在这一阶段完全投入地在探索他们的信仰和价值观,并决定自己将成为什么样的人。作出"身份成就"反应的学生已经达到了忠实于自己各种身份的阶段。和奇克林一样,马西亚也认为身份发展有多重层面,包括社会性别角色、政治、宗教和职业身份。

认知发展

认知发展理论主要关注个人如何理解周围的世界。这些理论通常探讨个人如何通过自身经验和偏见去解释发生的事件。这一类型的理论还揭示个人理解意义的能力变得越来越复杂的发展机制。相似于身份发展的理论主要以埃里克松的模型为基础,认知发展理论主要建立在皮亚杰的观点之上(Evans, Forney, & Guido-DiBrito,1998)。

认知理论指出,心理结构就像过滤器或者透镜,人们透过它们观察世界(Abes, Jones, & McEwen, 2007)。这些结构是所有文化背景中的人都具备的,只是发展的时间先后会有差异(Evans 等, 1998)。因此,和身份发展理论类似,认知发展理论大多也是阶段理论,个人的发展必须经历一系列阶段。各阶段之间的转移是由一种不平衡感导致的,当人们体会到一种心理冲突时(如事情没有如预期的那样发生),就会努力把这个经验同化进已有的理解中,如果行不通,他们就会创造出一个新的过滤器或透镜。通过这种方式,对世界的各种体验被放进大脑,用来理解更多的事物和关系。

科尔伯格的道德发展理论

科尔伯格(1971)的理论最初被广泛应用于男性和女性的发展研究,不过现在只用于男性(因为他的样本主要是男性)。科尔伯格的理论提出支持公正的取向是发展的最高阶段。他的理论涵盖整个人生阶段,指出道德和伦理发展始于婴儿期。在最早的几个阶段里,儿童的道德意识是通过好与坏的概念形成的。儿童遵守规则(这一阶段道德行为的表现)是因为听话和不听话会产生相应的后果,惩罚和奖励的作用很强大。随着个体的成熟,道德的基础日益变得以他人为取向,意味着行为的约束是出于对规则和权威的认同与尊重(对他人忠诚的概念日渐重要),个人承担的后果相对无足轻重。科尔伯格理论的最后几个阶段强调普遍逻辑和行为。在这些阶段,个人对社会契约的理解更深入,并表现出主动遵守契约的行为(这些人通常相信某些人和行为是好的)。当一个人意识到其他人可能有不同的信仰和价值观时,他仍相信有一个不伤害他人的通用的行为方式,且应该惩罚那些伤害别人的人(一种奉行公正的行为)。科尔伯格把这样的行为看做是一种遵守“普世道德准则”的行为。“普世道德准则”是关于公正和不公正行为的抽象的社会契约,寻求公正是因为这是对的(不一定是为了帮助某些人,而是因为公正是最高的道德行为)。

科尔伯格的研究助手卡萝尔·吉利根(1982)后来对科尔伯格的理论提出了挑战,认为这一理论过于男性中心主义,低估了女性道德发展的特征。她还批评了科尔伯格所认为的女性无法企及男性所能达到的道德和伦理发展水平的观点(因为他没有像观察男性那样仔细观察女性在公正方面的行为)。吉利根的理论稍后在女性认知发展理论部分介绍。

佩里的智力和道德发展理论

佩里(1970)在皮亚杰和科尔伯格的研究基础上提出了自己的智力道德发展理论。这一理论是在对男性和女性的智力发展规律研究的基础上提出的,但后来还是被批评只用了男性为例来说明他的理论概念。

佩里的目的是建立一个道德发展概念模型,他最后得出的结论是,个人在大学生涯中占据九个位置。佩里在建构模型时避开了“阶段”一词,因为他认为这一术语时间意味太强了。他更倾向于使用“位置”一词,因其强调学生必须通过的空间位置,而不强调时间跨度。佩里的理论指出,刚入学的大学生相信对错有严格的区分(二元论)。在这些早期位置上,权威被认为是所有知识的拥有者,学生是学习的接收器(即使教授对已有知识提出挑战,学生也可能表现出失衡感)。在后续位置上,学生认识到多个真理存在的可能性,但遇到反对意见时仍可能认为自己是错的。当学生继续发展,就会形成相对主义意识,并开始评价自己和他人对真理的理解,最终发展出个人的道德感。个人道德感的发展和在更大的群体、文化与世界语境中的身份及自我意识的确定是同步的。

在佩里看来,学生智力和道德发展最重要的部分不是其所处的位置本身,而是他在各个位置间转移的那个时期,因为这正是智力和道德发展产生的时间。佩里强调位置在某种程度上是方向性的(每个位置必须完成后才能进入下一个位置),而且并不一定都是正向的(当一个人遇到新的信息或有了新的经历时可能会倒退)。佩里的理论指出了道德发展的不同方面可能在人生的不同时期发生,这个过程更像是一个不断扩大的圆圈而不是一条直线。

巴克斯特·马戈达的认识论反思模型

在对大学男生和女生长期的定性研究基础上,马西娅·巴克斯特·马戈达(1992)提出了知识获得与社会性别相关的规律,但她特别小心地没有区分男性特有和女性特有的发展规律。她指出,学生在大学期间的"绝对知识观"(关于真理的二元对立观)呈下降趋势,"过渡与独立知识观"(考虑到真理的情境性)呈上升趋势。巴克斯特·马戈达强调知识是个人在社会、关系(通过朋友、恋人等形成的)以及家庭的信仰和价值观语境中建构起来的。她还主张,无论对于男性或女性,发展都是交互的、相对的。她认为男性和女性处理这些认知变化的方式可能不一样,但二者都表现出了改变。巴克斯特·马戈达的理论在很多方面与佩里的理论相似,但因为她的数据是从社会性别角度分析的,所以关于男性和女性异同的信息更丰富。

持"绝对知识观"的人明确区分对与错,并相信权威掌握答案。在这一阶段,学习者注重从权威人物(如教授)那里接受并掌握知识。接受知识的行为更多出现在女性身上,而男性则更倾向于去努力掌握知识。掌握知识的行为多表现为挑战权威的互动式的口头行为,而接受知识的行为则是安静的,呈现出合作性。

过渡期学习者逐渐表现出对知识不确定性的认识。这些学习者希望参与有关知识的对话(而不是单纯地接受或记忆知识),并开始积极参与知识的建构。这一阶段的学生表现出人际交往学习(通过与他人互动学习)和非个人学习(通过辩论和挑战别人学习)。巴克斯特·马戈达发现女性的人际交往学习更多,而男性的非个人学习更多,但二者都表现出主动学习的方式。在独立学习阶段,原本作为权威的教师现在成了向导或助手。学生在这一阶段更关注彼此对真理和知识的诠释。这些学习者表现出两种不同的模式:相互依赖学习型(通过互动产生知识,个人形成自己的观点,同时吸纳和融合别人的观点)和个人学习型(不如前者互动强,但也对学习他人的观点感兴趣)。

男性和女性的行为在最后一个语境化学习阶段重合(知识取决于语境,可能在某些情境中更正确)。巴克斯特·马戈达指出,这一阶段不一定在本科阶段显现,而更可能在人生的其他阶段出现。如果出现在大学阶段,学生的典型表现是:相信真理取决于语境,是相对的。这样的学生可能遵从特定的一系列真理,但这些信念一定是有证据支撑的。最终,巴克斯特·马戈达发现男性和女性之间的共同点大于不同点,也因此她的理论焦点主要落在大学生作为学习者的整体性认知上。这一理论可以用来重新强调学生作为学习者的价值和学生表达自己观点的重要性。

女性学生发展理论

20 世纪 70 年代早期,研究者开始对当时盛行的学生发展理论的普适性提出疑问。他们注意到这些理论所依据的样本在社会性别和种族方面具有不平等性,研究参与者一般主要是白人男性。此外,有些理论假设女性的发展能力较弱,因为她们被观察到的行为不同于理论预设(如科尔伯格)。研究者批评这些理论缺少对男性和女性发展差异性特征的关注。在批评这些理论的同时,研究者们开始采用独特的女性主义理论框架。这一理论框架从独立的角度分别研究男性和女性的发展,在认识到男性和女性发展方式差异的同时,不贬低任何一种性别。一系列理论应运而生,描述出女性与男性不同的发展轨迹。在研究女性发展轨迹时,研究者注意到女性所经历的阶段往往和男性一样,但每个阶段完成后的结果却呈现差异。

乔西尔森的女性身份发展理论

露丝林·乔西尔森(1987)进行了一项长期定性研究来检验和评价马西亚的身份发展理论,并最终提出了自己的女性身份发展理论。乔西尔森运用马西亚的四阶段框架,根据其对 60 名女性长达 20 年的研究,重新归纳了每个阶段发生的活动。她指出,马西亚的理论依据的是决策而不是内容和情境。乔西尔森注意到女性更倾向于依据群体和外部世界环境来发展自己的身份,相比于男性更呈现出他者取向。

乔西尔森特别指出，女性身份发展发生在女性协调人际关系的时候。女性更关注她们想要成为的人的本质，而不是对男性而言至关重要的外部身份表征，如职业、关系地位、宗教等。乔西尔森的理论显示，女性和男性运用人际关系建立身份的方式也不一样。男性可能运用人际关系创建自已独特的、个人的身份，而女性则依靠人际关系引导个人身份发展，并帮助自己保持与他人的联系。

吉利根的女性道德发展理论

吉利根(1982)观察到高等教育领域衍生出来或应用的很多理论忽略或撇开了女性。她认为，当男性作为常规行为和发展的依据时，女性就可能被判定为发展滞后、不成熟，甚至不正常。作为科尔伯格的研究助手，吉利根特别注意到科尔伯格没有把女性放进研究样本，却依旧用结论概括所有男性和女性。当吉利根自己开始进行道德研究时，她发现了一个科尔伯格的理论没有解释的道德推理模式。她认为科尔伯格的研究展示了"公正视角"，而她的研究展示了一个"关怀(或仁慈)视角"。

吉利根提出了一个女性道德发展视角，她认为女性和男性具备同等的发展能力，但发展的方式不同。科尔伯格的理论侧重于道德发展中的规则和权利理解(一种更男性化的发展方式)，而吉利根更侧重于关系和社会的力量。她指出，公正视角强调自主与独立，而关怀视角强调相互依赖和联系。吉利根的理论和科尔伯格的一样，也是阶段理论，其各阶段与科尔伯格理论模型并行，但各阶段必须完成的任务不同。在吉利根理论的早期阶段(童年)，个人的决定取决于自我保护和私利。在中级阶段，个人为了保持与他人一致并保持与他人的关系开始发展出对他人的责任感和愿意牺牲的倾向。吉利根所述的最后阶段，和科尔伯格一样，侧重不伤害别人的思想。吉利根表示，在这一阶段，女性的伦理与道德行为更考虑行为后果对他人心理和生理的影响，而不是公正的抽象原则(科尔伯格理论的观点)。

贝伦奇、克林奇、戈德伯格和塔如尔的女性认识模式理论

吉利根和佩里为女性认识模式理论的发展奠定了基础(Belenky, Clinchy,

Goldberger, & Tarule, 1986)。贝伦奇等人运用早期道德和伦理发展理论中意义理解的部分来研究女性如何辨识和理解知识与真理。他们的理论是对佩里理论的回应和批评,因而只侧重女性,以此检验佩里的理论是否忽略了发展的某些方面。他们提出了女性审视周围世界的五个不同视角(而不是阶段)。尽管他们没有指出这五个视角以阶段性的方式层层叠加,但有些作者指出(e.g. Kuk, 1990),这些视角表现出逐步增加的认知复杂性,因而和佩里的理论十分相似。

第一个视角是"沉默",指女性表现出自动的、不加思考的顺从,表明她的无力感和受到外部强势权威的制约。体验这一视角的女性一般比较年轻或者在某些方面没有地位,可能是教育方面、社会方面,也可能是经济方面。女性在下一个"接受知识"视角还可能是沉默的,但她们在通过聆听他人积极学习。她们坚信真相掌握在外部权威手中,女性自己没有创造知识的力量。

具有"主观知识视角"的女性理解她们有一定的能力创造真理。这一视角的发展往往在女性看到权威人物失败的时候发端。她开始相信不同的人在不同的境遇下看到的真相可能是不同的,真相是社会创造出来的。在下一个"程序知识视角",两种不同的认识方式产生激烈冲突:独立方式和关联方式。独立学习者努力寻求客观真理(运用批判性思维和客观推理方式),而关联学习者主观过滤她们听到和分享的信息。关联学习者并不想证明自己观点的客观性,她们明白自己所听到的信息也是从说话者的主观视角传递出来的。最后一个视角是"建构知识视角",这是最复杂的阶段,典型表现是整合客观和主观知识建构个人信念的能力。贝伦奇等人指出,达到这一阶段的女性能够充分听取他人的意见,却不迷失自我。

男性学生发展理论

正如上述部分所展现的,很多关于大学生发展的一般理论在 20 世纪后期得到了重新修订,而且只应用于男性,因此学者们开始探索专门针对女性的发展理论。尽管早期很多理论建立在以男性样本为主的研究基础上,不过人们还是开始反思这些理论是否能真正反映男性发展的特点。这一新的研究方向侧重通过大学校园里男生和女生不同行为的比较来看男性身份发展,并挑战有关男性特征的僵化观点。反映男性身份和认知发展特点的具体理论模型的缺失(和女性理论一样)凸显出来,研究者开始关注男性生活的社会性别特征而不仅仅是具体的阶段性发展模式。

男性身份发展研究运用了社会心理学视角,并结合了其他相关学科的观点,来挑战以往教育领域看待男性和男性特征的方式。研究者们(如 Davis,2002)指出,男性特质和女性特质一样,也是文化的产物,是社会建构的。但他们注意到男性和女性交流的方式、体验挑战和建构身份的方式不同。戴维斯(2002)特别指出了两种具体的自我表达方式的冲突。第一种冲突是:男人想要表达思想和情感的愿望因社会压力而受到压抑,因为男性要符合不多话的行为定式。第二种冲突发生在需要判断与其他男人面对面交流是否恰当时,面对面交流是相对于非言语或间接交流而言的。

有一个特别显著的发现贯穿整个研究,那就是:男性害怕自己的身份表达中包含女性特质,男性的身份冲突来源于他们对身份外部定义的体验或别人赋予的身份(O'Neil, 1981;Davis, 2002; Harper et al, 2005)。这些被接受的身份通常始于家庭(从家长传给孩子),且有可能受到同伴影响,并在大学环境中得到强化,因为在任何校园里都存在社会性别规范或同伴群体效应。害怕具有女性特质(或害怕被别人说成具有女性特质)会导致男性抑郁和心理压力的增加(Good & Wood, 1995)。然而,因为大学校园里的社会性别规范,男性大学生因为情绪问题寻求帮助的情况明显较少。男性还感受到校园里针对男性学生的支持性组织比女性的少(Davis, 2002)。

哈珀、哈里斯和米吉(2005)提出了一个主要以社会性别的社会建构为基础的男性发展与行为理论模型。他们指出,男性进入大学时,已经受到社会性别角色和行为的社会化。在大学里,他们会体验到人格中男性和女性角色的不平衡感。他们体验到的社会性别身份矛盾常常导致失当行为,包括一些可能导致学校司法干预的行为(如破坏行为、攻击行为和强奸)。这些行为,以及药物和酒精滥用,往往会被男性用来"证明"自己的男子气概。这些角色冲突常常影响大学男生的学习生活。例如,大学男生可能掩藏自己的学业能力以避免成绩高于社会可接受的水平,从而避免同伴的消极反应(Czopp, Lasane, Sweigard, Bradshaw, &

Hammer，1998）。他们还可能违心地去支持那些爱玩而不好好学习的男生（Vianden，2009）。角色冲突还妨碍男生与大学老师建立有意义的联系，因为有些男生不愿意承认自己上课听不懂或者考试成绩不好。因而，男性可能不愿意在课堂以外寻求老师的帮助（Vianden，2009）。

哈珀等人（2005）的理论提出，男性在进入大学前（在家和在中小学）就通过社会化而具备了一种崇尚粗犷行为的男性特质，其结果是他们不断需要权威人物来加以管束。男性特质的社会建构是这一理论的核心。哈珀等人指出，男性大学前习得的行为进一步受到大学校园里社会性别规范的强化。然而当男性进入大学后，他们的男性身份可能受到挑战，如果按以前的方式应对不能成功，就可能产生一种社会性别角色冲突（O'Neil，1981）。他们遭遇的失败（在课堂里或在其他地方）进一步强化了他们对女性特质的恐惧。为了表明自己的男性特质，他们会作出积极的反应，因而可能引发不当行为和法律后果。哈珀等人指出，这些冲突阻碍了男性发展出奇克林和雷瑟所描述的能力，除非他们表现出的行为受到男性同伴的接纳。他们认为所有这些因素都对男生在大学校园里的行为和男性身份建构产生了影响。

第四章 教育研究与实践的女性主义批评

露西·E.贝莉

对于传统教育研究和实践方式的女性主义批评出现于18世纪，在20世纪60年代时更为猛烈。迄今为止，这一领域已经积累了大量的学术论著，对教育及社会层面知识产生的意义提出质疑和修正。女性主义研究范围广阔，观点纷呈，吸纳了各种方法、理念、模式和学科来探究教育知识与学校教育过程的问题。这些研究的核心理念是：教育作为一个社会与经济系统，对人类生活有着强大而深远的影响力。正因为如此，这是女性主义研究的至关重要的领域。有着不同目标的研究者用传统和反传统的手段分析男权，展示社会性别对于教育、社会生活和知识创造的重要性。对教育研究与实践的早期女性主义批评探讨了历史上男性主导的社会系统和科学思想的男性偏见对女性发展机会的影响。近期的批评涵盖了更广泛的话题，从政治不平等到女性在管理职位上的代表不足，到关于社会性别、种族和阶级对教育理论的各种影响方式。

自美国民权运动和妇女运动以来，女性主义研究在不断深入和拓展，然而女性主义方法论在一些领域清晰可见而在另一些领域近乎绝迹的现象仍显示出，研究者应用这些资源的潜力没有得到充分开发。有些研究者采用了这一变量，但表现出对女性主义方法应用的不熟悉、不清晰或者不情愿。实际上，鉴于当代教育研究的复杂性，研究者需要采用一系列工具和技巧才能有效地完成研究工作。尽管女性主义学者有各种不同的兴趣、专业和理论归属，引领研究视野和实践的女性主义方法仍具有一些共性：批判精神、对社会性别和其他社会生活中关键身份的重视、增加公平教育机会和实践、女性主义方法论原理。这些"指导性原则"(Fonow & Cook, 1991)为研究者提供了具体工具，帮助他们在持续变化的教育领域应对新的教育要求和不断出现的问题。

当代教育研究和思想的女性主义批判可以追溯到 18 世纪。上层阶级的盎格鲁-欧洲女性对于女性因看似在体能和智能上低于男性而被剥夺教育机会提出抗议。她们指出，教育、法律、政府和其他社会机构都是以男性为中心的，都围绕着男性的需要、理想和社会角色。女性应该接受正式教育，这有助于她们培养未来公民、承担家庭和社会责任、为他人提供更好的道德指导。当时一些激进的观点还反驳了男性哲学家对女性的看法——认为女性天生过于情绪化和被动，因而无力承担自主公民的义务。另一些人批评科学家们不辞劳苦地寻求证据以证明女性在身体构造和功能上先天不足的假设。这些科学家用各种方法检验头盖骨的尺寸、大脑重量、生殖器、月经周期来收集证据以证明女性的发育不良和等级低下。

事实上，女性比较感性的论断还导致她们被排除在科学研究之外。人们认为，验证科学实验的"可靠"证人需要有客观和中立的立场，而女性是"不可靠"的，因而，20 世纪以前，女性一直被排斥在伦敦皇家学会之外。然而从 19 世纪中期开始，就有人质疑基于这种思想和排他主义的研究方法是否客观、中立或不含价值判断。直至今日，对传统研究"客观性"的批判仍是女性主义思想的核心主张。

20 世纪早期，教育、人类学和心理学领域的女性主义研究者检验了长期以来被人们当作事实的"性别差异"观念。研究质疑了把男性和女性在智力、人格和行为上的区别完全归因于"自然"(生物性)而不是家庭和教育经验(社会性)的观点。女性主义思想对"自然"差异的观念进行系统检验十分必要，因为这一观念仍被用于剥夺妇女的各种社会角色和机会，包括接受平等教育的机会。研究者们从不同角度研究"性别差异"，发现导致性别差异的社会原因存在于所有性别和种族中。这群先驱学者的研究成果汇集在一起，撼动了性别差异绝对生物性的观念，也展现出研究可以强有力地挑战限制人类潜能的普遍观念。如果差异在一定程度上源于社会基础，教育就可以为改变人类生活的方向作出贡献。

更近期的女性主义批评出现在民权运动和妇女运动时期掀起的学术改革浪潮中。20 世纪 60 年代和 70 年代，各个学科的学者开始更强烈地质疑构成各领域知识的传统研究的内容、过程和方法。高等教育女性研究的兴起、第九条法案的通过和一个名为“教育中的女性研究”的组织在美国最大的教育协会——美国教育研究协会中的建立，标志着教育中社会性别问题越来越得到关注。在这一改革精神的指引下，女性主义研究者审视了教育领域开展研究和建构知识的种种方法，其中一项重要的批评指向了所谓的从“去利益的”、“客观的”或“不含价值判断”的角度开展的研究。女性主义者明确指出，女性自古以来一直被排除在研究样本之外，研究者用研究男性得出的结论概括女性，为女性低人一等的假设寻求解释，这些做法既不客观，也绝非不含价值判断。实际上，这些研究不仅在维护男权统治和不平等，而且还披着科学和“非利益的”知识的外衣来进行伪装。

女性主义者还指出，研究职位、博士项目和大学教授职位上白人男性的数量优势不可避免地影响着教育研究的方向和分析。这一观点符合当时盛行的一个观念：所有研究都受到研究者的主观信念、当时的主流思想和盛行的最佳研究方法的影响。这些对我们研究什么、如何研究和得出什么结论有着不可避免的影响。例如，这一时期对已有研究的分析发现，男性研究者比女性研究者更倾向于认为女性容易受外部影响。在心理学研究中，女性研究者比男性研究者更多关注性别差异问题。相似的规律还出现在有关种族和阶级的研究中。例如，有关白人女性的早期研究主要选用了白人参与者，忽略了种族和阶级差别对研究结果的影响。

女性主义学者还质疑了教育研究“通用性”的假设，这一假设忽略了社会性别对于社会组织建构和研究过程的重要影响。例如，心理学家卡罗尔·吉利根在其著作《不同的声音》中挑战了劳伦斯·科尔伯格的奠基性研究所提出的道德发展普遍模式（一个适用于所有人的模式）。如果用这一模式为依据，女性的行为比男性缺乏道德性。吉利根在自己的研究中融入了社会性别意识，她发现女性在道德发展上并不比男性差，只是她们的道德概念是基于关爱和关系的，不同于男性。她的研究发现表明，类似科尔伯格的基于男性样本的理论不仅对女性经验的适用性有限，且一旦被接受为普遍规律，还可能导致人们对社会世界的误解。对关心、抚育和生育的后续研究强调了性别/社会性别的差异。同样，对社会安全和高等教育的女性主义研究也发现，貌似“社会性别中立”的政策和实践实际上反映的是男性事业发展模式。例如，终身职位轨迹时间表设置就没有考虑生活经历的社会性别元素，如照料亲友、生育付出的劳动。尽管大学通常允许教授在5—6年内晋升终身教职，但这一时间规定和女教授们生育孩子的生物时间参数相矛盾，因为调查研究发现：女教授学术创造力往往在职业生涯的后期，当育儿和家务责任减轻的时候迸发。

女性主义者还对另一种普遍性观点提出了挑战，这些观点忽略了女性内部的差异，未能充分理解社会世界的复杂性。早期女性主义者主要关注性别/社会性别差异，没有兼顾身份和主观性层面。不过，当代女性主义者注意到了女性内部的差异，并以此作为建构概念、实施研究和分析数据的重要依据。阶级、种族、民族、性取向、国籍和能力都是社会建构的，它们和生活经历一起，相互交错，丰富社会性别的含义。基于部分样本作出普遍性结论会抹掉多样性。例如，在吉利根理论基础上进行的新研究加入了种族和阶级元素，结果发现，非裔美国女性和男性有着共同的道德决策方式。同样地，对于拉丁裔母亲的研究发现，她们介入孩子学习的方式有别于白人中产阶级家庭的常态模式。此外，越来越多对美国女孩生活的研究发现，种族和阶级以显著不同的方式影响着女生对于课堂、愿望、同伴压力、参加啦啦队、青春期怀孕和毕业舞会的体验与表达。

尽管教育理论和实践中显现出来的差异已十分显著，传统教育研究仍占主导地位，大量研究对于社会地位多样性的关注仍不充分。女性主义方法论的多样性和复杂性在不断深化，但传统的排他模式仍是研究者注意力的焦点。心理学研究考察成就、动机和发展观念时，常常无视社会性别因素对这些概念的影响，或者忽略这些概念在不同社会群体中的表现方式。概述教育研究的主流教科书常常不包含批判观点或女性主义研究。方法论学者注意到了很多研究方式只关注女性受到的侵害，并不强调女性的作用。对主流群体的研究发现被用于概括其他群体，身份的交错性被忽略，研究对象都是异性恋和白人，西方偏见导致了无视文化差异的研究实践和局限于西方视角的研究结论。

当代女性主义研究实践无论在高等教育内部还是外部都是跨学科的，汲取了一系列研究方法、观点、模型、理念、数据资源和学科实践来创造知识。女性主义者运用不同的理论（解释和组织的框架）和认识论（理解和了解我们所知道的事物的框架）来开展调查研究。这些框架常常是相互竞争的，会激发建设性的讨论和对已有方法的修订。例如,学者们在探究文化对女性和男性生活的影响时,要避免将这些差异描述得简单化和绝对化,研究过程就十分艰巨。其他一些学者支持后建构主义和后现代主义对女性主义研究和思想领域的重要意义,他们批判和解构了长期以来被认为是固定的和基础性的认识世界的概念与体系:科学、推理、知识、真理、进步、社会性别。那些运用物质主义方法的研究将女性看做被不公正地置于社会结构的某个位置上的具体化对象,而基于后结构主义思想的研究则分析语言如何创造出人们习惯的类别,包括"女性"这个类别,各个类别的知识如何发展和发挥作用,以及什么构成了"合理"的研究。这两种研究之间的争论也浮现出来。因后结构主义而引发的学术争议复杂、微妙,富于建设性。这些争议促进了对研究方法的创新和反思,不断推展社会和世界知识创造的意义的边界。

女性主义方法和方法论

研究者通常把方法和方法论区分开来理解。方法往往被归纳为两个大类:定性研究(以词语、艺术作品和形象为数据的研究工具或技巧)和定量研究(通常用数字做数据的研究工具或技巧)。研究项目的具体目的决定了研究者以什么方法采集和分析信息。例如,即使有些定量方法被认为是男性中心的研究方法,女性主义学者仍认识到定量方法在处理广泛现象、争取经费和影响公共政策方面特别有用。研究者可能使用两类方法中的一种,也可能将二者结合起来使用,如口述史、调查、统计、焦点组、人种志、文献分析、参与观察和自传等等。

方法论是指研究应该如何做的理论,是指导研究设计、方法采用和分析手段的基本原理。尽管女性主义学者在讨论核心概念和应对新的社会复杂性的过程中修改了方法论,但采用女性主义视角进行研究的研究者都遵循特定的原则。首先,女性主义研究的前提假设是社会性别、种族、阶级和性取向,和其他身份要素一样,它们也是影响社会生活组织、生活经验和思想过程的重要因素。研究者调查有关社会性别、社会性别关系、社会性别与权力、社会性别与其他社会角色的关系动态的问题并产生相应的知识。

第二,女性主义研究假设,任何调查都不是不含价值判断的、客观的过程。研究者受到自身社会地位、所处的具体社会现实以及当时历史背景下的思想意识的影响。这些解释性的、批判的、结构性的研究方法与指导传统教育研究方法的“实证主义”科学范式形成鲜明的反差。尽管实证主义只是概括社会世界和积累知识的一种方式，但是它在教育领域的主导地位影响了人们对“科学是什么”和“应该是什么样”的观点。这一主导思想受到了2001年“不让一个孩子落下”法案通过之后当今研究资助模式的强化。尽管学者们呼吁拓宽科学的定义，2001年后的政府资助仍然只针对实证主义的、基于证据的研究。实证主义范式认为研究者只要配备合适的工具、客观的方法论和系统数据收集程序就可以理解、预测和控制物理及社会世界。实证主义强调以经验主义(感官经验)作为知识的基础，并主张研究者与研究对象保持距离和中立。对于女性主义研究者来说，在探究复杂的社会世界时，去利益化，中立、预测和控制既不可能，也不必要。他们以及其他学者都指出，研究需要多元化的信念体系和方法论。

女性主义方法论的第三要素是反思性。这一概念在其他研究传统中也存在，指的是研究者有责任分析自己的研究实践。具体的研究项目决定研究者运用什么样的反思要素。在早期，女性主义方法论引导研究者反思自己的研究方法，探讨研究参与者对研究话题的反思，并运用这些反思去分析更大的社会力量，如权力和等级制度是如何影响研究过程的。近年来，研究者开始拓展反思的概念。研究者会思考自己所属的群体和身份如何与研究话题产生关联，这些特征如何影响方法论选择、研究实践及知识创造，研究结果如何影响社会思想，观众、话题和方法如何影响研究发现的呈现和接受。

帕蒂·拉瑟和克丽丝·史密斯的研究“打扰天使：患艾滋病的女人”(1997)向我们清晰地展现了研究者如何在女性主义研究中运用多层面的反思。作者运用定性研究方法探究了艾滋病女患者的经历。在整篇文章中，拉瑟和史密斯复述了自己在研究中遇到的困难、跟踪艾滋病女患者的经历，融合了参与者对研究者工作的反思，并深入思考了他们的研究对有关艾滋病的社会观念可能产生的影响。他们通过分栏的版面格式来强调反思性的研究方法，把小组访谈和研究者自己的反思分开表述。这一版式突出了研究者的反思在女性生活知识建构中的重要性——他们在这个项目中努力打破研究者和参与者边界，去代表那些身携致命病毒的女性。这与那种科学家作为“非具象了解者”，在研究过程中避免个人投入，只汇报结果的研究方式截然相反。这一方法论选择带有鲜明的女性主义色彩，因为它把研究调查和知识创造看做是一种浸透着社会性别化的权力过程，并使得研究者寻求意义的过程清晰可见。在这一视角下，研究者的专业训练和社会角色可以有意义地丰富研究过程。一个学者如果坚信知识是建构的而不是被发现的，就必须有意识地反思自己的研究实践如何影响了知识的建构。

女性主义方法论的第四原则是其行动和社会变革取向。女性主义研究者致力于发现和改变各种社会机构中(包括教育)存在的和得到维护的根本性不平等。尽管出于不同的理论基础，女性主义者有着共同的坚守：通过自己的工作促进思想的、社会的、政治的变革。教育是这类变革产生的核心场所。这一取向与旨在解释、预测或简单探究现象的研究不同。尽管有些女性主义研究的目的是解释和理解现象，但它们往往伴随着明确的要求：分析权力关系、改变不平等、促进人类社会发展。女性主义的研究实践作为一种社会关系，同样必须反映变革的宗旨。具体地说，女性主义教育研究可以提出行动号召，重新解释现有理论，提供改革性研究过程模式，分析现有研究、政策或法律，为开展新的研究提出建议，提出改革建议，提出平等教育实践的愿景，提升公共意识，为在课程、教学和领导层的少数群体主张权益，提供专业发展或修改的指南。

女性主义教育研究者用不同的方式表达了对重视行动和社会公正的取向。早期开创性的研究揭示了教学分轨、教学方法、课程设置、流行文化等方面对有色人种及其他女性的普遍歧视，并为纠正这些不平等提出了具体方案。另一些学者强调了齐卡诺妇女和后殖民期女性主义，教师工会的女性运动、工人阶级女孩的愤怒，这些都是历史上女性反抗西方种族主义父权制度的著名例证。鉴于教育领域男性和男性思想的长期统治地位，有些研究者倡议进行激进的结构变革，比如回到单一性别学校模式，或在家上学。有些理论家提出了新的学习方式。例如，阿德里安娜·里奇(1977)用至今听来仍掷地有声的犀利表述号召女性去“索取”教育而不是简单地“接受”教育。里奇指出，有史以来女性被动的、顺从的学习方式显示出传统性别角色社会化的深远影响，男性中心的知识压制了女性的观点，剥夺了她们的功能，使她们不能去追求肯定性的和变革性的知识。自己提出对教育的要求，对女性而言可能是“生与死”的区别(1977，p. 231)。当代研究回应了里奇让女性发出声音的呼吁，学者们记录下了教师和家长在课堂和操场上继续在女生的身体、观点和功能上设置的社会性别桎梏。

行动取向还能够为改善女性生活带来实际的资源。拉瑟和史密斯(1997)把文章设计成教育材料来纠正对 HIV 病毒和艾滋病的错误观念，并为女患者及其家属应对这一疾病提供帮助。有研究者调查了 K－12 年级学校和大学校园中的性骚扰与欺侮行为，他们审阅了相关诉讼案，厘清了术语，为教育管理者处理这类问题提供了资源。研究性教育的学者推荐了能为青少年提供更好服务的综合教育项目，相比之下传统的禁欲教育把女青少年描述成潜在的受害者，要求她们压抑健康的欲望，并主张异性恋婚姻是唯一可接受的人类性生活模式。自传和传记学者探寻了女性经验与其社会环境之间流动的边界。政策研究者研究了 NCLB、平权运动和 1972 年通过的高等教育修正案的第九条来揭示理想的政策与实际贯彻之间的差距。他们强调了第九条在体育、啦啦队、女性参与科学、技术、工程及数学领域、怀孕少女的教育等问题上的应用，指出了社会工作者必须作出必要的改变来确保平等教育机会。

女性主义方法论的第五要素是研究过程的道德和政治影响。这一要素的核心是参与者与研究之间的关系，谁有权利为谁代言？谁被包含其中，谁被排除在外？研究者和参与者应该是什么关系？参与者在研究的实施和分析中扮演什么角色？历史上，有些研究者剥削和操纵研究对象，或认为研究者具有权威和专长，因而有高人一等的特权。传统做法继续倡导研究者在研究中采取中立的、保持距离的立场，防止个人偏见干扰研究结果。相反地，女性主义研究者经常寻找途径打破研究者作为“专家”而参与者作为“研究对象”的概念。关怀、感性和其他情感因素都受到欢迎，因为这些因素可以丰富研究过程和社会世界知识的特征。“与人一起做研究”和“在人上做研究”的概念截然不同，女性主义研究者倾向于把参与者看成是潜在的合作者、信息的丰富来源和了解自己生活的专家。过去的研究往往将研究对象放在一张浪漫主义的网里，否认研究者本身对研究过程的影响，哄骗研究对象超出自己能力和意愿地参与研究，而相反，女性主义研究致力于削弱研究过程中的不平等，承认参与者的人性和主观性。学者间的合作、与参与者的合作、民主研究设计、参与者对研究发现的反馈是女性主义研究者努力创造更平等研究关系的手段。

对研究的伦理和政治维度的考虑不可避免地卷入有关表征的斗争中。当代研究曾经历过一种“表征危机”,指的是20世纪70年代开始的关于研究在何种程度上反映和呈现社会生活的激烈学术争议时期。研究者开始研究工作时,常常带有这样的信念:只要研究的设计、方法和分析谨慎,就能保证研究发现及其在统计、图标、文本或影像上的表征能最大限度反映现实。相反地,卷入表征危机中的研究者常常认为研究发现是片面的、基于特定立场的、相对于语境的,在研究者、参与者和听众的复杂关系中共同建构出来的。

女性主义方法论也考虑过如何呈现边缘化群体和自己所研究的敏感问题,以及他们的研究发现如何被传递和理解。例如,研究者研究同性恋学生、性工作者、患艾滋病的人、青少年母亲和怀孕青少年,发现这些群体被社会严重贬低,而且这种贬低很可能就是研究无意间加剧的。因此,研究者在研究方法使用上还需要考虑如何慎重地呈现参与者。方法论的变革刺激了数据呈现形式的实验性发展,如表演、诗歌、戏剧、交融的叙事和照片。无论呈现的形式是传统的,还是实验性的,女性主义研究者提炼出了一种本质上是政治过程的研究,并努力预测各种呈现方式可能带来的后果。

尽管女性主义思想继续影响着教育实践,教育领域还没有同等地吸收女性主义思想和方法论。事实上,有人认为女性主义研究是政治驱动的,不是“真正”的研究,这类反对意见限制了它的应用。政府项目资助主要倾向于随机取向的实验研究和其他实证主义研究,将其他形式的科学排除在外,这种倾向加剧了对女性主义研究不利的形势。心理学在性别角色、性别差异和青少年发展与身份研究方面已经取得很多学术成果,而在职业发展、技术和职业教育领域的女性主义研究十分稀少。男性批评理论继续忽略社会性别,不把它作为资本主义权力系统的一个实质性的分析类别来看待。教育研究有时只关注一个特定学科领域的男性和女性的数量,而不是应用女性主义的分析去揭示数量不平等或影响女性的课程设置。教育领袖研究曾在20世纪80年代使用女性主义方法来检验多种问题:限制女性发展的制度性因素,管理层有色女性的经历,认为领导者是男性、白人和异性恋者的观念。女性教育学研究(研究教学)在机构等级制度和课堂权力关系方面有了大量研究成果,数学、科学和阅读领域的女性主义研究也在不断增加。课程理论家和文学学者也在分析西方和欧洲思想对语言使用、课堂教学和课程材料的影响。跨学科领域及女性主义的方法为教育者持续提供丰厚的资源,不断加深人们对社会世界的理解。随着教育领域被关注的问题层出不穷,女性主义研究方法将为教育改变人类生活作出更多贡献。

第五章　女性主义复制理论

乔安妮·迪拉波夫

有人说,皮埃尔·鲍迪乌不是女性主义者,但在对社会性别问题和社会不平等不感兴趣的法国和欧洲各地,这位已故的社会理论家常常被认为是女性主义理论家。这一论断并非毫无依据,因为自 20 世纪 90 年代初起,鲍迪乌确实表达过对男性统治本质及影响的关注。他认为男性统治主要是象征性统治,其性质和结构的含义比字面显示的要复杂得多,并且男性统治在社会生活的各个层面或多或少都有体现。鲍迪乌进一步指出,男性统治主要存在于文化和社会阶级中,因而对社会机构有着极大的影响,社会机构的一项关键任务就是维护稳定而理性的社会秩序。继而,他特别强调了教育是复制社会性别不平等的重要场所,并把教育概括为积累特定形式的社会性别资本、发表思想观点,继而进行社会分层的阶级建构的大型组织场所。

发端于 20 世纪 70 年代的教育领域社会性别理论,特别是女性主义复制理论,很多方面都体现了鲍迪乌所关心的男性统治和教育控制形式与全球化语境下更广泛的资本主义利益的关系。女性主义复制理论被认为是与马克思主义和新马克思主义女性主义思想一脉相承的教育女性主义流派,因此特别关注鲍迪乌所称的社会性别关系“结构的稳固性”:研究关于“性别”和“社会性别”的“知识类别”及其物质效应如何复制出一个稳固的、“深度沉积”的劳动力社会性别分工,这种分工植根于大众意识中,通过教育中的阶级关系表现出来(另见 McNay, 2000)。

这些复制理论家,或那些关注社会性别不平等的阶级理论家,特别是关心女性与政治经济关系的人(如马德琳·阿诺特和洛伊丝·韦斯),还有近期对文化理论感兴趣的女性主义者(如贝弗利·斯格斯、黛安娜·雷伊、莉萨·阿德金斯和安杰拉·麦克罗比)，都认同鲍迪乌的观点，认为教育和其他文化领域的社会力量(如媒体)在复制(不仅仅是规范)社会性别、种族和阶级划分方面扮演着关键性的角色。女性主义复制理论还致力于消除当代的错误观念，包括有些社会性别理论家，如自由女性主义和母性女性主义所主张的通过教育渠道和机会的开放与关系模式的开创来消除社会不平等的观念。女性主义复制理论延续了马克思主义对历史的关注，在自己的理论中融入了国家层面女性受压迫的历史(如女性主义历史唯物论)，从而能够依据历史唯物主义的整体原理来揭示男性霸权、阶级分层和物质利益之间的关系。这个理论阵营的女性主义学者通过对国家的阶级批判，揭示出抽象的男性公民和家庭领域这两个对立概念最终限制了女性参与国家政治。他们还认为国家的概念是从男性历史视角提出的，弱化了与之竞争的其他社会利益。

正因为如此，复制理论家被认为是这一领域最具批判意识的人，开创了一种“批判性的政治语义学”(弗雷泽和戈登，1995)，批评这个体系在特权上的偏向：男性优于女性，白人学生优于少数民族学生，精英阶层优于劳动阶级和经济上处于劣势的年轻人。女性主义复制理论和作为这一理论源泉的马克思主义，为学校的社会性别不平等研究作出了很大贡献。当然，这一理论并非没有批评者，在当前的政治和政策环境下，理论的局限性和相关的性别研究都涌现了出来。

复制理论和社会性别平等研究

在20世纪后半叶，随着欧洲社会理论家和英美社会主义者思想的影响，在第二波国际女性主义政治力量的推动下，研究者开始关注教育在复制国家社会性别和阶级关系方面所起的作用(如 Arnot，formerly MacDonald，1980；Bowles & Gintis，1976)。特别是20世纪60年代、70年代兴起的女性主义社会运动，促使复制理论家重新思考战后教育的平等主义主张，及其对消除社会性别不平等的意义。复制主义者和马克思主义者基于对历史的反思提出了这样的观点：国家教育系统建立在公民的阶级观念以及反映残余的公共和私人领域区分的公民参与模式之上。复制理论所说的公共与私人领域区分是指自由民主国家及其相应的国家教育系统的一种基本认识:理性的男性公民(如合法的公共参与者)属于公共领域,而女性属于私人领域(如照料者、教师)。马克思主义女性主义对国家提出批评的基本观点是,自由社会化理论及其对传统社会性别角色的隐性支持,实际上是对国家意愿(传统的男性和女性角色)的服从和对以男性为中心的经济的侧重,而不是通过教育树立性别平等意识,消除女性间和女性内部的实质性阶级差异。

20 世纪 70 年代教育(方面)的马克思主义者强调社会和经济秩序复制的观点启发了女性主义复制理论的发展(MacDonald,1980)。受到鲍尔斯和金提思(1976)以及英国及欧洲马克思主义运动的启发,女性社会学家将教育定义为资本主义的制度性工具,用来复制女性在家庭领域的地位,特别是将工人阶级压制在合法公民领域之外的社会地位上。在这个概念里,社会阶级的功能是社会分类,预设而且决定了女性的教育经验、身份和意识的形式。

在性别复制理论的早期思想里,主要包含了对学校结构的研究(如课程主题、教育政策、流动性)及其与经济的关联,而不是社会身份、差异、对主流权力形式的抵抗以及社会机构的形态(详见 Arnot & Dillabough, 1999)。尽管这些理论并未对女性如何解放自我提供实用建议或唤起走向更为民主平等的教育观念的关注,但其对自由状态及对通过教育实现“自由”与“平等”的观念的批评,极大地鼓舞了复制理论对西方自由国家看似平等的社会原则的质疑。

在社会理论层面,很多复制理论家不得不摒弃埃米尔·德克汉姆在 19 世纪后期提出的教育用于维护国家稳定和国家性的概念,因为这一观念造成了很多社会性别不平等问题,导致女性经济的不稳定,尤其是把女性社会化局限在家庭领域,导致了女性处于经济劣势、承受家庭暴力或单独抚养孩子的局面。因此,关心社会性别平等的学者们必须认识到经济领域和国家建构的家庭领域之间关系的重要性,以及它对学校教育的制度性文化产生的影响,因为教育关系到女性在自由国家的历史以及女性的就业未来。阿诺特和迪拉波夫(1999)依据马克思主义女性主义理论指出,认识到女性在国家中获得权利的政治障碍,能让我们看清教育是一个为准备和(复制)等级化社会性别劳动分工而设的机构,女性被教育去接受劳动市场上地位低下的、边缘化的或家庭的服务工作(见斯彭德,1987)。

复制女性主义支持者公开并坚决地批判德克汉姆的国家社会主义理论、性别角色自由观念(包括性别角色理论)和贬低女性对平等与解放诉求的社会化主张。不仅公共领域和私人领域的区分导致了女性获取多种教育机会的渠道受限,而且它动摇了战后国家自由平等的基础。从复制理论和马克思女性主义的视角可以看出,教育支持了"公民社会的父权概念"(见 Deita, 2003),其结构性运作是这一概念的建立基础和实施途径。教育女性主义深受这一思潮的影响,开始研究戴尔·斯彭德(1987)提出的国家教育的"父权范式",特别聚焦社会结构对女孩和女人生活的约束性影响(见 Arnot & Dillabough, 1999)。正如阿诺特指出的,复制理论家面临的一个关键挑战是去评估教育作为文化力量把女孩和女人塑造成"阶级和性别对象"的影响程度。

日臻成熟的女性复制理论反对自由女性主义的性别差异解说,指出社会性别差异并非与个人特征和能力相关或自由平等行为相关,而是由社会世界的客观分工和社会的结构束缚造成的(Dillabough, 2002)。其早期理论还反对后结构主义对权力的解释,也就是权力主要体现在语言的功能表现上,因为女性主义复制理论强调客观的社会阶级关系和物质性是约束女性生活的重要因素。在近期的理论中,研究视角之间的差别不再显著,可以看出新马克思主义和后现代主义方法之间的彼此衔接。

反过来,相对于认为社会性别平等已经完成的自由主义观点或侧重文化权力的语言形式的后结构主义而言,女性主义复制理论成为社会性别理论家的重要理论工具,使得他们能够继续把教育看做用于维护不平等性别和社会秩序的制度性权力和社会束缚。例如,近年来批判女性主义政策研究者发现,尽管对自由选择和"平等机会"政策的主张言之凿凿,但白人中产阶级女性和男性仍在学术成就和就业市场梯队里占据较高的位置。这是正在进行中的阶级分层和中产阶级理想通过教育政策的表达,这种政策可以解释社会区别化,而不是个人差异、儿童的能力表现或平等政策的本质。教育中的成就、表现和学校选择成了"经济特权的标志"(Reay & Lucey, 2003),并在本质上与权力、社会流动性和公共与私人领域的历史区分密切相关。因此,女性主义复制理论认为,所谓女生教育进步的表现(过去 30 年在国家背景下有些方面社会性别模式已经发生了明显改变),必须置于社会阶级关系的框架下去理解和解读。只要社会性别差异和表现还是平等议题的焦点，社会性别就仍是平等进步的决定性条件，无论其他社会关系如何。大多数有关平等的著述、有关社会性别差异的流行文化中对于社会性别的单独强调，最终将社会性别放到了比其他因素更重要的位置上，因而淡化了其他因素如经济变化、标准化考试、女性就业、财政紧缩、移民趋势和 ESL 培训的取消对女性教育经验的影响。

近几年来，尽管很多自由女性主义学者坚持认为社会性别平等政策造就了 20 世纪 80 年代以后全国范围内女生在基础教育阶段优异的学习表现，但女性主义复制理论家指出了经济资本性质的变化及其对学校里男生和女生造成的主要的大范围负面影响（全球范围及南半球），以及它对当今教师工作结构和教育政策的影响。在笔者看来，正是这种批判意识或批判性政治语义学，将自由女性主义者及媒体所推崇的男生和女生在学校和高等教育领域的成功置于质疑之下，因为大多数这样的事例是在一个以新自由主义形式出现的、高度竞争的、殖民主义教育系统中的偶发事件。根据复制主义的观点，社会分化，而非民主化的社会关系，依旧占据了自由民主项目的中心。这，就是女性主义复制理论与教育社会学的最重要的贡献——一种能够质疑学校里划分殖民主义公共领域和私人领域的分割线以及揭露这种性别和种族分类形成机制的能力。对比之下，自由女性主义在本质上缺乏历史视角，因此不能认识到阻碍女性在学校和劳动力市场获得成功的政策性障碍。另一方面，有些矛盾的是，后现代主义者和后结构主义者也没有能够认识到社会性别不平等形成过程中物质性因素所产生的作用。

女性主义复制理论及其对教育解释的局限性

女性主义复制理论家在教育领域所推行项目的基本主张有哪些缺陷和反对意见呢？首先，在后现代主义、后结构主义和后殖民主义/文化研究理论看来，复制主义理论低估了不同女性运动和更广层面上的因素，如文化、种族和性取向在重构社会性别关系和社会不平等方面的作用。对于这一缺陷的主要解释是，复制理论家过多受制于对社会不平等的超理论解释，如阶级矛盾。关键问题在于，女性主义复制理论提出了一个关于社会性别和阶级的狭隘视角，简化了造成学校里社会性别不平等(如对异性恋的强制)的社会过程和身份形式的复杂性,用与政治经济相关的单一因素来解释社会不平等现象。

然而,对于许多从道德角度构思的社会性别理论而言,在更广的层面上定义"社会性别"的压力很大,这种压力在一定程度上阻碍了一些复制主义理论家进一步从宏观层面探究教育的概念及其对处于不同地位的男生女生教育经验的附加影响。20 世纪 80 年代末,政府立法提案成为推动很多社会性别平等研究项目的首要动机。有些关注国家层面的复制理论家,突然发现自己被困在了一种自由主义修辞领域(如,作为个人自由叙事的话语研究、表演研究),因而丢弃了很多曾经十分关心的宏观问题。与这种现象类似,后现代主义和后结构主义不关心阶级和社会结构,甚至已经将社会阶级从等式中完全移走。在结构范式之外对平等的双重定义导致了一个最显著也最自相矛盾的结果:20 世纪后期不平等的新结构机制(与全球化或地方与全球化关系相关)没有得到研究检验,至今仍或多或少地游离于公共视线之外。

第二个与复制理论相关的反对意见来源于新自由主义政治政策的强势表达,而不是理论或研究本身。例如,研究者要想从 20 世纪 90 年代更大的新自由主义研究议程中拓展出去的困难很大,这意味着社会性别研究者的工作和政府政策言论有时候是一致的,尽管他们有时只是策略地默认或者无意中认同了政府方面的危言耸听者和本质论理论家声称的社会性别不平等(如,"男孩"的成绩落后、"破坏性"的男性特征,"女生"总体学术成功)。正是因为阶级分层还没有在社会理论领域占据主导地位,很多社会性别研究者,包括一些复制主义理论家,最终将他们对平等的关注合并到对学校教育效果和成绩的研究项目中,并表现出对社会性别差异的极度关注。

在成就方面普遍存在的社会性别差异的集中关注,大部分源于对学生在全球经济中成功的关注,降低了美国女性社会学理论在社会性别不平等研究中的地位。尽管对社会性别和成就的研究并非与平等及国家的社会问题没有关系,但对于研究所发现的成就差异以及其他平等问题的社会学解释在地位和强度上都在减弱。尤其在美国,出现了一种奇怪的趋势:在应对不断变化的政治经济和全球需要的过程中,有些复制理论开始向自由主义和新自由主义观点靠拢,而不是把男性女性的教育参与作为国家层面社会地位的阶级和种族化表现来看待,并探究相关的道德和社会学问题。

第三个反对意见,指出了理论和认识论层面的局限——复制理论对社会变化如何影响男性和女性教育经验成败的分析存在问题。这一批评对复制理论提出质疑,指出其(在为保持鲍迪乌提出的理论的“结构稳定性”而努力的过程中)尽管坚守着对自由主义的批判,却无意间模糊了社会性别平等和社会变化之间关系的分析。在早期,女性主义复制理论的主要任务是解释教育作为一个充满矛盾的复杂的社会结构如何压制女孩和女人。但反对者提出了疑问:复制理论家是否忽略了近期的现代化影响和地理方面的变化?这些因素长期以来不断改变着教育经验和排斥各类女孩、女人、男孩、男人的微观和宏观模式。复制理论家又是否充分检验了女性在消除结构性障碍、获得社会平等过程中所扮演的角色?20世纪后期最显著的例子是,社会性别认定的不固定性(如性取向),已经重新建构了学校中社会性别关系的意义并在更大的文化层面影响了平等(见 Rasmussen & Harwood, 2003)。这一可能存在的忽略导致的后果是:年轻人与新的社会与结构框架的关系差异的重要问题仍未得到实质性的回答,同样未得到关注的还有年轻人的能动性和主观性问题。

最后,也许是最重要的一条是,在民权运动的过程中和结束后,复制理论家面临着女孩和妇女教育扩张(马克思主义女性主义的核心观点)的现实——作为应对植根于社会性别和阶级不平等的广泛社会问题的主要手段——这是一个解决教育系统内部不平等问题的必要但非充分的策略。欧洲、北美和澳大利亚与新西兰移民种族主义盛行,女性主义对各种形式的社会不平等有了更清晰的认识,在这样的背景下,阶级平等进入更广泛的学术研究视野。显然,仅有对社会性别和阶级矛盾的研究是不够的。女性主义社会学家开始建构更精密的分析框架来解释复杂的、相互交错的文化、社会性别和身份问题以及这些因素对教育/社会排斥的影响。在一批有影响力的社会理论家提出挑战的同时(如朱迪丝·巴特勒、米歇尔·福考特和雅克·德里达),教育学者们也开始创立一个系统的行动方案来批判马克思主义/复制主义教育项目,他们特别指出复制理论未能促进社会公正,未能在更宽泛的身份辩论中解释清楚社会理论中“自我”的意义。这一批评的核心是，复制理论家致力于揭示教育不平等的后果，而不是探究社会性别身份和学校教育排他机制中不易察觉的微观文化过程。揭示这样的文化过程能够将平等主义提出的问题呈现出来，这是社会性别平等成功的先决条件。很显然，复制主义理论家提出教育中的社会性别化概念过于狭隘，只能解决劳动力市场的问题，并不能解答更大范围内涌现出的文化差异问题。

女性主义复制理论的研究逐渐回归社会性别差异和成就，而不是作为一个跨学科、跨国家的研究项目来探究不同的教育系统在不断变化的全球化、市场导向、高度不平等的社会秩序下如何发挥作用。在这一趋势下，复制理论的很多局限性凸现出来。此外，其局限性还体现在它未能对社会科学领域大范围出现的强劲的理论变化趋势作出反应。

为了继续致力于理解教育过程产生社会性别分化(作为另一种社会关系的表达)，正如很多女性主义社会学家提出的，需要一种“生成性的理论”(见 Arnot，2002；McNay，2000)来解释当代社会中社会性别、文化、历史、社会布局、教育、问题争议和经济之间的关系。这样一个理论需要解决对社会性别化话语的微观问题(如学校里男性特征和女性特征的种族化概念)，研究话语身份、风险、自传和文化，同时要确保把教育当作可移动的和不断变化的全球化国家的装置进行批判性评估。这一工作还需要学者们更严肃地考虑当代女性主义社会理论在人类功能、文化和身份研究方面的争议能给教育提供什么样的原则建议，如对于当代男女青年如何阅读、内化和应对经济与文化秩序变化的透彻解释。如果理论家与研究者想把焦点集中到这样一个生成性框架的建构上，就不能把教育中的社会性别差异视为本质的、纯粹成功的，或唯一的平等问题，而应该看成是一个经济、文化和社会特权的标志，这远比自由主义解释或媒体所描述的要复杂得多。

在为理解学校与社会在后现代时期如何继续影响社会性别关系而创建更复杂的理论框架的过程中，理论家和研究者必须确保避免过去的错误，特别是道德范畴内简单化的错误。如果“阶级分层”和“社会性别”是早期女性主义复制理论的核心，它们可以权当必要的概念工具，但绝不是展现当下理论蓝图的充分条件。

第六章　女同性恋、男同性恋、双性恋和跨性别者身份发展理论

克里斯滕·A.雷恩　布伦特·L.比洛多

对于女同性恋、男同性恋、双性或跨性别(LGBT)学生而言,大学是发展性取向和社会性别身份的重要场所。所有年龄阶段的学生,无论是从高中毕业直接升入大学的学生,还是那些后来回到大学继续接受高等教育的成年人,他们的身份发展和很多其他层面的发展(如社会性别、种族、能力、社会阶层和性取向)都发生在大学阶段。理解 LGBT 人群身份发展的环境和过程能够帮助在课堂内外与学生打交道的教师和管理者更好地给学生提供学业和事业方面的建议。尽管当前关注大学生经历和身份认知的研究越来越多,LGBT 身份发展理论还是主要源于心理学和社会学领域的研究。

女同性恋、男同性恋和双性恋描述的是性取向,而跨性别者则是对社会性别身份的描述。性取向描述了个人对同性别或不同性别人的情感的、浪漫的或者性的吸引力。为同性所吸引的称为男同性恋或女同性恋,为异性所吸引的称为异性恋,为任意一种性别吸引或被两种性别同时吸引的,称为双性恋。社会性别身份描述了一个人对自身是男性、女性或属于这两个类别之间或之外的内在意识。跨性别者是一个宽泛的词汇,用于表示社会性别认同异于生物性性别归类或不符合社会性别表现的社会规范的人。一个社会性别认同符合性别界定和社会规范的人被称为“顺式社会性别者”。

在很多校园里,对女同性恋、男同性恋和双性恋者(LGB)的社会支持与政治援助也包括跨性别者(英文简写成“trans”或者“T”),因而形成了共同的缩略语“LGBT”(有时写成“GLBT”或其他组合)。特别要记住的是,性取向和社会性别身份含义不同,但彼此相关。当前提倡消除对 LGB 歧视的政策和项目大多不包

含对跨性别者的保护。

LGB 身份发展

LGB 身份认知发展从 20 世纪 70 年代开始就进入了研究领域。在 1973 年美国精神病学会把同性恋划出心理疾病类别之前，学者们专注于对同性恋者的心理治疗，很少有人了解 LGB 人群的身份认知发展。美国大学的学生事务管理者把学生的同性恋看做纪律问题或需要接受心理咨询的问题。20 世纪 70 年代以后，心理学、社会学和高等教育领域的研究者对高校 LGB 的身份认知发展和经历做了大量研究。这些文献几乎全部集中在学生方面，只有很少的一些研究关注了非异性恋的教师和员工。

LGB 身份认知发展理论可分为两大类：基于阶段性和线性发展的理论，以及采用毕生发展观和生态视角的理论。二者对于理解身份认知发展都十分有用，但目前的趋势是线性模式逐渐向重在解释身份的多重和交错层面（如种族、民族、宗教）的非阶段性理论靠拢。作为一个整体，LGB 身份认知理论的假设是，非异性恋个体成长于一个认同异性恋、歧视同性关系的社会中，这是美国和世界上其他国家的真实现状。这些理论的一个重要任务就是抵制异性恋规范及因此而产生的对个人的期望。

LGB 身份发展的阶段模型

阶段模型一般用来描述性取向身份认知的发展过程：从意识到自己不是异性恋的最初阶段到发现自己是 LGB，融入 LGB 群体和关系中，最终将性取向作为自我的一部分整合进身份的过程。在第一阶段，个人可能因为内化了的对同性恋或双性恋的恐惧而挣扎，抗拒对同性的吸引。随着他们认可和接纳自己不是异性恋的事实后，可能开始通过媒体（传统的或网络的）、文学和电影来探究 LGB 人群的历史和文化，了解建构健康积极的 LGB 身份的可能性。阶段模型描述了对同性性行为的实验期，常常伴随着一种不断增强的正常感。LGB 社区的融入有时发生在实验阶段之前，也可能在之后，或同时发生。有些阶段模型还指出这一阶段对异性恋规范的排斥，很可能表现为愤怒和激进举动。LGB 人群“出柜”，也就是以 LGB 的面貌展现在朋友、家庭和重要他人面前。最后，个人能把性取向和身份的其他层面及生活角色（如工人、伙伴、家庭成员）整合起来建立一个健康的 LGB 身份。阶段模型的支持者认为，尽管每个人都会经历特定的阶段或层面，但这一过程不一定是线性的，有时候会有变化，中间有停滞、重启或倒退。

阶段模型的批评者指出，很多理论是建立在顺式社会性别者、成年男性和女性为主的临床样本之上的，而且其中大多数是同性恋，很少有双性恋。研究样本绝大多数是白人，有时是从一个狭小的地理区域选取的。对这些模型的批评之一是，这些理论只关注 LGB 对自己和他人坦承身份的“出柜”过程，并以“出柜”的程度来界定个人发展阶段。而且，最后的健康终点是一个整合了的身份，并未侧重 LGB 的身份。这一观点受到质疑，因为这反映出对一种同化了的、不具挑战性的身份的偏好，但这不是所有 LGB 人的理想，也不是所有人都能达到的，尤其是那些无法恰好符合社会性别期望的人。例如，男性化的女同性恋或女人气的男人，得到社会认同的难度更大，因而相比于更符合社会性别期望的女同性恋和男同性恋，他们的性取向身份整合要晚一些。LGB 身份整合对于少数种族和民族群体、保守宗教传统的群体、工人阶级家庭或残疾人而言要复杂得多。尽管有这些批评，阶段模式在教学和应用上仍然最为广泛，因为很多 LGB 反映这些理论确实揭示了他们的身份认知发展历程。

LGB 身份发展的生态和毕生理论

毕生和生态理论假设性取向身份是社会建构的，它们试图解释环境和个人特征对身份发展的影响。比洛多和雷恩（2005）对大量的针对青少年、双性恋、有色人种和女性 LGBT 身份的研究进行了概括。这些研究为理解美国及国际上的有色人种的身份发展特征提供了一个宽广的基础。研究显示，LGB 身份在不同文化中有不同的名字和意义。在有些文化中，性取向和社会性别是模糊的，而有些文化中，社会性别和异性恋被认为是固有的，同性关系根本不存在。生态理论，如那些解释 LGB 身份的时间、地点和文化特征的理论，对于阶段模型而言是颇有价值的补充。

安东尼·多加利(1994)提出了一个解释文化和个人差异的性取向身份发展毕生理论。他提出了与身份形成有关的三组相关变量:(1) 个人行动和主观性，也就是对性取向、性行为及其个人意义的认识和感知;(2) 交互的亲密关系，指与家庭、同伴和亲密伴侣的关系及其对个人的意义;(3) 社会历史联系，指特定地区、文化和历史时期的社会规范、政策、法律和价值观。这三组变量在个人发展环境中相互作用，为 LGB 身份形成带来动力或阻碍，并对同性吸引产生影响。

多加利进一步提炼出六个"身份发展过程"。这些过程不是阶段，也不是线性或等级性的，这些阶段相对是独立的:

存在的异性恋

LGB 个人身份发展

LGB 社会身份发展

成为 LGB 后代

LGB 亲密状态发展

进入 LGB 社区

有些人可能发展出了成熟的 LGB 个人和社会身份，但家人未必知情。还有些人可能有很稳固的亲密关系，但不一定认同 LGB 社区。这一模型并不以"出柜"程度作为衡量 LGB 身份感的标准，也没有预设一种个人发展的顺序。这一理论还解释了 LGB 人群可能在人生不同阶段，在不同的情境下对自己的身份有不同的理解。大学给其中的一些过程提供了发展机会(发展个人和社会身份、进入 LGB 社区、发展 LGB 亲密状态)。

生态和毕生视角的 LGB 身份发展理论也有其局限性，如，它对发展轨迹的具体特征表述不清晰，因而很难根据这一理论设计教育项目或干预措施去帮助个人成长。阶段模式呈现了一种理解个人发展的线性思路，生态和毕生发展理论则未能提供一个确定的顺序。变化性和个性化的特征是该理论解释身份发展过程的优点，但在解释发展经历的内容方面有所欠缺。不过，和阶段理论一样，这些理论被学生工作管理者和其他教育者广为采用，因为它们的确反映了个人发展的经历。

LGB 大学生的研究

对于 LGB 大学生的研究大多采用源于非大学生样本的阶段模型、生态和毕生理论。有关 LGB 大学生的经验和身份的研究文献日益增多，主要焦点是常规年龄大学生(18—24 岁，高中毕业直接入学的学生)，心理学研究居多，有少量人种学研究。这些研究可分为三类：学生经验、校园氛围和 LGB 身份发展。

对学生经验的研究包括为使 LGB 大学生获得更多关注的研究，描述他们在学生组织、课堂或运动队等场合的校园经历。这些研究大多是在单一一所大学开展的定性研究，但也有些研究者进行了跨学校研究。LGB 学生的相关问题包括：和异性恋学生在一起的经历、学校对 LGB 群体的态度带来的影响等。总体上，研究证据表明，学校的反 LGB 态度在减弱，对 LGB 人群和同性恋权益的支持在增强。

校园氛围研究通常是学生工作部门或负责更宽泛的多元文化/多样性问题的管理部门开展的单一校园研究。有些氛围研究除了学生之外还纳入了教职员，有些研究是更大的社会性别和种族氛围研究的子课题。多校园氛围研究非常重要，因为它能清楚地展示通过改善政策、项目和实践来控制反 LGB 暴力和结束歧视的必要性。苏珊·兰金(2005)就是 LGBT 校园氛围研究的带头人。

目前，大学生中的 LGB 身份研究也开展得有声有色。阶段理论、生态和毕生理论之外，专门的高等教育研究也对理解如何创造最好的学术和课外环境以促进 LGB 学生的发展和学习十分有益。从 LGB 身份和学业任务之间的关系(例如，一个学生写一篇关于女同性恋历史的课程论文，或开展一项关于男同性恋家长的研究)可以看出，LGB 身份会带来学习成绩方面的风险，反而因此促进学生更努力地去完成任务。论文或研究项目为 LGB 学生提供了强化身份自豪感的信息和经验。其他研究也显示，同伴在 LGB 身份发展中扮演着重要的角色，LGB 组织对于身份发展既可能是支持，也可能是挑战。

跨性别者身份

在高等教育领域对跨性别者身份的了解不如同性恋或双性恋性取向。正如本章开始所说，社会性别身份描述了一个人对自己是男性、女性或这两个类别之外的性别的内在自我意识，而跨性别者描述的是社会性别身份不同于生理性别划分和社会性别表达的社会规范的人，其范围更广。与跨性别者相关的术语包括跨性取向、男性转女性(MTF)、女性转男性(FTM)、异装者、社会性别酷儿和社会性别不服从。需要注意的是，不是所有社会性别不典型的人都用“跨性别”这一术语来表示。社会性别变异是新出现的一个词语，它常与跨性别者互换使用。尽管这些定义在美国很常见，但很多非西方的文化用与自己文化相关的独特语言来定义跨性别身份。在其他文化中，社会性别身份和性取向常常被看做是一个整合的身份，这与西方医学和精神病学把社会性别身份和性取向区分开来的方式截然不同。

跨性别者身份：医学与精神病学视角

在美国，从跨性别者需要出发的理论模型深受美国精神病学会(2000)发布的《精神疾病的诊断和统计手册》第四版(DSM－IV－TR)的影响，这本手册把对跨性别者的“治疗”归于一个被称为“社会性别身份紊乱”(GID)的诊断类别。治疗方案从心理治疗到性别转变手术不等。相当数量的实践工作者和学者把 DSM－IV－TR 当作满足性别变异个体需要的有价值的指南，有些学者却不赞同。越来越多的实践工作者和学者激烈反对当前把跨性别身份划归 GID 的做法，指出这样的划分把跨性别身份病态化了。然而，一个人如果想要接受性别转换手术，就必须先接受心理治疗，因为他本质上被记录为心理疾病。有些学者和跨性别活动家声称，医疗和精神病学治疗视角过于强调从一种性别转变成另一种性别，成为男性或者女性。这些观点使得不想做手术的社会性别酷儿、性别模糊者、社会性别屈从者、性取向转变者被边缘化了。拓宽性别变异者的身份才能包容今天的年轻人。

跨性别者活动家及其同盟把目光集中到了美国精神病学会 2012 年即将出台的新手册《DSM - V》。将 GID 从《DSM - IV - TR》中取消的压力不亚于 1973 年要求把同性恋从精神疾病的类别中划出去的情景。很多实践者和学者呼吁创建一个健康的、对跨性别者有积极作用的人类发展模型。

社会性别的人类发展视角

尽管还处在边缘,学术界已经出现了一个不同于西方医学和精神病学视角的观点。例如,有些包含了跨性别学生的研究指出,跨性别学生的社会性别身份发展符合多加利(1994)提出的 LGB 个人发展模式。身份发展与社会性别变异者的自我概念、与家庭关系、和同伴及社区的联系同时发生。这一观点被定义为终身视角,因为它把身份发展和独特的社会环境看做跨越一生的变量。

此外,另一个重要贡献来自于阿琳·伊什塔·列夫所著的《跨性别者的出现:帮助社会性别变异者及其家庭的治疗指南》(2004)。这本书采用了非病理的视角,尊重多样性并承认在社会性别发展过程中存在压迫的作用。列夫模型的特殊价值在于:它检验了社会结构与生物性别转变、社会性别身份、社会性别角色和性取向的关系。列夫揭示了由生物性性别定义所预测的对男性或女性性别的社会期望,进一步预测了社会性别角色为"阳刚的男人"或"温柔的女人"以及对不同性别的异性恋取向。列夫指出,这四个类别实际上是流动的,维度之间存在松散的对应,使得各类别之间可能形成连续体。在这个新的模型中,生物性别界定并不一定预测男性-女性的两极性,同样阳刚气质也不一定只属于男性-男人(温柔也不只属于女性-女人)。在这一视角下,一旦性别和社会性别的两极性被认为是可变的,性取向也就具有了流动性。

就高等教育而言,比洛多(2009)发现跨性别学生认为机构政策、规范和结构制约了他们根据自身体验表达自己的社会性别身份。例如,在表格中把社会性别要么归为男性、要么归为女性的要求,意味着那些生理上和法律上为女性,但却以男人的身份生活的学生,不得不在法律上正确的答案和反映自己真实经历的身份之间作出选择。对于很多认为自己既非男性也非女性,而是社会性别酷儿或社会性别变异者的学生而言,这样的要求也是一种负担。性别隔离的设施和学生活动(如宿舍大楼寝室分配、兄弟会、姐妹会、大学间的体育比赛)给跨性别学生增加了另一道障碍。比洛多把这一现象称为“社会性别主义”。他指出,迫使大家严格遵从两极化的社会性别规范不仅对跨性别者,也对顺式性别者带来了负面影响,轻者不得不作出妥协,重者承受骚扰和暴力。

对跨性别大学生研究的批判集中在这类研究范围和设计的狭窄与局限上。研究大多采用方便小样本和非长期性研究,未能观察身份如何随时间跨度而发展。校园里跨性别者近乎看不见,要在学生、教职工和毕业生中辨识他们十分困难,也使得这类研究格外具有挑战性。生态和终身理论模型与列夫、比洛多(2009)的理论相结合,使这类研究的未来充满了希望。酷儿、女性主义和后现代研究方法在社会身份研究中的应用,正如比洛多和雷恩所说,也为这类研究指出了未来方向。

LGBT 和其他身份的交错

最近出现的研究关注了性取向和社会性别身份与种族、宗教、社会阶层和能力之间的相互交叉,这标志着关于大学生身份理论的一个新方向。这种交叉又被称为“相互交错性”,这一描述身份的方法考虑了属于多重社会群体的人的同步经验,并注意到了个人身份和经验受到文化和多类群体期望的影响。例如,非裔美国基督徒女同性恋者在很多重要方面与菲律宾社会性别酷儿学生或白人聋哑男同性恋者大不一样。LGBT 学生的研究很少把样本按照特定群体提取出来,但研究者越来越注意到有色人种 LGBT 学生和隶属于不同宗教机构的 LGBT 学生。LGBT 身份的交错性有时出现在其他一些研究中,如非裔美国学生,或残疾学生,或其他不以性取向或社会性别身份而定义的群体。

侧重相互交错性的研究显示 LGBT 学生如果在一个社会群体中是少数,就会遭受歧视,就像有色人种学生在以白人为主的 LGBT 社区中会遭到歧视一样。跨性别学生经常在 LGB 学生群体中被孤立,因为很多 LGB 学生不理解社会性别主义对校园里的社会性别及其表现的压制。从一个更积极的角度看,LGBT 学生指出,身份的其他方面有时能提供一股抗压和支持的力量。埃莉莎 · 阿贝斯(Abes

& Kasch,2007)是这一领域的学术带头人,曾提议采用多重理论视角(包括酷儿理论和建构主义),来理解相互交错性和学生对自己身份的理解。

全球化和LGBT身份

全球化和国际化对高等教育的各个层面都产生了影响,包括LGBT学生身份被理解的方式。性取向和社会性别身份的概念并不是普适性的,美国LGBT学生的身份体验可能与世界其他地区的LGBT学生身份与社群建构经验截然不同。例如,同性恋身份,或至少是同性恋行为,在很多国家是非法的,可能招致上至死刑的严厉惩罚。毫不奇怪,这些国家的LGBT学生不会公然成立社群。即使在同性婚姻被许可的国家(如南非),社会价值观仍然是强烈反对同性恋的,暴力威胁阻碍了学生建立公开的组织。伊斯兰文化中不符合社会性别规范的女学生,被称为假小子或boyah (复数boyat),她们通过互联网社交网站(如脸谱网)建立了组织,但政府和媒体把她们看做不被社会欢迎的、迷失的女同性恋。但也有迹象表明,原来不支持同性恋的国家(如中国),大学教师和员工开始逐渐支持LGBT学生并为他们创建更友好的校园氛围。泰国的Suan Dusit Rajiabhat大学中大约有100个男性转女性的跨性别者——被称为男女士(ladyboy)或第三性别者,被允许穿着女式服装上学,在此之前,这样的行为是违反校园着装规范的,男学生必须穿长裤,打领带。

全球化的影响最终对大学生LGBT身份的建构会产生怎样的影响尚不明了,但随着全球社会学生和教师群体国际化与流动性的增加,很可能促进对自身性取向和社会性别有不同理解和表达的人之间的接触。从较保守的文化环境来到美国的国际学生,不喜欢美国社会对待LGBT学生的方式,也不喜欢校方学生管理者要求他们接受同性恋的做法。来自文化包容性较强的地区、身份公开的LGBT学者到保守地区学习或研究时,必须接受当地对LGBT身份所设的宗教、文化和政治禁令。身份发展的生态和终身理论表明,在上述两种情况下,无论是学生不适应对LGBT学生同伴的轻易接纳,还是LGBT学生在包容度较小的文化环境中学习,都可能因个人的意义追寻而促进身份发展。

第七章　自由女性主义与激进女性主义

克丽丝·威登

200 多年来，自由女性主义者一直是呼吁为女性提供平等入学机会和教育条件的积极倡导者。自由女性主义者指出，女性与男性一样理性，社会性别不应该影响教育的形式。20 世纪 60 年代和 70 年代，激进女性主义批评当时的教育体制是为男性利益服务的父权秩序的组成部分，使女性浸透在持续服从父权秩序的知识与思想中。他们指出，服务于女性的教育应该让女性理解父权和异性恋主义的运行机制，从而能够抵制和改变父权秩序。

自由女性主义

自 18 世纪以来，自由女性主义就开始了为女性争取更多自由政治话语权利和义务的斗争，致力于民权、教育、政治和宗教自由、个人选择和自我决定权的拓展。自由女性主义者们通过倡议活动揭示社会性别不平等问题，要求在民权立法中纳入教育渠道和机会均等的内容。对于自由主义理论而言，个人的核心特征是理性意识，因此自由主义倾向于笼统地为个人争取合法权益，很少考虑到决定社会结构并造成不平等的阶级、性别和种族的不平等权力关系。正如很多女性主义者指出的：自由主义思想也维护基于精神/肉体区别的二元论。实际上，正是给女性和有色人种的肉体所赋予的意义，成了剥夺他们教育和其他人权的借口，这在一些社会过去如此，现在仍然如此。这样的做法迎合了女性在价值上平等但在生物性和社会角色上天生与男性不同的观点。

自由女性主义者要求得到接纳的斗争源于 18 世纪早期，英国女性主义者玛丽·阿斯特尔表达了女性与男性同权的要求。1790年，法国大革命期间，法国的奥林匹德·高杰和英国的玛丽·沃斯通克拉夫特所写的文章为争取女性权利提出了强有力的观点。沃斯通克拉夫特在《女权辩护》一文中指出，如果女性得到与男性同等的教育与社会化，她们就会和男性一样理性和能干。这是涵盖此后的自由主义女性运动的宽泛框架。在过去的几个世纪里，自由女性主义和更广义的自由主义一样，是推动积极社会变革的力量。今天，这仍然是将个人看做自由、自主和理性主体的各类社会及文化实践的思想基础。此外，作为一种政治和道德理念，自由主义继续为被剥夺了教育、民事及政治权利的人提供自我决定和自由的承诺。

几个世纪以来，自由女性主义者一直为争取女性同等的教育、就业、财产权、选举权及其他一切男性享受的权利而呼吁。他们强调男女是一样的，因而是平等的，如果受到同等教育，女性可以和男性一样理性并有能力处理公共事务和管理财产。为了支持这样的观点，自由女性主义者不可避免地淡化了男女差异，无论这些差异是生物性的，还是社会造成的。他们指出，社会性别差异不能决定一个人作为人的价值，也不能决定其受教育的方式。在争取教育和就业平等机会的过程中，自由女性主义的策略弱化了女性作为生育者和照料者而产生的差异，因而难以解释造成女性双重角色的结构问题。只有在危机时期，如战争，自由民主人士才关注到这一问题。

自由女性主义者无力应对结构性问题对女性享受平等权利产生的阻碍，加上将个人和家庭问题看做私人问题的自由倾向，促使了20世纪60年代后期更为激进的新女性主义的兴起。自由女性主义批评家批评自由女性主义未能颠覆将人类定义为理性实体的二元划分模式，对人类的这种理解会贬低人的身体和情感，掩盖持续主宰女性生活的结构性的权力关系，特别是那些控制与剥削女性生育能力和性功能的权力关系。自20世纪60年代以来挑战自由女性主义的各种形式的女性主义思想纷呈，包括激进女性主义、同性恋女性主义、新形式的社会主义女性主义、黑人女性主义、第三世界女性主义、后殖民女性主义、后现代女性主义和酷儿女性主义。

自由女性主义批评家指出，在处理女性性功能和生育能力的问题时，采用个人权利的话语是最无力的。当代自由女性主义和它们的前辈一样，保留了公共领域和私人领域的划分，在这个前提下，与性、生育相关的问题被看成个人选择的私人问题。自由女性主义者采用的主要策略是为这样的选择创造条件，教育在这个层面上至关重要。对于其他形式的权力对选择影响的关注不足，特别是阶级、种族和异性恋主义，限制了自由女性主义促进变革的潜能。例如，有孩子和事业被认为是基本的自由女性主义权利。但这样的生活方式往往是在牺牲其他女性的基础上获得的——通常是工人阶级女性——她们被迫承担做家务和照料孩子的低收入工作。工作生活结构、劳动的性别分工、家务和育儿责任承担的根本改变是让所有女性既有孩子又有收入体面地工作的必要条件。

儿童养育的问题可能还比较简单直接，而性的问题就复杂得多了。例如，大多数自由女性主义者反对审查制度，认为成年人有自由选择是否参与色情产业和卖淫的权利。自由女性主义背后隐藏着主观主义理论，将受过教育的女性看做理性的、有见识的、有主权的主体。这引起了一系列问题：如何解释压迫性的社会性别化的主观意识的内化，如何解释在压迫性的父权行为的实施和复制中明显的女性同谋现象，如何解释卖淫或其他性工作者的权利和选择，这些产业在其他女性主义者看来，对所有女性都极具深远的危害性。因此有必要将自由女性主义的话语移入激进女性主义或后结构主义女性主义中，结合其他学者对教育的观点来寻求解决这些问题的方法。一系列不同的女性主义视角对自由女性主义所主张的教育自由选择观提出了挑战。对激进女性主义而言，卖淫和色情应当被理解成是男性控制女性身体的策略，通过激进的教育可以将其揭示出来。然而，性和生育领域，恰恰是自由主义打算放进私人和个人范畴的（在政治和权力之外的）。

所有形式的女性主义者都对这一假设提出了质疑，认为个人生活——私人生活的领域——是政治斗争的场所。激进女性主义把很多力量投入到争取女性在性和生育领域的自主权上。这包括了对色情和卖淫行业的抗议活动。当代社会主义女性主义者也把性与生育的控制看做是对女性压迫的根本，但更关注这个问题的经济层面。可以说，后结构主义女性主义者对于这些行为及自由女性主义者所主张的教育的自由个人选择假设提出了最深刻的问题。他们质疑了个人处于自由主义核心的假设，将理性意识的重要性推离了中心位置，并对主观性提出了完全不同的理论模型，抛出了主观性是现实镜像的观点。

关于生物学的例子可以让我们理解这一理论。生物性一直被用于定义并支持女性的不平等是与生俱来的观点，同时也被用来证明劳动的性别分工和社会性别角色具有不可避免性。从19世纪和20世纪对女性教育权与选举权的剥夺，到近期的社会生物学，都认为女性基因天生次于男性。自由女性主义否认生物性差异，激进女性主义则赋予其新的意义，而后现代主义试图去解构生物性差异的种种含义以及它们对于建构社会性别化的主观性作用。这里生物性理论被看做试图去界定女性的竞争性话语。这类话语指导着制度性行为，影响男性和女性主观意识的形成。通过这种方式，它们制造并复制父权制的权力关系。因此，后结构主义者认为色情业是一个从深层次塑造性身份和性活动的强有力的文化形式，而这一点自由女性主义未能触及。受过教育、有能力在色情问题上进行选择的自由个体已经受到了社会性别和性话语的影响，这些话语早已排除了客观的自由选择。

激进女性主义

激进女性主义出现在20世纪60年代后期，一方面是因为自由女性主义未能解决女性压迫的诸多问题，另一方面是受到马克思主义女性观的影响。传统"左派"政治和20世纪60年代的主要斗争力量(反越战和民权运动)的性别主义构架也是新女性运动的激发因素，当时的女性运动在一定层面上是为了应对女性在这些运动中遭遇的歧视和性别主义。

激进女性主义在理论框架上和政治实践上都反对自由女性主义与正宗马克思主义。激进女性主义者一方面批评无视社会阶级和社会性别关系、建立在笼统个人权利基础上的理论和实践不可能实现女性的解放，另一方面认为女性压迫也不能被简化成阶级压迫和资本主义生产方式的经济与社会结构。与马克思主义相反，激进女性主义认为女性压迫是压迫的最主要和最基本的模式，社会性别是一个男性统治的精密系统，是所有社会组织的基础，父权制是用来指代这个普遍的男性统治系统的术语。激进女性主义者和自由女性主义者都使用这一术语，在激进女性主义中，它指渗透在文化、教育和社会生活的所有层面的一种统治系统，在所有文化和所有时代都存在。父权制在激进女性主义者话语中强调对女性的普遍压迫，无论其历史、文化、阶级或种族差异如何。

早期激进女性主义论著明显表现出与马克思主义的关联。例如，舒拉米斯·费尔斯通的力作《性别辩证法》(1972)运用了马克思主义的理论框架，但她把马克思主义的关键术语替换成了与性别压迫相关的表述。随着激进的革命组织的发展壮大，它们逐渐与左翼政治团体分裂，吸引了非社会主义者的女性，越来越表现出分裂主义的倾向，并把重点放在对异性恋主义的批判上。

激进女性主义者认为教育是揭示父权机构(如学校、大学和主流学术界)如何为了父权利益奴役女性思想的过程。激进女性主义从历史和人类学研究中寻找证据来证明女性压迫的普遍性。这类著作的一个重要代表就是玛丽·戴利的《妇女/生态》(1979)。书中描述的项目一部分是展现跨文化和历史的女性压迫，并揭示男性统治的学术界如何设法否认普遍性的女性压迫。戴利反驳了通过强调文化相对主义来掩藏女性共有压迫的观点，并指出所有这些做法正是女性普遍受到压迫的例证。和大多数激进女性者一样，她认为女性压迫的根源出于维护男性优势和权力的需要。她和其他一些激进主义者一样，认为男性控制女性的机制主要在于对女性思想和身体的控制，特别是对女性的性和生育权力的控制，而不是对生产工具的掌握。一旦女性躲开了这样的控制，她们就会被毁灭，例如寡妇和单身女性会被当成女巫烧死，丧偶的印度新娘必须殉夫。很多男性能量被用来阻止女性成为威胁，父权制的教育在这方面扮演着至关重要的角色。

激进女性主义把父权制概括为一种涵盖一切的权力关系系统，目的是巩固男性对女性思想和身体的控制。在早期激进女性主义思想中，女人的身体被赋予了基础地位，既是女性受压迫的焦点，也是女性与男性积极差异的根本所在。很少有学者关注不同类型的女性身体或者种族与阶级对女性压迫产生的影响。从20世纪60年代后期及70年代的早期激进和革命论著到现在，激进女性主义者一直把女性的性征、生育控制权、对女性的暴力和性剥削问题放在首要位置上。将女性从父权中解放出来需要我们学会以不同的方式看待女性在这些方面的经历。激进、革命的女性主义政治打破了公用领域和私人领域的界限，强调把个人看做政治行动的场所。意义、地位、身体的控制与父权制度下的女性个人密切相关，很快成为激进女性主义分析的统一焦点。

激进女性主义的目的是解除女性头脑中父权思想的束缚。激进女性主义者以被边缘化的人物(如巫婆、神婆、女神和女智者)作为榜样，创造出一种强大的、反抗的女性话语，既避开了父权控制，又在体现女性通常具备的直觉、感性和生育特征的同时，展现出力量、野性和自由意志。但他们未能将非白人女性纳入其中，因而这样的话语对黑人女性不具有号召力。传统女性特征和价值观被赋予了新的积极地位，挑战了传统男性特征(如理性和客观性)至高无上的地位。传统女性身上核心的被低估的品质，被看做是男性和女性成为完整的人的必要成分。重新树立这些特征的重要性，是彻底推翻对理性和感性的父权式理解的第一步。

带着对身体的强调，激进女性主义将差异问题放到了比以往更清晰的焦点上，但他们没有能够考虑到种族化的女性身体。激进女性主义在认可男性和女性两极对立的基础上，寻求对“男性”和“女性”意义的改变与重新赋值，将女性的身体作为坚强、忍耐、创造和力量的源泉加以赞美。知识和教育是这一运动的核心。在《女性与自然：她内心的咆哮》(1984)充满力量与诗意的文本中，苏珊·格里芬揭示了几个世纪以来男性如何运用科学和宗教控制女性和自然，并按自己的利益塑造她们。她指出，男人把自己和女性及大自然分离开来，培育出一种将女性排斥在外的理性模式，从而获得对女性和自然的支配地位。格里芬作品的主题后来成为广泛的生态女性主义运动的焦点——生态主义运动反对现代科学的很多假设和实践。从生态女性主义视角看，政治和社会问题，从艾滋病到生育技术到核武器和第三世界贫困，都是相互关联的，这一整体视角激发了新形式的精神追求。

在20世纪70年代，激进女性主义作品试图提出一个在全球范围内对于父权压迫女性的普遍适用的、超越历史的解释，从而建立全球女性联盟的基础。在这个过程中，它将一种特定的社会性别关系的解释置于其他所有形式的权利之上，种族、阶级和民族的差异相对就不那么重要和显著了。建立在以女性生物性为基础的女性差异理论基础上的激进女性主义，特别是在20世纪70年代，激励和鼓舞了很多女性，但也排斥了其他一些人。它赞美原本被认为是缺陷的女性特点：女性的身体、性、传统女性特质和女性作为母亲的能力。批评者对激进女性主义没有注意到阶级、种族和文化差异的批判，引起了后来的激进女性主义作家对这些问题的更多关注。

作为制度的异性恋

激进女性主义批评的一个主要焦点是异性恋。美国女同性恋女性主义者、诗人阿德里安娜·里奇指出，异性恋是一种父权制度和标志物，并不是一种自然倾向。她追问：女同性恋者如何、为什么被迫隐瞒身份？为什么连女性主义学者都忽略她们的存在？她指出，正是这个原因，削弱了女性主义的准确性和革命性。

里奇提出了一种分析思路，其前提是，异性恋不是天生的，而是通过广泛存在的各种形式的心理和生理暴力系统强加于女性的。父权教育和对知识的控制在维护异性恋制度的复制方面扮演了重要角色，其中男权拒绝女性自身性意识的种种做法既有强迫性的行为，如生殖器割礼，也包含男性定义的知识和科学形式，如精神分析和性学。文化和教育也起到了关键作用，例如通过媒体和文学作品中对女同性恋形象的刻画和对女同性恋历史的拒斥。所有这些都是为了确保女性性意识的表达只能体现男性的趣味和生殖需要。

里奇的观点与其他激进女性主义者的思想不谋而合。它对父权制度进行了全面的解释，既是跨文化的，也是超越历史的，从各种文化和历史时期选取了例证。和戴利的作品一样，这一策略揭示出男权的坚如磐石、无所不在。然而，不同于激进女性主义的是，里奇没有把女性和女性特质局限于传统定义。她指出，是父权制度本身将女性限制在了传统女性领域——限制女性受教育、从事专业工作和进入公共生活的渠道。男权企图通过不让女性受教育而把控知识。例如，在教育中复制性别角色的僵化印象，阻碍女性参与科学和技术工作，同时教育机构的非正式结构也排斥女性。

尽管激进女性主义者深入分析了异性恋为巩固全球父权所发挥的作用，但阶级、种族和文化差异如何影响父权实践的意义和物质性的问题却没有得到解答。社会实践只在复制异性恋规范的角色层面得到了解释。在这个过程中，特定社会实践的具体文化特征被忽略了。例如，几乎没有后殖民主义女性主义者接受包办婚姻、深闺制度和戴面纱等行为仅仅是全球性父权表达的解释，它们的功能非常复杂，而且有特定的语境，只有理解了这些，才有可能从父权制度内部去抵御和变革。不过，里奇的分析的确清楚地展示了这些做法在树立巩固父权的异性恋婚姻标准中所起到的作用。

朱迪丝·巴特勒(1990，1993)的论著以不同方式概括了激进女性主义对强制性异性婚姻的批评，她的理论聚焦在被具体化的主观性上，解释了身体的物质性特征是依据异性恋的模式社会性别化而形成的。她的理论的前提是，身体是高度社会性别化的规范图式的一部分。巴特勒通过"履行"这一概念阐述了这一图式理论。换句话说，社会性别化的主观思想是通过个体的社会性别话语的重复履行而习得的。巴特勒所指的履行，是一种重复的、依据典范而进行的实践。巴特勒在福柯(1981)的观点的基础上提出了身体是权力产生的结果，被具体化的主观性是通过话语产生的，性无法孤立于文化之外。这一观点摒弃了主体和主观作用的中心地位，因而与激进女性主义截然不同。巴特勒把抵制和改变现状的可能性放在话语领域，因为话语领域产生现有权力关系和主观意识的形式。教育在改变父权制度、异性恋权力方面扮演着一个非常关键的角色，因为它是转变物质话语实践及其内在权力关系的新的功能形式产生的前提条件。

现有理论中激进女性主义者的一个核心原则是，教育和学术(广义的学术界)是男性定义的，是父权制的。其规范、价值观和研究的内容都是男性决定的，女性的历史、经验和兴趣被排除在外。它们的父权性体现在其创造和复制的意义与价值观上。正因为如此，它们无法为女性提供有用的知识源泉。为了获得有用的、自我认可的知识，女性需要从自己的生活、政治和历史经验与文化产品出发。

欧洲中心主义的问题

自由女性主义和激进女性主义尽管观点有异，但都认同普适性的规范和价值观。自由主义者认为所有人都共享基本的人类品质，都应该获得尊重，享有充分的人权(包括教育)和实现潜能的机会。激进女性主义则提出了女性共有的受压迫经历和反抗压迫的全球姐妹同盟。二者都因忽视了种族主义和具有欧洲中心主义倾向而受到批判，因为它们把西方的规范、价值观和对进步的理解不加批判地假定为女性主义范畴。对种族问题的忽视会导致人们将白人女性的经验理解成所有女性共有的。欧洲中心主义意味着西方女性主义者的理想应该成为所有社会的标准。黑人、第三世界和后殖民女性主义者批评了自由女性主义者和激进女性主义者的理论与政治思想。他们质疑了一些包含了非白人和非西方女性的术语，以及特定形式的教育、学术、政治策略和倡议运动中展现出来的阶级和种族化利益。在对女性主义学术和殖民化话语的批评中，后殖民主义女性主义者指出了自由女性主义和激进女性主义中都存在的现象：西方女性主义作品把第三世界女性刻画成一个单一的受害者形象。这一结果暗指（白人）西方女性主义是其他群体和社会文化行为的最佳评判者。自由女性主义的普适性理想，和激进女性主义及马克思主义一样被质疑，因为它们忽略了历史特殊性、主体性和地方化的权力机制，无论这些方面是积极的还是消极的，都是引起抗争之所在。

第八章　多元文化和全球女性主义

罗斯玛丽·唐

多元文化和全球女性主义是两个相互关联的女性主义思维模式，都在努力探究女性经验的共性和女性合作达成共同目标的机会，同时二者都强调女性的差异、分歧和情境化身份。尽管多元文化女性主义和全球女性主义的术语经常互换使用，但严格说来，多元文化女性主义侧重生活在一个国家内的不同类型的女性，而全球女性主义强调一个国家中的女性和另一个国家中的女性之间的复杂关系。二者的共同点是，对于女性主义者所反对的两个关键类别的抵制：所谓的女性本质主义和所谓的女性沙文主义。女性本质主义认为世界上存在一种柏拉图式的纯粹“女性”形式，世界上的每个女性都以完全一样的方式展现或努力去展现。女性沙文主义具有一种偏向相对有特权的女性的倾向性——例如，白人、西方/北方的、中产阶级、异性恋的和受过良好教育的女性——错误地认为她们看世界的方式是所有女性看世界的方式。

多元文化女性主义

有些国家的人口相对单一化，但很少有国家像冰岛的人口一样单一。大多数国家都是多元文化的。在历史决定的结构边界内，由于迁徙、移民、被迫性重新安置、领地掠夺或奴役，世界上的一个个地理区域内生活着各种各样的人。在这些多元文化的国家中，美国是多元文化女性主义概念最先以一种明确的形式出现的地方。因此，以美国为背景来分析多元文化女性主义的假设和发展是非常合适的。

为了理解美国的多元文化女性主义，我们需要了解这一思想的出现和迅速凸显的原因。在20世纪60年代、70年代、80年代，美国女性主义者的注意力主要集中在男性和女性的社会性别差异上。他们侧重探究在西方自信、理性、正义感、体力强壮和情绪控制的品质在多大程度上与“男性特征”相关，而与他人建立关系、感性、身体柔弱和关爱他人多大程度上与“女性特征”相关。他们还讨论这些特征在多大程度上是生理决定的，或是社会建构的，男性特质是否比女性特质优越，或者反之亦然。

有些女性主义者努力证明女性有跟男性同等的智力、体力和道德能力，如果给予女性同等的教育和就业机会，女性就完全可能与男性平等。和男性一样，女性可以成为大公司的首席执行官、将军、神经外科医生和足球运动员。另一些女性主义者反对让女性努力和男性一样的观点，因为女性理解事物、做事和存在的方式和男性一样优秀，甚至更好。他们认为平等对待男性和女性要求同等程度认可男性和女性不同的需求、兴趣和价值观。女性不应该努力去成为男性一样的人，相反，她们应该为自己与男性不同而庆贺。

强调相同性和强调差异性的女性主义者都对男人、男性、男性特质之间的关系及女人、女性和女性特征之间的关系提出了有见地的观点。对于强调相同性的女性主义者而言，女性的主要敌人是性别主义——认为女性没有能力完成男性能担当的任务，只能承担家庭领域的工作。相反地，强调差异性的女性主义者认为，女性的主要敌人是男性中心主义——认为男人是所有人类的标准，女性应该努力向男性靠拢（弗雷泽，1997，pp. 48—49）。

显然，强调相同性和差异性的女性主义者之间的辩论从未终止，因为在20世纪80年代中期，女性主义者近乎对社会性别类别心无旁骛的关注引发了质疑。女同性恋者、有色人种女性和其他被边缘化的女性指出，官方女性主义——那种在学术领域活跃着并决定哪些问题算女性主义问题的女性主义——并不是所有女性的女性主义，而是特权阶层女性的女性主义。她们还强调社会性别并不是唯一的，也不是最主要的女性受压迫的原因。考虑到种族、民族、阶级、宗教、性取向、年龄、健康状态或教育程度，一个女性的压迫或许是另一个女性的解放。只因为一些受过大学教育的郊区家庭主妇想要坐在大公司的办公室里，而不是开车送孩子去参加足球赛,并不意味着在流水线上工作的女性宁可在血汗工厂做工而不愿在家照顾孩子。更广义地看,即使有些女性发现自己所受的压迫主要来源于有关女性性别及生育能力和责任的问题,但这并不意味着所有女性都这么看。对于有些女性而言,造成她们地位低下的原因是种族主义、民族中心主义、阶级主义、异性恋主义、能力主义和/或年龄主义,而不是性别主义。

为了弥补对女性差异的相对忽略和未能把边缘化女性的问题置于首位的过失,美国学术女性主义下决心重新排列问题的先后顺序。通过对产生压迫的交错系统(社会性别、种族和阶级)以及有色女性和其他边缘化女性的多重困境的讨论,女性主义者对性别主义和男性中心主义的讨论进行了重新梳理。尽管特权阶层的白人女性一生中有那么一两次在晋升的过程中触及玻璃屋顶,但她的处境不会像缺乏工作技能或者工作技能有限、患严重糖尿病、临床诊断为抑郁症、丈夫酗酒的美国土著女性那样艰难。她也不会像众多没有身份证明的墨西哥女性那样,为了给孩子更好的生活而被迫在困境中挣扎。正如多元文化女性主义者所认为的,性别主义、种族主义、阶级主义、能力主义、精英主义——实际上所有的区分人的"主义"——相互作用着去钳制任何一个被它们攫取的对象。压迫是一个多头怪兽,能够在不同的情境下伸出相应的脑袋。多元文化女性主义者的目标是这个怪兽的整个躯体,他们希望终结怪兽统治带来的恐惧,并希望每个女性可以根据自己的处境选择和参与自己的战斗。

为了让以往没有话语权的女性发出声音,多元文化女性主义者迫切呼吁处于劣势的女性去教育那些教育上有优势的女性关注她们的问题。但有色女性和其他被边缘化的女性并不总是欢迎这样的提案。她们认为向特权女性解释自己的处境以求得理解不是她们的责任,而且具有讽刺意味的是,这会加重当下的事态:特权女性是"我们",而缺乏权益的女性是"她们"。在相关问题上,很多处境不利的女性指出她们不愿意加入主要由条件优越的女性组成的女性主义团体。她们更倾向于建立自己的组织,代表条件和境遇与自己相似的女性去开展工作。最终,很多有色女性和以前被边缘化的女性避开"女性主义"的标签,有些是因为人们对这个术语普遍存在误解,有些是因为她们更喜欢把自己认同为女人主义者而不是女性主义者。阿利克·沃克提出的"女人主义",指的是致力于帮助包括男性和女性在内的所有人的一个特定类型的女性主义者(沃克，1983，p. xi)。

多元文化女性主义有很多优点,也存在一些问题。第一,“文化”的定义不明确。有时候这个术语是指一群来自相同种族或民族的女性,因共有一种传统或历史而有别于其他女性群体。但是在其他一些时候,文化被广泛用来涵盖在某些方面,如性取向或身体残疾,觉得彼此相近而团结成一个群体的女性。

第二,同一文化内部女性的差异可能和不同文化间女性的差异同等显著,甚至程度更甚。例如,跟刚刚移民到美国,在老挝农村自家水稻田里度过童年的亚洲女性相比,曾祖父是从香港移民到旧金山的百万富翁、受过良好教育的亚裔美国女性与曾祖父是腰缠万贯的银行家的盎格鲁美国女性有更多共同点。

第三,与第二点相关,哪些特征决定一个女性是否是她所处文化的真实或典型代表并不明确。是否她必须在其文化中是一个中等的、典型的女性?或者她必须是一个与其文化中条件优越的女性相比处于不利境遇的女性?从印度移民到美国,目前在一所著名大学教书的印度女性——乌玛·纳兰延对这些问题做了精辟的分析。她指出,她对伤害女性的印度文化习俗的反对常常被认为是一个背叛了自己文化的、西化了的女性的观点,但实际上这些观点是很多生活在印度、想要改变祖国文化的女性(和男性)的观点(纳兰延,1997,p. 128)。

第四,文化在一定程度上与种族或民族相关,在美国(当然还有其他国家),越来越多的人不止属于一种文化。2000 年,美国人口统计显示,700 万美国人认为自己属于一个以上的种族,或者不属于统计表中现有的种族类别。越来越多的人自豪地展现自己的多种族和多民族背景。特别是种族或民族混血的儿童家长觉得:白人/非白人的划分对他们而言几乎没有一点关系和意义。相对于一个人对音乐、服装、饮食和生活方式的偏好,种族和民族已经位居其后了。我自己的两个儿子身上混合着中国和捷克的基因。一个看上去像西班牙裔,另一个看上去像美国原住民。重要的是,我这两个儿子拒绝给自己贴上任何一种特定标签。他们喜欢“其他”这个类别。

第五,通过对上述几点的概括,如果多元文化主义想要取得完全的成功,就需要更谨慎地审视“白人”这个概念。如果“白”这个词指代的是有着自己的风俗、自我理解、音乐、艺术和文学等要素的有机传统,那么就不存在统一的白人文化。有着白色皮肤的人不属于同一种白人文化，而且他们参与到，或至少扎根在意大利裔、爱尔兰裔、波兰裔或西班牙裔美国人社区。对于黑皮肤和黄皮肤的人来说也是一样。一个黑人的家庭是最近从海地移民到美国的，还是从奴隶时期开始就生活在美国的，将决定这个黑人认同加勒比海文化还是非裔美国人文化。

相反地，如果“白人”这个词指的不是一种不存在的白人文化，而是一种用于维护其特权的霸权结构，那么多元文化女性主义者就需要重新考虑这个词的用法。在美国，“白人”，作为一种霸权机构，是两个因素交错产生的结果：哪种人两个世纪来在美国人口最多（恰好是白人），以及哪种人最先夺取了美国社会的经济、政治和文化机构的统治权（恰好也是白色皮肤的人）。但是今天（和过去一样，只是程度大大降低了），白色皮肤并不能保证一个人能成为美国权力精英的成员。例如，拿着最低工资，难以兼顾食物和房租的贫困白人女性绝非权力精英，但富裕的非裔美国律师和华尔街的华裔大亨却很可能是。社会仍存在“我们”和“他们”，但这个霸权划分的结构随着美国人口和态度的变化开始发生转变。

无论多元文化女性主义有什么样的概念问题，它毕竟丰富了美国的女性主义思想。女性研究课程和教材不再以脱离种族和阶级问题的方式呈现社会性别问题。以女性工人为主题的课程可能包含各类文章：明尼苏达州离家出走的白人少女妈妈不得不在亚特兰大从事性工作勉强糊口；上层中产阶级非裔美国女性在世界500强企业工作；没有身份记录的墨西哥美国女人在得克萨斯立法者家里当保姆或女佣。社会性别问题会在每一篇文章中讨论，但角度是一个女性的年龄、种族和阶级如何影响其社会性别形成。同样地，对于生育控制技术（避孕、绝育和流产）和生育辅助技术（捐精、试管授精和克隆）的讨论强调，特定的某种技术是否具有压迫性，取决于一个女性的种族、阶级、年龄、性取向、宗教、婚姻状况等等。对于有些女性而言，不生育的权利最为重要。她们有的不想要孩子，有的想要控制孩子的数量和孩子出生的间隔时间。而对于另一些女性而言，生育的权利才是最主要的问题。她们可能因政策影响或者因为专业人士认为她们不适合做母亲而被迫绝育或者长期采用避孕措施，想要很多孩子的贫困女性有可能觉得很受伤害。此外，患有不孕症的贫困女性可能希望能和富有的不孕女性一样，能付得起必须自费承担的试管授精费用，她们想要生孩子的渴望并不亚于富有的女性。

多元文化女性主义者坚信，女性（和男性）必须理解自己和他人的种族、阶级和社会性别是如何赋予力量或剥夺力量的，因此他们一直致力于女性研究课程、女性主义研究和社会性别项目的改革来达到这一教育目标。在这些课程中使用的材料和教科书逐渐反映了这样的事实：2030 年以后，白色皮肤的人将不再是美国人口的大多数。至少在数量上来说，"他们"——有色人种——将变成"我们"。多元文化女性主义者对这一重大社会变化的预测感到欣慰，因为对于女性而言，这是一个打破长期以来限制她们思想和行为的所有支配和被支配两极模式的契机。

全球女性主义

全球女性主义与多元文化女性主义不同，因为它的侧重点不是一个国家内部的女性，而是世界任何一个地方女性的生活条件如何影响世界其他地方的女性的生活条件。全球女性主义者认同多元文化女性主义者重视文化差异的观点，因此想要努力创建一个全世界的女性同盟。这两种理论有两个共同目标：第一是说服所有国家尊重女性对自身的生育及性相关行为和责任的自由选择权。缺少对自己身体和命运的控制权，女性不可能体验到成为完整的人的感觉。第二，全球女性主义者的双向平等目标是为了让女性（和男性）一起在全球范围以及国家范畴创造一个更公正的社会和经济秩序。全球女性主义者既是活动家也是理论家，他们决心要打造一个新的世界秩序，让所有的人，无论她们生活在哪里，都有足够的食物、居所、穿衣、医疗和教育资源，过上充分的人类生活（Bunch，1984，p. 250）。

全球女性主义者意识到女性必须建立强大的全球网络，来消除世界上富人和穷人之间的差距。对他们而言，全世界的姐妹同盟不会自然发生，而是需要付诸努力去实现的理想。在女性能够像一个集体那样拥抱彼此、团结合作之前，他们必须经过一个挑战彼此的过程。需要拆除的最大的墙是所谓的第一世界女性和第三世界女性之间的墙。

第一世界/第三世界的提法，越来越多地被发达国家和发展中国家的概念，或者南/北的概念所替代，但它们都带着殖民时代的烙印。因为有权力，发达国家的人认为自己是先进的、有文化的、文明的，而发展中国家的人则是落后的、没有文化的、无知的。放弃了控制发展中国家的政治和军事的理想后，发达国家致力于在经济和文化上控制它们。

发达国家努力在经济上控制发展中国家的方式中有一个与现在所称的“南方债务”相关。大约 30 年前，在利率相对低的时候，很多发展中国家从发达国家借贷大笔资金。不幸的是，近年来利率飞速上涨，发展中国家无力偿还借款的利息。为了防止世界经济系统崩溃，国际货币组织和世界银行重新调整了发展中国家偿还债务的日期。作为援助计划的一部分，他们要求发展中国家调整经济结构以融入到全球经济系统中。为了赚取更多的外汇来偿还延期的对外债务，发展中国家不得不尽可能多地出口很多便宜物资或者允许本国人到本地开设的大型跨国公司工作。这种情况下，很多发展中国家没有能力生产自己的消费品，只能被迫从发达国家进口(Jaggar，2002，pp. 119—121)。这些商品不仅昂贵，而且还带着发达国家的文化印记：耐克球鞋、骆驼香烟、可口可乐、福特汽车、里维斯牛仔裤、戴尔电脑。所谓的世界麦当劳化从表面上看起来无害，但它可能标志着北方对南方的殖民化(Bunch，1984，p. 249)。

全球女性主义者认为相比男性，女性甚至更多地被用来为南方债务服务，因而陷于持续困境中。尽管如此，发展中国家的很多女性决定在其祖国的跨国公司里承担低收入的工作。她们这么做是为了养家糊口，或避免卷入为发达国家男性服务的性产业——发达国家的男性在旅行时会花钱购买发展中国家女性的性服务。

因为国家的境遇，发展中国家的女性更关注经济、社会和政治问题，而不是发达国家女性最关注的性和生育问题。结果由于关注的首要问题不同，国际会议上的女性对话常常走进死胡同。实际上，在“女性国际十年”期间(1975—1985)，联合国资助的三次国际女子大会——墨西哥城(1975)、哥本哈根(1980)、内罗毕(1985)，以及 1985 论坛——一个由 157 个非政府组织参与的松散同盟——上，代表所谓第一世界、西方、北方和发达国家的女性和代表第三世界、东方、南方、发展中国家的女性之间显现出诸多问题。幸运的是，1995 年在北京举办的妇女大会，全球女性主义者帮助女性解决了一部分跨文化差异的问题，强调了彼此之间的共性。全球女性主义者为团结女性而采用的主要教育工具是跨文化研究，其中一项典型的研究是对巴西、埃及、马来西亚、墨西哥、尼日利亚、菲律宾以及美国的城市低收入女性进行的研究。尽管有差异，这些女性都运用她们作为母亲的身份来捍卫自己的生育权利。她们认为：因为是她们自身，而非她们生活中的男人，承担着怀孕、分娩和育儿的沉重负担和责任，所以她们有权利在这个方面做重要决定(Petchesky & Judd，1998，p. 362)。

尽管全球女性主义者认为意识到政治、宗教和文化背景对世界各地女性处境的影响很重要，但他们也认为女性生物特征使得世界各地的女性在有些处境中具有共性。全球女性主义者迫切呼吁女性阅读有关女性和女性作者写的书，并通过看电影和纪录片来了解彼此的日常生活，有可能的话，去彼此的国家旅行，面对面交流。全球女性主义者认为，在充分认识了彼此共有的脆弱和不朽之后，女性将受到鼓舞，从而能相互照顾，在全球范围内制定更公正的政策，消除长期以来作为人类关系特征的、傲慢且残酷的支配与被支配模式。

第九章　后现代和后结构主义理论

贝姬·弗朗西斯

后现代和后结构主义理论对人文主义视角提出了强有力的挑战，第二波女性主义思想的表达激发了很多当代女性主义学者在教育领域有力而深刻的研究。为了理解这些理论提出的挑战及其贡献，首先我们需要理解后结构主义是后现代主义的一个分支，侧重点在于社会和文化造成的语言模式，即话语，如何建构人及人与人之间的特定的权力关系。

后结构主义对于社会性别和教育的女性主义研究有着特殊的吸引力和影响，因为它阐明了社会的性别化特征是如何通过将所有人定位成男性和女性并把这些社会性别类别用相对化的话语塑造起来的。后结构主义理论一方面对女性主义理论复杂性的探索有影响和贡献，另一方面也挑战了女性主义，特别是对于把人按社会性别划分并把自己定位为女性解放运动的主张。后结构主义的目的是解构这种女性主义的主张，因为它是一种单一的强势真理压制下的产物。相应的，女性主义者批判后结构主义在政治性上和道德上空洞无力，同时也承认它为社会性别表现和权力关系提供了开创性的、有价值的解释。

后现代主义与后结构主义的区别

尽管后现代主义和后结构主义经常在文学中合并为一体，且后结构主义与后现代主义思想家受到彼此著作的影响，但这两个理论流派之间仍存在明显的差异。后现代主义是一个伞状的上层概念，涵盖了批评现代主义及其潜在的启蒙哲学定位和假设，如历史的进步性特征，理性的普遍性，科学和哲学“真理”的可发现性,将自我看成理性的、能动的、连贯一致的主体的人文主义观点。影响了后现代主义运动的主要思想家有琼·鲍德里亚和琼-弗朗索瓦·莱昂塔,他们的作品对艺术、影视研究和文化研究都有深远影响。后现代主义及其对广泛接受的“理性”叙事和立场的批评,激发了诸如酷儿理论的理论流派的兴起。

后结构主义绝非是一个单一的或统一的理论立场,它的具体分支比后现代主义还多,因为它是相对于文学评论的结构主义运动及其对“信号”的符号分析而产生的。后结构主义理论中最著名的先驱者——罗兰·巴特、雅克·德里达、朱莉娅·克丽丝滕瓦和米歇尔·福柯——都深受结构主义影响,其早期作品在很多方面采纳了结构主义。但是,随着对“符号的科学”的幻灭,伴随着无助感和意识形态的影响,这些理论家开始反对结构主义主张的显著确定性,例如,揭示文本如何脱离作者的意图自由“玩耍”。在这一层意义上,后结构主义是后现代主义的一个分支。大量极具挑战性(思想上和政治上的)的理论著作应运而生,德里达和福柯的著作对政治和社会科学的影响尤为深远。福柯的著作特别适用于社会科学,因为他在创建研究特定历史时期随社会经济转型而变化的制度和价值观的“系谱学”方法时,详细阐述了关于文本和语言作为话语的后结构主义观点。“话语”是社会和文化形成的语言形式,它通过以特定方式产生物体(或主体)而构成权力(一个家庭主妇可以在社会性别本质论的传统主义话语中被理解为正在实现其自然角色,也可能在自由女性主义话语中被定位为一个受害者)。

很多后结构主义学者围绕德里达的立场提出了各种解构性的元素,而福柯的思想对西方女性主义者的影响特别大,因为他所提供的理论工具在社会科学研究领域特别适用,而且他的理论能够解决女性主义理论所面对的难题,朱迪丝·巴特勒就是在他的理论基础上创建了主观性和表演性的概念,在教育领域他的思想也激发了令人兴奋的新探索和理论创建。

后结构主义对社会性别和教育研究者的吸引力

第二次浪潮中的女性主义研究者很快发现了教育机构在复制社会性别不平等中所发挥的强大作用。在20世纪70年代和80年代,女性主义研究者开展了一系列富有挑战性且具影响力的研究，他们依据社会学理论来解释女性在社会中缺乏权力是从家庭开始，在学校得到强化的社会化的结果，认为教育通过一种隐蔽的课程传授性别角色和女孩相对低等的假设，教育女孩在社会性别秩序上“知道自己的位置”。然而，对社会学习理论和“角色复制”观点的批判不断增多。研究者们指出，年轻人并不是被动地、整齐划一地简单接受这些角色，而是在积极地建构自己的立场，并对此过程进行阐释，开始利用关于抵制的概念和关于社会关系随时间变化的分析来挑战社会复制理论并反驳潜在的固定主观性的概念。

后结构主义理论提供了一个新的立场，对启蒙主义、人文主义的主体观提出了尖锐的批评和重新解读。在某些领域，女性主义和后结构主义的观点有重复之处，但在另一些领域，后结构主义提供了令人激动的解释并解决了女性主义在20世纪后期面对的问题。后结构主义对女性主义者的吸引力存在于五个方面：对启蒙主义理性与客观性概念的质疑，一个新的自我观，话语与权力，对性别/社会性别的解构，解构分析的解放性潜能。

和女性主义者一样，后结构主义者对坚持理性方法和分析客观存在可能性的科学启蒙主义表示质疑。他们和女性主义者一样强烈反对把理性的思维（被建构成男性）与情感和身体（被建构成女性）分裂开来。

关于自我，后结构主义者提出了一个与社会化理论和性别角色理论所主张的完全不同的概念，弥补了“角色复制”观念存在的一些局限。后结构主义把自我（和行为）看成是文本创造出来的，是碎片化的和流动的，而不是固定的和理性的。福柯认为自我是在话语中被定位的，并在话语中定位他人，其位置根据话语的情境在结构中发生改变。根据福柯的观点（1980），只要有话语就有抵抗，例如，如果自我被一种话语置于无权的位置，她/他就有可能通过另一种话语将自己放在有权力的位置上。此外，话语本身也不是静止不变的，而是随着创造它们的社会机构变化而改变。

后结构主义的话语分析立场为理解权力和权力关系提供了新的视角，这正是女性主义最感兴趣的部分。特别是它为一些理论界对女性主义的追问提供了一种解释，如女性之间（男性之间）以及男性和女性之间的权力是如何构成的。在20世纪后期，有色女性、工人阶级、同性恋和残疾女性主义者注意到了白人、中产阶级、异性恋和健全女性在女性主义中的主导地位，也注意到了这些女性的做法经常将处境不利的女性面临的问题边缘化或沉默化。因此，女性主义者意识到压迫力量不仅来源于社会性别，还可能是其他因素造成的，也可能存在于女性之间。福柯认为权力是通过话语来完成的，而不是靠特定群体和个人所拥有的财富获得的。这一观点有助于解释上述的理论问题。福柯(1980)认为，个人持续地通过话语一边承受压力，一边行使权力。

如果自我是通过不断变化和相互竞争的话语建构起来的，社会性别和性别位置也可以通过后结构主义的方法来解构。后结构主义可以把社会的性别化特征解释为话语造就的，是话语把所有人分成男性和女性并呈现出这种分类的理性色彩。这不仅解释了上文所讨论的性别角色理论无法回答的社会性别的抵制问题，也挑战了社会性别本质论。激进和差异女性主义者有时候坚持认为，"女性本质"的存在将所有女性团结成一个群体。相反地，其他一些女性主义者批判了本质主义的立场是一种自我推翻，因为它们有效地解释了女性和男性的社会权力差异，因此在某种意义上，将这种差异合理化了。后结构主义理论能够颠覆和解构本质主义对男性特质/女性特质的两极化二元论。

话语分析的解放潜力植根于人不仅被话语定位，而且也在积极定位别人的观念中，这种话语分析的解放潜力被认定为具有积极意义，并受到一些女性主义者的欢迎。例如，戴维斯(1989，1997)指出，社会性别语篇分析将给我们提供一个权力构成途径以及在那个话语体系中我们如何被放在特定位置上的新见解。她和其他一些学者坚信，这增加了创造新的社会性别话语，从而通过话语重新建构自我的可能性(不过，这样的阐释受到了强调后结构主义确定性层面的学者的挑战)。

对女性主义的解构挑战

尽管后结构主义话语分析和权力及主观性理论对女性主义研究的积极贡献显著，作为一种"运动"的女性主义观念和后结构主义立场之间的认识论冲突仍然存在。矛盾的根源是女性主义作为解放运动的起源和后结构主义的解构倾向。例如，尽管女性主义在理论立场和支持者的目标方面兼容并蓄，是一个"广教派"，但女性主义一直都把社会性别作为焦点，强调社会性别不平等，并致力于挑战和改变这样的不平等。正因为如此，女性主义成为了解放运动，其源头在于自由主义的"权利"概念，这一概念渗透了"启蒙"人文主义关于自我和自主性的观点，虽然颇有争议。而在后现代主义看来，女性主义叙事可以称为真相叙事或"元叙事"，承载着一种"追求真相的意愿"和一种历史进步的召唤，体现出一种世界可以通过人类努力变得更美好的信念。后现代主义的目的是解构这样的元叙事，这种叙事被认为是压迫性的，因为它提出了可望而不可即的唯一"真理"，并因此行使了权力。

有些女性主义者认为，因为女性主义具有多面性，而且从未像其他思想领域一样寻求统一，它就不应该被解读为元叙事。另一些女性主义者激烈反驳，认为坚持女性主义叙事是根源于自由人文主义的解放运动的论点是实现统一的、积极的、有力的女性主义话语的核心。有些理论家认为女性主义对社会性别差异的关注建立在普遍的女性主体（和普遍的男性）观念基础上——这一立场也必然会受到旨在解构整体论并揭示差异性的后结构主义理论的挑战。然而，虽然自由和激进女性主义立场经常暗示所有女性基于其社会性别的经验和压迫（即使意识到不同女性群体间的差异），吸取了后结构主义思想的女性主义者还是拓展出了一个超越了"基本主观性"的立场。例如，著名后结构主义女性主义者朱迪丝·巴特勒和布朗温·戴维斯的著作中提到，不存在基本的男性和女性主体——相反，主体是通过社会性别话语被建构成男性或女性、男性化和女性化的，主体将这些变成了自己的，并在社会性别表现中予以复制。

对关于女性主义广泛的解放立场是否会使后结构主义成为对女性主义者毫无益处甚至危险的理论追求的争议一直没有停止。在社会性别和教育领域，关于这些问题的争论非常激烈。有些女性主义者指出后结构主义理论以及一些后结构主义主要支持者发表的言论中包含保守和反动的痕迹。这些女性主义批评家坚持认为，后结构主义低估了女性主义运动，夺走了女性主义者最有效的概念工具。他们指出，"后结构主义女性主义者"的标签是一个矛盾修辞，将这两种对立的立场结合在一起在理论上是不可能的。

相反地，对"后结构主义女性主义者"观点的另一路批评来源于这一领域的

“坚定的”后结构主义者，他们认为人文主义（现代主义）的能动性和“选择”的观念重新在这些思想中浮现出来。例如，有一种观点是从乐观主义立场提出的——主体可以被鼓励对话语进行反思，并理解自身是如何被定位的，继而学习采用另一种话语来挑战压迫性话语。这一视角受到批评，因为它再现了一种对主体的人文主义理解，假设了一种潜在的“理性”选择、能动性和行为一致性，因而与主流后结构主义理论格格不入（可见布朗温·戴维斯和艾莉森·琼斯在《社会性别与教育》中的辩论，1997）。

此外，女性主义对后结构主义的进一步批评更为具体。例如，他们指出，后结构主义理论未能充分阐明反对女性的权力的性质和根源。但毫无疑问，后结构主义对元叙事和“真相叙事”的解构在女性主义者中引起了焦虑，并引发了后结构主义思想对女性主义立场的价值的深思。两个主要批评是：第一，后结构主义从根本上是非政治性的。后结构主义对真相话语的拒斥及其对身份的拆解使得它成了一种消极的/虚无主义的理论，无法参与到致力于社会变革的理论或实践工作中。对于解构而非建构的侧重导致了政治虚无主义和宿命论，从而导致政治和道德的瘫痪。

第二个批评指出了后结构主义没有能力对话语价值进行评价。具体地说，没有“宏大叙事”就不可能对权力关系进行概括。正如上文所述，对话语的辨认以及话语对个人和整个社会的影响力的审视（例如，福柯的研究）是后结构主义对社会科学的最大贡献。然而，虽然后结构主义的话语分析对于“打开”和解构话语十分有用，但理论上它无法认同其中任何一种话语。同样地，后结构主义拒绝承认真理或“统一性”的言论，使得政治研究者失去了评价不同话语的相对重要性和影响力的能力。为了规避这一问题，有些政治研究者采用了“普遍性话语”和“主导性话语”这样的术语来建构政治解释，显而易见的是，形成这种分类的方法并没有得到清晰的说明。

解构并不一定意味着反对，只是一种批评（见福柯，1990）。然而有些人提出了疑问：一个解构了其他理论但又不能提供替代者的理论对于解放主义的立场是否有用？另一些作者认为，后结构主义不仅不能帮助女性主义，反而体现了男性中心的甚至是反动的立场，因为它低估了受压迫群体的观点和“真相表达”，并用理论麻痹他们，使其丧失行动的能力，从而维持社会现状。

女性主义理论家一直在积极寻求化解这些理论冲突的最佳办法，并努力发展出新的理论路径来解决这些争端。有些作家已经开始关注能动性问题并修改了统一性和差异性的主张。

后结构主义在社会性别和教育领域的成就

后结构主义理论，实际上是后现代主义，总体上对教育中的社会性别研究有着深远的影响。女性主义研究者在20世纪70年代和80年代早期曾自信地声称“女孩”和“男孩”在学校里是两个不同的群体，但以后结构主义理论为基础的研究者批判了这种同一化的标签。他们指出，贴着“男孩”或“女孩”标签的不同主体之间存在着巨大的差别，而且这些学生的权力位置也是根据话语情境不断变化的。这样的分析使得社会性别和教育研究的结构主义方法焕发了新的活力，研究者开始去寻找社会阶级和民族等因素影响权力关系和不同性别群体内部以及它们之间的资源的途径。

采用语篇分析研究教育政策文件的研究者发现，这些文本中包含着社会性别化的假设和工作场所明显的社会性别话语。后结构主义研究者颠覆了认为社会性别是“被给予”并在课堂上被自然化的传统观点，反而揭示出学校教育用“随机”的社会性别类别过度描绘学生(和教师)，并通过制度和课程的实施与建构灌输社会性别化行为，从而制造和加剧了社会性别差异。这类研究记录了学生和教育采用社会性别话语、内化社会性别的方式，以及这些主体如何通过教育话语和课堂动态被“社会性别化”的过程。这类研究在后结构主义研究或受到后结构主义影响的研究中构成了一股奔涌的新鲜血液。布朗温·戴维斯的研究就是一个很好的例子。通过对幼儿园和小学里的社会性别化的互动和社会性别话语的检验(1989)，戴维斯总结出社会性别话语将社会世界呈现为一个界限分明的、合理的、以男性和女性划分的二分状态。儿童接受了这种相对的社会性别位置，并将其建构为重要的社会能力和身份，从而卷入“社会性别类别维护工作”中，以便清楚地展示他们的社会性别归属。就这样，后结构主义研究解释了以前曾令社会性别和教育研究者困惑的问题(如，社会性别身份的发展和女生接受并非天生的性别身份的动机)。

紧随这种对社会性别类别的解构，有些女性主义者指出，“女人”和“女孩”的术语可能具有误导性，并且是多余的，这暗含着一种根本不存在的固定性和身份。因此，他们指出，应该抛弃这样的语言，或者至少在社会性别和教育研究中避免使用。然而，可以说社会性别类别化的问题仍然是这一领域研究者们的难题。这一方面是因为社会性别差异/不平等是女性主义研究的中心主题，取消这些类别就意味着抛弃分析的中心主题，另一方面可能是因为在学校教育中这样的社会性别分类无处不在。在学校里在言语和行为上用社会性别分类来描绘“女孩”和“男孩”的情况很普遍。女性主义研究已经发现这样的社会性别划分在各种类型的学校里都很普遍，体现在课堂管理、座位安排、期望和兴趣、朋友群体、操场和空间的使用等各个方面。

对于这样的分析性研究的最主要的批评就是，这类研究以批评或辨识与解构现有话语为乐，却不能提供或创建替代理论。这一批评广泛适用于后结构主义，在教育领域尤为相关，因为至少在表面上，教育是一个脱离不了改变（教育数量的增加）的建设性项目。不过，也有例外。再以布朗温·戴维斯的研究为例。戴维斯是将后结构主义理论应用于课堂实践以达到（女性主义）解放目标的先驱者。依据她对幼儿园儿童的研究，她总结道，只有解构将特征和行为模式指定到某一性别的“社会性别二元论”（儿童将以此建立社会性别身份的基础），儿童才能够打破僵化的社会性别定位去尝试不同的生存方式。她开启了一个雄心勃勃的项目，给儿童传授后结构主义的思想，让儿童能够理解社会性别话语的性质及其对他们生活的影响，给他们提供工具自己来解构社会性别二元论。她的著作《玻璃碎片》(1993)描绘了她在这个领域的艰苦努力。

当然，没有女性主义的“真相体制”揭示出社会性别化的行为是一种导致不平等的（错误的）社会建构，儿童将不可能有理由或者有动力去解构当今的话语或挑战社会性别关系。因此，女性主义层面仍然是这类行动研究和教学研究的主要驱动力。没有这样的解放立场，享受解构乐趣和文字游戏、不关心政治的后结构主义，因其本质，就不可能如女性主义者希望的那样被用于重新建构。然而，两种理论立场的结合——不排除理论上的颠覆和挑战——可以开启社会性别和教育研究的新路径并提供教育背景下社会性别表现和权力关系的新解读。

第十章　酷儿理论

苏珊·塔尔伯特

酷儿理论是一种研究领域或方法，20 世纪早期命名并随后进入教育研究领域。受到女同性恋和男同性恋研究及女性主义和后结构主义理论的影响，酷儿理论与其说是一个系统手段或框架，不如说是用来质疑关于性、社会性别和性取向的常规解释的一个方法集合。酷儿理论挑战了“同性恋和异性恋的固定说、离散分类、性是生物学属性而社会性别是文化表现”的说法，以及性取向构成身份的观点。它常常采用女性主义对社会性别的分析，但酷儿理论认为主体的身份和归属具有局部性和暂时性，并且取决于情境。酷儿理论寻求种族、阶级、社会性别和民族在建构性取向和构成他或她的权力关系中的交叉作用。在教育领域，酷儿教育学并不教授关于身份的内容，而是研究将人区分为“正常”或“不正常”的过程，努力消除类别化并促进新形式的关系和归属。

酷儿政治兴起于 20 世纪 80 年代后期，部分是因为反对当时试图同化同性恋的政治运动。活动家群体如“酷儿王国”使得人们注意到了各种颠覆和改变传统社会性别与性取向观念的酷儿性行为、身份和身份界定的兴起。这一运动不仅包含了女同性恋、男同性恋，还包含了双性恋、交叉性别者、跨性别者和异性模仿者，充分展现了社会性别和性取向的变化性。“酷儿”这一术语对于很多人来说并不悦耳，但它的目的是希望人们丢弃过去的顽固观念和仇恨，重新书写当今时代认可非常态的性取向和社会性别表现的新篇章。即便可以说“酷儿”这个表述本身涵盖了身份的认定，但酷儿理论家和活动家们用“酷儿”这个词是为了反对身份命名的静态化和正常化含义。

受到政治运动、女性主义和后结构主义理论以及女同性恋和男同性恋研究的影响，酷儿理论最初主要出现在人文学科领域，如历史、文化和文学研究，但后来很多其他领域，如法律研究、社会科学和教育学也越来越多地参与到对异性恋正常化以及相应的性别和社会性别角色的批评中。20 世纪 90 年代，同性恋进入公共、法律和政策话语中，教育研究将注意力转向对同性恋的探究，并开始使用酷儿理论。经过 30 多年对社会性别和学校教育的研究，学校开始借助酷儿理论来理解性取向和社会性别对学校日常活动、教学和课程方面的影响机制与意义。

酷儿理论的核心目标是，通过研究性别和社会性别的建构以及这些类别是如何产生并对处于不同位置的人产生不同影响的，从而对看似稳定的类别去自然化。与努力创造同性恋个人和文化的独特历史、传统和知识体系的同性恋研究不同，酷儿理论致力于通过强调性取向及其意义是建构的、随机的和相对的，来打破离散的、固定的身份。酷儿采用了后结构主义的身份概念，认为身份是不稳定的、相对的和变化的，拒绝将固定式的定义性别主体的做法视为正常化。对于酷儿理论来说，诸如男人、女人、同性恋或异性恋的类别从来就不是自然的，也不是中立的。在某种意义上，它质疑了异性恋正常论或异性恋自然说。

酷儿理论的批评者虽然认可对常态进行调查的必要性，但同时指出，酷儿理论对于性取向而非社会性别的强调会导致忽略社会性别差异，并具有将普遍的男性主题带回理论中心的风险。其他一些学者担心酷儿理论对身份基础或群体的否认有可能会限制其政治潜力。

本质主义和建构主义

酷儿理论干预了社会性别和性取向取决于本质还是建构的争议。本质论者认为身份是自然的、天生的，是在一生中都固定不变的，就像人们所说的“生来就是那样的”。本质论者认为同性恋是在不同时期和文化中都存在的普遍现象。基于本质论的观点认为，性取向身份是与特定行为相关的，如作为男同性恋或女同性恋的“出柜”，这是个人选择了男同性恋或女同性恋身份的真实标志。尽管有些人认为这包含了一种保守立场，本质论仍被作为一种策略来确保同性恋者的民权。社会活动家采用本质论话语提出了这样的观点：同性恋在历史上一直存在，而且它是生物性的或天生的，不能被改变，因此同性恋男人和女人应该被授予权力。

另一方面，建构主义者将社会性别和性取向理解成“造出来的”而不是“生出来的”，它们是文化和社会环境的产物。建构主义并不驳斥性别的生物基础，但他们经常将社会性别作为一个对个人身份无足轻重的文化现象来看待。因此，建构主义者断定，同性恋在不同的社会历史环境中有着不同的文化意义，并不是普遍一致的。建构主义者指出，他们对社会和文化变化的分析为改变社会和文化提供了政治干预方法。同时，批评者指出建构主义释放了一个信息，那就是同性恋还是可以改变的，因为性取向是一种“选择”。

两种观点——但主要是本质主义观点——可能都适用于旨在为女同性恋和男同性恋争取政治权利的“族群模型”。在这个模型中，男女同性恋被定义为少数群体、不同但平等，因此可以要求得到认可，获得平等的权利和法律保护。身份政治，一种把个人身份同群体身份相叠加以获得需求和关注的策略，使得女性、女同性恋、男同性恋、非裔美国人经常以集体的形式出现。但是，这样一种一致的、统一的群体代表形式暗藏着种族、民族、国家、阶级和社会性别的深刻差异。例如，女性和非裔美国人会认为他们的需求被排除在外了，因为这个群体的代表大多数都是白人和男性。因此，酷儿理论建议，用身份作为基础建立群体或政治的方式有局限性，因为它排除了构成个体身份感的其他要素。对于酷儿理论家来说，群体是临时的，政治是联合的，二者都取决于特定环境中的利益和关联。

质疑身份类别

酷儿理论和建构主义有共性，但它通过对性取向与身份的关系的质疑深化了对本质身份的批评。酷儿理论批判了性取向身份的“民族模式”，因为这一模式的基本逻辑是性取向是由个人选择的性对象的性别而决定的，这一取向界定了身份。

与本质主义和建构主义的身份观不同，伊芙·科索夫斯基·塞奇威克提出了两个矛盾的观点：对同性恋的少数化和同一化。对同性恋的少数化观点，将同性恋看做是一个少量的、稳定的、离散的群体。同一化观点将同性之间的吸引看成是性取向色谱中的一种。第二种观点并不普及，它指出同性恋并不是某些人或群体特有的，而是显现在所有人的定义和建构中的，与身份无关。少数化观点将身份定义为离散的，而同一化观点将身份定义为相互交错的，所有人共同制定的。这种对性取向和身份的相对主义观点使酷儿政治与理论将焦点从身份转移到差别上。差别先于身份，决定个人的位置。

受解构主义影响，酷儿理论认为两极压迫是一系列从源头上就不平等的分类。例如，异性恋被定为规范，而同性恋只能屈从。男性/女性的对立维持着等级制结构，暗含着相应的理性/感性、积极/消极、坚强/脆弱、异性恋/同性恋的对立。引用塞奇威克的话，还有自然/人工、健康/疾病、多数/少数、公共/私人、无辜/故意。因为两极对立中的支配性术语取决于被支配的术语才能有意义，因此支配性术语的意义会因为被支配术语的改变而发生变化。这样一来，同性恋对于异性恋而言既是内在的，也是外在的。因此，根据同一化的观点，同性恋的定义在一系列社会性别和性取向上影响着个体。

酷儿理论揭示了性别取向基于语境的、历史性的特征，因为它们是通过权力关系而建立的，从而解除了同性恋和异性恋类别的自然意义。例如，许多历史学家指出，在 19 世纪后期，性取向领域经历了显著的范式变化，医药、法律和国家不再把焦点放在辨识同性恋行为上，而是指认同性恋身份上。有些人把这个从界定行为到把同性恋视为“类型”的改变看做现代同性恋身份——由此推论，也是异性恋身份——建立的基础。这就是同性恋少数化观点的基础。但酷儿理论超越了指向历史变化的建构主义的立场，重在解构创造划分类别的知识的权力运作而不是已被发现的身份。

酷儿理论强调权力和知识在建构同性恋“真相”中的作用，这源于米歇尔·福柯的思想。福柯在其著作《性史》第一卷中，质疑了所谓的“压抑假说”以及 19 世纪禁止谈论性取向的观点。他指出，“禁止”起到了“刺激话语”的作用或催生了关于性取向的谈论。这种谈论性取向的刺激物部分是源于揭示性取向秘密的信念，人们能够产生知识，揭示自己是谁的“真相”。纵观基督教忏悔习俗到现代精神分析学说，福柯指出，当人们被要求去坦白自己的情感、思想和欲望时，就被置于了与某个权威人物的权力关系中，这个权威人物解释说话者的叙述，看似在揭示，实际上在创造一种关于自我的“真相”，而这个“真相”就是权力的产物。

在查看权力和知识的运作轨迹的过程中，福柯提炼出了使人成为（性）主体的三个客观化过程：区分惯例、科学分类和主体化过程。区分惯例把主体分类，如同性恋和异性恋；科学分类创造出了一种探究模式，自称具有科学属性并创造有关这些主体的专家知识；主体化指的是主体通过意义创造形成自我意识的过程。酷儿理论家认为，教育者和教育研究者努力理解主体及其能力和文化，因而创造出科学“知识”来划分个人并采取相应的行动来区分和规范主体，主体通过这些话语认识和理解自己。

受福柯影响，酷儿理论家认为当代女同性恋和男同性恋“出柜”的动机是一种忏悔冲动的遗留，它维护着将异性恋和同性恋区分开来产生“真相”的权力系统。即使“出柜”有益于揭示被塞奇威克所称的“公开的秘密”——关于非异性恋者的未被认可的知识——但它仍然强化了同性恋/异性恋的两极性。

酷儿理论不同于基于表达和彰显身份的女性主义和同性恋身份政治，侧重于探寻身份的形成和基础。“酷儿”不是一个名词而是一个动词——一个正在发生的认同或反对他人的过程——酷儿理论旨在寻求正常化过程的不同解释。酷儿理论家强调，若将酷儿理解成“行动”而不是“状态”，就能够创造新形式的关系。

作为建构表现的社会性别和性取向

强制异性恋思想假设一个人的性别（男或女）、社会性别身份（男性特质或女性特质）以及（异性）性对象选择之间有一种线性的一致性或因果关系。同性恋因选择了同性性对象而偏离了这种正常的性-社会性别-欲望系统。同时，特定性别的不恰当的社会性别表达——有时被称为社会性别颠倒——可能与同性恋取向融合。例如，一个“娘娘腔”男孩表现出女性化行为，即使他是异性恋，也会遭到同性恋恐惧者的嘲笑或者被诊断为社会性别紊乱，并被认为成年后可能成为同性恋。

朱迪丝·巴特勒对于强制同性恋——或社会性别、性取向和身份的异性恋规范矩阵——的分析，在各个领域都产生了很大影响，包括教育领域。巴特勒拓展了福柯的理论，将社会性别纳入其中，展示了对社会性别的规范如何强化异性恋规范。她提醒道，边缘化身份的表达，如女性或女同性恋，恰恰呼应了身份政治想要反抗的异性恋规范体制。她的观点的核心是：女性主义者不应该把“女性”作为基本类别，不是因为其意义不具普遍性或明确性，而是因为它强化了社会性别关系及男性女性类别的两极观。

巴特勒(1990)指出，性别-社会性别-欲望关系的持续存在受到强制性异性恋制度的控制，这个制度要求人们表现出恰当的、合理的行为。巴特勒认为，社会性别是社会性别化表现重复的产物。换句话说，社会性别并不是真实的，而是需要不断重复表现和表达才看起来可信。行为不是社会性别身份的表达，相反是人们通过社会性别化的行为获得了社会性别身份。社会性别身份的表达或表现，不是所说的社会性别身份的自然结果，而是其构成要素。社会性别身份不表达一种内在的核心或实质，相反，它们是主体行为表现的产物。要将社会性别理解成一种虚构，需要强调个人创造自己行为和身份的潜在能动性。然而，这些表现不是一种主动的表现，正如一个人的表现及其可理解性取决于异性恋矩阵中的条件。因此，社会性别和性取向的颠覆性表现的产生揭示出，它们不是自然的，也不是本质的，而是在一定条件下发生的。

当今教育实践

酷儿理论已经进入教育研究和实践领域。20 世纪 90 年代媒体和教育者对同性恋、双性恋、跨性别(LGBT)青少年需求的关注激发了学界对性取向和学校教育问题的兴趣。几十年来，研究者、社会活动家和青少年发展工作者发现，LGBT 青少年在自杀、言语和肢体攻击、药物和酒精滥用、性传播疾病、无家可归、辍学和抑郁症问题上存在高风险。权益倡导者描述了受害的 LGBT 青少年的状况来证明包容措施的必要性，如修订课程、建立同性恋-异性恋联盟、在学校创建一个“安全空间”。因此，与性取向相关的教育实践侧重对 LGBT 教师和学生的支持与资源提供，鼓励 LGBT“出柜”，并宣传 LGBT 个人和文化的正面形象。

酷儿青少年常常被描绘成社会、家庭和教育机构的受害者，酷儿理论家对于这一形象提出了抗议。他们认为，这些描绘忽略了酷儿青少年的快乐、能动性和创造力，是一种片面理解。作为回应，社会活动家反驳道，鉴于学校和同性恋是一个极具争议的话题，LGBT 青少年的痛苦经历可以成为引起社会关注的重要支点，让大家认识到抗击同性恋恐惧的必要性及其对学校的影响。

这种修正性的方法受到身份族群模式和多元文化包容理论的影响。教育者认为，在课程和教师榜样中提供正面代表，有助于树立 LGBT 青少年的自尊和对非 LGBT 青少年的包容。酷儿理论家批评这样的做法加剧了酷儿和异性恋者及其文化之间的分界。这种区分成为正常化过程的一部分，因为它通过建构关于各个群体的特性类型的知识，把 LGBT 和非 LGBT 的身份界定成稳定的、不同的、可预测的。课程教学必须决定呈现哪些类型的形象、呈现多少、在什么地方、对谁呈现，还要考虑如何采用描述性的而非评价性的语言表述差异，并体现对规范的挑战。尽管意识到这些潜在风险的存在，有些教育者还是不太情愿采用酷儿的批判分析或对 LGBT 形象、身份及成功学校代表的解构，因为以前对于这些身份几乎没有什么正面描述。

酷儿理论家还表达了一种担忧：强调正面代表和项目使得那些已经“出柜”和那些没有“出柜”的人之间的区别加大了。他们认为，在教育环境中，“进”和“出”的问题远比二元区分复杂得多。对“出柜”以及坦白行为的英雄化是一个白人中产阶级的模式，但忽略了影响年轻人“出柜”愿望的民族、种族和家庭纽带，而且这一做法进一步强调了性取向是自我“真实性”的一部分。

酷儿理论认为，基于身份的包容性的教育实践在改革潜力上受到了局限。例如，创造性别平等的努力并没有挑战不平等的社会性别结构或可能具有压迫性的身份类别本身。同样地，给 LGBT 学生提供资源、支持、安全或包容的努力侧重调节人际间对“另类者”的边缘化，而不是调整“正常人”的特权，因而保留了完整的特权与压迫的结构。相反地，那些努力传授准确形象和教会学生包容的做法背后的假设是：教育应该提供正确的知识来抵御以往课程的局限和偏差所造成的刻板影响和误解。这类方法有助于拓展知识，但它假设存在着对 LGBT 个人进行准确描述的可能性，并假设这样的描述可以被理性地接受，却无视学生对这类知识的影响和投入。换句话说，这些方法或许可以帮助学生理解他人，但不一定能动摇他们理解自己位置动态的方式，特别是亲近某些人、边缘化另一些人的系统。从根本上说，基于族群身份模式的教育没有充分考虑分类和屈从过程是如何运作来形成规范的。

酷儿教育学

在发展的早期，酷儿教育学对传统的、基于身份的包容教育模式以及一些教育者处理教学内容和过程的方式予以了尖锐的批评。与酷儿理论拒绝固定自身或其研究对象的理念一致，酷儿教育学提供了一个不加固定的方法或内容。

酷儿理论认为，主流教学法希望提供同性恋恐惧症的解药或给低自尊 LGBT 学生解决问题，无异于同化主义对平等文化代表的要求，将同性恋囊括进正常的范畴。传统教育的目标是异性恋者的无知——其假设是知识能够阻止同性恋恐惧和同性恋孤立——并期望课程形象的改变和教师榜样的作用能够提升自信。这样的做法强化了被包容者和包容者，或被压迫者和压迫者之间的两极对立。

酷儿教育学没有用正常化酷儿学生的准确表征来取代对他们的忽略和扭曲，而是反对可知或已知的主体的知识体系，重视不可理解性，或了解同性恋或异性恋的不可能性。酷儿教育学反对课程能吸引理性的主体，通过促进处理信息的认知过程达到包容的观念。知识和知识的“传递”不是被掌握的。酷儿理论侧重个体如何知晓的方式——知识如何通过互动被建构，教育学变成了关于学生如何学习或者阅读的问题，以及学生与知识是什么关系的问题。酷儿理论沿用了心理分析学说的一个观点：学习涉及“忘却”，无知不一定是缺乏知识，而可能是对特定形式知识的依恋和对新知识的排斥。因此酷儿教育学通过探究学生如何学习或拒绝学习来理解他们对于新知识形成的作用，它要求学生和老师研究自己的学习以及自己与课文的关系，并探究他们的抗拒、认同和不认同。这样，教育的问题就不是灌输正确的知识，而是让学生参与有关自己主体意识的形成以及身份认同或不认同的对话。

酷儿教育学要求学生和教师考虑自己和压迫力量之间的共谋或其他关系。

通过包含不同观点的课程，学生不是去寻求一种“更真实的”故事，而是一种多重的、往往是矛盾的、可能动摇和改变主流叙事的故事。这种教育的核心是参与者对正常/偏差的两极关系中的自我进行重新思考。一旦解构了特权和边缘化，学生就必须从情感和认知两个层面解读自己的位置并理解自己行为的意义。例如，酷儿教育学的自传性课程教学运用对自我叙事的研究来检验自我内部的差异及自己在人际关系中的差异。不同于重复习以为常的叙事和身份类别或拒绝新的叙事，学生必须通过一种“忘却”来达到创造新知识的目标。

作为区别化和正常化研究过程的一部分，酷儿理论家要求课程和教学方法强调身份的相对性和不稳定性。因此，酷儿教育学不把性取向作为附属于特定行为的或离散的身份来教授给学生，而是教授和学习性取向在社会关系及快乐中的意义。酷儿课程解除了异性恋/同性恋两极化的中心地位，将重心放在理解人的内心及人与人之间的差异上，而不是不同类别的人的差异上。例如，一个传统课程的“酷儿化”，如正统文学，在一种看上去“异性恋”的文本中探究通常不为人知的、潜在的酷儿愉悦和欲望。异性恋本身也可以被理解成不稳定的，甚至有时是古怪的。

酷儿教育学拒绝将差异客观化，它对于同性恋是谁或是什么不感兴趣，而是想要探究创造和导致了异性恋正常/同性恋反常分类的社会关系。依据酷儿理论对两极对立的质疑，酷儿教育学要求人们重新思考社会性别和性取向二分法产生的稳定身份，鼓励超越既有的两极化结构，形成新的身份认同。酷儿教育学的目标是颠覆把主体分为正常和不正常两个类别的过程，但它不产生身份和身份的知识，而是要促进人们认识到教学、学习和社会关系本身具有流动性和变化性。这个目标不是对身份的建构或认同，而是新的关系和归属感的创造。

第二部分　制度结构和背景

综　述

本部分的各章聚焦当代及不同历史时期美国男人和女人接受高等教育的制度性背景。提到高等教育机构，人们通常会想到一个有着特定的人物、建筑、陈设、器材、储备和活动的场所。我们会问别人："你在哪里拿的学位？"大多数人会不出所料地告诉你某地一所大学的名字。或者我们会问："你在哪里上的学？"然后得到一个或几个大学的名称以及每所学校的地点。这些问题和答案虽然具有普遍性，但并不是每个人都是从家到一座建筑或一所校园去接受大学教育的。参加远程教育的学生不用离开家也能成功地学习课程，完成学位。而且，尽管大多数人认为高等教育机构是学生和教师聚合在一起参与教和学的过程的地方，但参加远程教育的学生可以和老师不在同一个地方，同样完成课程，甚至整个学位。远程教育的陈设、设备和用品跟大多数大学建筑里使用的不一样，当代的远程教育在符合政府对教学人员的资质要求，获准正式招收学生后，就可以使用媒体和技术来传授课程内容。

课程管理、教师资质、学生招收与培养必须遵循法律规定，以此为本，教育行为才能形成制度性的环境，或人们所说的正式教育。美国有很多人到大学校园里参加讲座、听音乐会、玩或参与非正式的讨论，全世界越来越多的人通过因特网和电子邮件学习，尽管这些途径算得上是某种形式的教育，但这些教学和学习的活动不能满足第十三章或第二部分其他章节中描绘的正式教育的条件（见第十三章，远程教育）。要成为一个教育机构，教学关系和过程必须受到法律的认可和规范。在很多国家，教育的法律框架是在国家层面上建立的，有时候也遵循国际惯例。在有的国家，州或省具有建立教育机构的权力。在美国，各州的协调和管理董事会可以授权给社区大学、私立和公立学院以及州立大学的董事会和管理者。

在这个大的法律框架下，教育机构建立自己的价值观、规章制度和社会结构。社会结构指的是构成机构的不同类型的人（如学生、教师和管理者）和这些人的活动（亦称为劳动分工），以及这些人及其活动的相互连接或相互关联的方式。为了理解高等教育的社会结构及其与社会性别的关系，有必要回答两个问题：有什么样的高等教育机构可供选择？什么人有权进入这些学校？可及性（availability）指的是合法建立的高等教育机构的数量和类型，以及决定谁能入学和如何入学的历史授权和规定。在第十五章（“男子学院与大学”）及其他章节很清楚地展现了美国已经从合法高等教育机构完全不接收女性和大多数少数民族学生及正式教师或管理者的状况，转变成了将拒收女性和少数民族学生或员工视为违法行为的状态。

可及性很大程度上是一个明确的合法权利问题，而准入性（accessibility）是指在多大程度上，不同身份的人被鼓励或阻止进入各类高等教育机构或选择这些机构开设的不同专业。一所特定大学欢迎女性入学或入职学术岗位吗？一所大学是否拒收黑人或不支持他们担任学术管理者的职位？当然，某个群体不可及的大学一定不准入，但反过来并非一定如此。本书各章已说得很明白，即便白人女性、黑人和其他少数民族群体成员被允许进入原来只招收白人男性的大学，他们仍觉得自己是“外人”，没有归属感。

因此，“外人”群体建立起自己的高等教育机构就一点儿也不奇怪了。正如第十八章（“女子学院与大学”）中所述，白人女性在南北战争之前就开始建立自己的机构，因为当时只招收男性的大学不接纳她们。甚至在男女兼招的私立与公立大学在全国比比皆是的时候，女子学院的招生人数还在不断增长，而且新的女子学院还在建立。这在一定程度上是因为对男女同校的反对意见（见第十一章，“男女同校的学院与大学”），但也反映出女性渴求在得到重视和感觉自如的机构环境中接受高等教育的愿望。女子学院是专为女性而设的，而不仅仅是向女性开放的大学。

为非裔美国人而设的高等教育机构，即历史上所称的“黑人学院和大学”（HBCUs），南北战争以前在北方已经建立，战后一段时期，无论在北方还是南方，几乎所有男子、女子或男女同校的学院和大学都招收黑人学生。正如第十四章（“历史上的黑人学院与大学”）所述，当时的黑人院校中只有三所学校留存至今，这三所学校从创立伊始就是男女兼收的。男女同校制度的采用在黑人普通学校里也很普遍，这可能源于两个传统：一是黑人教会和家庭（包括内战前的奴隶家庭）的非正式教育一直是兼顾男女的；二是战后重建时期，大批从北方到南方给黑奴提供教育的传教士教师支持男女同校的做法。黑人普通学校里招收的女生比例比男生高，这个规律一直持续到20世纪，这可能是因为以往学校教育与就业的关系因性别而异。例如，在农业劳动方面，对男孩的需求大于对女孩的需求。此外，早在19世纪末之前，学校教学——这个向大量非裔美国学生开放的少量的非体力工作之一——从以前的以男性为主的职业变成了一个以女性为主的职业。这个现象与早期白人学校的情况一样。教学岗位的女性化是所有种族女性追求高中和大学教育的重要动力之一。

黑人高等院校的建立还受到州和联邦法律的支持。在19世纪末，公立学校中的种族隔离在南方各州是法律明文规定的，是1896年高级法院在著名的普勒斯对弗格森一案中作出的判决。对高等教育机构中种族隔离制度的支持同样也来自于联邦政府颁布的1890年莫里尔第二法案，该法案特别要求各州在公立高等院校施行种族隔离，为黑人建立赠地教育机构（主要是农业院校和职业院校）。这些机构还承担了教师培训的任务并提供公共服务工作方面的教育。直到1954年，高级法院在著名的布朗对堪萨斯州托皮卡教育董事会一案中作出的判决最终推翻了普勒斯对弗格森一案的判决，宣布“隔离是不公平的”并强制公立学校施行种族融合。

尽管有时需要联邦军队出面来强制执行，这一判决加上后来的民权立法最终使得原本只收白人的公共教育机构向非裔美国人以及其他少数民族群体开放了。过去主要招收白人女性的大学也普遍对外开放，但大多数黑人院校并没有仅仅因为高等教育中种族隔离的非法化而消失。很多美国人仍将黑人院校视为体现令人自豪的、鼓舞人心的种族奋斗史的特殊场所，是专为黑人开设的学院，而不仅仅是黑人无处可去只能选择的学校。因此，对这些机构的支持仍在持续——这已经嵌入了美国法律结构——尽管这些学校招收的白人学生越来越多，而且当今美国上大学的黑人比例很小。

有权进入能让自己有归属感的高等教育机构的重要性，也体现在部落控制的大学（TCUs）的建立与发展上，见第十七章（“部落学院与大学”）。这些高等教育学府在美国已有40年历史了，自1978年后一直得到联邦政府的认可和资助。值得注意的是，这类学校建立的原因是为了保护和弘扬美国印第安部落文化，同时帮助部落学生做好在自身文化和非印第安文化的双重文化中生活的准备。就像之前的女子学院和黑人院校，部落院校只为特定的对象服务。它们建立的目的是让学生为自己的身份和本族人自豪，而不仅仅是提供大学学历和学位。所有部落院校自建校起都是男女兼收的（详见第十七章），女性和男性在TCUs的创建过程中是平等的伙伴关系。

不同于部落学院，高等教育军事院校创建初始，男女学生并不享有平等入学机会。实际上，有很长一段时间，军事院校是不招收女生的。第十六章（“军事学院与大学”）描述和分析了女性为争取进入这些院校所面临的阻碍。要求这些院校完全向女性开放格外困难。历史上，这些院校支持一种等级制的、高度男性化的军事文化。士兵被认为是阳刚、自律、勇敢且忠于国家和战友的人。如今这一形象得到一些调整，因为现在的军事院校是男女兼招的。但如果阅读了第十六章或第四部分中关于预备役军官训练营的章节，读者就会发现军事院校的文化氛围还没有完全接纳女性或者让女性感到自在。这类院校仍需面对的挑战是创建一种女性不再被攻击或物化，士兵不再处于女性或女性气质对立面的军事文化，从而让女性更有机会进入军事院校学习。

第二部分介绍的所有院校中，社区学院似乎是唯一一种不针对或支持或排斥特定人群及其文化的。如第十二章（“社区学院”）所描述的，社区学院是公立机构，很多社区学院的前身是在中学基础上发展出来的两年制专科学院。正因为如此，这些大学男女兼招，并向所有种族和民族的人开放。因为收费低、招生政策包容性强以及开设专业与职业联系紧密，社区学院吸引了大量低收入和工人阶级背景的学生。但美国不是一个重视或力求维护、支持和促进工人阶级文化的国家。因此，毫不奇怪，大多数社区学院——尽管名称如此——并不看重工人阶级或少数种族-民族的文化优势，反而自卫性地招收社会经济地位低和学术背景弱的学生，并努力帮助他们向更高的社会阶层流动。这样的定位会不会使社区学院的氛围疏离了它的学生？还是低成本和对于经济上弱势学生的高录取率会帮助学生认同社会学院？这些问题很少得到关注和研究，因而很难比较社区学院学生和其他院校学生对自己所在大学的欢迎度和准入性的评价。

第二部分讨论的八种高等教育的制度结构并未涵盖美国所有的学院与大学。为满足特殊文化身份学生的需要所建立的大学还包含各教派院校（大多数是新教教派）、罗马天主教院校和精英私立院校。这些机构中有少数仍只想对特定的宗教和社会-阶级群体开放，专业和教学活动都围绕着其价值观、信仰和文化形式而设置。而大多数这类机构不再只限于服务特定宗教群体，很多精英院校也尝试通过奖学金制度招收社会经济地位低及少数种族-民族背景的学生。此外，资质要求、转学政策和申请公共资金的愿望（尤其是那些支持学生的经费）促使大多数这类院校进入州和联邦管理范畴。结果，这些教会机构和私立机构越来越像公立院校。针对这些院校的讨论详见第十一章、第十五章和第十八章，这三章分别侧重男女同校、男子和女子院校。

近年来联邦法律已经将服务于少数民族的机构认定为符合联邦拨款条件的高等院校。黑人院校和部落院校一般都属于这一类别，此外大多数少数民族院校被归于此类是因为它们招收的少数民族学生已经占据了一定比例，而不是因为它们为这些学生提供的服务的数量或类型。因此，1992 年，国会提出了“服务于西班牙裔的院校”，指的是所有全日制西班牙裔本科学生达到 25％及以上，且其中一半学生来自低收入家庭的有资质、可授予学位的公立或私立非盈利高等教育机构。同样的，2007 年由国会通过、布什总统签署的教育预算法案中，“服务于少数民族的院校”的定义包含了“黑人为主的大学”，即黑人本科生占 40％及以上，且所有本科生半数以上来自低收入家庭或是家庭中的第一代大学生。其他得到国会和教育部认可的服务于少数民族的院校有：招收高比例亚洲和太平洋地区背景学生、阿拉斯加原住民、美国印第安人、夏威夷原住民的院校。不同于女子院校、黑人院校和部落院校，大多数这些大学不是专门针对目前在校的少数族裔群体而开办的。

对于服务于少数民族的院校是否或怎样服务于就读其间的少数族裔学生，国会没有专门采取系统性的策略，教育部也没有相应规定。对这一问题的研究也是迫切需要的，因为，如第十一章和第十二章所述，仅仅增加一个特定群体在高等教育机构中的录取比例并不能保证这个群体的成员就可以进入所有专业和职位，也不能保证他们得到与主流群体成员同等的待遇，或受到欢迎与尊重。毫无疑问，美国的很多大学校园正在努力为少数族裔学生提供认可其身份的机会、资源和服务。但尚不明了的是，这类为少数族裔服务的项目是否会随着校园里少数族裔群体规模的增大而增加。有人怀疑，情况可能正相反。目前几乎没有少数族裔学生、正在努力招收更多少数族裔学生的院校会提供更多针对少数族裔的服务。无论哪种情况都存在一个疑问：专为少数族裔服务的院校与其他规模、资源和政治权限相似，但招收的同样的少数族裔学生比例小的男女同校院校相比，在结构上是否有区别？

当然，这类服务的提供并不需要政府授命。国会和教育部在定义“服务于少数族裔”的院校时，并未考虑性取向或情感取向，也不会设立专门的款项来资助恰好招收了高比例男同性恋、女同性恋或双性恋学生的院校。但第四部分的第一章描述了很多种类的校园资源可用于支持高等院校包容和接纳女同性恋、男同性恋、双性恋、跨性别者、异性模仿者、酷儿、疑惑和兼具两性者的学生、教师及员工。

这些项目的存在提醒我们，校园内存在着社会性别化身份的多样性以及这些身份与其他因素的交叉作用——种族、民族、社会阶级、婚姻状态、年龄、家长状况、宗教等。认识到社会性别的多样性和交叉性，反过来也提醒我们，即使是真正为女性、少数族裔或经济弱势群体服务的高等院校也只是为承认自己这些身份的人服务。

第十一章　男女同校的学院与大学

芭芭拉·J.班克

男女同校指的是男性和女性在同一所机构接受教育。1833 年创建的奥伯林学院被公认为是男女同校教育在美国的开端，尽管直到 1841 年奥伯林学院才开始将第一个与男性同等的大学学位授予女性。在此之前，男性和女性在单一性别院校接受高等教育，只收男生的院校数量远远超过只收女生的院校。一些新的小型学院，尤其在中西部，很快紧随奥伯林的步伐实施男女同校制，就像爱荷华大学，从 1855 年创建开始就一直兼收男女生。然而，男女同校并没有被当时已经存在的院校所采纳，直到内战时期，生源的缺乏促使一些只收男生的院校有史以来第一次开始招收女生。其中有些院校在战争结束后又恢复了只招男生的政策，但此后 150 年的经济、思想和政治的发展，推动着新建的高等学府向男女同校的方向发展，并促使以前只招收男生的院校对女生敞开大门。其中最显著的变化是由于实施男女同校而带来的录取率提高和成本降低、争取社会性别平等的女性主义运动以及规范美国高等教育的法律框架的建构。

男女同校并不是没有反对者。从 19 世纪早期开始，关于女性高等教育是否必要以及什么形式的高等教育最适合女性的激烈争议就没有停止过。这些争议的内容因地点和时间而不同，但反对男女同校的意见基本上可以概括为三个主题：女性在高等院校的录取问题、女性在男女同校的机构中的位置问题（一旦她们被录取的话）以及在男女同校院校中女性的待遇问题——尤其是相对于男性而言。反对女性进入高等教育的言论层出不穷，包括 19 世纪反对女性接受任何形式的高等教育的论调，以及后来阻止女性进入特定机构的企图。试图在男女同校院校中把女性限制在“合适”领域的观点开始于 20 世纪初期，并一直持续到 20 世纪70年代,话题的焦点逐渐转移到了女性在这些机构中被对待的方式。尽管那些表达了反对意见的人没能阻止男女同校的实施,但从中仍可以清楚地看到,获得高等教育机构及所有专业的平等人学权并不能保障女性和男性受到同等良好的教育。

美国促进男女同校的条件

在内战之前,大多数高等教育机构规模小、资金少、寿命短。只有两个州的大学——南加利福尼亚州和弗吉尼亚州——得到常规的州政府拨款。这些学校的学生主要是种植园贵族的儿子,而不是来自社会各阶层的年轻人。在这两个州,和其他州一样,平民背景的学生更多地到各个宗教组织开办的教会大学读书,这类大学在18世纪50年代到90年代兴建,很多是由传教组织随着前线的推进创建起来,内战过后,在南方原先是奴隶聚集的地方建立。

为了给所有教民提供高等教育并劝说人们皈依,这些教会通常既为男性也为女性提供教育。在美国一些老的、人口较密集的、较富裕的地区,教会一般先单独为男性开设学校,然后开设女校,但在中西部以及南方原来奴隶集中的地方,教会大学往往都是男女同校的,而且课程目标多元化,包括对男生和女生都有吸引力的教师培训课程。男女同校并不能保证教会学校或州立学校就一定能成功,但是随着战后对教师的需求激增,且越来越多的学校管理者愿意雇用女性教师,女性接受高等教育的需求不断增长,仅靠女子学院已经无法满足这一需求了。到19世纪70年代,男女同校的高等教育机构数量已经大大超过了女子学院的数量。

如果以为这些传教团、宗教组织、慈善捐助者以及州立法者热衷于创建男女同校教育机构,是源于性别融合和平等的思想的话,那就大错特错了。实际上,这些群体中大多数人持有那个时期典型的传统社会性别观念,对他们而言,男女同校更多是一种经济需要而不是关乎公正的问题。即使女性教育最强有力的支持者也常常无法达到为女性权利(包括选举权)代言的19世纪30年代到20世纪20年代第一波女性主义运动的政治目标。虽然这些教育领袖的确支持女性的高等教育权,但他们往往赞同男女分校,倡议建立单一性别的学校来保护女性。为了获得对女性高等教育的支持，这些倡导者宣扬传统的性别差异假设，如女性天生比男性更尽责、温和、品行端正。如果辅以坚实的教育，女性的内在美德就会给她们的儿子、丈夫以及其他人带来正面影响，并通过他们为社会和政治生活作出贡献。

即使那些支持并希望进入男女同校院校的人也采用了基于女性天性的论点。他们声称，女性在校园里的出现会带来有益的影响，比如可以使男生变得更温和。由于在教育环境中与女性的日常互动，男女同校大学的男生会比那些男子大学里粗鲁的兄弟会男生表现出更好的风度。此外，在女同学的辅助下，大学男生对艺术、音乐和其他高雅艺术的欣赏水平会得到提高。

这种因女性高等教育有助于提高男性生活而为女性高等教育进行辩护的观点一直持续到20世纪前半期。1959年，梅布尔·纽科默发表了女性高等教育史，她在概括了各个历史时期的观点之余，也表达了当时的思想，她指出，女性高等教育的支持者和反对者本质上都不怀疑操持家务才是女性的重要角色，大学教育只是为了让女性成为更好的妻子、母亲、家庭主妇和社区工作者。

纽科默对女性高等教育的溢美之词，在20世纪六七十年代声势浩大的女性主义运动第二次浪潮时遭到了抨击。女性主义者指出，不应该要求女性把养育孩子的角色放在其他所有角色之前，她们不该只通过自己的丈夫和孩子生活。与100多年前第一波女性主义思潮提出的要求一样，第二波女性主义者指出，精英男子大学（以及其他一切只招收男生的大学）已经到了必须接收女性的时候了。一旦这一情况发生，女子大学就失去了存在的理由，因为它们无非是社会性别隔离和传统思想的产物，况且这些大学在19世纪和20世纪都未能支持、更不用说引领为女性争取政治和经济平等的斗争。单一性别的大学还被指责创造了一个人为的环境，阻碍了女性与男性密切合作完成重要任务，也阻碍了女性和男性在学术上的竞争。尽管男女同校的大学并非完美的选择，但至少它们是“真实世界”的反映。它们成为21世纪女性主义运动以及很多要求平等权利和机会的斗争取得成功的场所。

这些成功和19世纪及20世纪早期推进男女同校的成功一样，都离不开1862年莫里尔赠地法案通过后不断演化的高等教育法律框架的支持。莫里尔法案允许各州将公共土地捐赠出来建立大学，肯定了公立高等教育的重要性。尽管这一立法并没有明确表达女子教育也是公立大学的目标之一，大多数家长仍认为赠地大学应该为他们的儿女都提供教育，女性就此逐渐获得了上大学的权利。1890 年莫里尔第二法案的通过改善了公立高等教育的资金投入，这一法案惠及非裔美国人公立院校，这些大学迅速扩招，逐渐成为全国最大的男女同校高等教育机构。

在美国联邦层面，特别针对社会性别和学校教育的法律改革直到 20 世纪 70 年代才出现。对于公共机构中社会性别平等斗争而言，意义最为重大的立法是 1972 年的教育修正案第九条，这条法律规定，在美国任何得到联邦政府资助的教育项目或活动不能因为性别而歧视任何人。很多教育机构想尽办法尽可能狭义地解释“项目或活动”，法庭有时也支持这样的狭义解释，但尽管如此，1987 年民权恢复法案还是不顾里根总统的反对而获得通过。法案明确指出，教育法第九条适用于所有学院和大学，而不仅仅是那些接受了联邦资金的项目或活动。

高等教育性别平等的另一个重要的法律里程碑是 1975 年通过的要求美国军事院校从 1976 年开始接受女性的法案。此外还有同意男女同校教育的美国宪法第十四条修正案，1996 年最高法院在判定弗吉尼亚军事学院必须接受女生时援引的就是这条法律。这一判决促使美国所有学院与大学实施男女同校，结束了任何公立高等学府禁招女生(或男生)的权利。

在弗吉尼亚军校案发生前，几乎所有原先只收男生的私立学院和大学都已经实施男女同校，哥伦比亚大学本科专业 1983 年开始接受女生，是常青藤联盟中最后一个开始招收女本科生的学校。和其他大多数以男性为主的大学一样，哥伦比亚大学在 19 世纪 90 年代就开始接收女性读研究生，当时的理由是，为女性单独开设研究生项目费用太高，而且瑞士和德国的大学早先录取过美国女性读研究生，这为美国大学的研究生教育提供了范例。

对男女同校的反对与批评

将女性的命运定位于家庭主妇的传统假设既被用于支持女性的高等教育，也同样被用于反对女性的高等教育。当然，反对者没有强调女性的固有美德及其会让男性和儿童变得温和、文明的影响。相反，他们强调女性在身体和智力上的局限，因此她们要和男性一样完成高等教育的任务有些勉为其难，有可能力不从心而崩溃。这一偏见的最有影响的表达出现在哈佛大学医学院的著名教授爱德华·H.克拉克博士 1873 年出版的《教育中的性别》一书中，他警告大家注意高等教育对女性健康带来的可怕结果——如歇斯底里、子宫疾病和神经系统紊乱。托马斯·伍迪(1929)指出，这样的观点应该停留在 19 世纪 40 年代，更何况那时候很多女性就显现出能够驾驭难题的能力，且毫无负面反应。但对于女性天生缺乏应对大学里繁重功课的能力，以及女性追求高等教育不甚恰当的论调一直持续到 20 世纪。

罗马天主教会特别关注性别不恰当行为、性诱惑和道德发展问题，它们一开始强烈反对接受女性的所有高等教育，后来反对男女同校。在 1895 年第一所天主教女子学院建立之前，美国没有一所天主教大学接受女生。天主教男子学院直到 20 世纪 20 年代以后才开始招收女生，而且数量有限，其中大多数是师范专业。甚至到了 20 世纪 40 年代，74 所原来只收男生的天主教高校里也只有 10 所招收女性，尽管那时候天主教女子学院的数量(跟男子学院)已经相等了。大多数分析家把天主教会对男女同校的反对归结于培养牧师以及在男女分开的修道院修行的修道士传统，此外还有思想意识上对性道德的强烈关注。而且，只要保证学校工作主要由修女和牧师担任，维持分性别教育机构的成本就可以大大缩减。

女性本质上脆弱的假设还被用作拒绝女性进入军事院校的借口。正如上文所述，军事院校直到最近因为法律规定或司法裁决才实施男女同校。在男女同校之前，这类院校认为自己是男性的专属地，是体现男子特有的攻击性、竞争力和军人气概的地方。招收女性会威胁男性的优越感并破坏军事院校的文化。

类似的恐惧还表现在 19 世纪 90 年代到 20 世纪 20 年代进步时期，人们“反对男女同校的再行动”上。从那个时期开始，大量女性学生进入高校，高等教育的性质也发生了重大变化。威斯康星州大学校长查尔斯·范·海斯指出，1907 年，美国中西部和西部 13 所州立大学的录取人数显示，其中七所大学中女生人数超过男生，有的数量相差还比较大。尽管男生数量在其他六所大学多于女生，但差别相对较小。显然，女性在男女同校的院校中已经在数量上占据了优势，很多教育者感到这是个必须解决的“问题”。

“反对男女同校的再行动”尽管听起来不入耳,但它并不想以女性的智力和生理的低人一等为理由禁止女性接受高等教育。相反,它只是希望在男女同校的机构中为女性找一个位置,限制女性的权力和存在,避免对男性构成竞争威胁。女性“天生低人一等”的论调被摒弃,取而代之的是性别之间“天生差异”的说法。这一说法是哈佛大学校长查尔斯·W.埃利奥特好几次演讲的核心主题,其中包括1899年在韦尔斯利学院新校长就任典礼上的讲话,在那次演讲中他指出,女性的高等教育与男性高等教育不同,因为女性的智力和她们的身体一样与男性是有差异的。

埃利奥特说这话的时候,哈佛大学没有招收女性本科生,但1892年建校时就实施男女同校的芝加哥大学的校长威廉·雷尼·哈珀采用了类似的措辞来解释他们在本科最初两年让男生和女生分开上课的决定。哈珀校长认为,分开教学有助于男生女生分别树立“男人的”和“女人的”的理想,从而促进合并教学。他认为,假设男性和女性应该尽可能接受同等教育的观点,不仅是教育的,也是社会的错误。其他几所男女同校大学效仿芝加哥大学,也将部分课程分开授课,尤其是那些通识课和科学课,常常设有几个时段。另一些学校通过建立各种配额系统来解决“女性问题”,例如,1904年斯坦福大学设立了本科专业每三名男生招收一名女生的配额,这一措施一直使用到1933年。

威斯康星州大学的范·海斯校长提出了一个更阴险的解决办法,他提出,男女分开的最好形式是“自然分隔”,也就是学生的自由选择产生的区分。他注意到,威斯康星州的工程、法律、商业、农业和医学院校都对女生开放,但很少有女生利用这些机会,最终这些院校还是男子院校。相反的,新建立的家政学院只对女性(不对男性)有着很强的吸引力,可以成为女性职业教育的典范。范·海斯认为,如果多开设一些只对一个性别有吸引力的职业课程,在所有高等教育的校园里都可能产生自然分隔。

在后来的几十年里,范·海斯校长的建议比哈珀校长的建议更为奏效。不仅学生逐渐因性别分轨,连接受过高级训练的女科学家也被排斥在了文理学院的化学、生物和心理学教师队伍之外,她们被鼓励去家政学院的营养系、家庭科学系或儿童发展系任教或担任领导。那个时期，各个大学里“为女性”增设的专业包括社会工作、图书馆科学和护理。独立于文科学院之外的教育学院的建立，加剧了社会性别隔离，并改变了师范教育的特征。

高等教育中将男性和女性分轨纳入不同领域的做法贯穿了20世纪，尤其在女性主导的领域，如教育、健康科学、家政和图书馆科学，男性学位获得者的比例从未超过25％，而且在最近几十年里基本没有变化。整个20世纪，工程领域女性学位获得者的比例远远低于25％，但从1970年—1971年以及2001年—2002年，这个比例从1％猛增到了20％。在其他历史上男性主导的领域，男女差距缩小的幅度更大，每年的商科本科学位、硕士及博士学位，法学的专业学位上，女性已经与男性持平，或者超过了男性。

尽管女性在高等教育领域获得了巨大成就，我们还是经常听到美国女性仍然远远比不上男性同伴的说法。毫无疑问，这些说法部分是因为招生和毕业的变化速度，女性在高等教育机构所取得的成就和她们的成果报告之间有一个时间差。另一方面，说女性滞后的说法是对政府文件的误读，如美国教育部全国教育统计中心对学位获取的性别差异的报告。报告显示，2003—2004学年美国高等教育机构女性和男性获得博士学位的比例分别是47.7％和52.3％。在媒体及其他地方对这组数字的解读往往是女性尚有差距，还需迎头赶上。这种解释忽略了一个事实：大约超过四分之一的学位授予了国际学生，或美国政府所称的非居民的外国人，而这些人更多是男性而非女性。这一数据应该从统计中取出。这样计算以后，女性就超过了男性，2003年—2004年美国高等学府授予美国人的博士学位中，53％授予了女性，47％授予了男性。

尽管用来证明美国女性高等教育相比于男性有差距的有些例子经不起仔细推敲，但仍然有一些证据显示在课程和专业上的学生分布存在性别不平等，且大多数对男性有利。男性不选的女性领域基本上都是收入低、地位低的，在工程领域，女性人数尽管在增加，但仍然大大落后于男性，在计算机和信息科学领域，女性获得本科和硕士学位的比率在21世纪初之前有过增长，但此后便反转了。即便有女性进入高收入的男性领域，如医疗，但她们选择的专业往往比男性同行选择的专业收入低。

这些差异会令那些认为女性一旦有机会进入最好的大学和专业读书，她们的教育选择和成就就会与男性平等的人非常失望。为什么他们的期望会落空？有些解释侧重于在男女同校院校中男生和女生受到的不平等待遇上。其中一种不平等待遇叫“围绕女生的寒冷氛围”（Hall & Sandler，1982），这个词语指的是在很多方面男生比女生得到更多关注。课堂观察者曾报道过，教授对待男生的发言更认真，允许他们在课堂讨论中滔滔不绝，给予他们更多目光交流，甚至更容易记住男生的名字。结果，女生更容易一言不发地坐着。当她们回答问题或进行评论时，往往语气轻柔或犹豫不决，使得她们的观点被忽略或被低估。研究者指责“围绕女性的寒冷氛围”无声地剥夺了女生的知识和自尊，同时他们还指出了另一种可能的情况：已经缺乏了自信和自我主张意识的女性，在男性主导的领域学习时被“寒冷氛围”进一步挫伤，从而回归到让她们感到不那么寒冷的传统女性领域。

男女同校教育机构的另一个干扰女性学习的弊端是性骚扰。因为性骚扰的定义包括一种敌意的环境，因此在某种程度上和“寒冷氛围”有重叠之处。除了敌意的环境之外，性骚扰还包括公然袭击，无论是言语的还是肢体的。很多侵犯来自于男性学生，有时候以约会强奸或团伙强奸的形式出现，教职工也常卷入向女生索取性回报来换取好成绩或学术奖励的案件。和攻击、强奸事件类似，大多数诱奸是男性挑起、针对女性的。尽管大多数高等院校都启动了反性骚扰的政策，大多数校园调查仍发现男教工对女生的侵犯时有发生，只是不像以前那么明目张胆，男同学对女同学的骚扰也依旧非常普遍。很多女生因为感到难堪、羞耻，受到威胁而不敢举报，只是选择远离那些侵犯者，哪怕这样做不得不放弃一些对她们的学业或未来职业有益的课程或校园活动。

尽管研究并没有指出为逃避男性骚扰在多大程度上迫使女性离开“男性”领域、进入传统女性领域，大量证据显示，这些女性领域与传统男性领域相比，女性教职工以及学生的比例更高。女性教职工的缺乏被认为是女性在特定院校或特定学习领域缺乏归属感的一个原因。虽然还缺乏证据，但很多人相信：如果高等院校有成功的女教师作为女学生的榜样和导师，女性的志向和成就会更高。这一观点在女子学院的倡导者中很受推崇，他们指出，女子学院的女性教师和管理者比例高于同类的男女同校的院校。

比教师的性别更重要的问题，可能是他们对学生有什么样的期望以及这些期望是否建立在性别基础上的。同样，校园管理者和他们对教师及学生的期望也很重要。2005 年 1 月，哈佛大学第二十七任校长劳伦斯·萨默斯在一次讲话中引用 1899 年埃利奥特校长的言论发表了这样的观点：女性和男性之间的先天差异可能是在科学和数学领域有成就的女性少于男性的原因。随后萨默斯的支持者为他辩护，说他只是借此挑起话题，激发讨论。但一个不争的事实击破了这一辩解：自 2001 年萨默斯担任校长起，哈佛大学得到终身教授职位的女性的比例一直在下降，在他发表这次演讲的 2003—2004 学年，34 个终身教职中只有四个授予了女性。萨默斯所认可的关于性别差异的思想使得哈佛大学从 1636 年创建时起将女性拦在门外 300 多年，他在位期间的言论和雇用员工的方式在提醒我们，认为哈佛大学已经招收女生或女教师就意味着男女已经平等了的假设是错误的。在哈佛以及美国所有大学中，男女同校的斗争取得了胜利，但性别平等的目标还远远没有达到。

第十二章　社区学院

芭芭拉·K.汤森

社区学院长期以来一直是很多女性和少数族裔获得学位的第一步。它们还被看做是一种分流机构,把一部分低收入学生尤其是少数族裔和女性引入职业教育项目,而不是把他们引入学位或四年制大学专业的过渡项目。在教师和管理者层面,相比于其他任何机构,社区大学的女教师和女校长的比例都要高。她们的存在可以视为对女性员工和领导的制度性接纳,也可以被解释为女性教师和校长的被边缘化,也就是说,女性往往被指派到最低层次的高等教育机构去教学和做领导。

社区学院究竟是社会经济地位低的学生,包括女性、女教师甚至女校长的贫民窟,还是一个提供机会的典范?社区学院提供的是"高"于中学,但"低"于学位授予院校的教育,因而处于高等教育的边缘。这类院校被边缘化,还因为它们招收的学生大多是社会经济地位低和学术背景弱的学生。这些学生中很多是女生和少数民族学生。社区学院的教师也被认为是教授中的边缘人群,因为他们教的是学业上处于边缘的学生,不教授高级课程,也不要求做科研,而且很少有人具有博士学位(大约 20%的学生有博士学位,多数是在社区学院就职后获得的)。当上社区学院的校长,无论对女性还是男性而言,都不算是很突出的成就,因为很多人对这类学校评价不高。

这些理解忽略了社区学院的贡献,它们为成千上万的女性和少数族裔学生提供了高等教育,让他们因此获得经济改善。尽管社区学院和其他机构一样也有社会性别化的特征,而且不总是,目前也不再是,像它以前做到的和应该做到的那样,主要服务于女性,但毕竟社区学院以自己的方式帮助了很多女性学生和教师及员工实现了自己的目标。由于受到女性教师和员工的影响，另一方面因为社区学院主要服务就近社区的定位，社区学院往往开设针对特定女性群体的课程，如那些需要有人帮忙照看孩子的成年女学生。这些制度性措施帮助很多学生完成了学业。此外，社区学院总体上会设计支持性的、学生取向的环境来帮助对自己的能力不确定和需要补课的学生。这样的环境帮助了所有的学生，包括女性和少数族裔学生。

国家的经济结构未出现倒转，教育结构也没有巨变，而社区学院也仍将继续提供高等教育渠道，给成千上万的女学生提供本科教育机会，给女教师提供良好的教职，为渴望成为大学校长的女性提供担任领导的机会。

社区学院是什么？

社区学院介于中学和四年制大学之间，通常是两年制的公立学院，最高的学位是副学士学位。2001 年秋天，美国 1100 所社区学院招收了 600 万名学位制学生和 500 多万名非学位制学生。

社区学院开设的专业非常丰富，既有提供证书和学位的职业技能专业，也有文科或副学士(AA)学位项目。AA 学位也被称为学术或“转学”证书，拿到这一学位意味着完成了本科学位项目的头两年学习。这一学位项目把社区学院和高等教育链接起来，因为传统上这是一个进入四年制本科大学读书的台阶。社区学院的其他副学士学位项目是针对就业而开设的，学生一拿到学位就能立即找到工作。

在过去几十年里，获得副学士学位的学生中绝大多数是女生，女生比男生更倾向于转入本科学位专业，而少数族裔学生选择转学专业的人数少于选择职业技能专业的人数。

这些学院的课程和四年制大学一样，仍集中在性别特点鲜明的学习领域。例如，女生主要选修护理和教育专业，而男生主要选择汽车修理和电子专业。而且女性更多进入社会地位低的职业领域，如儿童发展、文书和办公室助理，而男性更多进入地位高的职业，如犯罪学、信息系统技术和工业技术。

根据哥伦比亚大学教师学院的社区学院研究中心最近的一项调查，没有职业资质(如证书或学位)的女性从学习中获得经济收益的比重不如男性。换句话说，在社区学院取得学历资质给女性带来的经济效益大于男性，对于社会经济地位低的女性而言尤其如此。其具体原因尚不清楚。这个现象也出现在社区学院选择职业技能专业的、社会经济地位低且学术背景差的男学生身上。

社区学院的性别构成

如果仅看数字，社区学院似乎是接纳甚至是欢迎女性的。和其他高等教育机构一样，女生在过去的30年里都占据了学生的大多数。美国教育部的数据显示，2001年，57%以上的社区学院的学生是女性。很多就读于社区学院的女性(和男性)不是“传统意义上”的学生，也就是说他们不是中学毕业后直接升学的，而且不是全日制学习。相反，社区学院的学生通常年龄偏大(目前社区学院一年级学生的平均年龄是24岁)，有家庭责任、非全日制上课，但全日制工作。此外，很大比例的社区学院学生是少数族裔。实际上，社区学院的少数族裔学生的比例大于其他四年制高等院校。

社区学院十分体恤学生的需求，鉴于很多学生是有工作有孩子的成年人，社区学院开创先河，为这些学生推延授课时间，把课程安排在主校园以外的地方，或者把课程排布贯穿整个白天和晚上，甚至周末。课程和活动可选性高、学费低，使得很多女性能够上得起学，无论是经济上还是时间上。此外，社区学院还提供非学位课程，通常由联邦项目资助，这些课程的参加者主要是女性，例如从救济到工作和职业训练课程。

社区学院的女生可以在教师和管理者中找到很多榜样。美国大学教授协会数据显示，2004年两年制学校的教师中女性占50%。1998年米勒和克雷斯韦尔的研究显示，社区学院中大约40%的系主任是女性。2000年美国教育委员会的数据显示，27%的社区学院校长是女性。这些比例远远高于那些四年制院校。在四年制院校尤其是综合性大学里，女性教师、系主任和校长的比例要小得多。然而，少数族裔女性仍然缺乏榜样，无论是男性还是女性。只有大约15%的社区学院教师和大约20%的社区大学校长来自于种族或民族少数群体。目前有相当数量的教师和管理者正在办理退休或近几年将要退休,给女性包括少数族裔女性提供了更多受雇为教师和高层管理者的机会。

女性教职员在社区学院的数量也很可观。据国家教育统计中心统计,2001年秋,女性执行者和管理者在数量上几乎与男性对等。在非职业员工中,女性占了63%。不过,这些员工的职位反映出工作领域的社会性别特征:女性占据了93%的文书和秘书职位,而男性占据了91%的技术职位和74%的服务/维护职位。

社区学院学生和教师中女性数量多的一个主要原因是这类学院自创办以来就一直倾向于招收女生和雇用女员工。两年制社区学院是20世纪早期兴起的,部分原因是将学生从主要侧重高级课程和教师科研的综合性大学分流。很多大学的校长,如芝加哥大学的威廉·雷尼·哈珀认为预科学院(社区学院最初的名称)可以给学生提供大学一二年级主修的通识教育。人们还认为,很多学生完成了预科学院课程后可能就足够了,不必继续深造,而学术上更有天赋的学生可以升入四年制院校学习。私立和公立的两年制学院应运而生,很多公立学院发展成中学的13年级和14年级。因为建立在男女同校的公立学校基础上,很多公立两年制学院既为男性也为女性提供免费或低学费的教育。这些学生往往很渴望接受便宜的高等教育但又不愿意离开家去上学。很多女学生符合这个情况,一方面因为大多数家庭的教育投资偏向儿子,另一方面因为很多父母对女儿离家外出读书不放心。因此,公立两年制学院从一开始就接受女性学生,即使算不上欢迎。

女学生和男学生一样,上社区学院是为了实现自己的目标。尽管学院领导者制订了社会性别化的课程,如为女生设计的家政和秘书专业,很多女生还是选择进入升学项目,以便进一步深造获得学士学位。1995年约翰·费赖伊的调查显示,起初社会性别化的课程常常因为女学生对学术的追求而融入了更多学术内容。

第二次世界大战后,公立预科学院变成了社区学院,强调其使命是为所有想上学的人提供教育,被称为"开放的渠道"。结果,很多女性(和少数族裔)进入社区学院开始了高等教育,因为社区学院收费低、地理位置方便、没有录取要求(如不需要全国标准考试成绩)。

这一时期,除了女性之外,其他学生也涌入了社区学院。20世纪60年代,社区学院的数量以每周建立一所的速度激增，迫切需要教职员的学院领导愿意雇用女性。因为这一时期的社区学院的教师大多来自中学，因此可应聘的女性相对多一些。在这一时期，四年制学院也在扩张，很多求职的男性涌入四年制学院和大学，而不是社区学院。

受到20世纪60年代民权运动和女性运动的影响，社区学院的女性和四年制大学的女性一样，也开始要求在薪资和职位上实现性别平等，并要求消除性骚扰、性别偏见和歧视，改善校园环境。有些社区学院积极争取为女性建立在校幼儿保育中心和女性中心，并为学生开设女性研究课程和项目。结果，在20世纪70年代不少社区学院以满足女性需求的名义，开始提供让大龄女学生重回校园的项目以及女性和少数民族研究项目。学院领导在招生问题和学院扩张的推动下同意这些项目的开展，也接受了女生和少数族裔学生人数增加的事实。

由于目前社区学院学生的平均年龄在降低，社区学院的侧重点逐渐从女性重新进入校园的项目上转移开来，很多社区学院都开设了社会性别问题课程以及种族/民族少数群体的研究。幼儿保育的服务仍然保留着，尤其在开设早期儿童教育专业的学院里。因此女性的需求在女性自身的要求下通过社区学院得到了满足。

全国性的促进项目推动了女性教师和管理者，特别是女校长的不断涌现。这其中包括全国领导者发展学院（National Institute for Leadership Development, NILD）和美国社区学院女性协会（American Association for Women in Community Colleges, AAWCC）的建立。20多年来，全国领导者发展学院一直致力于将社区学院的管理者培养成学院校长。1973年创建的美国社区学院女性协会的目标更宽泛。它着力于为所有两年制学院的女性包括学生争取平等权利。这一组织的成员关注支持成年女学生的服务及类似的活动与问题，也关注男女员工的同工同酬。

像AAWCC和NILD这样的组织从自由女性主义角度出发，相信改善女性的处境能够帮助她们获得和男性一样的社会地位。因此，这类组织侧重于解决同工同酬的问题，以及消除环境中的性骚扰和性别偏见。他们只想整平竞技场，并不愿像社会主义者或激进女性主义者希望的那样去破坏或颠覆它。在这些组织努力去改进社区学院女学生和女教工的教育与工作环境的背后，潜藏着对资本主义经济系统的认同。

尽管激进和社会主义女性主义者可能把社区学院看成一个维护体现内在社会阶级分层的资本主义结构的工具(这一解释在 20 世纪 70 年代和 80 年代十分流行),但他们忽略了这样一个事实,即社区学院为个人提供了上更好的大学、获得更大社会和经济收益的机会。考虑到经济条件、家庭负担,有时还有学业背景,上社区学院常常是有些学生唯一的选择。在课程层面,社区学院的确和其他高等教育机构一样,免不了有性别固定化模式的倾向,但它们确实给个体学生提供了课程选择。

女性教师的机构环境

针对社区学院里为女性提供的环境的研究主要侧重于教师层面。从自由女性主义视角观察,社区学院的工作环境目前看起来比四年制大学更好,女教师和女性高级管理者的比例更高。从工资看,2004 年 AAUP 的数据显示,社区学院全职女教师和男教师的薪资差别只有 4%—7%,而四年制大学里,女教工的薪资比男教工低 11%—22%,差幅因学校的类型而异。

最近一项对教职工工作认知的调查显示,社区学院的女性教职工总体上对工作环境比较满意。休伯 1998 年的一项全国性调查显示,85%的女性教职工(82%的少数民族教职工)认为自己得到的待遇公平,而其他学校有同样感受的教职工只有 75%。休伯还发现只有 17%的社区学院教职工感到学生中有严重的社会性别问题。2002 年哈格多恩与拉登的全国性调查发现,社区学院女性和男性教职工对学校环境总体上有着相似的积极评价。但是,女性和少数族裔教职工相比于男性或白人教职工,更倾向于认为歧视问题并非言过其实。

尽管社区学院的女教职工可能总体上对院校的宏观氛围感到满意,但在微观层面或个体学院层面还是存在不如人意之处。例如,约翰·沃尔夫和卡尼·斯特兰奇 2003 年在一所地处郊区的小型的两年制学院进行了一项定性研究,研究发现,少数女性教职工感受到一种不愉快的氛围。她们把这种氛围归因于缺少足够的女性教职员与男性主导的文化抗衡。汤森和拉佩格里亚 2000 年在芝加哥城市学院所做的研究也有类似的发现:女性和少数民族教职工比白人男教职工更容易感受到基于性别或种族/民族的歧视。

社区学院的男性和女性教职工比其他类型院校的教职工满意度更高的理由有多种,其中两个主要原因是:(1) 社区学院的开放使命给原本进不了高校的人提供了机会;(2) 社区学院没有发表文章的压力。特别是很多女性教师选择在社区学院供职是为了平衡事业与家庭。此外,如一些研究显示的,的确有些女性教师更喜欢教书而不是做研究,社区学院不强调科研,恰好适合这些女性。

另一个对社区学院环境有积极影响的因素是这类院校在晋升和终身教职上的竞争不那么激烈。不是所有的社区学院都有终身教授制,相反很多学院与老师签订一系列长期合同。此外,不是所有社区学院都有学术职称,在有些学院里所有教职员工都被称为讲师。即使在有职称和终身教职的学院,晋升为终身教授的年限也短一些(通常少三年),评聘终身教授和其他职称主要依据学历、教学和在学院的服务。因此,在社区学院晋升和获得终身教职比在综合性大学及其他四年制学院要容易一些。尽管这样,根据 2005 年高等教育年鉴的数据,在两年制社区学院获得终身教职的男性比女性多,男性占 68.3%,女性占 62.2%。

虽说社区学院对于女性教职工是一个相对理想的工作场所,但并没有证据显示这些学院的领导(20 世纪 70 年代之前基本上都是男性)积极主动地营造对女性友好的氛围。相反的,是女性教师和员工——尤其是 20 世纪 70 年代和 80 年代早期,直到现在——不断在雇佣、薪资、晋升和终身教职评定上推进社会性别平等。是女性教师、员工和学生自己推进了女性研究及女性中心的建立。正如 2005 年沃尔夫·温德尔、沃德、汤布利和布拉德利的研究所指出的,即使在今天,女性教职工与男性教职工的比例仍不均等,只有四分之一多的高校校长是女性,几乎没有一所高校的领导努力推进有益于家庭的政策和措施,如为女性教职工(或学生)提供专门挤奶或哺乳的空间。也很少有学校施行有利于家庭的休假政策,允许员工把积攒下来的病假用于临产和产后恢复的时候。

尽管有这些弊端,社区学院所提供的工作环境总体上还是比大多数四年制大学好。但这并不是说社区学院的环境已经很理想了,其结构性设计还常常受到员工传统观念的影响(如有人认为照料幼儿可以由全职太太来承担)。但仅仅是这么多女性教职工和这么多女性校长的存在,就令人相信女性的声音可以并将会被听见,即使有时候她们不得不缓和自己的言论来迁就那些还受到性别偏见束缚的同事们(包括女性)。

相比于综合性大学,社区学院女性代表的比例更高、薪资更平等和满意度更高。综合性大学曾有这样的言论:女性教职工在社区学院工作是一种边缘化。这反映了一种认为只有综合性大学才是唯一可接受的工作场所的假设。这一言论贬低了那些重视教学和愿意选择某些工作以便用更可控的方式平衡工作与家庭生活的教职员。这一言论也暗藏了对这些教职员所教的学生的贬低。

社区学院的女性前景如何?

对于女学生而言,社区学院的特定发展趋势可能影响她们就读这类院校和获得本科学位的机会。21 世纪以来,很多社区学院对那些通常进不了大学的学生开放的程度还在发生变化。奖学金项目在增加,包括学费全免的项目。此外,已获得学士学位甚至更高学位的学生,也会去社区学院就读,以提高特定工作技能或学习新的技能。此外,因为所有高等教育机构的学费在大幅提高,在社区学院上学就比较经济实惠。因此,很多本该选择四年制院校的应届高中毕业生进入了(或在家长的强迫下)社区学院。这样的招生趋势意味着社会经济地位低的学生,其中很多是家里的第一代大学生,还没有意识到他们需要提前注册受欢迎的课程,他们会发现自己的可选余地很少了或没有了。很多社会经济地位低的少数族裔女学生发现上大学比以前更难了。

为了应对这样的招生趋势,有两种重要的课程设置改革措施。第一个是社区学院提供本科学位项目。超过 20%的州已经授权特定社区学院在以职业技术为中心的高需求领域开设本科学位项目,如教育和护理。这两个本科专业将扩招女生,而另一些应用和生产技术领域的本科专业,如犯罪学,将招收更多数量的男生。第二个方法是,一些四年制大学越来越愿意承认应用科学领域的副学士学位或"期终"学位,等同于本科专业两年学历。因此,在护理和食品服务领域获得副学士学位的女性可以更容易进入四年制大学获得本科学位。

对于女教师和高级管理者来说，在 20 世纪 60 年代和 70 年代早期社区学院迅猛发展时期入职的一批员工和领导者开始进入退休年龄，会产生更多的职位空缺，因而社区学院很可能成为第一批让女性和男性教职工在薪资及职称上达到对等的高等教育机构。

第十三章　远程教育

克里斯汀·冯·普鲁莫

以电子学习的形式为主的远程教育蒸蒸日上，探究这一领域的社会性别问题也就越来越重要。即使在远程教育的学生和老师多为女性的情况下，在课程定义和教学过程设计中也很少或缺乏女性的参与。1982 年，女性远程教育者创建了"女性国际网络"（Women's International Network，WIN），隶属于国际远程教育委员会（International Council for Distance Education，ICDE），目的是为了应对社会性别问题并解决领导职位缺乏女性代表的问题。女性国际网络的第一个实物成果是著作《迈向女性远程教育的新天地》（费思，1988），其中收录了世界各地女性撰写的文章。20 年之后，国际远程教育委员会再次成为了一个男性主导的组织，女性国际网络不再属于已经成型的远程教育世界中一个被认可的组织。尽管如此，这个领域的话题探讨、比较研究以及这一领域女性网络的建立仍在继续。例如，2004 年，美国远程学习协会举办了女性电子学习国际论坛。而且在目前，社会性别依旧是远程教育研究中一个重要的分析和行动视角。

远程教育领域

本质上，远程教育指的是一种不需要课堂参与的教育和学习系统。这一术语的字面意思反映了教师和学生之间的地理距离。老师和学生不是在校园内面对面互动，而是身处不同地点，而且教与学的过程通常发生在不同的时间。远程教育最显著的特征是运用媒体和技术传输内容并实现教师与学生及学生与学生之间的互动。

促进了“远程教育”转变的媒体和技术的运用自19世纪中期就初现端倪。最初，远程教育是通过信件的方式实施的。教师把课程内容写在信里，将这些课程“信件”寄给偏远地区的学生。学生通过这些手写的和印刷的材料学习，完成功课并把答案和疑问寄给教师，教师再将评语和分数寄回。因此，在早期，远程教育被称为“函授教育”。

随着媒体和技术的发展，印刷课程材料逐渐得到了新教学工具的辅助，甚至在有些方面完全被取代了。“函授教育”演化成了使用电话、广播、视听磁带和电视的“远程教育”。渐渐的，人际接触的元素也被引入教学过程。电话会议和视频会议技术在一定程度上推进了人与人之间的互动。

从20世纪80年代开始，随着个人电脑的普及和信息与通信技术的进步，远程教育在传送、交流手段和影响方面发生了惊人的变化。到20世纪90年代中期，远程教育大规模进入了互联网。互联网似乎为远程教育的课程传递、学习、互动与合作，以及管理提供了无限可能性。“在线教育”、“电子校园”、“虚拟大学”等术语出现，成了“远程教育”的近义词。越来越多的人提出“远程教育”这个说法已经过时了，应该取而代之以更加与时俱进的“在线教育”或“电子教育”。另一方面，也有人指出，通过网络提供教育只是组织远程教育系统的一种方式，互联网和其他信息与通信技术的使用并不能从本质上改变远程教育的特征。实际上，目前又出现了一种新的说法：“混合学习”，将媒体和技术的使用与面对面课程集合起来的学习模式。

平等问题

从一开始，远程教育的世界就与教育平等问题密切相关。远程教育最早就是希望为身处边远地区的人提供教育，以及为不能亲自到课的人提供受教育的机会。除了地理距离之外，阻碍儿童和成人进入传统教育机构接受教育的原因还包括社会、文化或个人因素。比如，社会阶层就可能成为拉开距离的因素，因为阶级地位低或工人阶级背景的人可能承担不起良好的教育，或者传统上不认同高等教育的价值。文化因素可能阻止不同宗教或民族背景的人给孩子，尤其是女儿，提供高等教育。主流文化可能剥夺少数族裔群体的教育机会。个人因素包括学生身患残疾、不得不照料孩子或其他家庭成员、担任全职工作、在监狱服刑或住在医院等各种情况。

远程教育已逐渐远离最初的“远距离教学”概念，相应的，其侧重点也发生了变化。例如，“远程教育大学”(DTU)的出现是为了提供第三级远程教育。新术语“开放学习”和后来的“开放与远程学习”(ODL)，到最后“开放、远程和弹性学习”的出现，显示出一种双重宗旨：对开放渠道的强调以及对学习过程和学习者需求的强调。

国际比较研究显示，这种重新定义发生的速度和方式不一样，因为远程教育的基础和理念不一样。很多远程教育大学，特别在盎格鲁-撒克逊国家，创建之初就明确宣称自己为“开放大学”，录取要求很低或没有，使得没有正式教育背景的学生也能入学读学位。英国的开放大学就是一个著名的历史悠久的范例。其他远程教育大学，如德国的费恩大学，想要读学位的学生需要通过正式的入学资格考试。对于这些大学而言，“开放”的意义在于，拓展了继续教育资源，增加了职业发展及终身学习的机会。

女性与远程教育

通过 ODL 提供平等教育机会的目标不可避免地与社会性别问题相关。在世界各地的国家和文化中，包括西方，工业化社会，女孩和女人——特别是少数族裔——与男性相比在教育上是处于劣势的。这可能是出于物质原因，也有与女性和男性社会角色相关的文化及宗教原因，这些因素常常是交叉重叠的。例如，在物质层面，有的家庭没有足够的钱把所有孩子都送进学校学习，有的家庭需要孩子去工作来补贴家用。当家庭资源有限，不得不选择哪个孩子可以去读书，或上高中或大学时，男孩往往被优先考虑，无论这个孩子的智力和个人愿望如何。在文化和宗教层面，有人会说，女性的位置就是在家里，她不需要高等教育或职业训练就能完成她的“天生”的主妇和母亲职责。甚至还有人担心，太多教育会破坏女性的道德立场，使得她们不能适应在未来家庭私人领域的“正确位置”。另一方面，作为未来的“一家之主”和收入来源，男孩应该接受教育，而且尽可能完成学位，以便找到工作，开始一项事业并在公共领域找到“正确位置”。

远程教育成为很多被高等教育拒之门外的人的第二次机会，很显然女性总体上更需要这种额外的教育机会，尤其是当社会性别歧视与基于阶级、种族或其他因素的歧视叠加在一起影响她们受教育的机会的时候。女性的生活处境往往使她们难以或者不可能参加面对面的课堂教学或支付课堂教育的直接费用（如学费、书本费等）和间接费用（如照顾孩子的费用）。因此，女性成为远程教育的主要受众是很容易理解的。英国的开放大学和加拿大的阿萨巴斯卡大学的学生都以女性为主。不过，德国的费恩大学和非洲及亚洲的一些远程教育项目中，女生则占少数。

虚拟大学的新学习环境

21 世纪初，传统大学和开放远程大学都越来越关注信息与通信技术看似无限的潜力，并注意到新媒体可以用来创建新的学习环境。近几年来，信息与通信技术的发展极为迅速，多媒体电脑和网络渠道在西方人口众多的工业化社会中十分普及。另外，信息与通信技术不断改进，功能越来越强大。新功能的开发使得数据传递和处理的速度大幅提高，互动与交流的维度也有了新的拓展。

这对于远程教育的潜在生源和在线远程学习的组织与传送都产生了巨大影响。信息与通信技术能够以更快的速度和更低廉的成本向更大、更远、更分散的目标群体提供学习途径。“分发式的学习”取代了传统的远程教育形式，在线远程学习不再依赖于邮政服务的准入性和可靠性，也不再受“蜗牛邮件”的时间限制了。

早期远程教育与校园教育最显著的差异是学生和教师所处的物理学习环境不同。传统的面对面教学发生在四面墙围绕的机构里，教师和学生在同一间教室里讲课、听课、做练习或做实验。在这种背景下，教育环境在很大程度上是学校或大学构建的，学校提供教室、设备、图书馆和实验设施，以及校园里学生与学生、学生与教职员之间非正式交流的机会。大学提供学生宿舍，因而在一定程度上也影响着学生的个人学习环境。

相反，远程大学传统上不为学生提供教与学的环境。因为没有或很少有出勤要求，远程教育机构没有必要建设传统意义上的校园，也不需要教室、实验室、报告厅、图书馆、会议室和餐厅等建筑物给学生及老师提供常规性见面和交流的物理环境。远程教育材料被发送到学生指定的地点。学生不需要在特定时间出现在特定地点，因而，创建学习环境成了学生自己的责任。

校园环境和家庭学习环境都是以学生、老师所在的场所来定义及区分的。虚拟大学的新学习环境与此不同，原则上可以补充或取代传统教学系统。实际上，虚拟大学一方面源自于"传统的"面对面教学机构，一方面吸取了远程教育大学的优势。只要有必要的技术渠道，学生就可以进入"虚拟"大学，不管他们"真实"的学习环境如何。

虚拟大学里的社会性别问题

对新学习环境的关注引发了在线教学和虚拟学习的新世界是否会像传统大学一样将女性排斥在外的争论。有一种观点是：社会性别差异会因为信息与通信技术的发达而消失。为了回答这些问题，我们有必要查看一下最近有关电子学习领域性别平等和女学生的研究数据。

远程教育大学是电子校园的先行者，通过对这些大学的观察，我们发现了一些实证依据：不同的远程教育系统会在渠道、课程选择、学习风格、交际方式方面对女性参与和社会性别差异产生不同的影响（详见吉尔·柯卡普和克里斯蒂娜·冯·普鲁默自 1985 年以来对伦敦开放大学和德国费恩大学的女生处境所做的比较研究，Kirkup & Von Prümmer，1990，1997；Von Prümmer，2000）。并没有证据显示在虚拟大学中社会性别的问题会变少，可是人们很容易忘记新技术和过去的技术一样是社会性别化的，并轻易假设女性自动就能得到进入虚拟大学并成功完成学业的平等机会。实际上，特定性别的研究和女性主义研究显示，女性往往缺乏使用技术的渠道，在家和在工作场所对信息与通信技术缺少控制权，在使用技术的自信和能力上也较弱（Kirkup，1996；Von Prümmer & Rossié，2001）。日常生活中存在着结构性男性中心主义，加之受到社会性别化分工的影响，女性学生在私人生活中主要还是掌管家务和养育子女，这些因素导致了对女性的系统性歧视，如果不采取特别的措施，就很难确保社会性别平等。

信息通信技术能够辅助学生之间及师生之间的远距离交流和互动，因此这特别吸引那些喜欢通过与人交流来学习、重视交流和合作机会的女性学生，在其他形式的远程教育中就没有这样的机会。同时有证据显示，新闻小组和电子讨论的交流过程常常是男性主导的，而他们的话语风格往往具有高度竞争性和决定性——可能令女性感到无趣或厌烦(Balka & Smith，2000)。为了保证男性和女性有平等的参与机会，虚拟大学的创建需要特别考虑营造一个女性友好的学习环境，以防机构发展的功能不健全。

在考察社会性别问题和信息与通信技术的使用时，区分技术及其应用也非常重要：一方面，是一些基本技术和有关如何操作硬件、软件的知识——ICTs的工程和信息学层面；另一方面是使用网络作为交流途径和运用电子渠道收集信息。看起来，技术仍然是一项男人的活(男人总是很擅长把技术神秘化，并把女性排除出去)，而交流和互动是女性喜欢并擅长的。

这一划分有助于解释在调查研究中经常发现的问题：为什么大多数时候是丈夫或男性伙伴决定购买什么样的电脑，为什么男性拥有功能更复杂、配置更先进的机器，为什么女性在安装自己的设备、通过一个网络服务供应者连接到学校服务器、安装适用的会议软件包才能加入一个讨论组的复杂程序操作上经验和热情都不足。一旦系统连接好，运转正常，女性就能自如地参加在线活动，就像开车和使用数据分析软件包一样——可以不用考虑使其运转的硬件、电子能源加注和电脑软件。想要真正实现“开放”远程的学习，就不能忽略平等问题及公开的或潜在的歧视问题。的确有很多女性已经发现了互联网及其潜力，但研究发现仍证实了在资源获得与控制、社会劳动分工和时间管理、学习风格和学习环境上存在社会性别差异。

对于远程学习所需的电脑渠道和ICTs使用的调查显示，在西方工业化社会如德国，90%以上的远程教育学生有条件使用用于学习的电脑，但仍有相当数量的学生没有高速网络渠道。在不同学科领域也有区别，学习数学和技术学科的学生有电脑的较多，但学习教育、社会科学和人文学科的学生拥有这些设备的相对较少——总体结果基本没有显示出性别差异。这一结果可以解释为：第一，社会性别在新技术领域已经不再相关，第二，必须使用电脑和互联网设施的要求对学生已不是问题了。

不过，对这些调查数据的进一步分析显示出了社会性别差异的规律：

● 女性大多数只有一台电脑，通常是在家里，而男性可能有不止一个电脑使用渠道，通常在工作场所有一台适用的个人电脑。

● 女性使用的复杂设备和软件较少，尤其是多媒体和信息与通信方面的功能较少。

● 女性更喜欢让她们的丈夫/伴侣来决定购买什么样的电脑。

● 女性在使用技术方面受到的限制更多，对电脑的控制相对较少，因为电脑很可能要给其他家庭成员用。

● 女性的网络渠道少于男性，特别在工作场所，她们上网必须依赖学习中心的技术条件或其他外部资源。

● 女性使用多媒体和ICT功能的经验、兴趣、信心都较弱。

为了确保女性在电子学习方面得到平等机会，需要特别关注电脑使用上显现出的这些男女差异。依据研究结果和实际经验来看，虚拟大学不应该只跟随技术的进步和软件的进化任其“自然”发展，而不顾社会影响。为了让女性充分参与虚拟大学的学习，就必须找到阻碍她们平等参与的因素，并采取措施解决性别不平等问题。

总体上，开放式远程学习机构已经开始迈向虚拟大学之路。大多数远程教育大学以及很多传统模式的大学都引进了以互联网为基础的课程和学位项目。有些已存在的远程教育大学正处于转型中，有些新的远程教育大学直接将自己称为“虚拟大学”。在这种情况下，很有必要去了解这些大学所服务的学生，评估他们在通过电子媒体来学习和交流方面的需求与愿望，并了解他们进入电子校园的渠道，看他们是否真正具备了必要设备和操作技能。人们往往假设：设备越多越先进，电脑软件越复杂，数据传输越强大，交流设施越高级，教育的质量就越高。但真是这样吗？证据显示，好的大学服务器并不自动产生对学生的好的服务，尤其是在学习渠道和条件方面存在性别差异时。

除了准入性和排斥性问题，虚拟学习环境怎样服务于女性，就像其他在线远程教育一样,涉及两个层面的问题:第一,虚拟大学必须设计成一个对女性友好、无歧视的地方;第二,学生的个人环境和生活处境应该要被考虑在内。在这个背景下,出现了一个有趣的现象:虚拟学习环境常常被看成是一个闭合系统,因而人们很少关注其“外部”的情况,如学生在什么条件下学习以及他们是否有电脑和网络。但这些条件对女性和男性如何安排学习、生活,能否成功完成学业有着深远的影响。

信息和通信技术在多大程度上将传统媒体、渠道替换成更先进的手段成为在虚拟大学学习的先决条件。如果性别问题得不到重视,虚拟大学的定义和建设问题完全由当前的男性主导、男性中心的学术和政治决策过程或“市场驱动力”所主宰,女性被拦在外面无法进入并享受虚拟学习环境的风险就会增大。要防止这一情况的发生,就需要为(潜在的)女学生提供一系列的支持和服务,如附带使用指南的易用软件,指南应该能够让不熟悉专业术语、也不想成为电脑专家的人轻松阅读。

另一个对社会性别敏感的重要领域是内容、呈现方式和课程设置。妇女研究和社会性别研究已开始关注这个曾被忽略的领域,它们从不同的视角看待这些问题,在解决男性中心的教育系统不平衡问题方面已经颇有成效。这些项目的成功显示出,在虚拟校园中提高女性参与的方法之一就是在课程设置中纳入女性和性别研究的内容,专门讨论与性别相关的问题和开发对女性友好的教学技术使用方法。其中一种方法是,在各类远程教育硕士学位项目中增加相关的学分课程,如加拿大阿萨巴斯卡大学开设的“远程教育中的性别问题”课程。

为了确保虚拟校园将不会成为一个没有女性的地方或是一个女性只是在没有其他办法的情况下被动参与教育“消费”的地方,女性自己应该做好准备接受信息与通信技术的新世界,认真对待可能存在的风险和虚拟教学过程内在的优势,并积极参与其中创造自己的学习环境。

这不是一件容易的事,因为这一领域很多项目忽略了社会和政治影响,因此对女性的机会造成了负面影响。例如,虚拟大学的支持者往往侧重技术元素而非人的元素。有很多例子显示,无数资金用于雇佣和培训技术人员或确保学生、员工的计算机知识普及。还有一种趋势是,资金提供者和决策者注重与技术明显相关的学科领域，如男性主导的计算机科学和电子工程领域，但不愿意开设“不被看好”的女性喜欢的学科领域，如哲学和文学。

考虑到开发高质量教学材料和维护有效的、建设性的互动结构的资源限制及高昂成本，不同大学、不同国家的女性应该创造机会建立网络来相互合作和分享各自的课程材料、教学经验，评估研究的成果。这样才可能避免教学材料建设的重复劳动，还可以避免犯同样的错误，从而建立一个更大的、由女性设计的课程资源库。

第十四章　历史上的黑人学院与大学

玛丽贝思·加斯曼

种族平等问题长期以来一直受到历史上的黑人学院与大学(HBCUs)的特别关注。正因为如此,性别平等问题就被扫到地毯下面去了——除了一些女性主义的小团体之外,很少有人把这一问题提出来讨论。这种“扫除”在对 HBCUs 的研究中显而易见,因为研究的焦点几乎全是男性。在黑人大学背景下,对女性或对男性与女性关系的讨论十分有限。黑人女性主义学者帕特里夏·希尔·科林斯曾说过,很多黑人女大学生发现自己是“内部的外人”——言下之意是在种族化的黑人大学社区中,她们因性别而处于劣势地位。

除了北方的三所大学:宾夕法尼亚州的林肯大学、切尼大学和俄亥俄州的威尔伯福斯大学,很多黑人学院与大学建立于内战之后。内战结束后,为超过 400 万曾经身为奴隶的黑人提供教育的重担落在了联邦政府的“自由人管理局”和很多北方教会传教团身上。早在 1865 年,“自由人管理局”开始建立黑人学院,当时的教师和员工主要来自军队。这一时期,大多数黑人学院只是徒有虚名,和初创时期的白人学院一样,这些机构主要提供小学和中学教育。从一开始,大多数黑人学院和白人同类学院就不同,它们施行男女同校教育。黑人女性和黑人男性一样,在白人传教士和大多数白人眼里是需要培训的未来工人。只有 1967 年创建的巴博斯考提亚学院和 1881 年创建的斯贝尔曼学院是纯粹为女性提供教育的,1867 年创办的莫尔豪斯则是只招收男生的黑人学院。

白人传教士的恩惠带着自利甚至是种族主义的色彩。传教士开办黑人学院的目的是劝说获得自由的黑人皈依基督教(例如,让曾经是奴隶的黑人信奉他们的教派)。尽管有些学者认为传教士的这一举动很大程度上是善意的,但很多其他学者并不认同。一些激进组织的学者指出，在这些传教士的头脑里充斥着黑人威胁论，他们只是希望教育可以抑制这些前黑奴本性中的“野蛮”，但并不希望实现完全的社会平等。给黑人学生提供的教育融合了人文学科和技能训练：男生学习经典文献和手工劳动技能，女生学习经典文献和家务技能（既为自己的家，也为将来可能服务的白人的家）。很多黑人学院还提供教师培训课程。

随着1890年莫里尔第二法案的通过，联邦政府再次关注起黑人教育，建立了公共赠地黑人学院和大学。这一法案规定，在公立学院与大学实施种族隔离的州，如果不为黑人建立农业和机械学院，将没收联邦资助。尽管莫里尔法案里明确要求联邦资金平均分配，但这些新建立的学院得到的经费少于同类的白人学院，因而在设施上差很多。和莫里尔法案通过前一样，女性进入这类学校学习家务技能，如烹饪、清洁、制作扫帚和缝纫。另一方面，男生学习烧制砖头、干农活、打铁和其他形式的手工劳动。

直到20世纪初，大多数黑人学院才开始真正提供大学水平的人文科学教育。田纳西州的菲斯克学院、路易斯安那州的迪拉德学院和华盛顿特区的霍华德学院为男女学生开设经典课程，是这类学院的典范。这些学院主要培养学生从事大中小学教师和公共服务工作。

如今，根据联邦政府的统计，美国有103所历史上的黑人学院与大学，包括私立和公立在内。其中三所院校是单一性别的：斯贝尔曼学院（女校）、佐治亚州的莫尔豪斯学院（男校）和北卡罗来纳州的贝内特学院（女校）。在这些学院和其他100所院校，历来存在着性别不平等，并且至今仍在延续。这些差距和导致差距的歧视反映在学生、教师和管理者的职位级别上。透过每一个群体可以看到问题的不同侧面。

学生和社会性别角色

黑人学院建立初期，女学生被置于管理者的保护之下，她们的生活受到着意控制她们行为的机构政策的影响。在白人管理者的眼中，黑人女性在奴隶生涯中早已丧失了女性的美德，因此需要先进行净化，才能担负起家庭的责任。19世纪

80年代，黑人女子学院一般不允许女生在没有管理人员陪同的情况下离开校园。相反，男生可以来去自由。在大多数学院中，负责女生的教务长住在校园里，以便照看这些“脆弱的”、“容易受人影响”的年轻女大学生。负责男生的教务长则和其他高层管理者一样，住在校园外面。在20世纪20年代中期，黑人院校的很多女学生要求院方给予她们更多自主权，她们指出，这有助于她们学会自立，而自立是成为领导者需要具备的基本品质之一。这些女生与曾经培养了她们种族和性别观念的压抑宗教习俗展开了激烈的抗争。将这些旧俗强加给女性的是白人和黑人男性管理者，他们当中很多人也是有资质的浸信会牧师。管理者们常常援引《圣经》中的圣保罗书作为依据将女性界定为二等公民。圣经教导女性，忍耐比才能更重要。

尽管宗教和性别主义的势力强大，但在19世纪后期和20世纪早期，黑人学院还是令人吃惊地给黑人女学生提供了很多机会参与传统上黑人男生的活动。例如，在塔拉迪加学院，女生可以参加来福枪俱乐部。另外，女生可以加入社会服务姐妹会如Alpha Kappa Alpha和Delta Sigma Theta。虽然有时候姐妹会活动只是浮于打扮和交际，但这些组织在女权运动、民权运动以及其他全国性运动中非常活跃。

在20世纪50年代和60年代，黑人女性和黑人高等学府的校园在民权运动中发挥了重要的作用。贝内特学院和斯贝尔曼学院的女生参加了静坐和午餐柜台示威。这些女子学院的管理者——当时黑人数量已超过白人——也非常支持学生的行为。但不是所有黑人院校都如此。在受到州政府官员密切监控的公立黑人大学，管理者拒绝保护那些被抓进监狱的男生和女生抗议者。

这些黑人大学的很多年轻女学生勇敢无畏，为改变她们的社区和整个国家顽强不懈地努力。例如，芭芭拉·哈里斯和黛安娜·纳什都是菲斯克学院的学生，因为参与了纳什维尔种族隔离餐馆的抗议活动，她们和其他63名男女生一起被关进了监狱。尽管可以付100美元保释金获得自由，但她们还是选择了蹲监狱。因为在她们看来，付保释金是对南方吉姆·克罗法案的妥协。具有讽刺意味的是，这些女学生在为民权而战，而她们仍被校方看做是男人的脆弱附属品。例如，在贝内特学院的学生在街上游行并争取解除餐馆的种族隔离的同时，她们被要求选修一门叫“生活艺术”的课程，这门课的目的是教会女生如何做一个成功的家庭主妇。

20 世纪 70 年代早期，帕特里夏・古林和埃德加・埃普斯完成了一项关于黑人大学中男生和女生的优势与弱势的调查研究。研究者对 5000 名非裔美国学生进行了调查，研究非常全面，结果很有说服力。研究者发现，黑人院校的女本科生在很大程度上处于弱势。具体地说，女学生的教育和职业目标明显低于其男性同学。黑人女生不仅很少立志去进修博士学位，而且更倾向于选择国家就业市场的女性领域中地位较低的工作（如教师和健康职业）。这一影响巨大的研究还显示，很多黑人院校里的父权环境加剧了这一问题。其他研究者发现，黑人女性在社会生活上的被动和脱节很可能是机构环境造成的，这在一定程度上解释了为什么这些人没有更高的职业理想。20 世纪 80 年代中期的学者发现，尽管有些女性积极参与课堂和课外活动，但她们和教职员的个人交流时间比较少。这一行为可能导致对于研究生的讨论比较少，对于进入非女性职业领域的支持也比较少。最近研究者发现，黑人院校中男性和女性学生的收获越来越趋于平等。女性已经克服了一些横在面前的障碍，不再被动。然而，在很多校园里，鼓励女性在课堂讨论及学生领导职位上让位给男性同学的氛围还是存在。

研究表明，非裔美国女学生在黑人院校里感受到的焦虑比男学生高。此外，她们感到自己竞争力不够强，不如男学生勇于表达自己的意见。令人遗憾的是，有些研究显示，女学生更愿意接受竞争不太强的位置和角色，以免对男同学构成威胁。尽管有这些不安全感，黑人院校里女学生的学业成绩却比男学生优秀。最近的一项研究显示，大多数黑人院校里，黑人女生在荣誉榜上的比例高于女生入学比例。例如，在克拉克・亚特兰大学院，2005 年女生占总人数的 69%，但在院长奖励名单上占 84%。同样，霍华德大学的女生占学校总人数的 60%，但在荣誉榜上占 70%。平均来说，黑人院校中院长奖励名单上的女生人数比例超出在校女生人数比例 10%。

目前，国家黑人院校录取了大约 25 万名非裔美国学生，其中大部分在私立四年制学院就读。黑人学生中大约 28% 的学士学位、15% 的硕士学位和 9% 的博士学位，以及 15% 的专业学位是由黑人院校授予的。黑人女性在所有教育水平上都超过了黑人男性。尽管总体上女性获得学位的人数比较多，但这些学位主要集中在传统上女性主导的领域。超过70%的黑人女性在黑人院校获得的学位是在健康或教育领域。黑人女性和白人女性一样，主要在服务领域工作，很少在科学领域工作。在这一方面，有一些黑人院校正在努力作出改变。例如，在进入科学领域研究生项目的黑人女性中，50%来自斯贝尔曼学院和贝内特学院——这两所学院专门为学生开设了进入科学领域的预备课程。此外，在女生进入科学领域研究生项目方面，黑人院校在全美所有高等院校中占据了前20位。新奥尔良的艾克萨维尔大学向医学院输送的黑人女生数量超过全国其他任何一所高等院校。最近的研究显示，黑人学院和大学的女生已经开始选择原来只有男生的专业领域，如数学、工程和科学。不过，她们仍然只希望在这些领域的低端职位就业。

尽管黑人院校创立的初衷是教育非裔美国人，而且黑人仍然是这些院校学生人数的主体，但相当数量的白人、拉丁美洲裔、亚裔学生也出现在了这类院校的校园里。在有些黑人院校里，如密苏里州的林肯大学，兼职读书的白人走读学生占据了学生总数的大半。非裔美国学生在全日制住校生中仍然多于同类白人学生。其他院校，如达拉维尔州的布鲁菲尔德州立大学和肯塔基州立大学，分别有18%和26%的非黑人学生。其中大多数是女性，使得黑人院校女性学生的高比例又上升了一层。

社会性别与教师级别

黑人院校建立早期，教职员主要由白人男性和女性传教士担任。实际上，她们大多数是来自于东北地区的白人未婚女性。随着越来越多的非裔美国人获得大学师范学位，他们逐渐进入黑人学院的教学岗位。此外，在内战前接受过教师培训的自由黑人也从北方来到南方辅助教学。

在19世纪末和20世纪初，白人和黑人女性教职员（黑人男教员也一样）处于白人大学校长的严格控制下。这些校长很大程度上是刚富裕起来的白人工业慈善家的傀儡。这些慈善家包括约翰·D.洛克菲勒、安德鲁·卡内基、朱利叶斯·罗森沃尔德。他们资助这些学院的建立，是学校董事会的成员。教职员负责执行这些慈善家支持的课程类型，这些慈善家也只给那些认同他们教育理念的学院提供资助。

很多黑人院校对女性教职工推行严格的清教徒式的、父权制的行为准则。例如，在1913年，霍华德大学的董事会制订了一项学院政策，声明任何女性教师一旦结婚就必须辞职——已婚女性被认为没有能力同时胜任教学和家庭职责。未婚的女性教职员被看做不同的阶层，她们的行为会受到更严格的督查。

尽管黑人逐渐取代白人担任了校长职位，但他们仍延续前任高高在上的领导风格。在20世纪60年代和70年代，这一直是一个问题。虽然在这一领域没有什么研究，但很多个人叙述证明了当时女性在专断的、男性主导的领导下处境非常艰难。不幸的是，一些黑人大学校长的强势风格和对员工的不公正态度被圈外的白人作为证据来证明黑人大学总体上的水平低下。这使得这些学院的教师和职工难以对黑人院校的领导方式提出质疑，因为这很容易被指控为与外部诽谤者勾结起来的种族主义行为。然而，当深受其苦的黑人女性用一种略微不同的叙述方式谈论这一问题时，就更容易对黑人男性领导作出恰如其分的评价。例如，玛格丽特・沃克・亚历山大在一篇题为"学术界的黑人女性"的文章中，描述了她在黑人学院度过的痛苦岁月，她特别提到了北卡罗来纳州的利文斯通学院和密西西比州的杰克逊州立大学(Alexander, 1995)。亚历山大描述道：在这些学院，每当她作出创造性的贡献，她就会被一名男性教师替换掉。学院校长总是质疑她的智力和对工作的投入程度。

黑人女性只占学术机构所有全职人员的6%。这些女性中只有略超过一半的人在黑人院校工作。在晋升和申请终身教职方面，女性依旧落后。根据2000年全国教育统计数据，黑人院校中大约30%的男性教师有正教授职称，26%有副教授职称。相比之下，只有略超过20%的女性是正教授，19%是副教授。

研究显示，黑人院校的女性教职工不愿谈论就业、工作环境和职业发展方面的话题。在2001年的一项对1000名黑人大学女性教职工的调查显示，超过45%的人说她们因性别受到歧视。当要求她们举出具体的事例时，这些女性拒绝了，她们觉得谈论细节不太妥当，担心遭到报复。研究显示，黑人院校的女性晋升的速度较慢、工资较低、兼职工作的较多。有些学者把这些现象归结为女性必须兼顾家庭、工作和社区责任的原因。此外，黑人女性教授通常比男性同行承担更多的学术责任。她们是年轻女性咨询的对象，她们要参加各种委员会并被要求代表社区内的大学去四处演讲。有趣的是，男性和女性员工在黑人院校入职时薪资待遇差不多，但他们晋升的速度不一样。到男性和女性教师都达到正教授级别时，女性的工资只有男性的 89%。

但被问及对研究的看法时，黑人女性教师说她们缺乏与人合作的机会，很少有男同行邀请她们参与合作。合作实际上也是资深教师指导年轻教师的机会，这样一来对女性教师就更不利了。除了缺少合作和得到指导的机会外，黑人女性教师还感到缺少管理者的支持，例如，她们在研究和教学创新上得到的资助较少。

管理者：女性在哪里？

传统上，女性在黑人学院和大学的管理层没有重要席位。在大多数情况下，她们没有机会。这些机构的早期领导者是资助这些学院的富裕白人慈善家亲手挑选的，这些人信任的主要是白人。直到 20 世纪中期，黑人男性才开始在黑人院校里担任领导职务。不过，也有个别例外。玛丽·麦克劳德·贝休恩 1904 年创建了自己的女子学校，1923 年转为男女同校的贝休恩-库克曼学院。她在这所学院担任了 40 年领导，促使非裔美国人的高等教育问题得到国家政治和经济领导者的关注。尽管学校所在地——戴托纳海滩的人们，包括贝休恩的好朋友都认为她的学校不可能成功，但她勤奋工作，坚持不懈。她的努力和魅力赢得了普若科特和甘布尔公司的创始人詹姆斯·甘布尔的赏识。甘布尔长期支持贝休恩学院并担任学院董事会的主席。贝休恩是男女同校教育机构的第一位黑人女校长，薇拉·普莱耶是黑人女子学院的第一位女校长。1955 年，普莱耶在北卡罗来纳州格林斯布罗市的贝内特学院担任教师和副校长多年后，接任校长一职。在贝内特从事终身教职期间，普莱耶校长不断被问及女子学院存在的必要性，人们常常看不到为黑人女性单独提供教育的价值。

20 世纪 20 年代初，在男女同校高等教育机构中，女生教务长成为一个长期的固定职位，这为黑人女性提供了进入领导层的机会。黑人学院与大学会选择受过教育的、有教养的女性作为女大学生的榜样和督导。和女教职员一样，她们的行为也受到男性管理者的严格审查。在大多数机构中，她们被要求住在校园里。事实上，直到 1929 年，菲斯克大学的女生教务长朱丽叶·德里考特才被允许住在校园外。其他院校很久以后才效仿菲斯克大学。

露西·迪格斯·斯洛，霍华德大学（1922—1937）的第一任女生教务长，无论在黑人院校社区和整个高等教育领域，都算得上是一位强有力的、富有开创精神的领导者。她对霍华德大学，尤其是学校决策层排斥女性和缺少女性代表的现象提出了挑战。此外，她还利用大学的公共平台公开指出基于性别的工资歧视并呼吁为女性提供平等的住宿条件。她的大胆风格激怒了很多曾公然蔑视黑人女性的男同事。有一次，当斯洛为几个遭受一名男性黑人教授性骚扰的女学生代言时，收到一封攻击她和那几名女生的信誉的邮件。指责者声称："你忘了你只是一个女生教务长，不是霍华德大学男教师的道德监护人。在我看来，如果你像其他教务长那样找点事儿做，上两节课，你就不会多管闲事了。"（Mill in Bell-Scott, 1979, p. 22）

露西·迪格斯·斯洛为女性赋权的观点没有得到当时霍华德大学校长莫迪凯·约翰逊的支持。约翰逊是莫尔豪斯男子学院的毕业生，他虽聘请黑人女性做教师，却仍然持有父权主义的思想。斯洛完全不拘旧俗，并不符合约翰逊对黑人女性的理想期望。从 1926 年约翰逊来到霍华德大学到 1937 年斯洛去世，他们俩为黑人女性的平等问题争吵不断。

除了这些例外，20 世纪 50 年代之前黑人院校里黑人女性管理者寥寥无几，即使 50 年代后，女性也主要担任女生教务长的职位。实际上，斯贝尔曼学院，这一被很多人视为美国黑人女子学院典范的学校，也直到 1987 年才有了第一位黑人女校长约翰妮塔·B.科尔。尽管从历史上看，女子学院不像男女同校学院那样反对在管理高层聘用女性，但直到 70 年代中期，斯贝尔曼和贝内特学院才开始常规性地在高层管理部门任用女性。

如今，管理层缺乏黑人女性代表的情况在黑人学院和大学仍然很普遍。103 所黑人学院和大学的校长中历史上只有 15 位是女性。除了少数例外，这些女性校长所任职的学校是规模最小、最不知名、招生人数少于 1000 人的黑人学院。男性通常领导着大型的、更有声望的黑人院校，而且薪资待遇也高于他们的女性同行。这和整个高等教育的情况一模一样，管理层中的女性一般掌管学生和外部事务(如发展、校友联络和公共关系)。她们在主要学术部门中任职的机会格外有限。平均来说，在黑人院校，这一职位由50岁出头的已婚且有孩子的黑人男性担任，他们大多数是从本校提拔上来、在学术性学科获得博士学位的教师。这一点很重要，因为女性获得的学位更多的是在应用性学科，尤其是教育和社会科学。

担任主要学术部门职务的女性一般比男性同职位者年龄更大，获得终身教职的时间更长，而且更有可能是单身。另外，总的说来，这些女性很少有当校长的抱负(被男性主导的机构政策所压制所致)。值得注意的是，男性学术主管往往会受到即将离任的校长邀请担任执行校长一职。对此有一种解释是，黑人院校里的男性管理者更看重男性同事的专业背景，更重视与他们的交往，但对女性同事则不然。因此男性一般比女性能更快地融入机构的文化圈子。

和在白人为主的院校中的白人女性同行一样，黑人女性管理者和教职员也经常感受到寒冷的氛围——有时还会遭遇性骚扰。有几位黑人女学者指出，黑人院校在反性骚扰教育和政策上远不及以白人为主的同类院校。有些人认为，黑人女性没有像白人女性那样激烈的反抗，是因为她们担心女性主义者可能要求她们放弃反对种族主义的斗争。例如，除了斯贝尔曼和贝内特学院，很少有黑人院校开设女性研究项目。近几年来，黑人院校在社会性别关系领域有了一些进展。例如，在汉普顿大学，威廉·哈维校长举办了一个关于黑人大学社区内外的男性和女性关系的论坛。更重要的是，他把对性别主义的理解提到了首要位置并在课程设置中融入了非性别主义的价值观。新奥尔良的埃克斯维尔大学也专门为黑人男性设立了这类项目来缓和校园内的性别关系。

2003年，约翰妮塔·科尔和贝弗莉·盖伊-谢夫塔尔联合撰写了《社会性别之对话:非裔美国人社区中的女性平等斗争》。尽管这本书涉及的范围并不局限于黑人学院，但重要的是这两位作者都在黑人学院供职。约翰妮塔曾任斯贝尔曼学院的校长(1987—1997)，现任贝内特学院的校长。同样，贝弗莉·盖伊-谢夫塔尔是斯贝尔曼学院的女性研究领域的教授，也是女性研究与资源中心的创始人和主任。这两位女性在男性主宰的黑人学院环境中奋斗多年，推行女性主义主张，也常常备受阻挠。更重要的是，她们一起在公开场合讨论黑人学院以及更大的黑人社区中黑人男性和女性之间的沟壑。这一对话，加之黑人学院内部的支持，对于改善这些机构中的社会性别关系和平等有着极其重要的意义。

第十五章　男子学院与大学

莱斯利·米勒-伯纳尔

大学教育最初只是为男性，特别是富裕的白人清教徒男性提供的。但在 19 世纪，尤其是内战之后，女性获得了进入男子学院的机会，很多女子学院也建立起来，更多学校开始实施男女同校。尽管如此，男子学院仍然保留着很高的声望。它们不仅将女性排除在外，还推崇男性霸权或统治，尤其在女性的力量逐渐崛起并威胁到男性特权的时候。在 20 世纪 60 年代末，所有男子学院中只有几所学校招收女生。

今天，男子学院基本上从高等教育系统中绝迹了。尽管女性可以进入美国所有高等教育机构学习，她们在前身是男子学院的院校中的经历，特别是刚开始时，并不是一帆风顺的。将原来的男子学院转变为真正意义上的男女同校的学院——女生和男生完全平等——并非易事。传统、校园符号、工作人员以及“老哥们”关系，都意味着女性从一开始就是处在边缘地带的外人。在主要领导者的支持下，随着对潜在的和公然的不平等的顽强斗争，高等教育机构有望成为适宜女性学习的场所。这样的转型不是自动产生的，而需要坚持不懈的争取。

早期历史

只收男生的大学教育持续了大约 200 年——从 1636 年哈佛大学建校起到 1837 年欧柏林招收第一批女生就读和男生一样的学位专业结束。殖民时期建立的九所大学，除了哈佛以外，还包括威廉和玛丽(1693)、耶鲁(1701)、普林斯顿(1746)、宾夕法尼亚大学(1751)、哥伦比亚(1754)、布朗(1764)、拉各斯(1766)和达特茅斯(1769)。所有这些学院规模都很小,分别附属于某个派别的新教教会,课程设置主要侧重经典著作的学习,强调口头表达而非书面作业。因为当时的职业,如法律和医学,并不需要大学学位,很多学生在大学只读一两年。在大学里,白种的盎格鲁-撒克逊绅士树立自己的名望,并和那些对其事业有利的人建立关系。这些男学生的未来职业大多数是牧师。

早期男子学院的学生生活很单调。学生受到各种各样清规戒律的限制,教职员严格执行这些琐碎的规则,他们唯一的课外活动就是文学或辩论社团,有时候还有戏剧和音乐。学院的师生关系非常糟糕,以至于在内战之前学生的暴力反抗时有发生,还曾出现过教授或其他人员因卷入争端而身亡的事件。

19 世纪,美国各地的大学以迅猛的速度纷纷建立起来。1800 年,全国只有 25 所授予学位的高等学府,20 年后这个数字翻了一番,1820 年达到了 52 所。40 年后,高校总数达到了 241 所,是原来的五倍。随着数量的增长,大学也逐渐演变成我们今天所熟知的高等学府的样子,课程变得更加丰富了,增加了一些实用课程和现代语言。有些学院,如哈佛,允许学生在选修课中自选课程。内战过后,课外活动也丰富起来,特别是体育活动,这在消除学生暴力反抗方面起到了重要作用。然而,当时的大学教育保留着以前的一个重要特点:大多数学院是为富有的、白人、新教徒男性服务的,而且大部分公共部门认为这是恰当的,因为只有男人才能进入公共领域。

被排除在外的群体想方设法进入这些男性堡垒。女性和她们的同盟向男子学院的校方请愿,有时候只要求允许女性参加学院的考试,作为大学毕业证明。有时候,她们也要求上课。在战争和经济萧条时期录取率下滑时,男子学院会对这样的请求网开一面。1883 年,米德伯雷学院等少数学院以实验的形式接受女生,但它们在工作人员聘用和设施使用方面一直仅限男性,很久以后才放开。很多人,包括一些女性,认为女性更适合去专门为女性开办的教育机构——内战结束后创建的学校、研习班以及后来的女子学院。

18 世纪后期开始,天主教逐步建立自己的高等教育机构,大约 60 年后,非裔美国人,或者白人代表它们开始创办黑人大学。1789 年,不同等级的牧师,特别是耶稣会士,在乔治镇创建了最早的天主教男子学院。大约 100 年后,女性教徒(常称为修女)开办女子学院。黑人学院从创建时几乎都是男女同校的,有的甚至还聘用女性教职工。这些黑人学院里有两个例外:1867 年创办的莫尔豪斯男子学院和 1881 年创办的斯贝尔曼女子学院,这两所学院至今存在。

男子学院迫于女性的压力允许女生入学的一个途径是,为女性开设附属或平行学院。哈佛是美国第一个尝试这一妥协方案的学院。1879 年创建的拉德克里夫学院就是这样一所与哈佛互不干扰的附属学院。其他学院纷纷效仿,其中最著名的几所学院是:新奥尔良的图兰大学的平行学院——苏菲纽康姆学院(1887);纽约市哥伦比亚大学的平行学院——伯纳德学院(1889);布朗大学的平行学院——潘布洛克学院(1891)。这些平行学院与其相关的男子学院之间的相对独立程度各不相同,一般说来,越独立的学院资金越雄厚。伯纳德学院是最独立的学院,有自己的教职员、校长和董事会。如今,很多平行学院已成为自主的、有学位授予权的高等学府。

单一性别院校在东北和南方非常普遍,但在西北和西部却不多见。但女性在男女同校的学院和大学里的地位同样不稳固。很多时候,女性的课程都是单独设置的。在特定时期,女生的招收会有配额限制,如斯坦福大学。甚至有些曾经施行男女同校的学院禁止女生入学。对女性的这种待遇在 19 世纪后期和 20 世纪早期特别普遍,这一时期弥漫着一种恐惧,担心美国文化变得“女性化”或受到女性和移民的弱化。卫斯理学院原为男子学院,后变成男女同校学院,却在 1913 年拒绝接收女生,直到 20 世纪 70 年代男女同校风潮再起时,才重新招收女生。罗切斯特大学的历史则更为复杂。这所大学创建于 1850 年,起初是男子学院,1900 年迫于苏珊·B.安东尼和她的同盟的压力(和金钱)开始招收女生。可另一位校长上台后,认为女性的存在影响了学院的研究声誉,罗切斯特大学重新成为只收男生的院校,但在 1914 年为女性开办了一个平行学院。1955 年这个平行女子学院关闭,罗切斯特大学又成为男女同校的大学。

男子学院不仅排斥女性,还崇尚男性气质。对男生体育活动、力量、克制力和容忍力的强调在 19 世纪末和 20 世纪初特别盛行。美国前总统西奥多·罗斯福就是 19 世纪 80 年代哈佛大学的学生典范:一名优秀的学生,但不是“死读书的书呆子”,身体强壮、非常活跃,参与很多符合绅士生活品位的俱乐部。人们相信所有的团队体育项目都能锻炼品格并有助于事业发展，因为这类活动要求纪律和基本的对等交换。19 世纪 80 年代之后成为美国大学主流体育项目的橄榄球，在培养“有男子气概的男人”方面有着特殊的地位。这一运动相比于其他项目更加鼓励男性在观众（常常包括仰慕他们的女性）面前参与有控制的攻击和冒险。

逐渐发展起来的大学校园文化还有一个方面强化了男性品质，那就是社交或希腊兄弟会。兄弟会从 19 世纪 20 年代联盟学院开始，到内战时期成为主流。兄弟会运用秘密的羞辱新会员的仪式来促进团结并奖励传统的男性品质，如高度自制和勇敢无畏。兄弟会还允许男性将社交圈子限定于有相同社会地位或兴趣的人。不同的兄弟会因成员类型不同而名声在外——上流社会的，或者擅长某项体育运动的，如橄榄球。当时，处于名望等级最上层的兄弟会在大学里很有影响力，能够左右录取规定等学院政策的制订。被排除在外的群体如犹太人和非裔美国人，也在 20 世纪早期形成了自己的兄弟会。

20 世纪早期和中期的男子学院

尽管男女同校在 20 世纪后期成了主流的高等教育形式，且在这类学校接受教育的学生比例在 20 世纪不断上升，但只收男生的学院地位却提高了。东部八所著名学院（人称常青藤联盟）中有六所只招男生：布朗、哥伦比亚、达特茅斯、哈佛、普林斯顿和耶鲁，另外两所是男女同校的——康奈尔和宾夕法尼亚大学，但女性在一定程度上也是和男生分开的。“常青藤大学”特别是“三大高校”（哈佛、耶鲁和普林斯顿），在当时已经与英国只收男生的剑桥和牛津大学不相上下。

这些大学的声望不仅靠历史悠久和只招男性来维护，还取决于校内阶层和民族的身份，特别在第一次大战后。那时候，一些富有的爱尔兰天主教徒成为常青藤联盟大学的学生，不过很少有来自南欧和东欧的天主教徒就读常青藤大学。因为很少有非裔美国人申请白人为主的高校，所以精英院校不觉得他们是威胁。它们担心的是犹太学生的比例在 20 世纪的最初 20 年不断上升。普林斯顿、耶鲁、哈佛、哥伦比亚和其他高校设立了配额制度以限制犹太学生的数量，从而提升学院的地位。

两次世界大战不可避免地对男子学院的招生产生了重大影响,因为很多年轻男性去参军了。大学在联邦政府的扶持下得以生存,联邦政府出资让这些院校培训军队士兵。在一战期间,500多所学院和大学参与开办学生军队训练营,回报是事后有大量资金赞助学校的校舍和设施建设,特别是为纪念在战争中为国捐躯的学生而建的橄榄球运动场。类似的培训项目在二战期间也有。例如,海军选择了131所大学校园为12万海军士兵提供各种所需课程培训。

在两次世界大战间隔期间,上大学的人数有所增加,因为高等教育被认为是社会流动性的根本动因。男子和女子精英学院一度大幅提高学费,使得上这些学院比上公立大学昂贵很多。即使在经济大萧条时期,这些学院也能招到足够的生源,实际上精英学院的所有学生都必须十分富有,因为学院基本上不设奖学金。绝大多数学生就读于男女同校的大学,包括新建的两年制预科学院和师范学院,这些学院的建立是为了普及高等教育。这一阶段,男女同校成为主流趋势,但天主教学院的建立是一个例外,同样的还包括在东部和西海岸地区开办的几所女子学院。

第二次世界大战结束后,高等院校的招生数量激增,尤其是男生数量,因为很多退伍军人利用政府给予的资助来继续学业。这不仅导致了学院的女生人数比例下降(尽管绝对数量有所增加),还导致了高校里成熟学生人数的增加,他们不服从校园生活的传统规范。学生人群的差异性增大,高校考虑到反纳粹斗争的敏感性,开始对犹太人和黑人更为开放。由于冷战政策和苏联人造卫星发射成功后所谓赶超苏联的需要,高等院校得以增加和更新校园设施。种种因素合在一起造就了20世纪50年代和60年代美国高等教育的"黄金时代"。

20世纪60年代后期开始的男女同校运动

20世纪60年代末情况发生了巨大的变化。大学校园里动荡不安,学生们抗议种族主义、越南战争、把学生看做不负责任的成年人的校园政策以及与社会问题不相关的课程设置。招生数量不再像以往那样激增,不过女生录取人数的增加速度超过了男生。评论家们对高等教育的低迷境况提出了警告,而高校管理者则担心如何偿还贷款或者填满宿舍和教室的空位。对于男子学院而言,男女同校成了一个解决问题的好方案。

学生和教职员越来越觉得男女同校是理所当然的,因为很少有人经历过其他类型的教育。男子学院(和女子学院)似乎与那种重视种族、民族群体和性别融合的社会体制越来越不合拍。对女子学院有了解的人认可只有女性的环境的价值,妇女运动中蓬勃开展的研究特别支持这样的说法,但对于男子学院就没有类似的支持理由了。此外,男子学院的管理者明白,对女性敞开大门可以让他们招收到优秀的学生,从而提升他们的学术水准。校方相信男女同校的另一个好处是,这有助于教化男学生,减少他们的破坏性和反社会行为,给他们提供正常的、健康的社会环境。管理者和董事会成员也受到来自学生的压力,因为大多数学生要求学校实施男女同校。在将男子学院变成男女同校学院的进程中,对女性教育问题和性别平等问题的关注几乎完全没有。

反对招收女生的呼声也同样存在。很多校友不希望他们的母校发生这样根本的改变。19世纪末的妥协举措——并非完全变成男女同校学院,而是建立平行的女子学院——再次浮出水面,有少数几所学院就采用了这样的方法。汉密尔顿学院——纽约州中部的一所保守的小型男子学院在1968年开办了一所平行女子学院,但这所女子学院与汉密尔顿截然不同——它与时俱进,招收了高比例的犹太学生。但10年后汉密尔顿接管了这所女子学院。在20世纪60年代末,哈佛和威莎学院协商建立一种平行关系,几乎同时,普林斯顿和萨拉·劳伦斯学院也在磋商类似事宜。不过,合作被拒绝了,20世纪70年代之前,这四所学院都成了男女同校的大学。普林斯顿把选择男女同校而不是开办平行学院的理由写在了委员会报告里。1968年的这份“帕特森报告”受到普遍认可和效仿。

在很短时间内,几乎所有男子学院甚至天主教学院都开始招收女生。在有些情况下,是联邦或法庭判决促使了这一改变的发生。以弗吉尼亚大学为例,1969年法庭要求这所公立大学招收女性,并且提前了学校要求的执行时间。1976年,国会要求五所联邦军事院校招收女生。由于军事院校具有很强的男性化特征,因此人们认为,如果女性在西点军校这样的地方通过艰苦的体能测试并能承受惯常的羞辱,将有助于消解人们对于社会性别的模式化思维。

有关男子学院的最敏感问题就是其与平行女子学院的关系问题。一个常见的解决办法就是将两所学院合并，但实际上，大多数情况下是历史更悠久、资金更雄厚、规模更大、更强势的男子学院兼并相对弱小的女子学院，如1971年布朗兼并潘布洛克学院。很多时候，女子平行学院越来越弱，最后退化成了一个宿舍区，例如图兰的苏菲·纽康姆学院和拉杰斯的达格拉斯学院。但2005年对将这几所学院全部合并到拉杰斯名下的计划的抗议显示出，即使这个层面上的区分对于女性而言也是很重要的。巴纳德学院与哥伦比亚大学的谈判比较成功。不仅哥伦比亚大学开始录取女生的时间比其他任何常青藤大学都要迟(1983)，而且巴纳德仍然是一所独立的女子学院。

女性在原男子学院中的经历

大多数男子学院除了在校舍方面做了一点改动外，并没有为招收女性做什么准备工作。它们几乎没有考虑教职员工中男性为主的情况、校园内只有描绘男性形象的海报、赞美男子气概的学院传统歌曲、兄弟会的主导地位和对男生运动的重视对女学生会产生什么样的影响。此外，最初的女生群体往往是学生总体中一个很小的部分，其经历与其他任何少数群体的遭遇类似：被看做一种为女性代言的象征、被边缘化、行为受到严格督查。她们作为第一批“男女同校学生”被媒体关注，在耶鲁这样著名的男子学院里尤为如此。有些新入学的女生并不介意，但有些学生感到很不悦。

不像以前的“男女同校生”，这些女性进入男子学院时正处于传统性别角色观受到质疑的文化时期。妇女运动使得性别主义这样的概念成了常见词汇，人们越来越意识到女性在各个方面遭受到不公正待遇。约会强奸、性骚扰、性别歧视语言和男女同校课堂上的“寒冷氛围”都受到关注和讨论。在这种运动的激励下，也在部分管理者和教师同盟的支持下，这些女生拒绝接受她们被期望接受的服从地位。20世纪70年代，在约翰·霍普金斯大学女生成立了校园解放组织，组织举办了会议，邀请著名的女性来做演讲，但并不是所有女生都积极参与了这类活动。既经历种族主义，又经历了性别主义的少数族裔女生成立了自己的校园组织。

另外,很多院校缺乏对女性学生的基本支持。尽管在1972年,男女同校运动开始之初就颁布了第九条法案,但有很多年这条法律都在法庭上受到抵制,没有得到真正的实施。结果,女性的体育设施远远落后于男性的。通常,女性不得不自己组织起来给校方施加压力来获取必要的资源,如体育教练、像样的更衣室和更多的女子运动队。1976年耶鲁大学校园里就发生了这样一个著名的事件:运动队队员跑到体育主任的办公室,抗议运动设施的不平等。她们亮出胸脯,上面写着"第九条法案"。在体育运动之外,女性还必须为健康服务而斗争,例如女性避孕和流产咨询等。女性资源中心开始普遍建立,在这里,女生可以成立女性主义图书馆、开展项目来解决一些女性的重要问题,如饮食失调,资助女同性恋-双性恋支持组织,总体上,女性资源中心的建立是为了让女生感到安全和得到认可。

男子学院中女性教职工、管理者和董事的比例通常很小。但学院受到来自校内外的压力,有时甚至是法律诉讼,指责它们在雇佣和薪资方面的歧视,因此,很多学院开始改进性别比例。一般以女性为主导的学术领域开始出现,如女性研究,促使了学院和大学雇用更多的女性。到2005年,大约38%的全职教职工是女性,但在更著名的研究机构中女性的比例要少10%。

很多男子学院即使招收女生之后仍存在性别主义,甚至抱有厌女主义的心态。兄弟会、耶鲁的秘密社团和普林斯顿的餐饮俱乐部仍然拒绝女性入内,在这些地方女性有时会遭到侵犯甚至强奸。在很多小型学院以及一些较大的学院,兄弟会已经弱化或被禁止,普林斯顿和耶鲁大学一向排外的俱乐部也开始接受女性,但女性受到虐待或被当作性工具来招徕橄榄球运动员的情况仍然存在,不过,如今这样的行为比过去更容易遭到抗议和制裁。

有些原来只收男生的学院在建设性别平等学院的步伐上比其他学院更快更大。影响这种反应的因素包括机构的资金状况、原来的男性主导思想的顽固程度、领导力量,尤其是强有力的女性领导。像普林斯顿这样富有的院校就有能力聘用更多的女性职员和高级女性管理者(包括2001年的一位女校长)并为女生及其需要的设施提供经济资助。麻省理工学院和杜克大学是两所知名学府,它们开展了有关性别关系的重大研究项目并采取了很多改革措施来帮助女性。

20世纪90年代以后的男子学院

20世纪90年代，在几乎所有男子学院都开始招收女生10年以后，因南方两所军事院校招收女生的问题爆发了一场争议。这两所学院是弗吉尼亚军事学院和南卡罗来纳军校。这一事件轰动一时是因为媒体报道了一名年轻女性香农·福克纳申请进入南卡罗来纳军校，但后来发现审查和骚扰情况太严重而离开了。这个案子最后递交到了最高法院，法院的判决是：即使是女子学院专为女性开设与军校平行的项目，也不可能为女性提供这两所学院的毕业生所得到的同等保护与特权。这些院校确实招收女生，但2009年，所有军官院校的女生比例仍然很小，不足10%。

如今，还有少数男子学院存在：印第安纳州的沃巴什学院、弗吉尼亚州的汉普登-悉尼学院、亚特兰大的莫尔豪斯学院和明尼苏达圣克劳德的天主教圣琼斯学院。此外，还有一个非传统的、规模很小的、招生很严格的两年制男子学院：加利福尼亚的斯普林学院。四年制学院中，有两所与女子学院联系紧密：莫尔豪斯学院和斯贝尔曼学院，圣琼斯学院和圣贝尼迪克学院，因此这两所学院给学生提供了部分男女同校的经历。即使是更纯粹的男子学院，如沃巴什和汉普登-悉尼学院，也多多少少受到了妇女运动的影响。不像以前，它们的教职工中也有女性，汉普登-悉尼学院有30%，沃巴什有20%。沃巴什还设立了一个社会性别研究的专业方向(虽不是专业)。另一方面，这两所学院在全国各地都有兄弟会——沃巴什有10个，汉普登-悉尼有11个(至少60%的沃巴什学生，22%的汉普登-悉尼学生属于各自的兄弟会)，很显然，这些学院对过去的价值观念念不忘。沃巴什奉行“绅士规则”，而在汉普登-悉尼学院门口的牌子上写着“当你毕业，你已成为一个不一样的人，一个受过教育的人，而且你将成为男人”。

第十六章　军事学院与大学

黛安娜·戴蒙德

军事学院和研究院历史上是典型的男性院校。进入这些院校的第一批女生遭遇了强烈的反对。对女生的敌意四处弥漫，从恶意中伤到公然性骚扰。女性进入军校学习的动机遭到质疑，她们获得的成就得不到认可。毫不奇怪，对女性成功融入军校的最大的障碍就是男学生的态度。

第一批军校女生为赢得男同学的接纳进行了艰苦的斗争。军校男生难以接受的是这些女性选择上"他们"的学校，并不是因为她们的女性主义观点、她们想找丈夫或她们是同性恋。男生反对仅仅是因为女生想体验军事院校/研究院教育的挑战和福利。随着女生数量的增加，女性在学校中的地位逐渐建立起来，想上男子军事学院的男学生被那些选择进入男女同校军事学院的人所替代，歧视的态度逐渐开始减弱，女性学员得到了接纳。

如今，在美国大多数军事学院和研究院里，各级军衔都有女性，从第一年的学员到高级领导，从军事训练生到教授，女生感觉自己受到欢迎和接纳。如今，女性已经被看成军事学院/研究院社区中的重要成员。

什么是军事学院和研究院？

军事学院和研究院是提供通识教育和军事战术及战略训练的高等教育机构。这些机构通过四种主要途径教育和培训未来军官：学术上、体能上、军事上和道德-伦理上。

军事学院和研究院保持着斯巴达式的军事环境及管理制度，入学的学生接受教导，目标是成为军校学员。在这个过程中，刚入校的学生通常必须剃很短的头发、穿制服，按正确的方式走路、敬礼和称呼上级。他们必须早起，每天的日程有系统化的安排，除了学术课程之外，还有军事、体育和学员训练活动。日常安排一般包括行军、军事训练、纪律、课程和课外活动。

在美国有两种军事学院和研究院：一是联邦学院（政府开办），二是州立或私立的学院。联邦军事学院毕业的学生被授予科学学士学位，并必须在其专业领域为美国军队服务至少五年。美国军官军团大约18％是军校毕业的。和联邦军事学院毕业生不同，州立或私立军事学院和研究院的毕业生并不一定要参军。尽管如此，有些军事学院的毕业生参军的比例非常高。

对于军事训练来说至关重要，也是军事院校区别于其他高等教育机构的一个显著特征是：对体能训练和测试的强调。在招收女生以后，为了保持这一重点，大多数美国军事院校开发了“对等训练系统”或“性别标准”，依据已知的男女不同生理特点对男女学员提出了不同的体能达标要求。在男女同校实施的早期，很多男生不接受性别标准，他们认为这为女性学员降低了标准，因而提出反对。这些男性指出，性别标准是女性能力弱和受到不公平照顾的证明。即使在今天，性别标准仍然是男性学员抗议的焦点，他们不理解要达到女性的标准女生要付出和男性一样多的努力。弗吉尼亚军事学院（VMI）保留着对男女学生一样的体能标准。使用一个体能标准看上去似乎是性别中立的，但实际上这个标准是由男性并为男性制订的。为了达到公平，VMI不顾实际存在的生理差异，依据男性身体条件制订了体能标准，能够通过这一标准测试的女性少于男性。因此，VMI的“性别中立”标准实际上将女性学员置于了不利地位，因为它将一套男性标准当作普遍标准用于男性和女性。

男女同校的法律框架

军事学院和研究院传统上是男性领域，女性一直都是被排除在外的。有几个条件促使了这些院校转变为男女同校的机构：女性进入劳动力大军的巨大变化、平权修正案的推进、越战以后军事领域的变化。自越战以后，美国施行全志愿兵制。为了保持足够的军事人员力量，军队大幅增加了女性的数量并拓展了女兵的任务范围。1972 年到 1976 年间，在部队服役的女性从 45000 人(1.9%)增加到了 110000 人(5%略多一点)。在 1975 年以前，美国部队有一个独立的女性军团“the Women's Army Corps (WAC)”。1975 年 6 月，国防部长对国会说，女性军团没有必要单独存在了，取消女性军团有助于将女性完全融入军队中。国会决定：如果不解除 WAC 的独立地位，就无法实现女性在军队中的充分融合。1978 年，WAC 被解除。

同时，1972 年，美国海军研究院拒绝录取纽约参议员雅各布·贾维茨和国会议员杰克·麦克唐纳提名的两名女学员。两位立法者对此作出回应，向两院递交了一份立法提案，规定军校因性别拒绝录取学员的行为是违法的。1974 年，这一提案还在国会，美国商业航海学院修改了招生要求，成为美国第一所招收女生的联邦军校。同年，诺威治大学(一所私立军事学院)开始招收女生。在美国商业航海学院和诺威治大学自愿实施男女同校的同时，陆军、海军和海岸卫队学院还在努力维护只收男生的状态。有关男女同校的争议中包含国会和国防部之间的不可调和的争论。尽管遭到阻力，1975 年 10 月 8 日美国总统签署了一项法案，规定美国军事研究院必须在 1976 年招收女生。尽管陆军、海军和海岸卫队学院没有选择只能服从，但他们牢骚满腹，很不情愿。

一时间，大多数州立和私立军事学院自愿加入联邦军事院校，开始实施男女同校。有两所院校除外，要塞军校(Citadel)和弗吉尼亚军事学院(VMI)，这两所学院经历了漫长的法律诉讼来维护只收男生的政策。它们的诉讼以最高法院的判决告终，最高法院的判决是：“弗吉尼亚军事学院只收男生的政策侵犯了宪法授予女性的同等受保护权。”尽管这两所院校放弃了州资助，成为私立院校，但最终还是决定招收女生进入学生军团。

2006 年秋天，美国军事院校中最后一所只收男生的学院(瓦利弗基军事学院)开始施行男女同校。在谈到即将开始的男女同校制度时，这所学院的校长说：“这一改变将给课堂带来多样性，有益于我们的学术项目，使我们和其他军事学院以及总体军事结构步调一致。”

男女同校的历史

军事院校的第一个女性学员军团是象征性的。她们抛头露面，被看做女性社会群体的代表，承受着表演的压力，被塑造成特定形象，人们通过她们发现男性和女性的差别是被夸大了的。她们受人瞩目是因为她们的身份是女性，但她们的个性淹没在一个外部群体的成员身份里。这些成功的女性并不是所有女性的代表；她们被看成是鲜有的例外。

第一批女性军校学员不仅是一种象征，她们还处于融入和服从男性行为标准的巨大压力之下。为了获得男性同学的接纳，她们收敛自己的女性特征，努力跟上男性的步伐，不和其他女性结成团体，尽量避免其他人注意到她们是女性。

在体能上是否比得上男性，在很大程度上决定了女性能否被男性同学接受。她们发现，仅仅作为出色的女性是不够的，还要和男性一样优秀，甚至比他们还优秀才行。和男性差不多的女性被认为“不像其他女人”，因而得到接纳。同时，女性学员既不能太女性化，也不能太男性化或者太成功，否则男性会因为女性的成就而感到威胁。得到领导职位的女性学员被视为男性权威的威胁，她们的成功常常遭到贬低，被说成是照顾得来的。男学员抱怨说，女性获得领导职位是一种政治正确的选择，填补一个名额空缺，或者是相对于其他女性学员选拔出来的，而不是和所有学员相比的结果。有些男学员还认为女学员篡夺了本该属于男人的领导位置。女学员领导者不仅要顶住男学员的反对，还要承受领导职位本来的压力和抗拒女性领导的男学员的刁难。

除了学员训练体力上和情感上的挑战，第一批女学员还时不时受到隐蔽的或公开的骚扰。最常见的是带有性别歧视的言论和辱骂。西点军校首批男女同校班级的一位学员回忆了她当时受到的潜在的性骚扰：“性别主义军歌（如行军时唱的‘我不知道但我听说，爱斯基摩人的……非常冷’）一直是被允许的。我当时很天真，没有意识到这些歌里的不雅内容。我以为这是班班相传的传统歌曲。我那会儿还觉得大家说的是‘其他女孩’，跟我没关系。”（作者访谈记录，1997）

然而，骚扰远远超出了军歌的范畴。女性学员忍受着同班同学的口头侮辱、粗鲁玩笑、性暗示、嘲讽甚至更可憎的骚扰行为，如在女学员的物品上撒尿或射精。明目张胆的骚扰在联邦军校实施男女同校的最初几年十分普遍，女学员不愿意向上级举报可能存在的约会强奸、性侵犯或性骚扰。非联邦军校的女学员也经历了类似的骚扰。例如，弗吉尼亚军事学院施行男女同校的第三年，一名被选为下一任团级指挥官（军团最高长官）的学员因被指控向三名新生女学员索取性贿赂而被开除。

为了成为士兵而不是女人或性对象，第一批女学员不敢化妆或穿裙子。她们的男性同学觉得很难同时既把她们看成女人，又把她们看成士兵学员。男女同校施行多年后，女性学员仍然不太愿意被看成是女性，因为在军事学院高度男性化的环境中，女性气质往往等同于脆弱。如今，女性学员对于自己的女性气质更为自信了，不再为自己既是女人又是士兵学员而困扰。尽管如此，女性学员仍会为服从军事院校的男性气概承受压力。女性学员必须协调公众对女性气质的认识和作为成功士兵的表现。性别依旧是构成女性军校学员经验的最重要的问题。

女性在军事院校受到接纳的最大障碍过去是、现在还是男性的态度。有些男性学员对女性的观点十分传统，认为女性不该出现在男性的世界里，如军队。另一些人则担心为了迁就女性，军校的标准会下降。有些男性担心部队士气被削弱，另一些则认为军校以及作为军校附属者的自己会因招收女生而名望受损。有些人对女性进入军校的动机表示怀疑，另一些人则认为女性上军校只是为了证明什么。有些男学员既不主动和女学员说话，也不和她们合作。不过，有一小部分男性认为男女同校是对学院、学员以及整个军队都有利的举措。

对男女同校态度的重大转变往往发生在男性学员认识到女性进入军校的理由和他们相同的时候——体验高强度军事训练的挑战和机会、高质量的教育、爱国主义精神、学院的声望和校友关系网络等等。有些女性来自军事世家，有些是想要为军事生涯做准备。此外，联邦军校提供免费的高质量教育，尽管需要五年心无旁骛的学习。

与女学员一起接受训练，很多男性学员开始建立了跨性别的友谊，并不再把女学员看成外来群体成员，而是与自己有着共同目标和理想的个人。女性的存在有时是一种动力来源。渐渐地,男学员开始接纳女性,有些甚至开始认可男女同校的益处了。

男女同校的益处

女性、男性和军事院校都从男女同校制度中获益。男女同校给女性提供了前所未有的在学校接受专门军事训练的途径。男女同校还促进了女性尽全力取得超出自己预期的成就。男性学员也从男女同校教育中受益。通过和女性一起训练,男学员发现女学员也有能力完成他们(男性)能胜任的任务。男女同校的军事院校为男女学员提供了女性成功者的榜样,使他们成为更多元化的团队。女性还成为男性的一股特殊的动力:如果女性能完成一项艰巨任务,男性为了不被女性超越,就会激励自己达到同样的目标。

男女同校教育不仅教育男性学员怎样与女性合作,它还提供一个"真实"世界的训练。只招男生的教育提供了适合男性独尊,女性只担任外围角色的世界;男女同校的教育则更能反映女性不只是母亲、教师和女朋友,还可能是下属、同行和上级的真实世界。

和学生一样,军事院校本身也受益于男女同校。男女同校使得州立和私立军事院校不仅开始效仿联邦军校,而且是整个军事服务系统。男女同校使得军事院校的报考在数量和质量上都得到了提升。男女同校帮助那些招生人数下降的学校增加了学员数量。在管理层面,女生入学使得这些院校的管理更专业化了。原来在只收男生的学院里粗鲁不端的行为非常普遍,女生来了以后,这样的行为变得更加不可接受。因此,男女同校促使军事院校从男孩的学校转变成了领导者的学校。

军事院校的男女同校制度还有可能最终对整个军队服务带来积极影响。女性在大多数军事院校里接受训练,她们已经是学员军团中的一个稳固团体,可以追求和男性同样的理想。但是,军队服务系统还无法与之相称。具有讽刺意味的是,大多数军事院校比他们为之输送人才的军队更加进步。军校四年男女待遇平等,可部队的规则却不一样,女性又成了二等公民。

乐观地看,很多军事院校采取的进步立场会引发部队本身的改变。男女同校训练是这种改变的刺激物，这些军事院校的毕业生将成为未来的领导者。在男女同校环境中受过训练的领导者比在只收男性的学院受过教育的领导者更能接受男性和女性的合作。因而，未来一定会出现一个更和谐的、能够给女性提供更多发展机会的军队。

为女性提供机构性支持的重要性

尽管一所军事院校从所有班级只有男生转变为全部都是男女同班仅需四年，但要让男女同校自然化可没有这么快。男女同校开始于招收女生，但要获得成功还需要机构本身长时间的投入才能使得高墙之中的环境真正接纳男女同校。自从女性进入军事院校，有一些因素促进了女性在这类院校的经历的改善：第一，在军事机构的所有层面上都有女性的身影，从高级领导到教授和军事指挥官。第二，军校女学员、教职员和军事训练员的数量在增加。第三，指挥官链条对女性的支持是明确的，传达了女性在这一领域受欢迎的信息。这些给予女性的明确、稳定、强有力的组织支持向男女学员展现出管理者在支持女性方面是严肃的，他们关注女性学员的安全和福利。

大多数军事院校还联合起来努力减少性别主义和基于性别的歧视。有些机构开设了"敏感性训练"，不仅涉及性别问题，还包括种族包容和性骚扰问题，强调每一个学员都首先是士兵，不论性别、种族和肤色。军事院校通过一系列措施减少了歧视和性别偏见：对女性学员给予支持，鼓励男学员以恰当的方式对待女学员，惩罚不当行为，在平等、骚扰和公平待遇问题上对学员进行教育。

随着机构毫不动摇地支持男女同校教育，对于男女同校教育的反对声也逐渐减弱了，女性的地位得到了稳固，军事学院及其成员也逐渐习惯了男女同校教育。然而，如果学院本身不欢迎男女同校，女性就仍然是外围的成员。2003 年，美国空军学院的女生举报学院的性骚扰事件泛滥，这说明如果环境不促使改变的发生，仅靠时间不可能带来态度的转变。因此，有必要采用短期的过渡性项目来促进转变的发生，这些项目本身并不足以带来长期的机构性变革，实质的变化需要积极支持和实施改革政策的机构领导者联合起来付诸努力。美国空军学院的管理者和官员淡化性骚扰问题的严重性，排挤举报这类错误行为的女学员，造成了一种包庇并加剧歧视行为的氛围。此后，空军学院采用了强有力的培训项目来防止性骚扰行为，学院的风气有所改善。这些培训项目大大减少了性骚扰事件的数量。

性别融合的现状

如今的军校女学员比第一批学员处境好多了。她们的经历总体上是积极的，社会性别关系良好。尽管如此，当今女学员仍然能轻易举出很多例子来证明性别偏见的存在，从性别主义的邮件到男性学员中普遍存在的认为女学员都体重超标的误解。社会性别偏见在已经施行男女同校几十年的军事院校里依旧存在。例如，2001 年美国军事院校政策、规划和分析办公室对西点军校毕业生的一项调查显示，99.2%的女性学员报告说听到过军团里的学员对女性的贬损言论，略超过一半的学生反映这是“频繁”发生的。即使这样的言论是玩笑话，但也造成了一种潜在的敌对环境，提醒女性注意自己的边缘地位。

五角大楼某特别行动小组在 2005 年发布的一项报告中指出，军事院校存在对女性的骚扰、敌对态度、不恰当行为，包括带有性剥削性质的玩笑和冒犯性故事、贬低女性的用语、冒犯性手势、反复提出的不受欢迎的约会或性活动提议，以及用分数换学术照顾的提议等问题。这一报告肯定了西点军校和海军学院在应对性骚扰和侵犯问题方面的进展，但报告还呼吁军事院校应聘用更多女性担任领导职位，并招收更多女性学员。特别行动小组的调查显示，尽管联邦军校已经在帮助女性融入学员军团方面取得了进步，但性别融合还任重道远。

在所有军事院校里，男女同校的转型并非易事。即使不论其他，这些学院在体育、军事和学术要求上非常严格。在障碍重重的情况下，第一代女学员中有一些坚持到了毕业，令人瞩目。第一批女学员的表现展示出，女性有能力完成高强度的体能和军事训练项目，也能够在军校这个传统男性领域获得成功。当代军校女学员在学员军团里继续证明着她们的能力和勤奋，成功驾驭着严苛的军校生活。尽管有些军校如弗吉尼亚军事学院和要塞军事学院还处在男女同校的初级阶段，但所有院校都在努力促进性别关系。如今，在大多数军事院校女性学员是受欢迎、被接纳和受重视的。

第十七章　部落学院与大学

韦恩·J.斯坦

20 世纪 60 年代后期和 70 年代早期，部落学院和大学（TCUs）运动的创始人为印第安人发起了进入和改变教育系统的挑战，这个系统一直排斥印第安的文化并集中力量想要消除印第安的所有事物。这一运动发起于 1968 年夏天亚利桑那州赛尔市的纳瓦霍社区学院。如今，它继续致力于教育拓展、创新和发展。部落学院和大学是在艰苦的充满挑战的环境下顽强地为美国最小最穷的少数民族群体（印第安人）服务的小型高等教育机构。部落学院和大学一般都没有经费来源，管理者、教师和工作人员超负荷工作，他们的能力令其他高等教育机构的同行惊叹不已，因为他们不仅生存下来了，而且成就卓著。

部落学院和大学的创始人造就了从部落大学运动开始一直持续到今天的传统，那就是部落大学运动的各个层面都有女性领导者。在迄今 42 年的历史中，部落学院和大学的创立者中 50％是女性。根据传统，美国印第安女性在部落里是和男人平等的决策者。印第安人被征服之后，这一传统几近消失。印第安社会开始采用统治他们的主流社会的标准，将印第安女性置于二等公民的地位。

部落大学运动的创始人倡导一种双重使命的理念，一方面支持和促进印第安人自己的文化，包括价值观、传统故事和语言，另一方面采纳标准高等教育的工具。至今，这一理念仍为部落大学的领导者们所推崇。部落大学的领导们认识到部落学生不能只熟悉自己的文化，他们还需要熟悉包围着印第安部落社区的非印第安世界。部落大学要帮助学生适应在两个不同现实世界的双重文化生活。

美国印第安世界的很多人认为，部落大学的创建是自最后一批自由印第安部落被赶入保留地后的 120 年来最令他们欣慰的事。如今部落大学占据美国高等教育的0.01%，但美国印第安大学基金(AICF)报告显示，部落大学的学生占美国高校印第安学生总数的18%。

部落学院与大学的历史

在20世纪60年代，印第安社区中的纳瓦霍部落在印第安人控制印第安教育的运动中反应最为积极、迅速。政治和教育领导者建立了迪内有限公司——一个以社区为基础的非政府教育组织，目的是接管印第安学生的教育控制权。迪内公司的创建者想要立刻解决的印第安教育领域的首要问题就是高等教育。90%以上的纳瓦霍学生在保留地以外的地区上大学，迫使印第安部落独辟蹊径寻找解决方案。迪内公司的参与者开始尝试专为纳瓦霍人开办社区学院。这在当时并不是新话题，但在此之前这个方案从未得到认真的对待。

1968年7月，在迪内公司的精心筹备下，纳瓦霍部落在亚利桑那州赛尔建立了纳瓦霍特许社区学院。经历了经费不足和开辟新路的艰辛之后，纳瓦霍社区学院(现更名为迪内学院)生存下来并获得了成功，这激励了其他部落在20世纪70年代、80年代、90年代直至21世纪，纷纷建立自己的特许部落学院。

早在1972年，羽翼尚未丰满的部落大学运动的领导者意识到数量不多的小型部落学院需要联合起来才能让部落学院成为印第安人接受高等教育的可行选择。因此，出于政治需要，美国印第安人高等教育联盟(AIHEC)成立。自成立起，AIHEC作为部落学院的全国代表，为部落学院提供了重要的、不可或缺的支持。

美国印第安人高等教育联盟开展的重要活动之一是在华盛顿为部落大学举办的倡议活动，要求政府给部落大学提供稳定的、持续的主要资金支持。部落大学与联邦政府沟通就像州立大学与州政府沟通一样频繁。1978年，AIHEC说服了国会和卡特总统为部落学院与大学提供资金，作为联邦政府与印第安人所签署的条约中部分协议和义务的履行。

1978年通过的部落主管的社区大学法案为部落大学运动的稳步发展提供了支持，尽管部落大学从来没有通过国会拨款程序得到过法案规定的全部经费。根据部落大学法案的第一条，在2000年，每位全日制印第安学生应获得授权拨款

6000 美元。根据 1978 年以来的消费者价格指数计算，加上通货膨胀率，2005 年每位全日制印第安学生的授权拨款应为 8450 美元。这两个数字远远高于 2005 年依据部落大学法案第一条给每位印第安学生实际拨款 4447 美元的联邦预算。部落大学每位学生的人头费仍然是 3000—4000 美元，比同类的非印第安纳州立主流大学的经费落后 10 年。

除了印第安事务管理局和部落大学法案之外，部落学院积极寻求各种其他资金渠道。包括联邦机构、慈善组织，如 W.K.凯洛格基金会和布什基金会，以及大公司。这些补充经费主要用于各部落大学的具体的重点项目，任务确定以后，经费就得到保障。有时候，AIHEC 和部落大学的全国组织也会从这些渠道争取经费来开展所有部落大学都需要的或 AIHEC 中心办公室为改善基础建设所必需的会员项目。这些额外的资金对于部落大学开展必需的教育项目来说至关重要。

1989 年美国印第安学院基金会的成立，加大了部落大学拓展多元资金渠道的力度。AICF 有一个独立的执行董事会，但作为特许代理需要向 AIHEC 汇报。这个基金会募集了大量资金，据 AICF 的报告，从 1989 年到 2005 年，该基金会提供了 2700 万美元的奖学金，另外还将 1800 万美元资助给了各部落学院。几年以前，AICF 启动了一个重要资金募集项目用于校园建设，并用这一初始投资从州、地方和联邦渠道募集了 8750 万美元。目前，80 个项目已经开始施工，总计 73 万平方英尺的教室、宿舍、图书馆、行政大楼和文化中心正在建设中。将这类额外资金渠道纳入部落大学的经费设计，使得这些院校可以考虑开创新专业、新课程、新论坛、新校舍和给学生及社区提供更高一级的学位。

部落大学和美国印第安高等教育联盟的另一个重要举措就是创办了《部落学院学报》。这一期刊是向外界发布部落大学运动讯息的重要渠道，在传播和分享部落大学的创新项目方面起到了重要作用，并代表部落大学启动了研究计划。它还为世界各地的土著居民以及对部落学院感兴趣的非印第安人提供了重要信息："如何开办社区自己控制的高等教育机构，并保持它的生命力"。

部落大学校长和美国印第安高等教育联盟发起的项目产生了很多创新性和建设性的成果。其中三个重要成果是：追梦计划、美国国会通过的公共法 103－23 条，克林顿总统和乔治 · W.布什总统签署的执行令。前不久刚完成的追梦计划是凯洛格基金会赞助2500万美元的美国印第安高等教育计划。这一项目侧重于部落大学师资力量的强化和内部项目的发展，并关注部落社区文化、语言和属地问题的解决；促进部落大学和主流高校之间的关系。

公共法103－23条声明，根据1994年颁布的赠地性质教育公平法案，美国国会授予部落学院与大学赠地性质。这一重要立法有利于所有部落大学保留和拓展坚实的农业、项目和经费的基础。此外，克林顿和布什总统签署的执行令强调了部落大学是整个联邦政府的组成部分，是联邦政府为印第安人提供教育义务的一部分。1996年10月19日，克林顿签署的第13021号执行令增加了部落大学获得联邦项目支持的可能性，该法令指导相关政府部门拓宽支持部落大学的渠道来履行为印第安人社区服务的义务。2002年7月3日布什总统签署的第13270号执行令为部落大学创造了两个强有力的权益倡导工具：社区学院与大学的总统顾问委员会和部落学院与大学的白宫计划。

部落学院的使命和课程设置

尽管非印第安高等教育机构与部落学院的功能大同小异，但二者之间也存在显著差异。二者都是为了满足社区和学生的需求而服务于社区的综合性机构，区别在于经费来源、权限和文化因素，而不是教育目标。如今，部落大学和非印第安机构在政治和财政领域各自分开，但在精神上是一致的。总体上，这两个系统之间有着教育交流、相互信任和相互欣赏的氛围。

如今，部落学院与大学有37所，36所在美国，一所在加拿大，地址从阿拉斯加到密歇根到亚利桑那。部落大学为无数美国印第安部落服务，但都遵循其使命宣言中的几个基本原则。每所大学都声明：保留、促进和发扬部落的语言和文化是其存在的根本。部落学院为社区开展经济发展、人力资源发展和社区组织方面的研究提供资源。每所大学都为学生提供高质量的学术专业，让学生获得两年制学位，以便转入四年制院校进一步学习。有些部落学院在其部落社区最需要的领域开办了四年制专业和硕士专业。只要有可能，每所大学都提供职业和技术专业，帮助学生毕业后在社区里找到体面的工作。

2002年，部落大学授予的副学士学位中排名最前的四个领域是：人文与科学、教育、商业和健康。如今部落学院最常规的学术和师范专业是两年制应用科学副学士学位专业、文科副学士学位专业、理科副学士学位专业和一年制证书专业。应用科学副学士学位专业结合了实践性课程作业和通识教育，目的是为了让学生毕业后直接进入工作岗位就业。应用科学副学士学位常见的专业有人类服务、计算机科学和信息系统、部落语言艺术、办公室科技、部落管理实践。

学生成功完成学术专业学习以后可以获得文科副学士学位和理科副学士学位，这是为打算在部落学院毕业后转到四年制学院或大学的学生所开设的。可授予文科副学士学位的常见专业领域有通识学习、商业管理、部落或美国印第安人研究和社会科学。授予理科副学士学位的常见专业有商业管理、健康科学和工程预科。

为了确保学生在家乡就业，部落学院根据学生需求还开设了技术和商业课程。部落学院还根据当地社区就业机会开办了一年制的证书专业。学生可以学到与市场对口的职业技能，并具有实际操作经验。这类专业跨度很大，种类很多，因为各个部落学院特色不一样。

四所部落大学——辛特·格雷斯卡大学、奥格拉拉·拉克塔学院、哈斯科尔印第安民族大学、萨利什·库特耐学院——在人类资源、社会科学和教育领域开办了四年制学士学位专业。辛特·格雷斯卡大学成功开设了部落大学第一个硕士学位专业——教育学，这对于经费紧缺、处境孤立的部落大学而言无疑是学科建设的一个重大进展。回首当年，更能显示出这一进步的不易。1972年，辛特·格雷斯卡大学，当时叫辛特·格雷斯卡学院，从心理学到数学领域，只零散地开设了22门课。整个学校从管理者到教职员，总共只有22个人。

每所学院必须独自争取学位授予资质，但所有部落学院的专家是共享的。通过努力，目前37所部落大学中已经有34所得到了高等教育机构的完全资质，另外三所处在候选阶段。部落大学在过去的40年里竭尽全力达到非印第安高等教育机构的要求，为社区和学生服务。这不意味着它们忘记了努力提升、保护、弘扬印第安文化和语言的使命。不过，很多部落大学的领导者认为，现在应该反思学校的课程设置，把焦点放在“本土”课程而不是效仿主流高等教育课程上，但同时要满足21世纪学生和社区的需求。

部落大学的人员

部落学院的理事会是社区的缩影，理事会成员几乎100%是当地印第安社区成员。而且，理事会成员都是女性的情况也很普遍。部落学院的理事会是部落政治和学院之间的缓冲器。它们同时也是政策制定者之间的协调员、人员选拔委员会、部落大学的督察员和守护者。这些重要职责使得部落大学理事会在印第安社区里的地位很独特，因为理事会是由建立社区大学的部落特许状授权，所以他们的权力具有自主性。然而，理事会成员很清醒地记得他们的决定会对社区及其与授权部落政府的长期关系产生重要影响。

部落学院的管理者和教师既有印第安人，也有非印第安人。大约80%的部落大学管理者是印第安人，大学63%的教职员是非印第安人。女性占据了管理者和教职员的50%。目前，37所部落大学中有17所大学的现任校长是女性，大多数部落大学在发展历史中曾经有过女性校长。在部落大学里，无论管理者和教职员的种族及民族如何，都有着对学生和对学院的奉献精神，这正是无数资质评估现场考察小组所强调的。资质评估协会评价部落大学的几乎每一份报告里，都写到了部落大学管理者和教职员突出的奉献精神。

部落大学一般会遇到的教职员问题主要集中在三个方面：第一是难以找到和留住科学与数学教师。第二是教职员的高流动性，很多教师觉得在印第安保留地的生活太与世隔绝，文化差异太大。第三个问题，也是最难解决的问题，是随着大学的发展和学生人数的增加，部落大学的工资水平仍然很低。部落大学的资金不足问题很严重，但招生、聘用和留住优秀教师、管理者、教辅员工等问题更严峻。

部落大学一如既往地重视学生和他们的特殊才能与需求。迪内学院和所有后继学院认识到主流高等教育机构不能充分地为印第安学生服务，尤其是那些来自偏远保留地的学生。原因很多。印第安学生在保留地之外的校园里感受到的社会隔离、文化休克、贫困等因素是造成主流高等教育院校中印第安学生90%退学率的主要原因。

部落大学的学生通常比其他高等院校学生的平均年龄大一些。66%的学生是女性，从 18 岁到 65 岁，女生数量在所有年龄阶段都比男生多。女生大多是家里的唯一的养家者。男女学生中都有很多人是以英语为第二语言的，他们贫穷，在进入部落大学之前，觉得正规教育环境充满敌意。一名印第安学生在部落学院就读后告诉她的老师，当她走进教室后，生平第一次感到自己是受欢迎的。在此之前，包括在小学和中学，她从来没有觉得自己在班上受欢迎过。她总觉得自己是一个不受欢迎的访客。在部落学院的求学经历改变了她的感受，她每天都充满期待地渴望去上课。

1968 年，迪内学院招收了 300 名学生，主要是纳瓦霍人。2003 年，根据美国印第安人大学基金会的数据，在部落大学受教育的学生数量超过了 30000 人，惠及美国、墨西哥和加拿大境内的 250 个部落。部落大学的工作人员和学生密切合作，开设了适合每个学生需要和适合他们能力的专业。对个体学生的关注促进了部落大学首批学生的高保留率。部落大学的保留率是通过两种方式衡量的：(1) 传统方式是计算每个在完成学业前离开学校的学生，这样算的话，部落大学的保留率大约是 45%；(2) 部落大学开创的更准确的方法是，它们把暂时离开学校，但在一个季度内回来继续学业的学生称为“停学者”。用这种方法计算，大学的保留率大约是 75%到 80%。停学的学生通常是因为经济原因离开学校，或是因为成绩不良而被送入学术试读期。AICF 最近的一项研究发现，毕业一年后，91%的部落大学毕业生正在工作或正在进修更高的学位。这一数据之所以令人瞩目，是因为统计显示印第安保留地的成年居民有 50%以上既不在上学，也没有工作。

部落大学的前景和面临的挑战

辛特·格雷斯卡大学、奥格拉拉·拉克塔学院、萨利什·库特耐学院展现出了部落大学也可以开设高等学位专业的能力。很多部落大学正在研究如何开设高级的课程，进而升级成为四年制学院。很多部落大学最近的工作重点是拓展成为四年制学院，这显示出这些学院对未来前景的乐观态度。

部落学院已经成为联邦政府的得力同盟，帮助其履行对印第安人的特殊的教育责任。联邦政府对部落学院的支持促成了当今为生活在保留地的印第安人提供的最好的专门教育。美国印第安人教育联盟也成为为部落大学管理和教育技术提供支持的重要资源，尤其是新近成立的部落大学。

支持着部落大学运动 42 年来不断演化的积极因素很多，但想要寻求发展和建立更多大学的美国印第安人部落仍面临一些障碍。其中两个主要障碍一是经费，二是如何满足社区的愿望排除所有困难维持这些机构的问题。36 所部落大学散落在美国西部，为偏远地区的印第安人保留地服务，但在美国有大约 300 个印第安部落。这意味着只有 10％的保留地有自己的部落大学。部落大学运动的领导者相信，如果募集到足够的资金，加强与联邦政府的密切合作，部落大学的建设还有很大的空间。

2002 年在加拿大阿尔伯塔省卡尔加里的纳克达保留地举办的世界原住民教育大会上，世界原住民高等教育联盟成立，这一组织致力于促进世界各地的原住民重新获得自己的高等教育控制权。最近部落大学和美国印第安人高等教育联盟启动了一个新的对外拓展项目，常规性地与世界各地的原住民主办的姐妹院校进行交流。AIHEC 正致力于建立一个世界性的组织，将国际原住民高等教育机构联合起来建立一个有影响力的、自主的研究和学科发展机构。

第十八章　女子学院与大学

莉萨·沃尔夫-温德尔　贝基·伊森

女子学院与大学的使命是为女性的教育需求服务。大多数女子学院招收男研究生,或在特定专业招收男生。美国的女子学院与大学在20世纪60年代约有214所,数量达到顶峰。如今,这类学校总数不到80所。当今的女子学院与大学虽然数量不多,但和过去一样,在规模、地点、选择标准、赞助者以及其他机构特征上各不相同。尽管有差异,这些女子高等教育机构特别是本科院校为其学生和研究生提供的教育普遍优于男女同校的机构。女子学院可以成为非主流教育机构的典范,在如何提供优质本科教育方面为其他类型的教育机构提供借鉴,前提是我们需要搞清楚女子学院究竟有哪些特征促进了其高水平的教育质量。

当今女子学院与大学的特征

2000年,美国的女子学院与大学的学生总数为95873(93%是女性),在所有高等院校女生中占比不到1%,授予的学位在15000个学士学位中占1%。计划上大学的中学毕业生中打算申请女子学院或大学的不到5%。这些女子学院一般规模都比较小,招生数量从94人到5000人不等,大多是私立学院,其中一半以上都附属于特定教会,尤以罗马天主教教会居多(33%)。根据《美国新闻和世界报道》所述,女子本科学院中不超过20人的小班数量远远超过男女同校的人文学院。在地理方位上,几乎一半以上的女子院校位于东北部;33%位于南方,加利福利亚有三所女子高等教育机构;剩余的分散在美国各地。很多女子院校和附近的男女同校学院有合作关系。例如,加利福尼亚的斯克利普斯学院是克莱蒙顿学院联盟的一员，史密斯女子学院与蒙特霍里约克女子学院和阿默斯特学院、麻省大学、罕布什尔学院都有协作关系；布莱恩·莫尔女子学院和哈维·福特女子学院与斯沃思·莫尔学院有合作关系。有了这些合作关系，学生可以在任何校园选修课程或参加课外活动，甚至合并安排住宿。

尽管招生要求最高的女子学院，如七姐妹学院受到媒体和研究者关注最多，但女子学院和大学实际上种类繁多，各不相同。七姐妹学院是历史最悠久，招生要求最高、资金最雄厚的女子学院。这七所学院是巴纳德、布莱恩·莫尔、蒙特霍里约克、拉德克利夫、史密斯、瓦萨和韦尔斯利学院，不过瓦萨和拉德克利夫已不再是女子学院了。此外，还有两所四年制的黑人女子学院(斯贝尔曼学院和贝内特学院)和大约六所两年制的黑人女子学院。目前，有三所公立女子学院——拉杰斯大学的道格拉斯学院、密西西比女子大学和得克萨斯女子大学。有 17 所女子高等院校授予硕士学位，47 所授予学士学位。女子学院招生标准从非常严格到没有要求不等。有些设有硕士专业的女子学院也招收男生，但本科专业只收女生。从资源角度看，女子院校的情况也千差万别——有些学院有非常雄厚的捐助资金(如七姐妹学院)，有些则完全依赖于学费收入来支撑日常运转。有趣的是，《普林斯顿评论》杂志上刊登的一篇对大学的评价文章中提到，10 所住宿条件最好的学院中有四所是女子学院，10 所最美丽的校园中有三所是女子学院，20 所伙食最好的学院中有三所是女子学院。

尽管女子学院和大学并不是一个单一模式，但它们有一些共同特征。例如，它们招收的有色人种女性和非常规年龄女性的数量超过同类男女同校院校。原因是双重的。第一，无论什么类型的学校，为女性服务是很多女子院校的主要使命。第二，为了使女校得以生存并继续完成使命，很多女校在吸引和留住女性学生方面想了很多创造性的方法。因为申请女子院校的中学女生不到 5%，很多女校不得不将注意力投向年龄大一些的女性、非全日制学生、转学生。女子学院和大学还在男性主导的领域授予的本科学位多于同类的男女同校院校。

女子学院的教育成果

无论是定量研究还是定性研究都显示，女子本科学院是最能赋予女性力量的环境，在这类学校里，女性受到认真对待，并最终体验成功。女子学院的毕业生与男女同校学院的毕业生相比职位更高、工资更高。尽管女子学院毕业生的数量只占所有大学毕业女生的 4%不到，但其在进入国会的女性中有 20%，《商业周刊》评出的“美国公司潜力女性”中有 30%都是女子学院毕业的。此外，1992 年财富排名前 1000 家公司的董事会女性成员中，有 33%是女子学院毕业生，她们在这 1000 家公司收入水平最高的女性中也占据多数。大约 14%的州政府内阁成员是女子学院毕业生，90%的女子学院校友毕业后参加了至少一个公民或职业组织。另外，研究显示女子学院毕业生比男女同校院校的毕业生更多参与慈善事业。女子学院的著名毕业生有简・亚当斯、马德琳・奥尔布赖特、赛珍珠、芭芭拉・布什、雷切尔・卡森、希拉丽・罗德姆・克林顿、玛丽安・赖特・埃德尔曼、诺拉・埃夫龙、杰拉尔丁・费拉罗、贝蒂・弗里丹、莉莲・赫尔曼、凯瑟琳・赫伯恩、珍妮・柯克帕特里克、南希・佩洛西、南希・里根、科基・罗伯茨、黛安娜・索耶、格洛丽亚・斯泰纳姆等。

女子学院毕业生中获得博士学位、进入医学院以及在自然科学领域获得博士学位的比例是男女同校院校毕业生的两倍。女子学院毕业生在数学、科学、经济和工程领域攻读博士学位的比例超群。实际上，女子学院毕业生毕业后选择传统上男性主导的领域就业的比例更多，如律师、内科医生或经理。近一半的女子学院毕业生获得了更高层次的学历。

与男女同校院校的女生相比，女子学院的学生对整个大学生活的经历更满意，表现出更高的自信和领导能力。女子学院的女生在参与课内外活动方面比男女同校院校的学生更积极。有些人认为这是因为学生看到学院的高级职位上女性管理者的榜样，90%的女子学院校长是女性，55%的教师是女性。其他人认为这是因为只有女子学院才能给女性提供这样的领导机会。不管什么原因，女子学院的学生对自己的大学经历感到满意——无论是学业上、发展上，还是个人生活上。

有些批评家对有关女子学院效能的个别研究的结果提出质疑，特别是那些对女校教育对学生职业和毕业后成就的影响的研究。这些批评者指出，这些研究把机构而不是个人作为分析单元，未能充分控制个体学生的背景特征。此外，有些批评家指出女子学院毕业生的相对成功可能是一个过时的现象。换句话说，当女性学生能够进入著名男子学院以后，女子学院的这些成就还能保持吗？这些问题暗示女子学院的成功是因为“最好”的女生没有能够进入全国“最好”的学院。有些批评还指出，对女子学院的研究只侧重了几所精英院校。第三种对女子学院研究的批评是，这些研究没有能够解释学生的自我选择。也就是说，有些人认为女性选择进入女子学院读书在某种程度上是下定决心要成功的，因此她们最终的成就并不都是学院的功劳。

回应这些批评的最佳方法就是综合、全面地考察一下对女子学院的研究，而不是一次只看一两个研究。实际上，一个时期内所做的研究只是整个拼图中的一小片。研究的力量体现在对采用不同方法、选择不同数据来源、在不同时期进行的研究广泛概括产生的结果上。对这些文献的回顾可以让我们清楚地看到，大多数对女子学院的研究，包括那些控制了机构和学生个人特征的研究，得出的结论是相同的。因此，即使不可能随机安排学生去女子学院或男女同校学院就读，自我选择的观点仍显得站不住脚。此外，不仅是过去的研究显示出女子学院卓越的教育成果，近期对当代女子学院学生的研究也得出了相同的结论。纵观所有对女子学院的研究，可以肯定地说，尽管这些研究采用的方法论和研究方式各不相同，但研究发现的重叠性、一致性和确定性足以保证其结论的准确性：女子学院的学生与男女同校学院的女生相比，更有可能达到更积极的教育成就，如树立进一步学习的理想、获得更高的学位、进入非传统性别特定领域就业、在自己的专业领域取得卓越成就。

历史传统

对女子教育总体发展历程和女子本科学院的历史进行简要回顾有助于我们

将当今的女子学院放入一个合适的历史背景中去理解。在殖民时代，人们普遍认为女性在智力上不如男性，教育女性会导致健康问题，最终会造成女性生育能力的下降。而且，殖民时代教育的主要目的是把男性培养成牧师，因此没有为女性提供高等教育的动力。正式的高等教育不是那个时代女性的选择。

在19世纪早期，一些只招女性的研习班建立起来，给女孩提供文科教育，相当于中学教育水平。这些研习班的毕业生可以成为更好的母亲、妻子和教师。这些研习班并不是立刻就被界定为学院的，尽管像1821年埃玛·威拉德创办的学校那样的教育机构很大程度上模仿了当时最有名望的男子学院的课程设置。其他女子教育机构，如凯瑟琳·比彻在1824年—1832年创办的学校和1837年玛丽·莱昂创建的芒特·霍利约克研习班，当时被认为是女子教育的最佳途径。这些学校成了当代女子学院的雏形。

有几所女子教育机构被称为是最早的“学院”。乔治亚女子学院在1836年获得州立法特许开办，但其课程设置类似于中学而不是大学。1853年，田纳西州的玛丽·夏普学院创立，其课程设置和男子四年制学院的非常相似。同样的，埃尔迈拉女子学院在纽约创办，1855年得到特许，开设了真正的大学课程。在女性追求高等教育的早期，单一性别的院校是常规选择。到1860年，美国大约有100所女子学院，其中约一半开设大学水平的课程。

还是1860年，一些机构，包括奥柏林学院，开始尝试男女同校教育。内战期间通过的莫里尔赠地法案促进了赠地大学的建立，所有赠地大学都施行男女同校。在这一时期，师范学院和公立中学也开始出现，为女子教育提供了其他选择。拓宽了女性教育选择的这些因素影响了女子学院的发展和受欢迎程度。到1880年，超过20000名女性进入大学学习，占大学生总数的33%。这些学生中有一半就读于女子学院。

到1880年，有155所女子学院授予大学学位。和今天一样，这些女子学院差异很大。其中有隶属于宗教机构但独立管理的学院，如很多天主教院校。有些女子学院招生要求非常严格，有些则没有录取要求；有些学院位于市区，有些位于郊区；有些开设人文学科课程，有些提供职业培训。很多女子学院位于美国的南方和东北方。在西北部和西部，男女同校比较普遍。南方的女子学院被看做是“抛光学校”,很多高等教育领域的人士对于这类学院不以为意。

内战结束后,东北部的女子学院,尤其是七姐妹学院,希望展示出女性有能力和男性一样完成高等教育。这些学院复制了最优秀的男子学院的经典课程。实际上,相比于师范学院和男女同校院校给女性提供的教育选择,这些女子学院侧重的是人文教育而不是职业专长。这些女子学院不仅复制了男子学院的课程,还要求女性达到男子学院入学的标准。这给招生带来了问题,因为很少有女生学过希腊语和拉丁语。在早期,找到有资质的愿意在女子学院任职的教师也是一个大问题。这些矛盾的解决方案之一是建立平行学院,即与男子学院共享教师和课程的学院,但是在管理上相对独立。这些学院,包括拉德克利夫、潘布洛克、巴纳德都被称为女子学院,因为男生和女生不在一起上课,而且学院的管理者也不同。七姐妹学院长期以来一直是女子高等教育的典范。

在1890年到1919年间,女子学院本科生的招生人数增长了348%,而男女同校院校中女生的增长幅度是438%。一段时期内,大学男生的人数增长只有214%。在世纪之交,男女同校教育已经成为女性教育选择的常态。支持男女同校的言论指出,单独教育是一种经济浪费,女性既然与男性平等,就应该和男生一起接受教育,单一性别的学院是非自然的,男女同校教育有助于年轻男性的教化。到了1920年,高等院校女生的比例达到47%。事实上,20世纪20年代是女性教育的顶峰,在很多本科院校女性的数量超过了男性。在这一时期,74%的高等院校施行男女同校教育,绝大多数女大学生就读的是这类院校。然而,女子学院仍然吸引着相当数量的学生,从而得以继续生存。

从20世纪30年代到50年代,对女性社会角色的认识向传统观念回归,强调女性在家庭的作用。到1950年,高等教育机构女生的比例下降到了30%,很多女子学院的招生人数急剧下滑。60年代和70年代,大批单一性别机构转变成了男女同校院校。在这个时期,最著名的男子学院和大学开始招收女本科生,很多女子学院开始施行男女同校。不少决定不招收男生的女子学院因为经费不足关闭了。实际上,那个时期很多小型文科院校,不论男女同校还是单一性别机构都关闭了。很多人认为,女子学院被男女同校所取代是女性与男性同权的一种体现。也有不少人认为,从单一性别学院转变为男女同校学院可以更好地为两种性别的学生服务。有人指出，如果认为女性应该上女子学院，那就是假设女性与男性不同，或者比男性差。另一些人认为，女性上女子学院不能学会如何对付男性，因而在“真实世界”里难以与男性竞争和发挥作用。结果，女子学院的数量减少到了今天的 80 所。

挺过 20 世纪 70 年代萧条期的大多数女子学院从女子学院转变成了“为女性而开办的学院”。这些机构有意识地重新恢复为女性学生服务的使命。女子学院联盟于 1972 年成立，旨在支持这些院校，帮助它们得到关注和接纳。1972 年颁布的教育修正案第九条禁止机构在招生时出现性别歧视行为。虽然私立女子学院相对有主要招收女生的自由，但这一法案对公立女子学院产生了很大的影响。1982 年最高法院判决密西西比女子大学——三所仅存的公立女子大学之一，必须在所有专业接收申请入学的男生。这所大学照做了，但仍然明确地坚持为女性服务的使命。2005 年，拉杰斯州长董事会建议取消道格拉斯学院的独立、单一性别教育机构的身份，将这所公立女子学院置于岌岌可危的境地。尽管取得了很多成就，女子学院还在高等教育领域为保留一席之地而斗争。尽管前途未卜，但女子学院是成功的女性教育的典范。

女子学院的经验教训

女子学院学生的教育成就促使研究者对这些机构的特征进行了研究，以期为男女同校的机构提供一些借鉴。促进女子学院成功的七个重要特征浮现出来，这些特征可以为希望创造有利环境促进女生发展的其他院校提供可学习的经验。这些经验包括：(1) 将以女性为中心的使命明确传达给学生并与学生沟通；(2) 相信女性能够获得成功并对她们提出高期望；(3) 使学生感到自己很重要；(4) 提供强有力的、积极的角色榜样；(5) 尽可能创造机会让女性参与活动的领导工作；(6) 将女性纳入课程设置中；(7) 为女性创造一个安全空间，让她们能够组建具有批判精神的团体。

在第一条经验方面，女子学院一般都具有明确的使命感，这弥漫在其文化、价值观、决策、物理环境、仪式和历史当中。女性教育是这一使命的核心，有意识地体现在课程设置、出版物和无数的决策中,日复一日,年复一年。虽然男女同校教育机构没有只服务于女生的条件,但有意识地考虑女性的需求,就能够更好地为这一群体的学生服务。

正如女子学院最初建立时的目标是反驳女性不能在重要学术领域成功的观点,如今的女子学院继续向世人展示,对女生提出高学术要求、相信女生成功的能力是非常重要的。女子学院最值得学习的一点是对女生有高期望值,鼓励女生去争取成功。在女子学院,让学生设立"高目标"最常见的做法是,让教师告诉学生她们有潜力,她们有能力,告诉她们老师的期望是什么。女子学院的老师建议,对于遇到困难的学生不要过早放弃,尤其在男性主导的领域。这是一个值得所有类型院校学习的经验。

女子学院教职工和管理者给予学生的支持和关爱一向是为人所称道的。女子学院对学生的支持不仅包括学业上的指导,还包含在个人问题上的支持和建议。研究显示,学校给予学生个人的支持对学生的成功起着关键作用,学生需要感受到关注,她们希望所说或所做的事情得到重视,她们希望受到欣赏。如果机构能够创建一种让学生感受到关怀的氛围,学生就更容易有学习的动力并产生对学院的忠诚感。

通过学院教职员工的构成,女子学院清楚地向学生展现出女性的选择是多元的,机会的大门是敞开的。女子学院校园各个层级上都有女性代表,明确回答了女性是否应该担任这些职位、女性能否成功胜任这些职位、女性是否应该追求这些职位的问题。答案就是,女性在领导角色和教师职位上的存在给女性学生传递了一个重要信息:女性有很多机会和选择。

女子学院为女性提供了参与校园生活的各种机会,无论在课堂上,还是课外。这些机会帮助培养了学生的领导技能,保持了她们在校园里的活动性,对她们各方面的成功提供了帮助。在女子学院,女性不仅被期望,甚至被要求担任所有可能的领导职位。希望女生成为社会的积极成员的学院更容易培养出成功的毕业生。

女子学院经常通过课堂案例、讲座和指定读物将女性问题融入常规课程中。与女性有关的话题融合在很多课外活动中——有计划地呈现,常常是以讲座、系列演讲和讨论组的形式开展。让学生有机会了解自己和曾经在历史上被边缘化的其他人非常重要。融入女性的声音并不仅仅是为了提高少数群体学生的自信，实际上，在课程中体现多元化有助于学生理解如何取得成功，如何与歧视和不公正做斗争。

女子学院的女性相信，促成女校成功的一个重要因素是：除了女性人数优势以外，机构提供了一个支持性的同伴文化，为学生创建了一种安全感。研究显示，一个机构内部不同类型个体的比例影响她们在组织中的印象和适应。建构一个关键群体不只是在组织中加入一个特定群体的学生，而是有意识地关注那个群体的需求并提供支持环境。这意味着培育一个能够包容多样性，创造共同文化，促进关爱、信任和团队合作的健康社会。女子学院的优势就在于，学生与有着共同特征的人在一起感到舒服、安全，能得到支持和接纳。此外，有了这个关键群体就可以拓展一个人对局限性、资源和可能性的认识。反之，缺乏这种支持性的同伴文化会使人感到孤立无助和能力有限。

女子学院的很多固有特点和成功的男女同校院校的特点相似，但女子学院与其他男女同校院校不同的是其对女学生需求的有意识的关注。女性的成功是女校的核心价值观。这一信念既是这类院校也是每所女校的根基。这样的环境对女性而言不仅友善而且能赋予力量——这些学院中有着女教师关键群体，在这些学院中女性既得到关怀也受到挑战，在这些学院中与女性相关的问题占据校园话题的中心。这些学院有意识地认真对待女性。

女子学院的这些特质表现在不同方面，可见“成功”的学院并不是完全一样的。对每一所学院的单独研究固然具有启发性，但对这些机构进行整体研究比把单个研究汇总更有重要价值——我们不能割裂地看待每一个元素。相反，是这些特征的集合，这些院校的风气，使它们独具特色并成功培养出优秀学生。女子学院的卓尔不群之处是它们有意识创建的对女性需求敏感的结构、政策、实践和课程。

第三部分　学术课程体系中的社会性别建构和争议

综　述

第三部分的章节主要探讨的是高校正式开设的学术课程中的社会性别化进程。“正式开设的学术课程”指的是教育机构开设的经认证的课程。通常这些课程都会列在教育机构用于介绍的诸如网页、课程表和目录、师生手册等印制的或电子材料中，所列内容除了课程名称外，通常都附有每门课程目标和内容的相关介绍，但对课程的全盘了解还必须包括其他一些信息，例如课程涉及的所有课题、课程阅读的内容、学生必须完成的各项作业和考试以及任课教师对于授课材料的评价等，而这些内容可以通过考察课程纲要、讲义及考试，阅读教材和其他与课程相关的材料（如学生的考试答案及论文），参与上课及汲取教师和学生关于课程的反馈，以及观看或聆听课程视频材料、学生课堂汇报等方式予以了解。如上所述，此处所指的课程不光是所列的认证课目，甚至都不光是有关课程目标的相关描述，而且也包括整套实践操作。

这些实践操作会影响到其构成的课程和学科（包括系科、专业、主修课程、辅修课程等）对于不同属性人员开放的程度，即“准入性”。第二部分中提到，“准入性”指的是某一学科专业对于特定身份的学术资历合格学生和在职人员（包括教师、员工、管理人员等）的实际开放和欢迎程度，而不仅仅是法律上的准入概念。第三部分各章节的侧重点与本书的宗旨相一致，主要在于探讨与社会性别相关的内容，而各章的作者都应要求从各自的切入点阐述了课程体系中所体现的社会性别/文化的特异性或排他性，以及为了促使专业学科更具有性别/文化包容性和平等性所做的努力。关于社会性别准入性的结论，可从系科、专业、管理人员、员工、学生在涉及社会性别问题（或者是男女类别问题）上的做法以及所涉及男女对其遭遇的反馈得出。

课程体系中不同专业对于不同性别学生开放度的指标之一就是该专业获得学位的男女生比例。第十九章（“学位项目：本科生、研究生及专业学位”）总结了1975—1976年度、1990—1991年度、2005—2006年度美国高校各专业获得学位的男女生比例，通过历时比较可以了解不同专业的社会性别差异性方面的变化。专业的社会性别开放度只是专业社会性别构成变化的可能原因之一，而本章的结尾部分以及第三部分的其余章节也讨论了其他一些原因。

第三部分其余各章的内容均为精挑细选，主要涵盖了课程体系中体现社会性别差异的四种模式。第一种模式可称之为女性集中的专业，主要有第三十章（“师范教育”）讨论的教育专业和第二十四章（“从家政学到家庭和消费者学”）讨论的家政学。除了教育和家政（即现如今的家庭和消费者学），第十九章提到的女性集中的专业还包括保健及相关学科（包括护理），公共管理和社会服务专业（包括社工）。所有这些专业历来招收及毕业的女生人数远超男生，这种情况已经持续100多年，而近年来选择此类专业的男生数量无一有大幅增长。

目前美国中小学教师大多为女性，历史学家和其他一些社会学家在很多文献中宣称这种现象并非常态，他们使用了“教学的女性化”这一表述来形容始于19世纪的这一现象，当时人数居多的男性教师数量开始变少，女性成了教学岗位上的绝对主力，而从20世纪开始，全美的教师多为女性，到1910年，这一现象普及到了每一个州。虽然美国人口统计数据表明不同时间段女性教师的总人数有所波动，但是1900年统计所得的女性教师占教师总数的比例（74.9%）跟2000年的数据（75.5%）是大体相当的。当然，不是每个女教师都获得了教育专业的学士学位，也不是所有获得教育专业学士学位的都执鞭任教，但就整个20世纪来看，教育专业学位获得者大多为女性，美国教育部《教育统计数据指南》最新一期公布的数据称，2005—2006年度美国教育专业学士学位获得者总人数为107238人，其中女性人数为84790人，占比79.1%。

跟教育专业的情况相类似，家庭和消费者学（FCS）自19世纪以家政学的名称正式成为专业学科之日起其学习者一直都以女性为主。虽然2005—2006年度美国高校FCS专业学士学位授予人数仅为20775人，都不到同年教育专业学士学位授予人数的四分之一，但其中女性人数和占比却比教育专业的高得多，分别达到了 18339 人和 88.3%。虽然 FCS 和教育专业毕业生中女性占绝对多数这一事实不容置疑，第十九章指出，目前这两个专业中女性毕业人数的占比相比以往已有所下降。不过尽管如此，女性集中的专业这一表述仍然可行，这是因为这两个专业的女性报考人数远超男性，而且自 20 世纪 70 年代以来，这两个专业的男性毕业生人数占比一直没有多少增长。（事实上教育专业男性毕业生人数还有大幅下降）这些学位完成方面体现出的社会性别差异表明，虽然 FCS 和教育专业一直都致力于吸收男性生源，尤其是近 40 年里，但男性仍然认为这两个专业更偏向于女性。而第二十四章和第三十章从众多方面论述了女性定位的历史渊源对这些专业及相关职业的影响 。

与女性集中专业形成最鲜明反差的是男性集中的专业学科，这些专业无论是以往还是现在都表现为男性毕业率较高，而女性毕业率超低。现在这些专业一般被统称为 STEM 学科（STEM 是科学、技术、工程、数学四个英文单词的首字母），第二十章（“生物科学和自然科学”）、第三十一章（“技术和计算机科学”）、第二十二章（“工程学”）、第二十七章（“数学”），以及第十九章阐述了 STEM 学科中体现出的社会性别差异，并剖析了女性认为这些专业性别倾向性强的原因。上面所提及的专业中，相比 20 世纪 70 年代及以前女性学士学位授予率有上升趋势的唯一一个专业是生物，而且现在该专业获得学士学位的女性甚至都超过了男性。与之相比，第十九章表 1 同时表明，2005—2006 年度自然科学专业学士学位授予率女性占比跟 20 世纪 70 年代中期及 20 世纪 90 年代相比大致相当，但计算机、工程和数学等专业女性获得学位的比例从 1975—1976 年度到 1990—1991 年度持续有小幅上升，但随后有所下降，到 2005—2006 年度其比例比 15 年前要更低/小。

虽然降幅不大，但对于那些希望能找出更多证据证明针对高等教育的责难（主要源于第二波女权运动和始于 20 世纪 60 年代的黑人解放运动）对于专业学科的发展有积极意义的人士来说，这一下降的趋势非常具有冲击力。这两大社会运动不仅批判许多高校中存在的社会性别和种族隔离，而且还对传统的本科和研究生课程设置提出了巨大的挑战：传统课程无视甚至歪曲有色人士及女性的经历和能做的贡献，而且也没能涵盖公正、平等、权力和社会服务等政治活动家们视为素质教育核心内容的重要话题。诸如此类的批评促成了一系列可称之为“解放性学科”的专业设置，这些在第二十一章（“黑人研究和黑人女性研究”）、第二十九章（“多文化教育”）、第三十二章（“女性和社会性别研究”）及第二十八章（“男性研究”）中有所述及。而女性主义教育法专业的设置打破了此类学科和其他专业学科之间的界限，正如第二十三章（“女性主义教育”）所阐释的那般，女性主义教育这一学科设置是基于基层、非官方政策所做的一项尝试，具有不同的形式，但其所有主张都可归结为让教学和学习过程更加迎合女性的特质，这项举措委实让人心潮澎湃，但时而也让人感觉充满危机。

高校最初开设解放性学科时，专业课程通常由各传统学科的教员交叉教授，比如说，罗马语系的教员可能也会教授法国女性主义的课程，这门课程既对语言专业的学生开放，也对女性研究专业的学生开放，而且两边都算学分。社会学家也可能会同时对社会学系和黑人研究专业的学生开设种族关系的学分课程。如此安排意味着传统学科接纳了世人对其的批评意见，教员致力于解放性学科的发展，开设新的专业课程，使之一方面与传统学科紧密相连，另一方面更迎合相关专业学生及课程设置的要求，并对其施以影响。然而并不是所有的传统学科都对此种做法表示欢迎。有些学科拒绝与解放性学科交叉授课，即使这些解放性学科已经获准成立专业，而有些学科许可教员交叉教授课程，但认定其为教员的自愿性的额外付出，不算额定工作。甚至那些愿意接纳新的解放性学科的传统学科，课程改革也频遇阻力。很多历史较为悠久、发展较完善的学科已形成了标准化的教学体系——如一系列被奉为经典的教本或一系列重要的人、观点、事件等——并以此来设计课程，所以对于课程改革会非常不情愿。虽然这些学科往往会以这些标准化内容无比重要或优越来为自己辩护，但实际上这些内容往往集中体现了白人中上阶层的观点思想、文字作品和活动行为。有鉴于此，我把这些学科称为标准男性化专业。

大多数高校有两个较大规模和影响力的标准男性化专业，分别是历史和英文。第二十五章（“历史学”）和第二十六章（“文学研究”）介绍了过去 40 年里这两大专业受女性主义思想的冲击及其应对。第二十六章指出，女性文学研究已日益受到关注，全文的基调很是乐观，但第二十五章则比较谨慎地指出一方面教育者们和历史学家们教授、撰写美国历史的方式已经“在过去 30 年里有了非常大的变化”，但另一方面美国历史专业的基础性课程仍然以男性为主导。可惜由于篇幅有限，本部分没能收录相关章节讨论女性主义对于其他一些标准男性化专业(如艺术史、外国语言和文化、音乐、哲学、社会学等)的影响，但是第二十五章阐述的既因势而变同时又抗拒排斥的情况应该同样适用于这些专业，其差别可能只是变的程度不同而已。

第二波女性主义浪潮引发了对现有学科体系的斥责，主要表现在课程设置和教学法均以男性为主导，而女性被排除在外，甚至受到歧视，但除此以外，女权主义者们还抱怨学科在设计课程时往往都将其与某些男性特质(如理性果断、善于解决问题、偏好技术)或女性特质(善于表达、做事直观、富有母性)联系起来，暗示只有某些男性或女性才适合某专业，从而造成了男性和女性在专业选择上的差异。这一观点在本部分讨论 STEM 学科的相关章节中可以得到佐证，这些章节指出，STEM 学科(生物学除外)的设立确实就是以男性为范本的，从而导致女性难以进入。而上文提及的女性集中的专业学科(如师范教育和家政学)也表现出了相同的趋势，虽然情况刚好相反，这些专业因为长久以来都与女性工作相关联，从而可能将男性拒之门外。第十九章提到的其他一些学位专业的情况可能也能得出相似的结论，比如说，艺术专业的男性比例上升或许可以归因于设计相关领域电子技术的日益盛行，而这正体现了男性的特质。而反之，通信专业女性比例呈上升趋势也可以归因于专业不再那么强调通信技术，而越来越侧重人际和组织交流、新闻业和公共关系。

当然这些结论(可能还会有其他结论)需要更多的调查研究来予以验证，但是显而易见的一点是 40 年前女权主义者们针对专业学科的指责仍然在理。虽然高校已经作出了不少努力来消除专业的社会性别差异性，但大多数专业仍然体现出社会性别差异性，要么是数量上女性占优，要么数量上男性占优，要么标准上偏男性化。此外，有些学者担忧解放性学科正变得传统化，不再那么具有批判性和创新性，可能反而会扩大高等教育中的社会性别差异。对于那些深为高等教育中的社会性别差异而忧心忡忡，并希望差异能够消除的人来说，本部分的章节介绍了一些课程改革的成功范例，并提出了其他一些建议——高校在设计课程时需要从根本上消除长期以来奉行的并且仍在持续的以成果论和以有钱白人男性为标准的传统观念，而要强调社会性别和文化多样性。

第十九章　学位项目：本科生、研究生及专业学位

斯蒂法妮·伍德姆·伯奇

美国社会变革的重大表现之一就是年轻女性在高等教育方面取得了长足的进展。从历史上看，年轻男性比年轻女性更有机会进入大学就读，获得本科、研究生和专业学位。然而自 20 世纪 80 年代末以来，年轻女性在学业方面的表现已呈现与年轻男性并驾齐驱的趋势，而新生代女性在获取学士和硕士学位方面已赶超男性，2006 年年轻女性获得博士和本科阶段专业学位的情况与男性持平。

不过，虽然女性在高等教育方面取得了飞越式的发展，但她们在职场上因社会性别而获得的不平等待遇一直不曾消失，主要表现为社会性别歧视和男女收入不对等。为什么在学历层次显著提高的情况下，女性仍屡屡在职场受挫？学者们对此实在是百思不得其解。为什么女性的学历学识日益提高，但在职场中仍遭受不平等待遇，这种现象该如何解释？这个问题的部分答案在于年轻女性和男性的专业选择不同，不管是在本科还是研究生阶段。关于职场社会性别歧视和男女收入不对等的研究往往只看学历层次，而不细分具体的专业或文凭，但是事实上许多精英职业往往要求有特定的学历文凭作为职业的敲门砖，正因为此，研究人员和教育者们在关注学位获取的整体情况方面体现出的社会性别差异的同时，还需要注意区别不同学科体现出的社会性别差异。

美国高等教育中社会性别发展趋势的历时研究指出，自 20 世纪 70 年代以来专业学科方面的社会性别隔离已有了极大的转变，而且这一转变很大程度上归结于年轻女性开始进入传统意义上男性主导的专业领域学习。虽然这一现象主要出现在本科阶段，但研究生阶段亦有苗头崭露。女性进入诸如商务等男性主导的学科领域学习，其潜在原因可能一是职业规划时没有考虑到社会性别差异的问

题，认为男女一样，二是出于对薪酬、声望等工作待遇的考虑。但是相关研究表明，男性进入教育学等传统女性学科领域学习的比例一直不高，甚至还呈下降趋势，而女性在 STEM 学科领域的存在感一直很低，这些都表明青少年时期男女在家庭观念、自信心、职业偏好等方面的认知有着很明显的社会性别差异，对其进行研究很有必要。

学历学位方面的社会性别差异

据国家教育数据统计中心的统计（1978，1993，2007），1975—1976 年度全美授予的学士、硕士和博士学位中女性获得者占比分别达到 46％、46％和 23％，而本科阶段的专业学位（包括法律、神学和各种医学类专业学位）方面，女性占比约 20％。到 20 世纪 90 年代初，男女获得本科和硕士学位的情况发生逆转，其中女性占比约 54％，博士学位和本科阶段专业学位方面情况类似。1990—1991 年度博士学位获得者中女性占比 37％，本科阶段专业学位获得者中女性占比 40％，相比 20 世纪 70 年代中期增幅明显。从近些年的情况来看，女性在各个学历层次上的表现均已超过男性，就拿 2005—2006 年度来说，当年全美授予的学士学位和硕士学位中女性获得者占比分别为 58％和 58.5％，博士学位和本科阶段专业学位方面女性占比近 50％。

在学历层次显著提升的同时，女性进入传统意义上以男性为主的学科领域方面也呈现出新的气象。自 20 世纪 70 年代中期以来，在本科生和研究生阶段以及本科阶段专业学位项目方面男女进入传统意义上以相异性别为主的学科领域的情况有了极大的转变，但也有证据表明男女在选择专业方向时仍会遵循传统的男女分界，学科专业男女平等参与的趋势似乎遭到了新生代的遏制。

学士学位方面社会性别差异的发展趋势

学士学位方面社会性别差异的变化趋势是不是与整体学历学位方面体现出的差异趋势一样呢？表 1 中列出了 1975—1976、1990—1991、2005—2006 等三学年美国高校男女获得主流学科学士学位的百分比(国家中心,1978,1993,2007)。如表所示,20 世纪 70 年代中期,美国男性高校毕业生中有 23%获得商务专业的学士学位,16%获得社会学或历史专业的学士学位,约有 9%获得工程专业的学士学位,这三大专业类别几乎囊括了 1975—1976 年度高校男性获得的学士学位总数的一半。而与之相反,同年度获得学士学位的女性中仅有 6.7%获得商务专业的学位,获得工程专业学位的甚至远远不到 1%。对于 20 世纪 70 年代中期的女性高校毕业生而言,排名前三的专业类别分别是教育、社会学和历史、保健学(包括护理学),其中教育专业的学士学位数占到 1975—1976 年度女性学士学位获得总数的 25%还多。

表 1 美国学士学位的性别和学科分布(%)

专业	1975—1976		1990—1991		2005—2006	
	男性	女性	男性	女性	男性	女性
农业和自然资源	3.1	0.8	1.8	0.7	1.9	1.3
建筑学	1.5	0.4	1.1	0.7	0.9	0.5
区域研究(民族、文化和社会性别)	0.3	0.4	0.4	0.5	0.4	0.6
艺术(美术、视觉艺术、表演艺术)	3.3	6.1	3.1	4.4	5.1	6.0
生物和生物医学	7.0	4.5	3.9	3.4	4.2	5.0
商务、管理和市场营销	22.8	6.7	26.2	20.0	25.3	18.5
通讯	2.5	2.1	4.1	5.4	4.5	5.7
计算机和信息科学	0.9	0.3	3.5	1.2	6.0	1.1
教育	8.3	26.8	4.7	14.8	3.6	9.9
工程学	8.9	0.3	13.5	1.9	10.6	1.7
英语语言和文学/文字	3.3	6.3	3.5	6.0	2.7	4.4
家庭和消费者科学/人类科学	0.1	4.0	0.3	2.3	0.4	2.1
外国语言、文学和语言学	0.7	2.8	0.7	1.5	0.9	1.6
保健学和相关学科	2.3	10.1	1.9	8.4	2.0	9.3
跨学科研究	3.5	3.5	4.1	4.8	3.8	6.2
数学和统计学	1.9	1.5	1.5	1.2	1.3	0.8
哲学和宗教研究	1.2	0.6	0.9	0.5	1.2	0.5
自然科学	3.4	1.0	2.2	0.9	1.9	1.0
心理学	4.5	6.4	3.2	7.2	3.2	8.0
公共管理和社会服务专业	1.1	2.3	1.1	2.0	0.7	2.1
社会科学和历史	15.6	11.4	13.6	9.5	12.8	9.4
神学	0.8	0.4	0.7	0.2	0.9	0.3
其他学科	2.9	1.3	4.1	2.7	5.8	3.9
相异指数	0.4		0.29		0.28	

同时期的一些非主流专业同样呈现出高度的社会性别差异。比如说，建筑专业的男性是女性的 3.8 倍，农业专业的男性是女性的 3.9 倍，自然科学专业的男性是女性的 3.4 倍，而另一方面，外语和 FCS 专业的女性是男性的 4 倍，英文、公共管理和社会服务业(包括社工)、美术和应用艺术等专业的女性是男性的近 2 倍。这一时期可以说几乎没有专业是男女平等参与的，顶多有一些跨学科领域要求男性专业和女性专业占比完全相同。如表中所示，1975—1976 年度的相异指数为 0.4，表明如果要实现该年度各专业的男女比例平衡，40%的男性和女性必须要转专业。如果指数为 0.00，则表明男性和女性的专业平衡性很好(也就是没有社会性别差异)，如果指数为 1.00，则表明男性和女性没有同专业获得学位的情况(也就是绝对的社会性别差异)。

1990—1991 年度，女性进入以往以男性为主的专业领域学习的情况有了极大改善，典型的例子就是生物学专业的男女比例已大体相当，而商务专业的男女比例也从 1975—1976 年度的 16.1%下降到了 1990—1991 年度的 6.2%。此外，20 世纪 70 年代中期男女比例大体相当的专业(如通讯)到了 1991 年甚至已经变得“女性化”，也就是说这些专业的女性比例已大于男性比例。这一趋势主要源于女性学历层次方面的两个重大变化：首先，如上文所述，1990—1991 年度和 1975—1976 年度相比，女性接受高等教育的人数大幅增长，这可从获得学士学位的男女比例的逆转得知。其次，这一时期相当比例的女性不再对教育专业感兴趣，1990—1991 年度获得教育专业学士学位的女性占获得学士学位女性总数的 15%，而 1975—1976 年度这一比例为 27%。

虽然 20 世纪 90 年代初女性获得 STEM 专业学士学位的比例相比 70 年代中期有所上升，但其上升幅度仍远低于男性的增长比例。虽然 1990—1991 年度女性获得工程专业学士学位的比例相比 1975—1976 年度增长了六倍多，但同年度该专业男女比例差距呈扩大趋势。计算机和信息学专业的情况与此类似。而相比男性，女性在获得教育和保健专业学士学位方面仍占绝对优势。但是，如表 1 所示，1990—1991 年度的相异指数相比 1975—1976 年度降到了 0.29，表明约十分之三的男女在校生需要转专业以实现各专业之间男女比例的平衡。

进入 21 世纪，女性学历层次达到空前的高度，在专业社会性别差异方面却仍呈现出社会性别比例不平衡的现象。如表 1 所示,2005—2006 年度女性最热衷的专业学科分别是商务、教育、社会学和历史、保健学,同年度男性最喜爱的专业前两位也是商务和社会学,但紧随其后的是工程和计算机,因为这两个专业的学士学位比教育或保健学专业的学士学位更有助于毕业生找到薪酬福利优厚的工作。与 1990—1991 年度相比,2005—2006 年度工程和自然科学等专业男女获得学士学位的比例差距小幅缩小,但其主要是由于男性获得此类专业学士学位的比例下降,而非女性的比例有所上升。商务、计算机、数学等专业男女比例差距同比有所扩大,而诸如心理学、保健学、公共管理等以女性为主的专业中男女比例差距进一步扩大。2005—2006 年度生物专业女性获得学士学位的比例超过男性,与 1991 年相比增幅明显(1991 年生物专业男女获得学士学位的比例大体持平)。最后,2005—2006 年度建筑和社会学/历史等专业男女比例与 1990—1991 年度相比基本持平。2005—2006 年度虽然有些专业男女社会性别比例差距下降,但其他专业男女比例差距扩大,此消彼长,因此其相异指数为 0.28,与 1990—1991 年度相比男女比例差异水平整体持平。

硕士和博士学位方面社会性别差异的趋势

硕士和博士学位方面社会性别差异的趋势与学士学位方面相比又有什么变化呢?表 2 和表 3 所列数据是笔者根据国家教育统计中心的数据测算而得(1978、1993、2007),可揭示获得硕士学位和博士学位的男女比例变化趋势。除了特定专业男女比例变化外,这两张表揭示了本科阶段学位和研究生阶段学位之间的两大差别:第一,研究生专业男女比例差距相比本科阶段整体变化幅度较小,差距水平较高。第二,自 20 世纪 70 年代中期以来,各专业博士学位男女比例差距扩大幅度非常小,这是因为女性博士学位主要集中于“女性化”的一些专业。

这种“女性化”专业领域女性较为集中的情况同样也适用于硕士阶段。如表 2 所示,1975—1976 年度,超过一半(56.9%)的女性硕士学位来自教育专业,余下的 43%要么是女性比例占绝对优势的专业(如保健学和英文),要么是男女比例差距不大的专业(如公共管理和心理学)。纵观这三个历史时期,女性比例有所上升的几个专业都集中于保健、公共管理、心理学等男女比例差距本来就不大或者女性比例占绝对优势的专业，而非传统意义上以男性为主导的专业(如 STEM)。

表 2　美国硕士学位的性别和学科分布(%)

专业	1975—1976		1990—1991		2005—2006	
	男性	女性	男性	女性	男性	女性
农业和自然资源	1.7	0.3	1.4	0.6	1.0	0.7
建筑	1.5	0.5	1.4	0.7	1.3	0.7
区域研究(民族、文化和社会性别)	0.3	0.3	0.4	0.3	0.3	0.4
艺术(美术、视觉艺术、表演艺术)	2.7	3.0	2.4	2.7	2.4	2.2
生物和生物医学	2.7	1.4	1.5	1.4	1.5	1.4
商务、市场营销和管理	22.5	3.4	32.7	15.2	35.1	17.6
通讯	1.1	0.9	1.1	1.5	1.1	1.4
计算机和信息科学	1.3	0.3	4.2	1.5	5.2	1.3
教育	27.3	56.9	13.3	37.7	17.1	37.6
工程	9.4	0.4	13.7	2.0	10.8	2.2
英语语言和文学/文字	2.3	4.2	1.7	2.9	1.2	1.7
家庭和消费者科学/人类科学	0.1	1.4	0.2	1.0	0.1	0.5
外国语言、文学和语言学	0.7	1.6	0.4	0.8	0.4	0.7
保健和相关学科	2.5	5.8	2.9	9.3	4.5	11.4
跨学科研究	1.2	1.2	1.2	1.4	1.2	1.5
数学和统计学	1.5	0.9	1.3	0.8	1.1	0.6
哲学和宗教研究	0.5	0.3	0.5	0.3	0.4	0.2
自然科学	2.8	0.6	2.4	0.8	1.5	0.7
心理学	2.5	2.5	2.1	4.4	1.7	4.4
公共管理和社会服务专业	4.8	5.0	3.6	6.8	3.2	6.4
社会科学和历史	6.5	3.5	4.5	2.9	3.5	2.5
神学	1.3	0.7	1.9	0.9	1.5	0.7
其他学科	2.6	4.8	5.2	4.3	3.5	3.2
相异指数	0.38		0.39		0.35	

表 3　美国博士学位的性别和学科分布(%)

专业	1975—1976		1990—1991		2005—2006	
	男性	女性	男性	女性	男性	女性
农业和自然资源	3.3	0.8	3.8	1.6	2.5	1.8
建筑	0.3	0.2	0.4	0.2	0.4	0.3
区域研究(民族、文化和社会性别)	0.5	0.7	0.4	0.5	0.3	0.5

续 表

专业	1975—1976		1990—1991		2005—2006	
	男性	女性	男性	女性	男性	女性
艺术(美术、视觉艺术、表演艺术)	1.7	2.2	1.9	2.5	2.2	2.7
生物和生物医学	10.1	9.3	10.4	10.4	10.2	10.4
商务、市场营销和管理	3.4	0.7	3.7	2.2	3.7	2.4
通讯	0.6	0.6	0.6	0.8	0.7	0.9
计算机和信息科学	0.8	0.3	2.4	0.6	3.9	1.1
教育	19.7	33.3	11.3	26.8	9.3	17.9
工程	10.5	0.8	19.3	3.3	20.8	5.5
英语语言和文学/文字	3.8	10.4	2.6	5.4	1.8	2.7
家庭和消费者科学/人类科学	0.2	1.6	0.3	1.3	0.2	1.0
外国语言、文学和语言学	1.7	5.3	0.9	2.0	1.5	2.3
保健和相关学科	1.6	2.1	2.8	6.3	6.8	18.8
跨学科研究	0.7	1.1	0.7	0.9	1.7	2.1
数学和统计学	2.9	1.2	3.2	1.3	3.2	1.4
哲学和宗教研究	1.8	1.1	1.4	0.8	1.5	0.6
自然科学	11.9	3.8	13.9	5.8	11.0	4.9
心理学	6.7	10.5	5.4	14.4	4.7	13.0
公共管理和社会服务专业	0.7	1.3	0.8	1.7	1.0	1.5
社会科学和历史	12.4	11.5	7.9	7.3	7.7	6.2
神学	3.8	0.5	3.8	0.9	3.9	1.1
其他学科	0.8	0.5	2.2	2.8	0.8	0.8
相异指数	0.30		0.34		0.32	

男女比例差距较大专业中男性占比的情况呈现出同样的态势。虽然1975—1976年度27%的男性硕士学位来自教育专业，但到2006年这一比例下降到了17%，表明有相当一部分男性不再选择教育专业，而同比男性选择商务专业攻读硕士的情况（由1975—1976年的22.5%上升到2005—2006年的35.1%）以及STEM专业领域男性的占比情况基本没有变化（如工程专业）或者有大幅上涨（如计算机专业）。

但是也有例外，女性在商务硕士专业（最主要是MBA学位）中的比例大幅上升就是明显例证。跟1975—1976年度相比，2005—2006年度女性选择商务专业攻读硕士学位的比例从3.4%跃升至近18%，这跟其他专业的情况很不一样。不过，虽然女性在进入传统意义上以男性为主导的商务专业领域有了极大的进展，反观男性进入传统意义上以女性为主导的专业领域攻读硕士学位仍无多大起色。总而言之,虽然1975—1976年度和2005—2006年度相比,硕士专业社会性别差异水平有所下降(可从相异指数获知),但是下降幅度很小(从0.38下降至0.35),而且这种现象主要归因于女性不再对教育类专业感兴趣,而更青睐商务类专业。

如表3所示,从1975—1976年度到2005—2006年度,博士学位社会性别差异水平有小幅上升(从0.30升至0.32),这主要是因为一来女性获得博士学位的情况日益居多,二来专业大多集中于教育、保健、心理学等男女比例差距较大的专业。同时期男性获得的博士学位也主要集中于STEM专业领域,这跟男性学士和硕士学位获得情况相同。事实上,1975—1976年度男性获得的博士学位有超过三分之一(36.2%)来自STEM专业,1990—1991年度和2005—2006年度其比例都近50%(分别为49.2和49.1)。除了生物专业,女性在STEM专业领域获得博士学位的比例要远远低于男性。

本科阶段专业学位方面社会性别差异趋势

如上文所述,本科阶段的专业学位主要有法律、神学及各类医学专业,包括脊椎神经医学、牙医学、药理学、视光学、骨科医学、制药、足病学、兽医学等。本科阶段专业学位方面呈现出的社会性别差异跟传统专业学科的情况不太一样,这有两个方面的原因:第一,与本科、硕士和博士专业相比,本科阶段专业学位涉及专业较少,因此可能让人低估本科阶段专业学位相关各专业间社会性别差异的情况;第二,医学和法律专业大多在学位授予之后才呈现社会性别差异趋势。比如说,医生们获得医学学位之后,往往会申报研究生培训项目和医学奖学金项目,专攻某一专业领域,如皮肤学、神经学、儿科学、肿瘤学、矫形外科等。法律专业的情况与此相似,可以细分很多专业,薪酬水平差异很大,而且男女比例也会很不平衡。不过,虽然分析本科阶段专业学位时需要注意这些不同,关于其社会性别差异的变化趋势研究仍然很有意义,可以帮助我们了解这一阶段相近专业领域男女获得学位的差异情况。

1975—1976年度所授予的本科阶段专业学位中女性仅占16.4%,其中近三之二(63.6%)为法律专业,近四分之一(22.3%)为医学类专业,其余专业占5%及以下。而男性的专业分布相对较为平衡,其中法律专业占一半不到,医学类专业超五分之一(21.3%),神学专业占10%,牙科专业占9.8%,还有超过5%的男性获得脊椎神经医学(2.7%)或兽医学(2.4%)方向的学位。但是,因为男女的本科阶段专业学位都主要集中于两大领域(法律和医学),所以1975—1976年度本科阶段专业学位的社会性别差异指数(0.17)相比其他学术类学位要低一些(具体见表1-3),而且这种社会性别差异主要体现在男性在牙医学和神学专业方面占比更大,而女性在法律学专业方面占比更大。

1990—1991年度和1975—1976年度相比,本科阶段专业学位方面男女性别比例大体没有变化,除了牙医专业,其性别比例差从1975—1976年度的7.4%锐减到了1.2%。不过,这两个年度相比,最大的变化不在于本科阶段各专业学位间的男女性别比例,而在于各专业学位女性的比例都有大幅增长。虽然相异指数仅从1975—1976年度的0.17%小幅下降至0.13%,但女性获得的美国院校授予的专业学位比例从16.4%上升至40.4%。

2005—2006年度,全美本科阶段专业学位女性占比约为一半(49.8%),这与学术类专业学位男女性别比是大致相同的。然而这些新生代中仍存在某种程度的男女社会性别差异,比如说女性更青睐兽医和制药等专业学位,而男性在法律、牙医、神学和脊椎神经医学等专业领域的比例更具优势。因此,虽然2005—2006年度的相异指数与研究生学位相比很低,但仍达0.11%。

学术专业方面男女社会性别差异趋势的相关解释

女性的学历层次大幅提升,但在职场上屡遭不平等待遇、发展空间狭小,这种现象学者认为很反常。造成这种现象的一个主要原因就是美国教育体系中高等教育领域存在明显的社会性别差异。研究表明,职场发展空间和待遇收入不光跟学历层次相关,而且也跟其高等教育阶段攻读的专业学科相关。此外,如想进入众多与科技相关的领域工作,必须具备某类高层次文凭,而这类文凭只有特定学位授予机构才有资格颁发。因此,如果能够了解女性为何难以攻读得以通往这些高端职业领域的学科专业,对于理解职场上的社会性别不平等待遇具有关键意义。

传统上男性主导专业中社会性别差异现象有所缓解的相关解释

20 世纪 70 年代中期以来女性学位获取情况表明,女性在几大传统上男性占优势的专业领域(如商务、通信、生物)已经取得了非常大的进步。那么该如何来解释这些领域男性性别比例差缩减的现象呢?我们能够通过男女在职业规划和工作价值等方面呈现出的集体性差异窥知一二。针对 20 世纪六七十年代年轻人对早期职业目标的研究表明,男女在职业规划方面有着极大的差异,对于就业岗位中的社会性别角色认知呈现出模式化的趋势。70 年代的高中女生希望能够从事服务性的行业,如教师、护士及其他社会服务类的岗位,而男生则希望从事具有创业、小规模合伙或公司业务性质的竞争性更强的一些工作。然而,近来针对青少年向成年期过渡的研究表明,当代青少年在职业规划方面已经没有社会性别差异,女性们不再想从事教师等传统上以女性为主导的职业,从而可能引发其对商务等专业产生兴趣。

一直以来,年轻男性比年轻女性更看重有偿工作,然而自 20 世纪 80 年代以来,男女对于有偿工作的重要性认知已经没有多大差异。近年来有研究表明,现在认为职业在生活中非常重要的年轻男女比例是相当的,甚至有研究表明,相比年轻男性,年轻女性更会把工作当成生活的核心目标。此外,过去的研究表明,年轻男性会比年轻女性更看重工作的外在奖励(如薪酬、权力、晋升机会等),然而现在女性和男性在这方面的认知大体一致。另外,女性对于外在工作奖励价值认定的变化幅度远超男性,从而导致这方面男女社会性别差异逐渐消失。年轻女性对有偿就业以及工作的薪金奖励等方面日益关注,也可以用来解释为什么她们会对传统上以男性为主导的专业(尤其是商务)日益感兴趣。

然而,虽然女性进入商务专业领域方面取得了极大的进展,男性并没有类似的进入传统意义的女性专业领域(如教师、保健、人文等)。迄今为止,关于学科专业领域男女社会性别差异的研究基本上只集中于女性在进入高校各大学科领域方面已取得的或者还未取得的进步,因此,这部分文献资料还缺乏为什么男性没有(相对而言没有)进入跟服务性行业(如教师、护理和社工等)相关联的传统意义上的女性学科领域的解释。尽管相关研究为数不多,但工作价值方面体现出的男女社会性别差异可以为我们提供些许线索。比如说,虽然现代男女对于外在工作奖励的价值认定已经不存在多少社会性别差异,但男性对于工作中奖励以外的部分(如社会服务)仍不如女性看得重,而正是这些使得女性乐意从事教师、护理等行业。

关于STEM学科领域持续不减的社会性别差异趋势的解释

虽然自20世纪70年代以来学科专业领域的社会性别差异现象已经有所缓解,但在STEM学科领域女性的比例一直不高,这表明21世纪高等教育体系中仍存在社会性别差异。近来,STEM专业女性比例不高的现象已经引起了学术界、媒体以及政治家们的广泛关注。这主要有两个原因:第一,STEM专业领域女性人数不多意味着科技人才的缺失,而这直接关系到经济的繁荣发展;第二,女性较少攻读数学、自然科学等专业会导致职场上的男女不平等现象,因为许多收入可观的工作都要求雇员拥有数学等理科类的高级文凭。为什么女性对数理化专业不感兴趣或者表现不佳,学者们作出了各种解释,包括女性缺乏专业准备、女性对于学好数学缺乏自信、女性对于内在工作奖励比男性更为看重和重视家庭等。

以往关于高校数理化专业女性比例低现象的研究往往都集中在学术准备方面体现的社会性别差异,这是因为中学时期数理化高级课程的学习往往决定了大学阶段理科的学习。小学和初中阶段男女生在数理化课程方面的表现并没有呈现出多少社会性别差异,而到了高中阶段,以往的情况是女生可能就会不愿意修读数理化高级课程,但是针对现代中学生的研究表明,男女生在修读数理化课程的人数、程度等方面已经完全不存在性别差异。不过相比理科类课程,数学课程呈现出的男女生比例差距有更大的缩减。因此可以说年轻女性在数理化、工程等专业表现不佳跟其中学阶段缺乏早期教育有一定关系。

对数理化学科的自信心指的是学生认为自己能学好这些学科。学生对学好数理化学科的自信会促发其未来继续钻研的兴趣。已有证据表明,关于社会性别的一些广泛流传的文化信念会对女性学好数理化学科的自信心产生负面影响

(Cornell,2011),特别是那些认为男性在学好数理化方面的能力胜过女性的说法会影响到女性对于自己有能力(或者无能力)完成数理化学习任务的认知,因而为了获得自己能够同男性一样学好数理化的认知,年轻女性需要在这些学科上表现得比男性更优异。现代的女性仍然被不停告知男性更有数理化学习天赋,因此女性在数理化学科上缺乏自信,这可以用来解释她们为什么在大学里数理化专业领域的表现不如男性。

虽然在薪酬、声望等外在工作奖励的重要性认知方面男女社会性别差异在逐渐消除,但男女对于内在奖励的重要性认知仍然存在重大差异。尽管年轻女性越来越看重外在工作奖励,但对于她们来说,帮助他人、实现自我价值等内在工作奖励仍然非常重要,而正是内在工作奖励方面的男女差异导致女性在自然科学、计算机、数学、工程等专业领域表现欠佳。当代对早期生活目标的调查研究表明,女孩会比男孩更看重悲天悯人的情怀和生活的意义,而男孩会更看重物质性的目标。年轻女性之所以对理科专业不太感兴趣,还可能是因为她们更愿意帮助他人,更愿意跟人而不是跟东西打交道,更为追求内在而非外在的工作奖励,而这些都是传统文化规范下男女不同的行为模式。事实上,相比整个理科领域,那些跟助人为乐价值理念密切相关的理科类的一些细分专业呈现出的男女社会性别差异要更小些,典型的例子有医学预科和生物学,这在美国对于那些有意报考医学或兽医学研究生学位的人来说是相当普遍的专业。

女性在某些学术类专业领域无法取得较大进步还可能是因为太过于重视家庭。虽然现在女性的学历层次和职业目标都有所提高,但她们仍然受到家庭至上观念的桎梏(Jacobs, 1995)。出于家庭责任感,女性们可能仍然只会选择某些专业,那些专业能够帮助她们谋取在她们看来能够较好平衡和家庭关系的职业。虽然年轻女性的职业目标有所提高,但她们仍比男性更看重家庭。此外,当代年轻女性遭遇的事业和家庭对立的情况要比年轻男性更多,而大家(无论男女)一致认为解决的办法是女方牺牲事业。因此,年轻女性不会从事她们认为无法平衡事业和家庭需要的职业,因而也就不会选择相关专业。

几个关于人种的研究表明,大学阶段女性不愿意攻读或者无法坚持攻读数理化专业,原因之一就是她们认为跟数理化相关的职业无法帮助她们兼顾事业和家庭(Seymour & Hewitt, 1997)。不过也有研究指出,虽然家庭观念重会不利于女性在数理化专业领域取得成绩,但青少年时期家庭观念方面的男女社会性别差异并没有显著到能够充分解释本科阶段和研究生阶段男女在理科领域取得成绩的差异(Xie & Shauman, 2003)。可能抛开家庭观念外,还需要结合其他一些原因(如上文所提及的那些),以及理科培训和工作中存在的社会性别歧视情况,才能很好地解释这种久已存在且仍将长期存在的社会性别差异。

第二十章　生物科学和自然科学

休·V.罗瑟

女性研究以及有关社会性别的学术研究，其影响力显现比较缓慢，而且主要体现在人文和社会科学领域，而鲜少涉及自然科学领域。虽然对女性健康的关注是20世纪60年代女性运动发展的推动力之一，但在大多数高校里女性研究项目的负责人中女性科学家和工程师并没有占很大比例，从全国范围来看，女性研究项目的负责人最初都来自人文学科领域，随之是社会科学领域，直到近年来才涉及生物科学和自然科学领域。

生物和自然科学课程中社会性别构建的覆盖面和渗透度比起人文和社会科学领域要逊色得多，可能就是因为女性研究中理工科出身的女性人数太少，女性科学家人数就更少了，而人文和社会科学领域的社会性别构建之所以能改变主流的课程结构正是由于其教师团队的各个层次中女性人数都达到了相当数量。

目前，关于课程内容的相关研究及结果都越来越把问题的矛头指向男性本位，研究课题、方法的多样性，以及学者和教师的学科与跨学科背景等方面。关于教育法的研究表明，大家已经日益重视社会大环境下的社会性别建构在课堂上会得到学生怎样的反馈，是有所深化还是有所抵制。

理科领域的女性

女性研究学者匮乏，部分是因为理工科和数学等学科领域高等职务的终身聘任女性教员人数很少。虽然2000年理科类学士学位、硕士学位还有博士学位的获得者中女性占比分别达到57.5%、58%和43.8%，但在自然科学、计算机和工程学等专业领域女性获得学位的比例要小得多。2000 年，自然科学领域学士学位、硕士学位、博士学位女性占比分别为 40.3%、35.5%和 23.2%，而工程专业的比例分别仅为 20.4%、20.7% 和 15.7%（理工科专业人才委员会，2002）。另外，虽然 2000 年计算机专业学士、硕士和博士学位女性占比分别达到 28%、33.3% 和 16.5%，2004 年的一份报告指出，只有 0.3%的大一女生表示对计算机专业感兴趣，这个数据跟 1998 年相比下降了 80%（Foster，2005）。

获得理工科类学位的女性人数偏少，直接导致理工科专业领域女性教员更加稀缺。全美四年制高校理科（包括社会和生命科学）和工科教员中仅有 26.5%为女性。各专业学科女性教员的比例从高到低的分布情况分别是心理学比例较高，而自然科学和工程专业中的比例低得多，精英或研究机构（卡内基目录：博士/研究——扩充版）中自然科学和工程专业领域女性教员所占比例最小。

理科领域的客观性、男性本位意识和社会性别倾斜研究

除了女性科学家和工程师人数稀少之外，理科领域存在的浓厚的男性化和客观性等文化传统也使得自然科学领域的研究无法遵循人文和社会科学领域知识创造的文化和社会建构理论。行为、生化和自然科学领域的大多数研究者都受过科学研究方法方面的专门训练，对此他们深信不疑。然而，几乎没有人认识到这些研究方法其实从历史和哲学上来看都根源于逻辑实证主义和客观主义。实证主义基于一项前提，那就是假设人类是高度自我的，能够通过不受社会环境干扰的直接感官经历理性地获得知识，从而让人相信知识的获取是有可能客观，而且不带任何价值偏向的，而这也正是科学性方法的根本所在。

朗基诺（1990）已经研究过科学家们采用的研究方法多大程度上既具有客观性、其结果可以反复验证，同时又符合社会非客观机构和意识形态倡导的假设或理论。朗基诺指出，情境性价值观和意识形态会通过背景假设跟科学研究结合起来，社会机构和全社会所奉行的信念其实都反映了这样一个事实，那就是我们所处的社会是一个父权社会，而女性科学家们直到最近才认识到科学的各种范式其实都受到了父权意识的影响。

女性科学家觉悟的第一步就是意识到这样一种可能性，即理科领域无论是理论主张还是决策机制都由男性把控这一事实会衍生男性本位意识，而这种意识在女性没有大批进入理科领域时是不会暴露的，只要女性科学家只占少数，为了赢得成功，她们就不得不屈从于男性的观点，让自己的研究符合“客观性”的标准。

过去20年间，研究自然科学的女性主义历史学家和哲学家、人类学家、女性主义科学家都已指出，自然科学尤其是生物科学领域，存在着严重的偏颇，缺乏价值中立。科学家们排除女性作为实验对象，只侧重于涉及男性利益的问题，使用错误的实验设计方案，用男性参数标记下的语言或想法来解读数据，从而使得他们的实验结果变得好些方面都有失偏颇、存在瑕疵。几十年来，这些偏颇和瑕疵获准成了科学思维的主流部分，并在科学文献中留存不朽。因为科学家绝大多数都为男性，所以没有人认识到他们的价值观是偏颇之见，反而认为是所有科学家价值观的体现，成了世界及其不同层面研究的“客观性”观点的代名词。

包括社会性别在内的情境性价值观不仅令个体的科学研究有失偏颇，而且还令整个科学界认可的有效科学蒙上有失公允的阴影，这一认识是女性主义对科学领域作出的重大贡献之一。在1999年出版的《女性主义改变科学了吗?》一书中，朗达·希宾格分析了女性进入传统意义的男性学科领域对科学思维和意识所产生的影响，其结论为女性的视角对于数学和自然科学鲜有影响，但对于生物学科，包括医学、考古学、生殖和进化生物学、灵长类动物学等影响较大。

已有一小部分女性同时从事女性研究和理科领域的工作，把社会性别意识纳入理科课程或者在女性和社会性别研究课程中融入理科的内容。目前，大多数高校对学生开设理工科领域中的女性课程(WISE)，每年会有无数的会议、期刊、文选以女性和自然科学为主题，而国家科学基金和其他联邦机构会拨发高达数百万美元的资助款项用于各机构改革以推进理工科领域女性人才项目，留住女性人才。

同为理科领域的生物科学和自然科学，在官方课程的社会性别建构渗透度方面存在着较大的差别，其中部分差别反映了生物科学领域和自然科学领域女性人数上的差异。

相关研究中一个具有重大意义的主题就是理科学科于社会的有益性，尤其是能够帮助人类这一点对于吸引留住理科领域的女性人才具有重要意义，其佐证之一就是生物科学领域从事动物研究以及许多情况下从事人类健康研究的女性的人数居高不下。比较抽象地来说，社会性别、生物学以及社会性别对于生物研究的影响之间的联系变得非常明显。鉴于研究用精密仪器成本高昂，实验用动物需要养殖，实验用设备需要维护，还需高薪聘请有资历的技术人员和研究人员，因此现在的实验性研究都需要政府或机构的资助才能开展，而关于研究课题的选择往往依照国家研究课题指南而定，指明哪些课题值得研究——换句话说，也就是值得资助。相关政府机构的领导和科学界的领导如果来源不够多元化，可能在制订相关内容时会产生一些无意造成、未能察觉的失误，从而使得从研究内容到研究方法都会变得有失偏颇。来自女性主义阵营的批评意见指出，在健康研究问题的选择和定义上能发现明显的社会性别偏向。

心血管研究是一个典型的例子。通过这个例子我们可以了解只有男性实验对象参与研究得出的数据很大程度上并不适用于女性对象。心血管和艾滋病研究就是典型的使用男性标本的病理研究案例，具体包括在设计研究方案时没有分析患心血管疾病的男女病人的差异，在确定案例时没有把女性的妇科情况和艾滋病的其他症状考虑进去（直到 1993 年才有所调整），临床试验阶段只用男性作为研究对象。

临床试验把女性排除在外的做法极为普遍，有一项关于急性心肌梗死用药临床试验的调查发现，所有相关研究中有女性参与的不到 20%，有老人参与的不到 40%（Gurwitz，Nananda，&Avorn，1992）。因此，那些最有可能因这些用药而挽救生命的人被排除在了大多数试验之外。成立于 1990 年的妇女健康行动机构搜集了基准数据，对心血管病、乳腺癌和结肠癌还有骨质疏松症预防的干预行为作出规定，希望能够弥补研究和实践行为中社会性别倾斜的不足。

还有一个类似的例子。在早期的灵长类动物研究工作中，狒狒和猩猩等灵长类动物多被选来用作研究对象，很明显这主要是因为观察者们认为它们的社会组织与人类的十分接近，都是以男性为核心。后来的研究者忘记了这样的选择具有明显的局限性，而试图将其研究结果扩大至所有灵长类动物，想以此来概括所有灵长类动物的行为模式。直到为数不少的女性进入这一专业领域后，大家才对普遍性的概念及灵长类动物间男性统治领导的结构提出质疑，并证明其对于许多灵长类动物来说都是不适用的，典型的就有巴布诺猿。

自然科学研究中社会性别意识的影响表现得不是很明显，这是因为研究用的材料物质不像动物那般有明显的社会性别特征。但在 2001 年出版的《社会性别和玻意耳的气体定律》一书中，伊丽莎白·波特指出，坡意耳的社会性别和其他一些社会条件（比如他保守的政治宗教信仰）对其有影响，使他选用了机械论而非神灵论来解释气体定律。

工程领域往往会从基本研究中选取特定技术进行研发，这方面同样也能体现男性的先决地位。工程领域的男性主导地位和极富创造性的用工决策部门也可能会呈现相似的社会性别倾斜，尤其是在设计和使用者方面。雪莉·马尔科姆（美国科学推进协会教育和人力资源主管）指出，美国汽车工业在研发汽车气囊时遭遇的滑铁卢可以很好地说明设计方面的社会性别倾斜，只要设计团队中有一名女性工程师，其结果可能就会大不一样。因为一般说来女性体型比男性小，所以如果设计团队中有女性，她就有可能意识到参照较大的男性体型设计出来的气囊（这是一种潜意识的行为）用于体型较小的人身上时，会存在缺陷，其结果可能是令孩子和体型瘦小的妇女致命而不是保护他们免遭劫难。

女性研究调查和理论对理科课程的影响

在很多层面上，生物和自然科学官方课程中的社会性别建构可以映射出女性研究的大体走向以及该领域的新兴发展。20 世纪 60 年代末、70 年代初的时候，作为学术领域对女性运动的声援，女性研究开始起步。1969 年—1970 年通过了第一批女性研究项目，当时的研究方向主要是查漏补缺，把丢失的文本和漏掉的女性信息予以恢复。如果想要了解女性的缺失为何会导致各学科领域存在的种种缺陷、扭曲和偏见，首先必须要了解清楚女性从各专业领域中消失始于何时，因为何故。关于自然科学领域女性及其对各专业学科影响的历史性研究一直都是研究领域的一个热点，到今天依然如此。这一领域的研究已经在众多方面取得突破，包括公共机构的角色、机构的特定类型（如女性大学）、国家图书馆，包括诺贝尔奖获得者在内的杰出女性、普通女科学家的生平纪实，男性科学理论中社会性别意识的体现等。

有识之士很早就认识到搜集理工科领域获得学位的女性之于男性的比例，她们的就业、级别、薪酬、专业发展和成就等情况的资料对于女性和自然科学研究都是极其重要的。经过与国会的一番斡旋，《1980 年理工科平等机会法案》正式通过，国家科学基金会受托每年搜集、整理关于女性及其他弱势群体的资料信息，到了 20 世纪 90 年代，理科领域残疾人士的比例情况也被纳入其中。正是借助于这些资料，当前的学者在研究当下阻止女性进入理科领域的原因时，能够把目光投向那些更为隐晦的原因，而且能够以数字说话，有理有据。

对女性人数以及男女不同成长和教育环境的分析，会让人产生这样的疑问——这些差异会带来怎样的影响？女性不同于男性的兴趣爱好、人生经历和视角观点，会不会让她们对同一问题产生不同的角度，采取不同的方法，从而获得新的答案，而这些答案可能就会衍生出新的理论和结论？

女性研究学者指出，那种认为男性体验等同于人类体验的说法正是男性本位思想的体现，而正是这种思想使得女性成了“隐形”的人，许多研究结果被歪曲，这是对的，但这些学者认为所有女性的经历都是一样的则是错误的。有色女性、工人阶层女性还有女同性恋者会说，她们作为女性还有科学家的经历跟赞成异性恋的中产白人女性口中所描述的是不一致的。这就告诉我们，社会性别并不是一个恒定量，需要结合种族、阶级、国籍和性取向等其他因素进行研究。

年龄或发展阶段是另外一个变量，即使是同一个女性，处于不同的年龄或发展阶段，可能都会有不同的经历体验。年长的女性科学家和工程师都曾透露，在成功地突破种种障碍建立起自己的事业平台并较好地平衡了事业与家庭责任的关系后，她们又遭遇了新的形式的社会性别歧视。

过去的 20 年见证了全球化的重大影响力及了解国际视野和动态的重要意义，女性研究也一样。之前，女性研究因为过于迫切地想弄明白社会性别的影响力，没能意识到区分女性间差异的重要性，而现在学者们已经认识到不区分国籍和文化背景研究女性有很大的局限性。

1994 年—2001 年攻读理工科的外国研究生人数增长了 35%，而 2001 年全美授予的博士学位有41%归属非美国籍公民。全美拥有正式工作的理工科博士学位获得者中有近30%都非本国国籍，许多博士后也都是非美国人(国家科学委员会，2004)，但关于移民女性科学家的调查统计几乎没有。有研究(Xie & Shauman，2003)发现，移民女性科学家和工程师升职的可能性仅为移民男性科学家和工程师的32%，部分原因是女性往往是为了丈夫的事业而移民的。

而另一项研究采访了一些年轻的女性科学家和工程师(Rosser，2004)，她们中有些人讲述了移民到美国后站稳脚跟的经历，还比较了来自本国的科学家和美国本土科学家的地位之不同，但只有少部分人谈到了移民女性科学家的经历跟美国本土同事会有怎样的差别。

随着女性研究在分析社会性别时开始将其视为一个社会因素，批评家们开始质疑社会性别如何能够对社会结构、文化生成体系以及男性化和女性化的作用及其定义产生决定性影响。女性研究之于各个领域的一大杰出贡献就是让大家对各个领域的定义、语言以及知识类别有了更广泛的认识。学者们对包括科学理论和描述使用的语言、方法在内的各个科学层面进行研究，以探索其如何折射出社会性别角色，并使之得以强化。他们发现现代科学背后有着一套机械化的模式，而其本源就是认定客观性等同于男性化，宣扬男性科学家相对女性、自然以及世界的有机规律占据主导地位。

与之相类似的情况是，多年来女性健康似乎成了妇产科的代名词，在这种认知模式下，女性不仅跟生育后代紧紧联系在一起，为此消耗掉人生大段时间，而且在研究其他疾病时人们以男性作为范本的思想日益巩固。将健康、疾病、身体看做是女性健康的一个组成部分，对于促进女性健康运动至关重要。站在女性的角度来看，“健康”问题的定义可以囊括新的内容，例如，家庭暴力已经被认为是重要的健康问题。

如果理论和研究都极大脱离了我们的日常生活，尤其是女性的日常生活，对女性研究、科学、医学等学科的发展都不是好事。目前女性研究正处于这样一个阶段——正认识到理论重新联系实际的重要性，强调把研究的重点转回到女性的个人经历和日常生活上来。

许多女性科学家和工程师在评价有关客观性的问题时，对这一“高论”是否与科学实践相一致，是否与其自身的科学经历相一致都是持怀疑态度的，因为她们在科学领域仍遭受着严重的社会性别歧视，而受到后现代理论和日益扩大的全球化影响而发起的科学战争让我们再次关注到理论联系实际的必要性。对于许多科学领域的女性教师和研究者来说，理论与实践的割裂是错误的。源于实验行为的这一准则在自然科学学科的课堂和实验室里是个历史传统，应该传承下去。

理论联系实际的另一个有力证明是当前女性主义科学研究中对女性科学家的个人经历和日常生活日益关注。这些研究在自然科学研究中运用了后殖民主义理论、口述史、人种学作为理论和方法论基础，体现了跨学科研究的意义。

罗瑟(1997)列出了女性主义者和女性研究领域相关人员使用的 20 种教学方法，推荐其在自然科学学科课堂上更为广泛地使用。

1. 摒弃前人的研究，拓展研究视野。女性学生可能会观察到新的信息资料，这对科学实验可能有着极大的意义和价值。

2. 对研究方法增加观察次数，延长观察时间。这一举措有助于研究人员获得更多实地接触各种实验设备的机会。

3. 把女性的个人经历纳入课堂讨论或实验中。

4. 减少可能会给军方带来直接应用性利益的实验。

5. 多做有关社会关注问题的实验。

6. 可以考虑研究那些因为属于传统上非相关领域的问题而不被认为是值得进行科学研究的问题。

7. 对所提出问题围绕社会性别作出假设。

8. 多研究更具整体性和全球视野的问题，少研究那些传统研究所青睐的比较局部的、视野狭隘的问题。

9. 搜集数据时使用定性和定量相结合的方法。

10. 借鉴不同专业领域的方法或跨学科方法来解决问题；

11. 设计实验时要有女性作为实验对象；

12. 多用互动性方法，以此来缩短观察者和受观察者间的距离。

13. 入门课程实验应减少杀害动物或其他可能被认为残忍的实验行为。

14. 运用准确、不含社会性别倾向的语言来描述数据及现有理论。

15. 对因不同于先前男性科学家基于相同实验得出的结论和理论而产生的争论意见应虚心接受。

16. 鼓励研究诸如种族、阶级、性取向、宗教信仰等其他容易产生偏见的因素，因为这些因素可能会影响到实验观察所得的理论和结论。

17. 自然科学研究不要搞竞争。

18. 在讨论科学家的身份意义时，要认识到这只是生活的一个方面，必须与学生生活中的其他方面有效结合起来。

19. 多研究打破科学和外行人之间壁垒的方法，如教授非科学人士知识、与他们多交流等。

20. 多讨论科学发现的实际用途，以帮助学生从社会化的角度理解科学。

相类似的，女性研究学者们研究的适用于其他学科的课程转换阶段模式稍加修改也可以广泛适用于自然科学领域(Rosser，1997)。

阶段1：女性缺失问题未受到关注。课程设计传统上都围绕以欧洲为中心的中上阶层白人男性的视角展开，没有意识到其他角色的缺失。

阶段2：在现有的科学课程、结构和设计中加入女性，但没有作出相应的调整或变动以符合女性的利益和需求。

阶段3：在了解阻碍女性进入科学领域的诸多因素的同时，仍视女性的视角和方法为异类的、与科学常规相背道而驰的问题之法。

阶段4：关注点落在女性作为工作人员、使用者和科学家的身份上，以及如何设计课程以吸引女性进入科学领域。

阶段5：科学体系完成重新界定和建构，具有超强的包容性。

虽然没有人敢说阶段5已经彻底达成了，但如果说生物和自然科学课程相比以往已经不再那么以男性为中心，对待女性的态度在改善，而且包容性更大，相信应该也没多少人反驳。

第二十一章　黑人研究和黑人女性研究

莫拉纳·卡伦加

通常意义上来说，有关黑人的学术研究及数据可追溯到古埃及、马里、桑海帝国等时期，当时设有高等学府，确立了研究黑人及周边世界的学术传统，并留下了丰富多样的文献资料供后人借鉴研究。但是，作为现代高校中自定义的系统性学科的黑人研究应该起源于20世纪60年代兴起的社会和学术运动。事实上，黑人研究是在黑人解放运动过程中逐渐形成的，包括争取民权和黑人权利两个阶段，其核心问题是关于自由、正义、平等、权力、政策和文化自觉性、教育相关性、社会服务以及社会参与等，这些构成了早期黑人研究的基本内容，并且一直延续至今。

这些核心问题必然会受到种族、阶层、社会性别等普适性概念以及学科规范（以实现知识和社会两个层面上这些概念对人类自由、发展的约束）的制约。因此，黑人研究达成了一种自我认知，那就是一方面它是批判性知识研究、创造和传播的平台，另一方面它是符合非洲人种和全人类利益的社会变革的媒介。从一开始，黑人研究就有意识地给自己打上了激进知识分子流派的烙印。这一传统在非洲文化中最早可追溯到古埃及，19世纪、20世纪时重新得以延续，这些看看安娜·朱莉娅·库珀、W.E.B.杜波依斯、卡特·G.伍德森、艾达·B.韦尔斯、玛丽·麦克劳德·贝休恩、埃拉·贝克、马尔科姆·X、马丁·路德·金·Jr等激进知识分子的作品及其活动就能清楚，而从这里衍生出一种模式，即通过知识、技巧的学习和使用来探讨有关团体、社会以及世界利益的重大社会问题。黑人研究是在黑人解放运动浪潮中期孕育而生，其目的是为了维护黑人解放运动的利益，这一事实无可辩驳地再次确认了黑人研究与激进知识分子流派之间的渊源，并且带来了两个不可避免的结果：一是黑人研究向社会的种族、阶层、社会性别问题以及学术界发起挑战，二是在黑人社会以及黑人研究领域内对这些问题，尤其是关于社会性别的问题发起自我反省和对质。

范围涵盖整个非洲的黑人研究始于一个基本的假设，那就是世界上的黑人活动和经历都反映了特定的文化事实，是值得研究和认识的，而且为了解人类光辉灿烂的文化成就提供了丰富的资料，对于探究不同形式的人类文明有着极大意义。此外，黑人研究认识到，对于学术领域存在的无论是课程体系还是关注焦点上的文化单一现象，自己同其他民族研究学科一起担负着正本清源的重任，认为素质教育从定义上来看就应该是一种多元文化教育。

最后，黑人研究还认识到自己在知识和社会层面上都有着解放天性的意义，因而将知识解放与社会解放、获取知识与履行服务和社会行为的义务相联系，并且涵盖了第一个黑人研究项目的设计者内森·黑尔所提出的校园和社会互惠互利的理念与要求。

黑人研究的发展历程已经表明其有能力拓宽固有研究的领域，在其核心课程体系中不断纳入新的课题，而这些新课题对于其在面对学术领域和社会新的需求及挑战的情况下践行自我认知、获得持续发展具有重大意义。黑人研究从非洲人种的角度出发对追求历史和社会的真相与意义作出了孜孜不倦的努力，在此过程中向世人证明了非洲人的活动和经历具有丰富的内容，值得研究探索。此外，黑人研究还对既定的理解、参与人类社会现实的方式提出了严峻的挑战，并给出了新的选择。作为具有教育和社会解放意义的学科领域，黑人研究有意识地将非洲人种的角度引入人类世界的理解和研究，并从多元文化的立场努力推行能够不断拓宽人类自由和发展领域的政策与行为。在这一整体框架中，黑人研究围绕三大学科层面设计并构建其使命。这三大层面是文化根基、学术发展、社会责任。

文化根基

自一开始，黑人研究就视非洲文化——包括大陆及海外、古代及现代文化——为其知识、教育法和社会行为的基础与框架。关于文化中心的讨论始于黑人研究学科领域，很早就有要建立黑人参考坐标的呼声，而其在莫拉纳·卡伦加于19世纪60年代创立的关于社会和文化变革的卡瓦达哲学体系中有所进展,后来争论的焦点又围绕非洲中心理论——莫尔菲·阿森特于19世纪70年代末、80年代初创立——展开。在卡伦加和阿森特看来,非洲中心论是以非洲人种为核心来研究非洲文化的一种方法和思路导向,这一理论体系视非洲人为历史的积极创造者而非被动的研究对象,认为非洲人的思想和生活处事方式是学术领域知识性创造的基本出发点,而与之相对的是欧洲中心论,这一理论认为欧洲文化是所有思想和研究的源泉所在。具有非一般意义的非洲中心论要求黑人研究根植于非洲文化,把非洲文化看做是一种动态的、与众不同的生活方式,不断地与之对话,提出关乎人类根本的问题并从中寻获答案,并且从这个持续不断的过程中找到身为非洲人种和人类的真谛。

学术发展

黑人研究对学术发展层面的重视体现在希望把黑人研究打造成极具意义且能够持续发展的学科,同时能促使研究学者进行高水平的教学和知识性创造,此外也希望能够给黑人研究专业的学生提供扎实的专业基础。这些学生冲破阻力选择黑人研究专业,其先决要求之一就是希望能够接受相关的教育,而对于黑人研究学者和拥护者们来说,相关教育应该是富有意义、有用且能够反映社会和世界现实情况的。正因为此,学科早期的重点放在了社会服务、服务性学习和政治参与方面。

社会责任

黑人研究强调社会责任的思想脱胎于始于古代、现在仍在持续的非洲激进知识分子主义的文化传统和伴随着黑人解放运动及当时社会与学术界变革而兴起的黑人研究的历史。在激进知识分子的传统理念里,教育被赋予了解放天性的重任,是知识和社会解放的关键所在。要达到解放天性的目的,必须要对各种形式的统治进行批判、矫正。在黑人研究领域,这种批判和矫正是同步的,而且互为补充,其思想上都根源于非洲古代对知识的理解,那就是知识不光是个人所拥有、追求的东西,同时也是一种社会贡献,大家可以分享、利用,共同推动人类进步。

黑人女性研究的兴起

随着其发展壮大,黑人研究开始不断反思其发展之路,因此开始扩大课程体系,不断并入与其奋斗目标息息相关的新的研究领域,包括黑人女性研究、古典非洲研究(尤其是关于古埃及的研究)、非洲理论和哲学思想研究、通俗文化研究、伦理扩展研究及各种海外非洲移民研究,其中以黑人女性研究发展最为强劲,究其原因,不光是因为围绕其对于黑人研究学科的重要意义甚至是不可或缺性引发了激烈的争论,而且也在于这一领域自身蕴含丰富的研究内容,而其与其他相关学科的交叉性更加大了这一优势。

黑人女性研究的兴起使之成为黑人研究学科的重要组成部分之一,其作用因素如下:第一个因素就是上文所提及的黑人研究学科在发展过程中不断反思,不断接受关乎其奋斗目标的内外挑战,其中关注焦点之一就是黑人研究作为解放思想型学科的核心理念,及其结构和作用机制如何能传达这一宗旨。黑人研究谴责一切不公正和不平等、对人类自由和发展有所滞碍的行为,但到头来却发现自己不得不面临这样一种尴尬矛盾的处境:虽然自认为是解放思想型学科,但开设的课程偏向男性,聘请教员时也偏向男性。

但是,学科领域里的黑人女性在学术和现实生活层面发起了激烈而持续的抗争,把这一矛盾行为暴露在了光天化日之下,而这些抗争构成了黑人女性研究兴起的第二个原因。这些黑人研究学者和拥护者们奋起抗争,希望能争取到黑人女性研究之教学研究的一片天地,并使之成为黑人研究的一个重要组成部分。他们不仅对于从男性角度作出的对非洲和人类历史的解读以及基于此类解读而产生的关系认识提出不满,并且提出了自己的观点。20 世纪 70 年代提出黑人女性研究问题的一些早期作品有托尼·凯德的《黑人女性》、乔伊斯·拉德纳的《明日之明日》、伊内兹·史密斯-里德的《“一起”黑人女性》、玛丽·海伦·华盛顿的《黑眼睛的苏珊们》、莎伦·赫尔利和罗莎琳·特伯格-佩恩的《非洲裔美国女性:抗争和形象》、罗丝安娜·P.贝尔和贝蒂·J.帕克及贝弗莉·盖伊-谢夫特的《黑色的桥梁:文学作品中的黑人女性形象》。这些作品提到了种族、社会性别、阶层等重要问题并且呼吁改变现状。

20世纪八九十年代,黑人女性研究尚处于早期,但其已经呈现出跨领域纵深发展的趋势,尤其是在文学领域,其中最为有名的是拉弗朗西斯·罗杰斯-罗斯的《黑人女性》;格洛丽亚·赫尔、帕特里夏·贝尔-斯科特和芭芭拉·史密斯的《所有女性都是白人,所有男性都是黑人,但我们中有些人是勇者》;葆拉·吉丁斯的《我何时、何地进来:黑人女性之于美国种族和社会性别现状的影响》;薇薇安·戈登的《黑人女性、女性主义及黑人解放》;德洛雷斯·奥尔德里奇的《黑人两性关系》;贝尔·胡克斯的众多著作,包括《谈谈黑人:对女性主义者和黑人的思考》;达琳·克拉克·海因的丛书《美国历史上的黑人女性》;帕特里夏·希尔·柯林斯的《黑人女性主义反思》;克莱诺拉·赫德森-威姆斯的《非洲作品中的妇女主义:对自我的再次宣告》;尼亚拉·苏达卡沙的《母亲的力量:非洲人与非洲裔美国妇女和家庭》;罗莎琳·特伯格-佩恩和安德烈娅·本顿·拉欣的《非洲妇女和非洲海外移民》。这些早期的著作为文献资料库的不断扩充奠定了基础。

黑人女性研究兴起的第三个决定因素是黑人女性在黑人研究两大专业组织的创立发展过程中起到了无比重要的作用,这两大专业组织是非洲遗产研究协会(AHSA)和国家黑人研究委员会(NCBS)。黑人女性学者在黑人研究学科认识自我、定义自我的过程中起到了排头兵的作用,1968年成立的AHSA也离不开他们的极大努力,无论是知识层面还是实际出力方面,而自组织成立以后,他们一直就是组织的主力军,为组织的运营、发展出谋划策,其中的领军人物有谢尔比·刘易斯、芭芭拉·惠勒、芭芭拉·西斯摩尔、查斯伊·麦金太尔、南希·科尔特斯和伊内兹·史密斯-里德。

相类似的,NCBS的成立在很大程度上要归功于伯莎·马克斯韦尔·罗迪,是她呼吁成立NCBS,并为实现此理想作出了很多实际努力。1975年全国的黑人学者聚集在了位于夏洛特的北卡罗来纳大学,对黑人研究领域里的重要问题进行交流,这次交流令她萌生了创建NCBS的想法,随后她召集了一批志同道合的女性,确立了组织的宗旨,指导组织的成立和发展,并担任了NCBS的第一任主席。

上述这些女性不光是 NCBS 和 AHSA 的创建、发展过程中的核心人物，在黑人研究学科的认识和发展过程中同样也是领军人物，其中最有名的除了马克斯韦尔·罗迪外，当属德洛雷斯·奥尔德里奇和卡林·扬，她们与 AHSA 的女性领导者一起为推动女性问题在黑人研究学术和组织活动中获得关注作出了不倦的努力。通过她们的努力，黑人研究的内涵得以丰富，学科领域也进一步扩大。

黑人女性研究兴起的另一个作用因素是黑人女权主义者和白人女权主义者以及黑人研究与女性研究之间日益紧张的对抗局面。黑人研究通常认为学科是由黑人男性、女性、家庭和社会的相关研究组成，因此非常抵触将黑人女性研究纳入女性研究的范畴。这有几个原因：第一，有学者认为这样做是把学科的组成部分抽离出来，并入不同的研究和管理领域，影响了学科的完整性。第二，有学者认为这样做侵犯了学科部门的自主权和决策权，是白人出于种族优越感，无视学术和政治政策的表现。还有学者认为这跟白人女性宣称女性应该拥有决定权的行为是背道而驰的，因为它否定了黑人妇女和其他有色妇女的决定权。第三，有学者认为黑人妇女是黑人研究的一个核心主题，但在白人女性研究中只是一个话题，因为白人女性研究中的核心理论、概念、人物以及关注焦点都根植于白人文化。最后，有学者认为虽然女性都有共性，但也存在基本的差异，这些差异决定了不同的女性群体在自己团队内部会有自己的发声方式，这也正是自主权的表现。

对抗的焦点还集中在对种族和社会性别的不同侧重上，黑人女权主义者要求白人女权主义者认识到其女权主义理论本质上有种族和阶层差别，白人女性在白人阶层中享有特权，而这些对黑人妇女和黑人群体是很不利的。

促进黑人女性研究发展的第五个因素是对黑人自由解放运动中不平等的两性关系的反思，及对其理论体系和实践层面社会性别歧视行为的批判。随着对消除男女歧视，终结学科领域和社会关系中男女在参与、权力、代表性方面的不平等现象的呼声日益高涨，这种批判意见日益成为舆论的中心，并吸引了越来越多人的关注。与此同时，也有为数不少的男性学者努力地进行自我批判和自我纠正，出现了从伦理和互惠角度改善两性关系及其在学科内部、社会领域中的比例的相关论著。

妇女主义

随着黑人研究学科的发展壮大，黑人女性研究也不断发展，并且通过学术和职业性活动及舆论让大众对自身有了越来越清晰的认识。尤为值得一提的是妇女主义的兴起。与女性主义一样，妇女主义也有多种表现形式，反映了其产生的社会历史与文化环境及创建这一兼具学术性、政治性的课题并推动其发展的不同思想家和群体的理念主张，事实上通过这一理论的主要形式我们可以看到不同思想家观念上的差异。这也表明了这一理论体系包容万象的特点、同时有待完善这一事实，包括不断地自我拷问，对既定秩序的批判和纠正。

妇女主义理论的发展历史也很有意思。这一理论古代起源于古代非洲的社会历史和文化背景，而近代则脱胎于早期非洲妇女和人民对抗外来统治（例如帝国主义、殖民主义、奴隶大屠杀）的历史阶段。因此，虽然“妇女主义”这一称谓直到 20 世纪 80 年代初才出现，但其一些基本概念，尤其是非洲妇女主义、非洲女权主义妇女主义、非洲中心妇女主义和卡瓦达妇女主义流派中的一些基本概念都来源于古代非洲的价值观体系，包括人类和两性尊严平等；以库珀强调的平等和相互尊重为核心的两性互补；修补、重建世界秩序时的两性合作关系、文化基础、社会承诺、道德和社会能动性等。

而近代作为学术和政治性课题的妇女主义产生于黑人自由运动、黑人研究运动中的社会抗争和舆论争论，以及黑人和白人女性间对具有普遍性但存在分歧的问题以及是否需要真正意义上的非洲人的意见、观点等问题而起的争论。从这个意义上来说，妇女主义同时折射出了黑人和白人女权主义者思想、行为上的分歧及共通之处。所以，虽然非裔美国女性主义或非洲大陆女性主义都是代表纯粹独立的黑人群体发声，但名称上使用了女性主义和女性主义者等字眼。然而，非裔妇女主义代表克莱诺拉·赫德森-威姆斯和卡瓦达妇女主义代表蒂阿莫·卡伦加、奇姆布克·特姆波等人认为意见观点是否代表纯粹的非洲人需要结合文化基础来看，女性主义和女性主义者无论是从文化还是历史上看都是白人女性特有的经历产物，而非洲妇女主义这一称谓对于黑人妇女的解放运动是正确也是最有用的说法。不过也有学者持不同看法，奥耶洛克・奥耶伍密就认为女性主义这一称谓不受历史阶段的限制，只是代表了女性机体和自觉性，而这二者都深深根源于非洲传统文化。贝弗莉・盖伊-谢夫特则认为妇女主义和女性主义都能表明她的立场，这两个词是可以互换的。

综上所述，虽然妇女主义和女性主义的表达方式略有差别，但它们往往都是重合相通的。因此，即使是在讨论黑人或非洲女权主义的文章和书中，其讨论的问题或者使用的方法往往都有妇女主义的倾向，表达的是非洲女性的思想和观点，而且这种表达是有意识的、清晰的。

第二十二章　工程学

苏珊·斯塔芬·梅茨

一个人的创造力跟他的生活阅历息息相关。因为不能吸引多样化的人力来从事工程领域工作，工程学对社会所能做的贡献被削弱了，社会需要为没有规划好的设计……没有想好的解决办法……支付机会成本。

威廉·沃尔夫，国家工程学院前主席

虽然30余年来学者们做了大量的调研规划，政府大力宣传，各行各业都参与积极讨论，但事实是女性在工程学专业领域求学就业的比例仍然偏低。为什么女性不愿意选择工程学？大量研究表明，这一现象背后有许多方面的原因，包括对工程师工作缺乏相应的了解；许多工科学校盛行把男女对立起来、认为女性不适合工科的社会和学术氛围；工科课程因循守旧、死板僵化，往往要求学生很早就不能再有其他的兴趣爱好而只能专攻于此；认为此类就业会让人难以兼顾家庭和工作。不过，最主要的原因还是长久以来人们对工程学形成了固定的思维模式，对此缺乏相应的了解。这两个原因使得女性甚至根本没有想过要从事工程学领域的工作。

美国培养选拔科技人才，面向的是全体公民，而不是那些本来就具有STEM专业背景的人，这是非常重要的。女性和少数民族正以空前的速度加入美国的劳动力大军，而人口统计表明这一趋势还将加速上升。因此，要吸引不同背景的有能力的学生进入工程学领域学习和就业，提升全美人民对工程学的认知了解，工程专业及那些热衷于应对世界所面临的挑战的人士责无旁贷，需要让家长、教育者还有学生对工程专业及其能为社会所做的贡献有全面的了解。研究表明，现实情况远非如此，如果要让女性和其他弱势群体更多进入工程学领域，需要做的还很多。

了解工程学

2003年美国工程师学会（AAES）做了一项哈里斯民意测验，以调查公众对于工程学和工程师的了解情况及态度，结果显示，66％的美国人觉得自己“对工程学和工程师不太了解”，而女性对工程学的兴趣度比男性低，只有28％的女性表示对工程学“很有或较有兴趣”，而男性的比例达到53％（AAES/哈里斯民意调查公司，2004）。

近来，哈里斯民意调查公司受美国素质学会（2009）委托针对青少年作了一项网上调查，调查结果表明，对工程就业感兴趣的男孩比例要大于女孩，而在家长鼓励孩子从事工程就业方面，男孩受到的鼓励也要比女孩多。调查结果还表明，8岁—17岁年龄段的学生对工程学不感兴趣主要有三个方面的原因：(1) 对工程学缺乏相应了解；(2) 喜欢比工程师更有挑战性的职业；(3) 因为数学等理科成绩不好，对自己能够在工程领域获得成功缺乏自信。

什么是吸引女性成为工程师的原因？

美国工程学会（2008）曾经作了一份题为“改变对话”的调查，调查对象包括青少年和成年，男女都有，调查列出了可能有助于提升公众对工程学认识和兴趣的因素，然后针对调查对象进行检验。结果表明，男孩选择的头两个因素是“工程师会让世界变得大不一样”，“工程师能够富有创造性地解决问题”。女孩的第一选择也是“工程师会让世界变得大不一样”，但她们的第二个选择是“工程师直接影响到我们的幸福安康”。有趣的一点是，受调查对象中十六七岁的非裔美国女孩和所有年龄段的西班牙裔女孩比十几岁的男孩认为第二个因素要有吸引力得多。

本次调查还指出，调查所列出的因素似乎更多地强调工程学需要扎实的理科基础，而忽略了工程学更有吸引力的部分（例如富有创造性、强调团队合作和沟通),而对于女孩来说,给出具体的事例告诉大家工程学可以如何影响世界,而不强调技能这些,会显得特别重要。那些选择从医的学生之所以这么做是为了救人,而不是为了掌握解剖技术和有机化学。必须不再一味强调学好工程学需要多好的数学和理科基础,而要多宣传工程师能够改善全球人民的生活质量。

WGBH 教育基金会(2005)也作过一项调查,调查内容是女中学生学习工程学的原因,调查结果如下:

- 女中学生认为只有爱好理科的人才能学习工程学。她们对工程学缺乏相应的了解和兴趣,觉得自己学不了。她们认为工程学是男人的职业。
- 大家普遍认为学好工程学很难,需要有很好的理科基础。调查没有提到工程师工作的价值意义等内容。
- 女孩的职业兴趣很大程度上取决于"相关性"——这份工作很有意义,适合"我"这样的人。
- 女中学生提到对工作最感兴趣的内容是能开心工作、工作环境良好、能够对周围的人或物产生积极影响、薪水高、工作时间弹性大。
- 女中学生喜欢听个人和报告性的故事,这些会对她们产生较大触动。

高校工程专业女性经历协会(WECE)针对 53 所院校的共计 20000 多名在校工科女生作过一项调查,结果表明,大多数人在上大学前就知道会就读工程专业,这主要是因为来自家长的鼓励(Goodman, Cunningham, & Lachapelle, 2002)。而如果没有家长的鼓励,孩子们则只能依靠其他信息途径来了解该专业,而通过这些途径获得的信息往往不太可靠,而且会带有传统的偏见和误解。这次调查还发现,说到工程师有何吸引力,女孩子们会觉得工程师能够帮助社会解决问题、负责设计和建造、能改善环境、探索外太空等。

安德森和吉尔布赖德(2005)针对 2500 名加拿大中学生作的调查表明,男女生对于工程学的认识既有相通之处,也存在很大区别。调查发现,学生不分男女都认为工程学跟数学还有机械操作关系非常密切。事实上,女生关于工程学的第二项整体描述就是"大量机械操作",而这在男生的榜单上位列第四。这一认知可能会使得女生不愿意学习工程学,因为传统上这种需要大量机械操作或耗费体力的工作都不待见女生。

马戈利斯和费希尔的著作《叩开俱乐部的大门》(2002)进一步阐述了男女选择技术类职业时的差异。“有目的的计算”指的是利用计算机设计程序、找到解决问题的方法来帮助人类和社会进步，正是这一想法使得女性对计算机学科产生兴趣，觉得它很有意义。然而，当要求孩子们描绘一下典型的计算机专业的学生是什么样时，约50%的受试者(不分男女)都提到那个人“不是我”。当然也有性别差异，69%的女性受试者认为自己跟那些不跟计算机打交道的大多数同伴不同，而持相同观点的男性比例为32%。事实上，近三分之二的女性受试者对自己是否适合计算机专业持怀疑态度，因为她们跟自己心目中典型的计算机专业男生不一样。

这就提出了一个很有意思的问题，那就是什么样的孩子适合技术类职业？如果我们脑中会浮现出特定的人物形象的话——例如白人或亚裔男性，爱好且擅长理科，相比于人更喜欢跟机器打交道——我们的看法其实很有局限性，这种局限把很多能够在工程领域获得成功的孩子摒弃在了门外。因此，如果我们想丰富工程领域的人才背景，对工程师和工程学的认识必须扩大化。

女孩也能学习工程学

虽然许多女中学生都有能力攻读工程学学位，但其中大多数人都不选择这个专业。事实上她们都上过攻读大学工程专业必需的高等数学和其他理科课程，而从标准化成绩测试结果来看，女生和男生的表现基本没有差别，2004年国家教育情况评估测试17岁女生的平均成绩为305分，而男生的平均成绩为308，而男女生在数学标准化成绩测试中的成绩差别也不大。整体而言，中学毕业时女生跟男生具有同等的能力攻读大学工程学学位(科技专业委员会，2009)。

初步标准化成绩测试(PSAT)会要求学生告知考入大学后会就读什么专业，所以分析这些数据可以清楚了解学生对工程学和其他专业的兴趣度。随着学生读完中学、考上大学，对工程学感兴趣的学生人数远低于有能力攻读工程学专业的学生人数。2008年参加PSAT考试的150万名高三考生中，仅有8%表示会就读工程学专业，其中男生最感兴趣的专业是工程学(15.2%)，女生最感兴趣的专业是保健学(25.1%)(专业委员会,2009)。

此外,自2003年起报考工程学专业的男生人数开始有所下降,而女生人数自2001年起就持续下降,而且下降比例逐年扩大。2001年全美四年制工程学院中女生总人数为78468人,而到2006年女生人数减至69869人,算下来,2006年工程学本科专业招生总人数中仅有17.2%为女生。2005年学士学位获得者中有58%为女性,法律和医学学位女性占比都近一半(分别为48%和46%),MBA学位女性占比41%,自然科学领域博士学位女性占比36%,但是工程专业博士学位女性占比仅为18.2%,根据这些事实来看,高校工程专业女性人数下降幅度很是惊人。如果按学科对工程专业进行细分,可以发现工程专业不同学科女性的比例分布非常不均衡,这点很有意思。比如说,2006年生物医学工程专业学士学位女性占比近42%,化工专业学士学位女性占比36.2%,工业工程专业学士学位女性占比达32.1%,而女性占比较低的工程专业学科主要是机械工程和计算机工程,都只有13.3%左右,还有就是电气工程,女性占比为14.2%。一个很有趣的发现就是机械和电气工程两大学科女性的比例相当低。

2006年获得工程专业本科学位的女生来自不同的种族和民族,没有呈现出均衡化的分布。通过分析特定种族和民族男女生的分布情况可以得知,同族群中获得工程专业本科学位的女性比例最高的是非裔(32%),其次是亚裔(24.7%)、西班牙裔(23.3%)和白人(16.8%)(专业委员会,2009)。

意愿很重要

那我们怎样才能让学生,尤其是女性和来自少数民族的学生,愿意从事工程领域的工作?乔利、坎贝尔和珀尔曼(2004)的最近一项研究指出,学生如果想在科学和计量分析领域有所发展,必须遵循以下三点,而这三点内容是相辅相成、紧密联系的。

- 意愿:指攻读自然科学或计量分析学科的意向,主要表现为清晰的认识、兴趣、动力。
- 能力:指学习自然科学或计量分析学科日益高深的内容所需要的知识和

技能。

● 延续性：指进入院校学习或参加培训，获得物质资源和辅导以适应自然科学或计量分析学科学习的机会。

虽然这三点内容在重要程度上会因具体情况而有所不同，但如果想成功从事工程领域的工作，必须同时满足这三点。如果缺乏意愿，那就意味着没有想要了解的渴望；如果缺少能力，也就意味着没有获取知识、产生兴趣的基本技能；如果缺乏延续性，那学生们也就不可能有应用所学知识的机会（Jolly，Campbell，& Perlman，2004）。

这一模式可以有效解释为什么工科女性比例偏低。虽然对所有学生来说提高延续性和能力很重要，但是意愿是让更多女性进入工科领域的关键所在。得益于教育法修正案第九条法案，延续性这点已经有了很大提高，在校学生不分男女，教育机会均等，尤其是对中上阶层的白人学生来说。而上文提到，白人中上阶层的男女生在数学方面的能力并无多大区别，而且都在持续增强，也就是说中学毕业时女生获得的知识和技能跟男性同伴是相等的，但是攻读工科的女生人数要比男生少得多，这说明在意愿这点上男女生存在明显差别。

如果女性成为工程师，她们能坚持吗？

设想有朝一日关于工程学的大众宣传非常成功，全国人民对工程师的工作有了全面了解，从而吸引了同等数量的男性和女性攻读工程学专业，以帮助解决世界上面临的种种挑战，涉及保健、安全、环境、能源、基础设施、知识管理等各个方面。他们个个期盼着考入全美顶尖的工科院校，开始大学生活。

如果这一幕真能成为现实，工程院校需要关注的问题是如何来留住这些富有才华的学生们，他们选择攻读工程学的原因可能已经跟以前学生选择就读工程专业的原因大相径庭。工程院校是否愿意并且能够开设满足现代需求而摒弃了某些传统但不是很必要的基本条件的课程？这些院校是否愿意对其学术和社会氛围进行评估，并实施新的政策和举措以保证所有学生都能获得成功？

许多转出工程学专业的女生谈到换专业的原因时都提到学校风气这一因素，

她们认为学校的氛围让她们感到隔离,自信不足,而且跟院系缺少沟通,因此想离开(Goodman, Cunningham, & Lachapelle, 2002)。女性转出工程学专业的另一个重要原因是对其他专业产生了兴趣,觉得它们更有吸引力。部分工科院校通过调查、访谈、分组座谈等方式对学校风气进行评估,以了解学生的感受,并制订新的规章制度予以改善。这种做法对于为工科学生营造一个更能激励创造力的学术和社会氛围是非常重要的一步(工程学专业风气评估项目,2009)。

2000年工程技术评审委员会对工科类课程作出规划,不再强调必修课程,而是以学生的学习成果为依据,以期能够使课程变得更富创新性、弹性更大。许多工科院校使用的增加其课程吸引力的方法有:

- 工程设计课程贯穿大一、大二;
- 课程中穿插团队合作内容;
- 给本科生提供与教师合作研究的机会;
- 援助中心为想改善教学方法的教师提供援助;
- 课堂教学采用多元技术以改善教学方法。

通过在班上讲述工程原理在现实生活中应用的实例来培养学生对工程学的兴趣会是个很有效的方法。那么是不是也可以在保持工程专业一贯教学质量的同时把经济、政治、文化等内容都融合进来,以吸引不同背景的人就读工程专业?这一方法可以培养出复合型的人才,其接受的核心教育是工程学,但主要感兴趣的是其他专业学科,例如法律、政治、医学、新闻学等等。试想某个工科出身的国会议员需要对能源政策作出决议,如果他受过这种教育,一定会受益匪浅。

虽然程度或有不同,许多工科院校都在积极研究、检验、实施课程和教学方法改革,除此之外,还给学生提供了其他的途径和机会。服务性学习就是一个新兴领域,对有些学生来说会特别有吸引力,这些学生希望在其能力范围内,可以通过团队合作找出工程学上的解决办法,检验其有效性,来帮助地方部门给急需援助的人们提供援助,从而对世界产生积极影响。这一举措对于女性和弱势的少数民族学生具有相当大的吸引力(Coyle, Jamieson, & Oakes, 2005)。而对于希望有机会出国的学生来说,一个非常好的选择就是加入无国界工程师协会(EWB),这是一个非营利性的人道主义组织,同发展中国家和地区建立了合作关系,其宗旨是帮助改善发展中国家和地区人民的生活。EWB吸收富有责任感的工程师和工程专业学生，并对他们进行培训，然后派他们前往全世界范围内的发展中国家和地区开展各种项目。此外，越来越多的学校增大了课程的弹性管理，为工科学生出国留学提供便利。值得一提的是这一举措可能会吸引更多的女性选择工科专业就读，并且坚持到拿到学位，因为从整体上看，女性学生出国留学的比例相比其就学总比要高得多。

致谢

马萨诸塞州艾顿市发现博物院科学教导员西姆·西尔顿编辑了本章内容，在此向她表示感谢。

第二十三章　女性主义教育

贝尼丝·马尔卡·费希尔

为什么有些教师把他们的教学形容为“女性主义教育”？教师们运用这种教学模式会带来什么问题？女性主义教学是20世纪末、21世纪初众多教师发明的一个词语，用来描述他们教授女性或两性研究及其他带有女性倾向课程时所使用的教学方法。围绕这个题目有很多著作和讨论，关注的范围局限于高校，因为很多高校都开设女性研究课程。那些认为自己的教学是女性主义教育的教师都倡导应该维护女性的社会公正性，但关于什么是社会公正、如何在课堂上传达这一理念等问题，大家的看法各有不同。

虽然女性主义教育常常跟某些教学方法相联系（如站成一圈、以日记的形式记录个人的情感反应等、参与行动性项目），但实际上那些并不拥护女性解放的教师也会用到这些教学方法。因此要判断是不是女性主义教育关键不是看教学方法的运用，而是看教师通过课堂教学想要实现什么目标。实施女性主义教育的教师想要实现的目标主要有以下四个：平等、关爱、联合抵制、解构。当然一个教师可能想同时实现几个目标，也可能将其中一个或几个目标与指导教学的其他观点和行为（如性灵、心理分析、戏剧）联系起来。

自由教育的观点：以追求平等为目标的女性主义教学

许多教授女性研究及相关课程的教师立志追求教育平等和自由，而这种观点在西方工业社会长期占据主导地位。女性主义者从这些价值观出发，大力抨击阻止女性获得公平教育机会的做法，主张女性应该与男性一样获得个体作出独立决定所必需的知识和智慧。以追求平等为目标的女性主义教学也就意味着要确保学生发展不会受到社会性别歧视(比如,某些学校或课程拒绝接受女性)或负面观点(这种负面观点会影响女性志向的确立和才干的发挥)的干扰,课程方面也必须没有社会性别倾向:所有人都应该学会识别并抵制渗透所有学科领域的关于两性的僵化思维和错误认识。真正自由化的教育应该能够帮助女性学生成长为有完整人格的人类,平等地参与民主社会,在资本主义世界中进行公平竞争。

这种女性主义教育模式有利也有弊。其有利之处在于其一贯坚持平等对待女性,坚持应该保护、培养女性的求知欲望和能力。凡是拥护女性主义的人,没有人会对这些原则提出质疑。而这一模式的弊端在于其可能会认为虽然有不合理的一面,但学习基本上还是合理的一个过程,从而可能会最大限度地低估种族、阶层、社会性别、体能、国籍以及其他不平等方面的影响。一位女性可能从社会性别上看处于弱势,但在社会阶层上可能是特权阶级,又或者她无论是社会性别还是种族、阶层都属于弱势群体。而对于作为个体的女性来说,平等的教育机会可能可以帮助她摆脱弱势的处境——成为我们有时候所说的“例外”的女性。但是不管成功女性的个例有多么励志,她们的存在正说明了社会结构中还有不公正现象。

基于关爱的女性主义教育

女性主义教师把这些弊端归罪于自由化观点所赖以形成的个人主义倾向。批评家们指出,个人成功是由于自由化的选择这一理念在实际践行的过程中存在男女差别,其塑造的全面发展、人格独立的个体范本是以男性为模板的,这里忽略了这样一个事实,那就是“独立”男性的奋斗拼搏其实离不开女性的关爱和支持,男性在竞争性社会中所遭受的打击、创伤需要在女性那里获得补偿。一方面女性因为充当男性的看护者而受到赞誉,而另一方面自由化社会又贬低这种行为。高校尤其是科研型大学通常都鼓励女性教员承担爱心类的工作(比如为学生提供咨询服务),但同时又不是很看得顺眼她们的爱心行为,认为其“过于情感化”、“像妈妈在教小孩”、“像在治疗病人”。

跟自由化观点相反，基于关爱的女性主义教育特别关注个体间的关系。女性主义学者指出，不管男女都能培养成富有爱心的人，同时认为学校教育应该注重培养学生（不分男女）爱人的能力。而在大学里，女性主义教师摒弃了众多教师采用的疏远型教学模式，而代之以“近距离”教学模式，通过这种模式，教师引导学生共同建立起新的认知方式。在这种模式中，教师不再离群索居，而是会跟学生分享自己的想法、观点等。教师们需要给予女性学生更多的关注和帮助，好让她们真正地融入大众世界。

当然，要在班上树立关爱他人的文化信念会遭遇重重困难。上女性研究和其他具有女性主义导向课程的学生会觉得阅读有关女性受压迫的课本内容并进行相关讨论是件很痛苦的事，女性学生可能会认识到自己的身心还有学习方面都遭受了打击，男性学生和女性学生可能会被逼着思考自己该如何从社会性别压迫中获益。在社会不公现象广泛存在的情况下，这些课堂互动很容易引发恐惧、焦虑、否定、愧疚、愤怒的情绪以及无助和孤独感。课程的相关要求可能还会引起学生的恐慌，害怕自己因无法践行老师倡议的女性主义关爱的信念而遭到羞辱或低分的惩罚。

如果关于社会不公的讨论涉及种族、阶层及其他社会认可的差异性内容，这些恐惧往往会表现为安全感问题。一位白人学生可能会在表达自己对种族歧视缺乏认识、感到困惑甚至内疚时感觉到不安全，当然这个部分取决于老师的身份以及班上学生的构成。一位非裔美国学生可能会觉得描述自己种族歧视的经历是件不明智的事情。如果一位白人教师想对不同肤色的学生表示关心，很容易（当然往往也是如此）会被当成是在施以恩惠。一位清楚自己性取向的女同性恋教师可能会发现告诉学生自己的性取向，会让一些非同性恋学生感觉“不安全”，甚至把她表示关爱的一些动作（通常都是不合适的）当成是性骚扰。

这些例子表明，不管女性主义教师多么真心实意想在班上灌输关爱他人的信念，社会结构性的不平等现象还是深刻地影响到师生们的言行举止。泛泛而谈要关爱他人，并不能真正消除因为权力和地位的差异而产生的对抗局面，事实上，正如女性主义批评家所指出的，如果没有充分认识到因为权力和地位的不平等而导致的矛盾冲突而一味地谈关爱他人，很容易会变味成对不幸一方的怜悯，甚至是控制性的溺爱行为，而导致另一种不平等。

关于联合抵制的女性主义教育

跟强调爱心的教育理论不同，联合抵制的女性主义教育关注的焦点是谈到社会性别歧视问题时权力差异会对师生关系产生怎样的影响。这些教育理念直接或间接受到20世纪60年代高歌猛进的维护社会正义运动和理论的推动，这些运动和理论包括民权运动、黑人权力运动、社区组织、有色人种学生及民族解放抗争、毛泽东革命思想、保罗·弗赖雷提出的将社会主义理念与天主教义相结合的巴西式教育模式等。可能部分是因为受到马克思主义和社会主义思想的影响，社会激进人士往往强调“觉醒”——人们敢于向相同处境的人讲述自己受压迫的经历。学者们普遍认为，这些讨论促进了抵制社会不公正、把不公正社会改变成为公正社会的进程。

本着相同的精神信念，激进女性主义者从女性主义角度阐述了促进女性觉醒的过程，在这一过程中女性彼此分享遭受社会性别压迫的经历和感受并对此进行分析，最终制订行动方案促进妇女解放。社会主义女性主义者还把课堂上发现的社会性别压迫的情况纳入讨论。黑人女性主义者则发挥黑人妇女做事抱团的传统，把黑人妇女聚在一起，让她们讲述自己受白人和黑人男性以及白人女性欺辱的经历。民族背景各异的有色人种妇女、女同性恋者、残疾妇女、较年长的女性和其他女性主义活跃分子彼此分享社会性别压迫经历，结成统一联盟。

受到这些维护社会公正努力的驱动，许多信仰女性主义的高校教师开始寻求在课堂上促进女性觉醒的途径。有些教师认为学生统一阵营非常重要，于是他们让学生们彼此分享经历，然后把它们同对抗社会不公正的理论和行为联系起来。但是，因为有些教师希望能够同时践行爱心教育，所以这一教育模式会遭遇重重阻碍。首当其冲的就是日常教学中知识权威和学习过程的对立。教师们清楚地知道通过经验传授知识可能会出现误导的情况。有时教师们引用的个人经历可能会有阶级、社会性别和种族歧视的导向。一位护理专业的白人学生可能会隐晦地表示黑人妇女很“懒”，而她得出这一结论的依据就是她所实习的医院黑人护工有怠工的行为，这时女性主义教师可能会联系相关研究指出这样的想法是有失偏颇的，但倡导联合抵制的女性主义教育会给出另一种方法来应对这个问题：教师运用她的专业知识引导全班同学从体制结构上探讨导致工作上矛盾出现的原因（如等级观念、职业隔离、利益因素等）。这种方法把每个人都带动起来，暗示对抗社会不公正现象人人有责。

此外，分享经历的做法往往还能引发大家的积极讨论，不仅让学生同时也让老师从中有所收获。教师们所进行的专业学习可能包含错误观点和倾向，而关于女性主义的阐述也可能存在错误的认识，或者与实际不符的情况，之所以出现这些问题大多是因为女性间对于权力和地位的差异缺乏充分的认识。

比如说，一位身体残疾的学生可能会根据自己的亲身经历指出课程设计和课本内容似乎假设女性全都身体健全，她的话可能会引发大家争着讲述自己的经历，讨论身体残疾和社会性别压迫之间的关系。如果教师自己在认识社会性别压迫时都不曾考虑过残疾人的情况，那么那位学生所分享的经历可能就会触动她去了解残疾人遭受社会性别压迫的情况，探讨改变现状的理论主张和实践行为。

因为经历分享和课堂教学相结合的做法而产生的问题会受高等教育追求理性、反对感性（感性行为往往等同于“女性化”）导向的影响而变得更为严重。分享经历的做法会引发强大的情感交流，而运用联合抵制教育法的教师要做的就是帮助学生发现他们情感表达时无意流露出的错误偏向。如果一位学生在阅读殴打女性的文章时表现得无比愤怒，教师可以引导这位学生和全班同学一起讨论这种愤怒所表达的意思，或者让其他同学谈谈他们的反应。女学生会愤怒，可能是因为她或亲近的人曾经遭到殴打，也可能是因为她对受殴打的女性哀其不幸、怒其不争，还可能是因为她对自己的大学课程必须阅读这些惨痛的内容而感到不满。男学生感到愤怒，可能是因为他担心大家会认为他也会作出此等行为，也可能是因为他真的认为男人殴打女人没什么大不了，但又不敢承认，还可能是因为男人的暴力行为让他害怕。教师应该善于总结一些有重大意义的问题——比如说关于伤害，关于责任，关于政治生活和教育之间的关系等——让学生讨论，同时鼓励学生勇敢表达自己的观点。

女性主义教师面临的第三个挑战在于他们试图让官僚式的权威发挥积极正面的作用。虽然社会性别压迫的觉醒阶段强调参与个体具有平等地位，但是相对于学生而言，教师们仍是高高在上的，虽然程度或有不同，尤其是教师有权制订规章制度并监督其实施、有权以分数或其他形式对学生的表现作出评价、有权决定学生是否能获得学院资助等，更是彰显了这种权威。一方面教师享有权力，而另一方面学生清楚认识到教师的权力可能会给其带来危害或对其有所帮助，这种对立可能就会导致师生无法以平等的姿态一起探究社会性别歧视问题并积极寻找解决问题的方法。

这种对立的背后是关于信任的问题，也就是说学生能否信任有权力伤害他们的老师。关于如何建立信任并没有简单的公式可循，但联合抵制教育法认为意识觉醒阶段学生对彼此及老师形成怎样的认知非常重要。如果老师和学生能够彼此分享经历，学生们会更真切地认识到分享过程中(包括经历、感受、观点等)可能暗含的风险。在讨论社会性别歧视对于求学的影响这一问题时，一位女性学生可能会想坦白怀疑自己的智力有问题。如果她担心她说的话可能会使得她无法再在班上甚至是学校立足，是完全可以理解的。她能否信任老师和班上同学很大程度上取决于她是否了解老师和班上同学的经历及其价值观。如果老师——在考虑到自身和班上学生可能遭受的风险的情况下——愿意讲述自己的类似经历，就可能会引起全班同学展开积极讨论。

践行抵制女性主义教育法的教师特别关注不平等的权力关系可能会造成的伤害。即使学生的背景大体相同，其地位上的差异仍然很明显，不过不少女性主义教师和激进分子认为这不是一个不利因素，相反，女性间的差异可能会促成大家紧密团结，其中有些人开始探讨这种可能性，提出了“架桥”理念——有色人种妇女(通常为女同性恋者)能够在学术和政治上充当“桥梁”的角色，把其身处的毫无交叉的不同社会群体连结起来。另外一个相关理念是“关系结构”——认为社会性别、阶层等社会结构并不是单一而固定的，而是一个由优势和弱势地位构成的关系集合体，其因为优势地位和弱势地位之间的此消彼长而显得复杂多变(一个人可能因为非同性恋倾向而处于优势地位，但阶层上可能处于弱势，因此两个方面都会发生变化)。这些理念能够帮助教师和学生描述他们力图了解并解决的所有社会性别歧视问题中共性和相异的部分构成的复杂而变化的关系结构。更细致地了解差异，能够促使教师和学生对所接触的宣扬女性主义或非女性主义的课本和政策作更细致的探讨和评估，看看是不是漏了什么内容——比如思考年龄、国籍等因素对获得机会的影响——以及用了怎样的表述等。

解构女性主义教育

无论其背景有多大差别，所有女性主义教师都关注的一个问题是女性是如何被排除在主流定义下的知识大门外的。但是对于认可解构女性主义教育法的教师来说，排除在外这一举动有着更深远的含义。解构女性主义教育理念脱胎于法国理论家的理论主张（代表人物有米歇尔·福柯和雅克·德里达）以及 20 世纪八九十年代“打破常规”的激进主义思想，受到这些理论思想影响的女性主义者开始研究语言（或称“话语”）在建构由互相排斥、按等级排列的对抗元构成的二元世界中的作用。社会性别可以分解成男和女，种族可以分解成白人和黑人，性取向可以分解成同性恋和非同性恋，这种二元分化论认为所有个体都属于两组中的其中一个组别，并且必然有一组而且只有一组占据主导性。批评家们指出，女性主义者一味照搬这些二元分类，反而会令自己掉入压制性思维模式的陷阱里，而这与他们打破这种思维模式的初衷是背道而驰的。批评家们还指出，重视爱心和团结教育的女性主义教师往往都认为女人天性要比男人有爱心，而践行联合抵制教育的教师通常也会错误地认为有着相同身份的人（比如都是“女性”或者“同性恋”）对于何为社会不公、是否应该团结起来一致对抗等问题的理解应该也是共通的。

解构主义者提到最多的一个解决问题的办法就是以批判为目的进行教学：对任何文本——可以是学术文章，也可以是影片，还可以是日常对话——进行解析，看看是否忽略了某些人、事、行为举动或者对其进行了丑化。老师可以分析给学生听，捍卫“同性恋”权利的宣言事实上没有考虑到双性恋、跨性人、泛性人等群体，因为这些人的性取向和行为是“同性恋”这一标签所涵盖不了的，然后老师可以引导学生对一篇打着“工人阶级”或“有色人种妇女”标签的文本进行解构，最后总结“自己”其实是个非常复杂、不断变化的社会结构体，会随着不断变化的性爱史、阶级地位、种族属性等因素而发生变化。从这点上看，凡事都不是“天然如此的”——不管是对人的身份的解剖还是基于这种解剖之上的社会划分。

从某些方面来说，解构教育法是对爱心和联合抵制教育法的深刻抨击。解构意味着拒绝接受任何由语言层面决定的命运——对象可能是信奉关爱主义的女性主义教师，也可能是某些方面特点鲜明的学生，而她们有这般那般的命运，仅仅是因为她们是“女性”、“有色人种女性”、“有色人种女同性恋”或者“工人阶层有色人种女同性恋”。但是这种拒绝也需要付出昂贵的代价。这种批判式的教育模式几乎不太可能建立起爱心教育法看重并且力图建立的教师与学生以及学生彼此之间的友爱联系。事实上，解构教育法对于批判的强调正是要回归高等教育重视理性、反对感性的传统。

解构主义对于身份政治学(指那种认为因为有相同身份就有相同的政治分析和对抗态度的观点)的批判还会强化课堂上的主从关系，而这正是女性主义教师致力打破的。在解构教育模式中经验变成了高度不可信的东西——不再是讨论的引发点，而变成了解构的内容。解构教育模式对于批判的强调增加了学生通过亲身经历和感受来表达对课本内容或教师持保留意见的难度，因为老师是批判专家，学生不是，而要在教和学方面获得成功必须具备解构的专业知识。

试想有位学生独自坐在班里的某个角落，她是个黑人，来自工人阶层，是个同性恋者，课堂上老师正在解构她所属的身份类别，模拟给大家看如何对其进行批判。老师的批判可能完全在理——也可能不是，但是对于这个学生来说，老师的批判却会真真切切地对她跟班上同学的关系以及跟班级以外他人的关系产生影响。可能这个学生会觉得自己摆脱了这些身份标签的束缚，获得了解放，也有可能她会变得更加不合群、更加不愿意融入班级，或者对旨在促进像她一样的女性结成联盟的政治团体持不信任态度。这个学生生活的环境、课堂上或明显或不明显的权利变化，以及她在课外遇到的不平等现象都会让她深深感受到课堂上所讲观点的重要意义。

女性主义教育法的适用范围

所有女性主义教师不断地作出教什么和怎么教的选择,这些选择涉及学术、伦理和政治层面。倾向于社会自由化观点的女性主义教师对沿袭传统的局限和偏见提出质疑,认为个体是理性的,能够自主决定命运,并基于这种认知来选择教学内容和方法。那些把关爱他人视为工作核心的教师们抵触泛滥的个人主义,重视能够实现关爱和团结他人的教学任务和方法。倡导团结起来抵制社会不公正行为的教师们大力谴责压迫剥削的行为,并力图把全班凝聚成一个整体,求同存异。而解构主义者则对僵化思维发起挑战,根据他们认为最需要受到抨击的二元对立内容布置课本阅读、提出要求。

但是具体应该选择哪种教学法取决于具体环境。说到女性主义教育的相关选择,有两个因素有着决定意义。第一个是教师工作的学校和社会环境。不管教师倾向于哪种教育模式,其实际教育方法的选择总会受到学校规模和所背负的使命、所在院系、学生的本性以及自身所处地位——是否临时聘请、需要奔波于学校之间——等因素的影响。考虑到这些因素的不同组合,教师们会发现自己或遵循或联合或抗拒女性主义教育的几大目标:此时强调个体发展,彼时提倡关爱他人的教育模式,对于某项课堂任务鼓励学生团结协作,而换个任务可能就要求学生大力抨击,还会融合其他合适的观点。

影响女性主义教育法实施的第二个重要因素是教师工作的学校、地方、国家乃至世界的政治和学术环境。把女性主义教育理论付诸实践的成本和收益考量会影响到实际的教学方式。比如说,某位喜爱抵制教育模式的老师可能会在一所长期以来都与政治激进派为伍、规模不大的人文大学里获得不少支持,但如果学校所在的市、州或省政府首脑是保守派,又或者所在国政府限制公民自由、取消经济援助,大力打压维护社会公正的信念,那么这个老师是否还能实现女性主义教学的目标会是个很大的问题。

如果说采用女性主义教育法的教师们都致力于维护围绕女性的社会公正,他们同时需要面临顶着阻力达成目标的挑战。女性主义教师在工作中通常都会遭遇强大的阻挠，可能会因为某些旨在阻挠他们所作努力的制度规定而面临解雇、处罚和其他伤害的命运。但是女性主义教师也有丰富的可利用资源：革新的道德价值观、做学问的热情、矢志不渝建立班级和女性主义行动主义之间联系的毅力。女性主义教师围绕“何为女性主义教育”这个问题进行创新性创作和持续性辩论，召开专题研讨会，希望找到答案，他们在对世人宣告他们正在应对挑战，而女性主义教育仍会继续伴着自己和学生们前行，给他们以滋养和升华。

第二十四章　从家政学到家庭和消费者学

弗吉尼亚·B.文森特

家庭和消费者学（FCS）就是之前的家政学（HE），主要研究个人和家庭的状况，1994 年更名为家庭和消费者学，而此更名表明该学科的研究视野变得更为新颖、更为开阔。自 20 世纪初期创立至今，FCS 高等教育主要为政府部门、社会服务性和非营利性组织、工商业等培养专业人才，其中政府部门包括合作推广服务和联邦机构（如 USDA）、国家消费者保护协会、地方政府机关和项目委员会等。

目前，美国高校开设的相关学历课程项目包括 FCS 及下属专业（家庭学和儿童发展；老人学；婚姻和家庭经营；家庭招待管理；饮食科学、营养学、食品学；消费经济学和家庭源管理；家居装饰；营销学、服装设计、纺织学等）的本、硕、博士学位以及满两年获肄业证书的项目，每年毕业生人数数以万计。这些专业学科最早可追溯到 19 世纪末，当时的美国社会因为科学发展、资本主义、工业化、移民浪潮和城市化等因素的影响正经历着历史剧变，而为了提高家庭成员的生活品质、减低因家庭破裂而带来的社会冲击、为妇女创造就业机会，这些学科应运而生。

在 19 世纪美国历史文献中可以找到关于女性教育的记载，它们主张女性应该接受教育，以更好地胜任她们应该充当的角色。1841 年凯瑟琳·比彻出版了《家庭经济研究》一书，详细阐述了维多利亚时期社会对女性的角色认定，以及女性应当如何实现这些角色。这本书反响很大，对于年轻女性来讲，它是关于女性教育的第一本综合性课本，而对于成年女性来说，则是一本通用手册。比彻的父亲和几个哥哥都是牧师，自小耳濡目染的她也想当名牧师，但社会传统不能接受女性当牧师，所以她转而致力于女性教育，通过开办研讨班、撰写著作等方式普及女性教育。她让女性认识到自己通过母亲、家庭主妇还有教师（这在以往是专属于男性的职业)等角色可以成为社会道德规范的领衔人物。她针对年轻女性和教师开办的研讨班让女性接触到了比起同时代(1800—1878)的大众教育更为前沿的教育和认知。

但是,真正让受过教育的女性走出家门的还是19世纪后半期工业革命的影响——工业革命给环境卫生和人们的家庭生活带来了极大的冲击。当时已婚妇女几乎不太可能从事专业性工作,因为机会很少,甚至可以说没有。正因为很多领域都排斥女性,这些知识女性创立了新的学科,她们应用科学把家庭主妇从劳累的家务劳动中解放出来,省下时间和精力追求更崇高的目标。

1862年莫里尔赠地法案正式通过,各州纷纷成立大学以促进工人群体的人文知识和实践技能教育,随后,针对女性的实践技能教育也开始兴起,主要是一些学校和非正式的社区培训项目,教会女性掌握农耕和操作机器之类的技术,而这些技术之前只有男人才会,因为在美国社会的工人阶层中干农活是男人的天职。高等教育以及以男性为主导的专业领域并不十分欢迎女性的加入,要么就是明确规定不要女性,要么就是边缘化她们。除了东部的一些私立女子学校(其对象为中产阶级和上流社会女性),女性如果要接受高等教育,选择大多只有家政学这个专业。

比彻晚年的时候,埃伦·(斯沃洛)·理查兹挺身而出,在她的努力下,家政学发展成为了一门专业学科。她在瓦萨学院读了两届,获得了两个学士学位(1873年获得第二个学位),随后进入麻省理工学院(MIT)攻读硕士学位,成为MIT第一位女学生,在此期间她全心投入研究,但据杰尔姆·B.威斯纳(1979年任MIT校长)透露,她并没有获得MIT硕士学位,虽然以她的条件来说获得博士学位都已经完全够格。从MIT毕业后理查兹留校在化学系任教,从事科研,直到1911年过世。虽然她一直都只是个客座讲师——尽管有些获得了专任教师资格的人(包括她丈夫在内)都只有学士学位——但她成为了同时代女性解放运动的领军人物,开启了女性进入科学领域的新篇章。

19世纪90年代及以后的相当长一段时期,康奈尔大学反对女性任教的呼声非常强烈,导致女性教员只能退居客座讲师的地位,以后的教师选任都遵循此例。男性教师们辩称,如果女性教师任教授会影响到学校的声誉、地位,而且因为未婚女性不需要养家(具有普遍性的谬论),给她们高薪完全没有必要,再有女性教师的学历要比大多数男性教师低(其实农业学科的教师大多没有博士学位),而最重要的一点是大多数男性教师表示他们不想女性抢他们的饭碗(Rossiter, 1982)。

出于对这种边缘化女性做法的愤慨以及对人类健康的关注,理查兹带领其他一些知识女性和几位男士一起创立了家政学。当梅尔维尔·杜威邀请理查兹到位于纽约北部的普莱西德湖俱乐部讨论家政学科领域的领导人考核选拔机制时,理查兹建议他举办会议,邀请有志于提高生活质量并愿意为此贡献个人力量的学校和社会人士参加,因此便有了后来的普莱西德湖家政学会议(1899—1908),在此基础上,1909 年美国家政协会(AHEA)成立,并创办了《家政学报》。与会人士讨论了移民浪潮、工业化对美国社会的冲击以及大众对运用科学改善家庭生活缺乏认识的情况。他们希望家政学这一新兴学科能够覆盖居住条件、人口拥挤、食品掺假、贫穷加剧、疾病传染——及导致人类死亡的主导因素——等方面的问题,并在此基础上设计了课程体系,其思路为家政学课程应该具有实用性和跨学科性的特点,涉及学科包括自然科学、艺术学、人文学,以及其他新兴的社会科学,涵盖不同学历层次。在意识形态层面,他们反对资本主义放任自由的观点和达尔文优生学的思想,而主张通过改善生活环境来改善人类生存状况的环境优生学。

康奈尔大学关于女性能否任教授的争论一直持续到 1911 年,全体教师投票同意女性可以任教授,但这仅仅是因为学校 1907 年成立了家政系,需要女性教授。经过了一番长期而激烈的论辩之后,男性教员才终于不再反对家政系女教师任教授,但是原则上仍对女性任教授持反对意见。对于康奈尔大学的男性教员来说,家政系从教职员工到学生全都是女性,地位不高,因此家政系出现全职的女教授还是可以容忍的(Rossiter, 1982)。

1917 到 1945 年间,美国和家政学科先后经历了一战、经济大萧条和二战等的洗礼,而二战期间以及结束后,剧烈的社会变化让人们对女性就业的传统观念进行反思,而这种观念上的变革给家庭带来了深远的影响。虽然家政学家们的初衷是帮助家庭对抗变化带来的冲击,但对于那些致力帮助女性摆脱固有的角色定位、引导她们进入传统男性就业领域的人来说,家政学成了阻力。

20 世纪 60 年代,家政学获得了长足的发展,有了更细的专业划分,不再强调女性倾向,更多关注有偿就业,研究成果日益增多,甚至还有了男性教员。1961

年，在美国教育办公室、联邦农业技术推广局、家政学赠地院校等单位的赞助下，家政学会议在印第安纳州的法兰西力克召开，对中学、高校和成人教育等各个层次上的家政学课程进行重新规划和设计，随后的研讨会上对家政学的基本概念和一般原则作出了阐释，同时还决定对女性开放更多的专业，降低高等教育阶段家政学系女性的比例。

家政学要获得科研资助一直都比较困难，但在时任白宫职业教育顾问的艾奥瓦州家政学院院长海伦·勒巴伦的努力下，1963 年通过的职业教育法案对家政学科研资助的问题作出相应规定(Rossiter，1997)。本来约翰逊总统"大社会计划"的提出和实施为家政学家们施展抱负提供了良好的机遇，但偏见毁了一切。在一些当权的男性知识分子眼里，"大社会计划"传递出的信息不是资助家政学家们进行科研活动，也不是让家政学家们获得应有的声望地位，而是在告诉大家不管以前家政学有多么渺小不起眼，现在它们正变得越来越有价值，可以凌驾于一切专业之上(Rossiter，1997)。随着男性进入家政学队伍，并坐上管理者的位子，相比先前未婚女性领导家政学时期，家政学科获得的资助资源有所增加。

国家州立大学和赠地院校联合会(NASULGC)的成员多为男性，导致了在联合会中家政学科的被关注度以及地位都不高。1964 年 NASULGC 执行委员会从对美国妇女地位深表关注的卡内基基金会筹得 20 万美元用于家政学研究，这笔款项交由厄尔·J.麦格拉思和杰克·T.约翰逊打理。麦格拉思时为哥伦比亚大学教师高等教育学院院长，他曾经做过其他领域的职业教育研究，其中包括人文学科和家政学(Rossiter，1997)，而约翰逊是他在教师学院的搭档(McGrath & Johnson，1968)。

他们通过调查发现，NASULGC 相关院校的校长大多认为家政学应该从赠地项目中剔除出去，这跟对其他专业学科的调查发现很是不同。在麦格拉思和约翰逊受委任负责家政学职业研究后不久，甚至在他们开始研究前，感受到赠地大学校长敌意的各校家政学管理层全力合作(M. East，私下交流，2003 年夏)，准备了一份数据报告提交给二人，而一旦控制权落入 NASULGC 各院校校长的手里，这份报告很可能就会被压下去。多亏了家政学家们表现得积极、果敢，要不然 NASULGC 校长们的意见报告可能会加深麦格拉思和约翰逊最初对家政学形成的负面认识。

到1965年为止，1963年职业教育法案对家政研究的拨款达到1200万美元，而到1967为止，拨款数额达到2250万美元，看似形势一片大好，但事实上却对家政学的发展带来了极大的不利。1966年NASULGC宣布取消家政学部门，而把家政学划到农业部门下，成立家政学委员会，并把家政学从执行委员会中剔除出去，而原家政部门的那些人成立了自己的组织，取名家政学管理协会（AAHE），以为回应。虽然麦格拉思和约翰逊的研究还没有结束，但赠地院校的校长们仍执意推行自己的计划，对家政学科进行更名、重组，规划新的课程。

麦格拉思和约翰逊研究、分析了家政学家们提交的数据报告，结合自己搜集的数据分析，对家政学科的立场发生了变化，最后他们给出的报告意见是家政学发展前景良好。报告指出，对赠地院校的家政学教育、发展和科研具有重大意义的联邦和州级立法、协议等没有给予家政学充分的自由或激励，以促使其——尤其是其附属学科——适应社会发展需要（McGrath，1968）。报告建议政府最高管辖部门进行全面调研，包括调查地方政府和农业之间相互制约的关系，从而确保家政学可以并且愿意重新规划其课程体系和服务范围，以适应美国社会的发展需要。麦格拉思在报告中明确表示自己对家政学的前景不仅毫不怀疑，而且非常确信培养家政人才的家政学校会日益发展壮大，并且在美国高等教育体制中占有日益重要的地位。他还总结说，家政学改名毫无意义（McGrath & Johnson，1968）。

罗西特（1997）指出，20世纪五六十年代家政学面临的核心问题不在于当时大家所认为的招生人数减少、缺少拥有博士学位的教员等，而在于“新一代渴望取消家政学以此成就大事的大学校长们（不知道这么说合不合适）和众多不断努力（但总是徒劳）确立家政学的范畴并自力更生发展学科的女系主任”之间的敌对和沟通困难的局面。家政学系的女系主任们希望自己在位的时间能够比那些校长们久一些，能够培养更多的博士生，获得更多的科研资助，然而当这一天突如其来地到来的时候，她们中身体最健朗的人也有好多都到了退休年龄，而几大院校的男校长们抓住时机，硬是把家政学这一女性学科打造成中性化的“营养学”、“人类发展学”、“人类生态学”。这些举措都是“出于那个时代对老年人和女性的歧视”（pp. 97，115—116）。

虽然大学校长们暗地里提交了他们准备好的对家政学不利的报告，但NASULGC家政管理者委员会利用麦格拉思和约翰逊报告中对于家政学前景看好的内容要求加大对学科发展的扶持力度，他们很快向NASULGC参议院表达了诉求，并获得了资助"以研究、分析和实施报告中的推荐内容"。凭借这笔钱，他们召开了1968年的会议，并把麦格拉思和约翰逊的报告邮寄给AAHE和NASULGC的所有成员（Higgins，1968）。就是这份报告挽救了家政学的命运，保留了家政学高等教育机构，甚至还为先前只列为1890年莫里尔法案二级资助对象的一些院校争取到了更多的支持（F. Byrd，电话访谈，1995年5月5日）。

1979年布朗和保卢奇受AHEA委员会委托发表文章，对家政学重新作了界定，文章指出，应该多多重视侧重理性、伦理、文化和自我反思的课程，认识不同于现状的内在的长期存在的问题，强调找到能够增加社会和家庭公正的解决办法。正如以前以男性为主导的专业学科正日益变得中性化，家政学这一女性学科也力求突破社会性别偏向。但是，由于外在因素——比如联邦职业教育和USDA的相关立法和拨款政策、FCS大学教师教育项目缩减、家政学学科细分迟迟没有进展——的干扰，此举并没有带来多大冲击。

到20世纪80年代中期，家政学学科划分进程加快，弱化了其跨学科的本质。负责专业拓展的管理者们、师范教育者以及一些专科教员对这种趋势表示担忧，但更多人对此不以为意。其结果就是高等教育机构使用了超过30个不同的名目来称谓家政专业，要么强调学科的综合性本质（如家庭和消费者学），要么把家政学与特有专业相组合（如设计、家庭、消费者学等）。新兴的家政机构只招收特定工作背景和专业的人员。从全国范围来看，家政学名目和机构五花八门，更加剧了人们对学科属性认识的混乱。

为了激励批判性思维、加强对学科及其社会贡献的宣传，AHEA在1984年即其成立75周年的时候开展了一年一度的学术报告活动，以纪念家政学发展的历史。学术报告人通过选拔产生。明尼苏达大学的家政学系教授玛乔丽·布朗因为其对家政学的巨大贡献而被选为首位学术报告人。她在报告中抨击家政学过于迎合社会，受到个人主义的牵制和工商业的深刻影响，让众人大为震惊。她指出，家政学仍然受到经济物质主义——盛行于19世纪的一种观点，认为社会和家庭的自然经济状况比起政治道德、社会心理和文化环境的改善更为重要——的影响。家政学一方面强调家庭日常生活的自然属性，另一方面又认可实证主义科学和技术，这就导致家政学科的理念和实践之间存在着内在矛盾。布朗呼吁家政学要更加勇于自我批判，不要再纯粹因为想获得或保住在工商业的地位而牺牲家庭。1985 年布朗出版了两本书，回顾了 20 世纪 80 年代以前家政学的发展历史。1993 年她再次出版书作，对家政学进行重新定义和规划。

到 1992 年的时候家政学的属性问题变得日益严重，五大家政专业机构发起召开了 1993 年在亚利桑那州斯科茨代尔举行的题为"21 世纪的家政学"会议。经过商议，与会人士决定把家政学更名为"家庭和消费者学"，并界定了新的概念，重申了学科旨在改善个人和家庭生活、提高社会服务及环境质量，是一门综合性学科。学科更名和概念的重新界定是为了摆脱"家政学"可能引起的定势化思维——这种思维制约了学科的发展，把关注范围扩大至个人、家庭和社会；对消费品和服务的开发、交付、评估施以影响；促进公共政策制定和社会变化。部分与会人士感觉本次会议创造了一个超越家政学的崭新学科。

1994 年，斯科茨代尔会议的五大发起机构在各自的年度会议上宣布采用新的理念框架，其中四家修改了机构名称以出现"家庭和消费者学"的字样，而另一家机构——家政学管理委员会(AAHE)更名为人类科学管理委员会(AAHS)，因为人类科学是与农业科学相对等的一个概念，而赠地院校的家政学专业无论是传统上还是拨款往往都跟农业科学有着密切联系。虽然 1994 年以后许多高等教育机构陆续都把家政学更名为家庭和消费者学(FCS)，但名称不统一的情况仍然存在。而对一些高校来说，更名以后专业招生人数迅速上升，而且吸引了越来越多的男性学生。

FCS 仍将致力于提高个人和家庭生活的质量(其覆盖范围远远超过家务活的范畴)，这并不是因为这是女性的职责——有些人仍以此来对 FCS 提出批评，认为这在 FCS 领域是一个长期存在的问题，而是因为这对于所有人以及社会的稳定和发展意义重大。然而，社会上对此仍存在偏见，认为这一使命应该由女性承担。因为美国三分之二的经济都依赖于消费者的消费行为，所以打广告的多为消费品，而广告商们夸大了女性干家务的难度，把哪怕是很简单的活也说得很难、耗时耗力，而且令人感觉很不愉快，同时女性还要兼顾挣钱、自我提升以及照看孩子，使得女性比以往任何时候都要忙，而他们的产品可以为女性营造一尘不染、芳香四溢的居家环境，提供即吃即煮的餐食和事先精心配好的食物原料，从而大大提升女性的地位（Elisa，2008）。

第二十五章　历史学

玛丽·E.弗雷德里克森

新学期伊始，数千名大学教授还有中学教师们都会聚在一起开会，整理出一系列的讲课笔记、教科书、核心文献、图片影视资料等，来迎接一个新学期的美国历史研究课程。美国历史的基础课程可以说是标准化的学科配置之一。对于大多数美国高校来说，这些课程仍是美国文化的核心要求，而对于所有即将开始大学生活的学生来说，这些课程则是他们已经修完的高级预置课程的主要内容。

9·11 事件之后，许多教授和老师们开始在历史课上竞相纳入新的内容，让课程变得与时俱进——比如会讲到美国在中东地区的对外政策、拉丁美洲的移民现象、美国和中俄的关系等。历史学家们鼓励学生比以往任何时候都更加仔细更加系统地观察历史，以便更好地了解 21 世纪美国所面临的挑战：这个国家发动了两次战争、面临着全球经济不景气、全球健康危机、国内外贫困等一系列问题。可以说美国所面对的经济、社会和政治问题几乎比以往任何一个历史阶段都要严重，而举国上下都笼罩在绝望和悲观的情绪中，在这种氛围下，人们似乎很难看到出路在哪儿。

在面临内忧外患的形势下，为什么说在这个节点上去重新审视美国历史上的社会性别构建具有重要意义呢？事实是从来没有一个历史阶段比现在更需要去分析社会性别构成，去了解国家文化会如何强化跟社会性别相关的行为，而社会性别化的符号又会如何渗透民族国家的文化构成。美国人民运用社会性别来讲述历史的不同方式对于帮助我们认识自己的民族有着很大意义，而大学教师们所面临的挑战就是教学生把美国历史的一团乱麻逐一理清理顺——其中包括尚未定论的关于社会性别的似是而非的论断——然后独立地进行重新评价。

学生们这么做的时候必须提出关于社会性别和美国历史的几个根本问题：在美国的发展进程中男性和女性各起了什么作用？在不同的历史阶段男性和女性的经济地位如何？为什么会这样？自建国到现在美国历史上的权力是如何分配的？女性和男性对于美国文化的发展作出了怎样的贡献？讨论美国社会(包括过去和现在)中社会性别所起的作用时，怎样才能摆脱男性和女性的二元对立？美国历史的社会性别化研究——比如认真考虑种族、民族和阶层等因素的分析——能够让我们对美国的历史有一个更丰富、更具体的认识，也能更准确地反映大多数美国人的多重层面的经历。此外，当今世界要求我们作分析的时候要考虑到美国及其他国家和文化中社会性别构建的变化态势。处于这个历史时刻的我们需要更全面细致地分析社会性别在历史上所起的作用，才能更好地理解现在的全球政策以及世界舞台上变幻万千的文化现象。

似乎我们可以得出这样一个结论：教育学家们、历史学家们、教授书写美国历史的方式在过去的30年里发生了非常大的变化。女性主义历史学家们的著作，再加上纵贯20世纪70年代到90年代的“新”社会历史阶段产生的一批新的大学教科书，这些教科书不再只盯着政治和军事，而是按总统的任届和战争来讲述历史，并选取若干名白人男性工业巨头详细介绍其生平。21世纪早期的学生们从历史课本上认识的历史人物远比早先的美国人所知道的要丰富得多，大多数的学生对历史上的政治和社会运动了如指掌，促成这些运动的历史人物代表的可能是多数派的观点，也可能是少数派的观点。有着不同种族、民族背景的女性和男性一同构建了美国文化，而且自一开始他们就被视为是国家的一分子，公民中的一员。在做这些新的尝试时，很多都会具体地联系社会性别，比如说提到美国女性奋斗了150多年才争取到了国内选举权和财产权，这被认为是世界上最伟大的民主之举，而男性也在与不同的社会性别角色设定抗争：比方说兵役和养家糊口的职责。

女性争取选举权的长期奋斗史清楚地表明“女性历史”和“美国历史”之间既互相联系，又相互割裂。从这点来看，美国历史研究课程在很多方面有了显著的变化，以前定义范围很窄的课程为开放型的课程所取代，探讨的范围涉及500多年来美国的政治、外交、经济变革、文化和社会转变等。不过另一方面，虽然美国历史基础课程的确发生了一些主流层面的变化，但是我们必须要问，把社会性别纳入大多数研究课程的方式是不是真的已经突破了老套的“加入女性搅一搅”的课程改革模式。

21世纪开设的大多数研究课程中女性的提及率比以往要高，但大多数时候关于女性的描述都是边缘化的。虽然取得了一些进展，但美国课程中关于社会性别的改革仍面临着巨大挑战，挑战不在于过去我们做了什么，而在于未来我们要做什么。历史学家们正处于这样一个阶段，他们必须要尽最大努力去维持已经取得的成绩，甚至需要再接再厉、争取更大的进步。过去30年的努力付出没有白费，但在他们面前还有长长的路要走，还要经过长途跋涉才能宣告自己已胜利到达终点，能让公众站在社会性别的角度来了解美国历史。从社会性别的范围来看，这个目标是可以实现的，因为现阶段大家对于女性角色构建的了解已经超过了对男性角色构建和男性化形象演变的了解。除此以外，历史学家们仍然不清楚如果他们不把异性恋视为正统，而对同性恋关系、网络和生活经历表示理解与认可，社会对此会有怎样的反应？还有跨性别者。具有跨性别身份的美国人几乎都还没有——用凯蒂·克恩(1996)的话来说——“感觉到自己是历史浪潮中的一员”。

那现在的情况究竟如何？我们又该何去何从？关于美国历史课授课情况的研究分析指出，全国的历史学家们投入了大量的精力进行课程改革。这个工作意义非常重大，因为这些课程是历史专业的启蒙之种：每年美国的四年制大学、社区大学、私立和公立中学有约300万名学生上美国历史入门课。教育者们设计出了新颖别致的授课方式，但作为大多数美国研究课程基础内容的美国历史介绍——虽然在这方面已经作出了不少变革，专家们也做了不少工作——却仍然沿袭以往的授课模式，如历史学家琳达·克柏（1997）所指出的那样，按照既定的顺序按部就班地一堂堂课讲下来，往往从哥伦布开始讲起，一直讲到学期或学年结束时老师能讲到的时间段。克柏还指出，出于讲课效率和内容覆盖面的考虑（虽然她也承认这可能不是唯一的一个原因），历史学家们的讲课体系中往往把跟女性相关的事件排在男性相关的事件后面，认为前者没有后者重要。

对美国历史研究课程大纲的详细分析佐证了这一观点，它们同时指出，虽然课程有了很大的变化，但学生们最常接触到的美国历史仍然以男性为主，而且是从社会性别分立的角度进行的解读。而通过对教科书的仔细阅读，我们发现为美国大学生和中学生编写的美国历史教材涵盖的范围与历史研究课程一样也有了很大的变化。简单统计一下女性索引条目，我们就可以了解历史课本中女性相关内容的收录情况。1963年约翰·布卢姆的《民族的历史》一书初版索引部分“女性”项下收录了六个专题条目，而1993年出版的第八版中收录了14个条目。对纳什等人撰写的《美国人民》一书四个版本的分析表明情况相似：第一版(1986)中收录了54个女性条目，第五版(2001)增加到了120个，而第七版(2006)更是增至152个，标题包括“女性主义”、“社会性别”、“女性运动”等。事实上每本美国历史教本情况都是如此。截至目前，没有一本教材(甚至是那些不认同女性历史的作者所编写的教材)在后续出版的版本中缩减关于女性的索引条目。

然而如果不看索引，我们会很惊讶地发现虽然女性的相关内容逐渐增多，但女性在教本中的“可见度”却呈相反趋势，特别是在目录部分。目录中一般不会提到女性，如果有，也只是在1830年—1860年那段历史的副标题中，而且还是一笔带过，比如说“女性、家庭和家庭理念”，很少会出现在诸如“女性主义的复苏”和“女性主义、反女性主义和女性生活”等副标题中。情况就是这样。这里我想强调一下：一般来讲，美国历史教本的章节题目中不会出现任何形式的女性字样，如果目录中提到了女性，也只会出现在章节的副标题中，而且这种情况还是非常少数，而提到女性的副标题一般也只有一到三个(每本教本平均有500个副标题)。

如果再看一下教本中的图表内容，我们几乎压根就看不到女性的踪迹。比如说，有一份关于职业情况的表格会标“工作女性的职业分布情况，1990—1998”，或者“结婚和离婚情况，1890—1997”，但许多教本中甚至都找不到一张表格其数据是跟女性生活相关的。你可能会问：“那教本的章节大标题或副标题中会提到男性吗?”这个问题问得很好，因为标题中出现的man或是其复数形式men并不一定指的就是男性(注：英文中这个单词也可以泛指人)。但是实际情况怎么样呢?就拿近期出版的教本来说吧，许多教本的章节标题和副标题提到男性政治领导家时往往都直呼其名(比如，“进步主义和共和党领袖罗斯福”、“道格达斯参议员和堪萨斯-内布拉斯加法案，1854”等)。那有没有教本提到社会性别这一较为宽泛的字眼，以此为角度来分析历史呢?几乎没有。

教本中的地图揭示的情况完全一样。地图可能乍一眼看上去不含社会性别偏向，但如果我们把教本中的地图一张张翻看过去，会很惊讶地发现这里面的社会性别偏向有多严重：战役地图上标注的是士兵们的行动路线，根本没提平民老百姓，农场租佃图根据男佃户的数量绘制，选举结果图上显示的数据是在全民选举的假设前提下估算得出的数据，而事实上在长达数十年的时间里选举都只是一部分人享有的特权。而涉及女性的标准地图显示的是赞成和反对公民选举的州名。地图上显示的都是重要的内容，而根据这一标准，会传达给学生们这样一个强大的信息：土地征收（很长的一段时间内大多数州的法律规定女性不能以自己的名义拥有财产）非常重要（很多地图上都提到），但是没有任何一本近代出版的历史课本提到妇女妊娠死亡率的情况，出现在历史课本上的女性通常都跟绘画和图片联系在一起。

我们不能否认在过去的30年里学者和教师们已经非常努力对美国历史研究课程作了一番改革，以帮助更多来自不同背景的美国学生了解历史，感受历史与自身是息息相关的。他们在很多层面上重新规划了美国历史的基础课程，尤其是在社会性别这一层面上。但从整体来看，美国学生在课堂上接触到的美国历史真的在过去的25年中变得内容更为丰富了吗？课程结束后学生们到底能学到些什么？历史课到底能给学生奠定哪方面的基础？9·11事件对于历史学家以及他们的学生讲述美国历史会产生怎样的长期影响？最为重要的是，未来会怎么样？

毫无疑问，现在已经到了改革美国历史教学模式的时候了。教育者们应该参考先前引入社会性别进行历史分析的做法，多方位地尝试更多新的教学方法。这里我推荐两点，这两点我认为对于进一步改革美国历史课授课模式（尤其是涉及社会性别及男性和女性构建的部分）、建立超越社会性别二元论的社会性别构成模式具有深远意义。第一，数码技术和网络可以帮助我们突破传统的美国历史授课中按时间排列的线性模式。第二，历史学家和教育者们需要开始从全球化的角度认真分析美国历史中跟社会性别和女性相关的部分。

数码技术和网络已经从很多方面改变了人们的生活，同时有意无意地改变了他们的世界观。未来就是现在，因为学生们生活的世界已经是这个崭新的世界。一场变革正在酝酿中，而许多人相信这场变革会跟古腾堡的活字印刷发明一样影响深远，这一崭新的技术正在改变人们教书、写作甚至是思考的方式。依托网络教授历史课能够加快众所期待的教学模式变革，并且让美国历史讲述融入女性和社会性别变得更为便利。我们可以应用网络来突破以往僵化不变的按照时间顺序线性讲述历史的方式，改变现有的教学模式，扩大不限于男/女、黑人/白人/棕色人种对立的社会性别和多元文化讨论。当然结果可能也会相反，因为我们无法保证数码技术的使用者就不会照搬以前的纸质研究资料，按照传统的社会性别偏向的研究模式来教授历史。

全美高校和中学名目上千的历史研究课程现在大多已常态化地使用网络资料，每年网上相关文档的数量和质量都呈几何倍增长。教师和学生们可以在图书馆、教室甚至是家里上网获取资料，包括图片、地图、主要文献、珍藏本、手稿等，其种类之多、内容之丰富令人咋舌：《历史合作》期刊收藏的丰富的文档资料；在线游览埃利斯岛、大屠杀纪念馆、国家地下铁路自由中心；对学生和教师开放的特定网站，如埃德·艾尔斯的暗谷（http://valley.vcdh.Virgina.edu）、北卡罗来纳大学查珀希尔分校的美国南方项目的相关文献资料（http://docsouth.unc.edu）、康奈尔大学劳工关系学院创建的三角女衫公司大火事件网上陈列馆（http://www.ilr.Cornell.edu/tranglefire）等。现在有成百上千个网站可以为教师和学生提供精心制作的纪录片。凯瑟琳·斯克拉和汤姆·达布林创建的社会运动中的女性网站（http://womhist.alexander street.com）共刊载了 79 部纪录片、2400 多部文献，每月吸引来自 90 个国家的游客达 10000 人。AP 中心网站因为全美上千所中学的教师提供关于女性历史的在线资源而声名在外，其与史密森学会和哥伦比亚大学的合作项目也以此为样板。国会美国记忆项目图书馆（http://memory.loc.gov/ammem/index.html）为公众免费提供文献、录音、静动态影像、复印、地图以及反映美国历史的乐谱等资料。美国社会历史项目媒体和学习中心（http://www.ashp.Cuny.edu/）重新燃起了教师和学生们对于美国历史全方位的兴趣。

网络资料的共享同时也使得跨国研究美国历史成为可能。数以万计的浏览“社会运动中的女性”主题网站的海外访客把全球范围内致力于美国历史研究的学者和学生们联系在一起，来自中国、挪威和美国的学者们顺应全世界相互依存、相互交流日益加剧的趋势，对美国历史、地理和文化的时空界限进行了反思，而那些致力于让我们了解更多关于社会性别和女性历史的学者们更是积极参与到这一全球化研究美国历史的潮流中来。现有的比较女性历史的研究项目为这些人提供了可借鉴的模式。侧重比较研究方法的课程可以让学生更好地把美国和世界上其他国家联系起来,多方位思考美国所面临的全球化挑战和机遇。

历史可以帮助我们了解自己,而构建自我的过程没有什么比社会性别的构建更重要。单个来看,我们是由有着各自经历的个人构成的一个民族,而从整体来看,我们是共享公民社会的历史、有着相同的国家属性的公民,我们这些在美国生活和工作的人需要通过某些途径来了解社会性别对生活的可能以及既有影响。那些敞开心扉、毫无芥蒂地从社会性别——以及阶层、种族和民族等角度——全面研究殖民地时期的美国以及美国建国后历史的美国人可能才会真正地了解自己从哪里来,我们的国家是怎样一步步发展到我们称之为现在的这个阶段的。历史课开展社会性别研究对于实现这个过程非常重要,因为它们会清晰地告诉我们怎样才能让历史变得更加丰满,怎样才能在瞬息万变的世界上共创可持续发展的未来。

第二十六章　文学研究

安妮特·克洛德尼

再怎么夸大始于1974年的弗洛兰斯·豪女性研究奖的影响力及重要性都不为过。对于那些只在大学课堂里接触过女性研究的近代学者来说，可能很有必要简单回顾一下过往。我1958年中学毕业，1962年大学毕业，但现在回想起来，我当时根本就没有意识到在我所受的教育中女性的地位有多么卑微。的确，我们知道乔治·埃利奥特是女性，中学的时候老师一般也都会给我们介绍简·奥斯汀和埃米莉·迪金森，老师还告诉我们哈丽雅特·比彻·斯托曾经写过一部反奴隶制的畅销书，引得北方民众纷纷支持内战。但是没有老师告诉我们那本书就是《汤姆叔叔的小屋》。中学上公民课还有大学里上历史课，老师们都会提到玛格丽特·富勒、伊丽沙白·卡迪·斯坦顿、苏珊·B.安东尼等人名，告诉我们她们是超越她们所处时代的杰出女性，是她们促进了女性争取选举权的历史进程。然而我们读到的全是关于她们的介绍，从来没有读到过她们所写的东西。虽然洛兰·汉斯伯里的《太阳上的葡萄干》成为1959年百老汇最受欢迎的剧目之一——那年我是纽约布鲁克林大学英语专业的一名大二学生，但是在我们的阅读书单上找不到黑人女性的作品。只是因为我的一个姐妹想弄清楚自己的性取向，被带进了一个秘密的女同性恋组织，后来带回来一本已经破得不成样子的拉德克利夫·霍尔1928年出版的小说《孤独之井》，我才意识到可能还有专门的女同性恋文学。除了极个别的情况，可以说对于我们这代人而言，女性要么就跟艺术和大众生活绝缘，要么就是杰出男性身边隐形的伴侣。

接下来就到了20世纪60年代，随着时间的推移，人们对于个人生活的不满、对政府的不满集体爆发，汇聚成了一股强大的社会运动浪潮，包括民权运动、反越战运动、美国农业工人联合会运动、早期的同性恋争取权利运动、最初的环境运动、大众对于权威公正性和美国各团体间差别待遇的质疑,而当时被我们称为妇女解放运动的也是运动浪潮的一个组成部分,因为我们很多人都曾参加过60年代运动浪潮中的一个或多个著名运动(正是这些运动催生了妇女解放运动),因此也就和妇女解放运动扯上了关系。

说实话,文学在当时并没有引起大家的重视。但是,随着意识的觉醒以及20世纪60年代末、70年代初妇女解放运动的兴起,大家开始注意到从小学到大学几乎每一本教科书、每一次阅读任务中都找不到女性作者的身影,而只有在研究生的文学课上或是独立阅读小组里,我们才能读到女性创作的作品,而阅读这些作品满足了我们对于还原女性历史,了解女性过去所取得的成就,分享超越了种族、宗教、民族、阶层、地域和性取向的妇女情谊的渴望。20世纪60年代末、70年代初的时候,包括我在内的一部分人进入研究生院攻读文学,我们立志要找出女性文学鼻祖,虽然教我们的男教授们无一不告诉我们这是白费力气;我们立志要全面探讨文学作品——包括男性作品和女性作品——是如何对女性和社会性别角色进行建构和解构的。我们收获的第一批胜利果实以文档的形式保留了下来:我们挖掘了一大批女性作家,最早可追溯到古希腊的萨孚。第二项胜利是我们教会自己还有学生如何去解读女性作品,挖掘作品中暗含的关于反抗和勇敢抗争的蛛丝马迹。第三项胜利是理论的更新:我们弥补了现有文学分析理论的不足,并适时创立了新的理论。

1974年,社会性别和文学方面的研究层出不穷,虽然研究的课题非常普通,但研究从女性主义的角度展开,很有新意,不过主持这些研究的女性学者要出版、发表研究结果时却遭到了拒绝,这些反对意见要么说她们的研究是赶时髦、缺乏内涵,要么说她们研究的都是二流作家,上不了台面。太多的女性(包括我在内)无法获得升职或终身聘任的资格,而究其原因,除了大家普遍敌视女性主义作品外,至少部分原因在于我们能够发表论文的地方太少了,大多数高校出版社对于是否要出版女性主义研究成果仍心存顾忌。因为找不到地方发表论文专著,我们只能眼睁睁看着自己升不了职,无法获得终身聘任资格。

举例来说,在我从事的美国文学研究领域,最老牌的期刊是《美国文学》——

现代语言协会下属的美国文学部主办的一份期刊。但 1974 年以前,《美国文学》上刊登的大部分文章和书评作者都是男性,而赢得关注(当然主要是赢得男性学者的关注)的女性作者屈指可数,耳熟能详的有安妮·布拉德斯特里特、埃米莉·迪金森,不太熟知的有弗兰纳里·奥康纳、尤多拉·韦尔蒂、埃伦·格拉斯哥、伊迪丝·沃顿、薇拉·凯瑟等。《美国文学》上发表的第一篇女性主义倾向还不太强的文章是布兰奇·H.盖尔芬特研究薇拉·凯瑟的一篇文章,题目为《被遗忘的镰刀:〈我的安东尼娅〉中的性》,刊登在 1971 年 3 月份那期上。虽然如此,女性主义批评家们仍然坚持向《美国文学》投稿,她们同时也向其他期刊投稿,但成功率非常低。我就有好几个女性主义朋友用投稿退回来的稿纸来糊家里浴室的墙。

在这种情况下,1974 年现代语言协会妇女研究部以弗洛伦丝·豪的名义设立了一个奖项,她是妇女研究部的创立者之一,曾任现代语言协会会长,是妇女研究领域的先驱,也是女性出版社的创办人之一。妇女研究部通过此举向世人宣告女性主义研究非常重要,而且将与奖项永世长存,同时也告诉大家学术研究也可以分出优劣高下,要力求精益求精。现在女性主义研究获得了现代语言协会内部一个集团的出版许可。自从设立弗洛伦丝·豪奖以后,先前纷纷拒绝发表、出版女性主义研究成果的非女性主义和主流期刊也都逐渐向女性主义学者打开了大门。

随着文学界开始慢慢接受女性主义研究(虽然仍有点不情不愿),迫于日益加剧的压力,像《美国文学》这样的期刊也开始有所转变,它在 1974 年 3 月刊上刊登了两篇女性主义文章,都是女性主义批评家写的研究女性作家的文章,一篇是辛西娅·格里芬·沃尔夫写的《莉莉·巴特和美丽的死亡》,另一篇是克莱尔·卡茨写的《弗兰纳里·奥康纳的愤怒视野》。自此以后,《美国文学》这一权威期刊不再把女性主义批评家和女性主义研究拒之门外,而关于女性作家的文章和书评里很快又出现了一大批全新的名字——有朱娜·巴恩斯、阿德里安娜·里奇、佐拉·尼尔·赫斯顿、菲莉丝·惠特利等。女性主义能够在文学界争得一片天,部分也得益于《美国文学》这样的主流刊物邀请至少一位女性主义学者加入编辑委员会的做法,这样可以保证女性主义者的投稿至少有一位可能会产生共鸣的阅稿人。此外,随着各类刊物刊登的女性执笔或者关于女性的文章越来越多,期刊所属的高校出版社也日益意识到市场对于女性主义者的研究专著和评论著作的需求正变得日益高涨。到1980年,几大久负盛名的高校出版社的出版清单上都有一长串的女性主义理论、社会性别和文学历史方面的书,而弗洛伦丝·豪奖的获得者(连同获得提名的荣誉候选人)要出版书稿更是不在话下。情况已经跟以前完全不同了。

虽然这种情况不能完全归功于弗洛伦丝·豪奖的设立,但要说奖项的设立极大地推动了女性主义在文学界占得一席之地应该是毫无疑问的,因为它赋予了女性主义研究一个新的合法地位。事实上,如果可以的话,许多权威期刊希望能够刊登更多女性主义研究的文章,但是女性自创刊物的出现打破了现有的平衡格局。

20世纪70年代早中期出现了几本女性主义刊物,为女性主义者刊登女性主义研究文章提供了更为便利的条件。1970年《从我们身上》创刊,1974年《探索:女性》季刊创刊,自1972年起又有好几家著名也更为主流的女性主义刊物创刊。1972年,温迪·马丁创办了《妇女研究:跨学科研究》期刊;同年,《妇女研究》季刊(在《妇女研究通讯》的基础上扩版而来)和《女性主义研究》(克莱尔·摩西任主编)创刊。1973年,珍妮特·托德创办《妇女和文学》并任主编;1975年《符号:文化和社会中的妇女》创刊,凯瑟琳·R.斯廷普森任主编,同年,《前沿:妇女研究》出版第一期刊物。1976年,《暗箱:女性主义和影视理论》创刊发行;1978年,《妇女研究国际季刊》面世。而与此同时,非女性主义的主流刊物也开始发行妇女和女性主义主题的专刊,比如1975年冬刊物《辨音符》发行了一期名为《文本政治学和法国女性主义》的专刊。

我之所以讲述这段众所周知的历史,只是为了强调这样一个事实,那就是20世纪70年代,主流刊物与新兴的女性主义刊物争夺女性主义批判性的文章,而所有刊物都希望能发表弗洛伦丝·豪奖获得者的文章。然而出版界的竞争行为并没有立马帮助女性主义批评家们升职或者获得终身聘任资格。安妮特·尼姆兹豪1975年在《美国文学》上发表了一篇从女性主义角度研究亨利·詹姆斯的文章,是同题材中写得最好的文章之一,但后来还是没有通过布林茅尔学院的升职和终身教授资格评审。虽然我1975年就出版了第一本书《这片土地:美国人生活和信件中的历史性暗喻》,但我也没有通过新罕布什尔大学英语系的升职和终身教授资格审核。随后，我依据民权法案七号法令提起了关于歧视的诉讼(这次诉讼是最早的同类诉讼案例之一)，把新罕布什尔大学告上法庭，控告学校存在社会性别歧视和反犹太主义倾向。这次诉讼创下了多个具有重大意义的案例法先河，最后于1980年10月庭外和解。但是在长达五年的诉讼期间，虽然我仍坚持做研究、发表文章、出版著作，但我对自己的学术生涯是否还能继续毫无信心。事实上，我在写《踩着地雷跳舞：关于女性主义文学批评的理论、实践和政治学的一些看法》这篇文章的时候，正处在人生非常灰暗的那段时间，我甚至都开始思考结束我短暂的学术生涯。但是1979年这篇尚未发表的文章获得了弗洛伦丝·豪奖，给了我继续走下去的勇气。因为这个，我会永远对这个奖项心怀感激，因为它对我个人而言有着不同寻常的意义。

现在，作为文化战场上饱受磨砺的一位老兵，我开始明白弗洛伦丝·豪奖对于整个学术界的重大意义，它肯定了每一位女性主义批评家和学者的价值。除此之外，这个奖项一直在告诉大家这样一个事实，女性主义研究改变了美国乃至全世界文学研究的格局和主题。总而言之，我们会一直挖掘新的女性作家，不管是过去的还是现在的，我们也会一直研究女性主义理论和批判方法论方面的问题。正如这本弗洛伦丝·豪奖获得者的合辑(in Suzuki & Default，2006)所阐述的那样，我们不再受到语言或地域的限制，我们的目标正日益变得全球化——而且会一直延续这个趋势。因此，女性主义研究会继续扩大文学领域和有关文学的讨论，弗洛伦丝·豪奖从设立之初就帮助各种形式的女性主义研究获得合法地位和关注度，而直到今天这个奖项仍然发挥着同样的效力。这就是弗洛伦丝·豪奖给予我们大家的馈赠。

第二十七章　数学

阿贝·赫齐格

数学应该具有客观性这一假设命题导致了这一学科的“文化失明”现象——无视个人问题，也不承认、接纳社会属性和社会问题。因而数学家们大多忽略社会性别和种族等方面的问题，那些没有达到学科文化规范要求（男性、白种人、没有子女、充满自信）的学生通常都会处于劣势。

而与数学的“失明现象”一脉相承的是常常把放弃数学专业学习的学生比作“漏水管”，这个比喻喻示着在受教育的过程中学生只是被动的参与者，他们能否学有所成完全受流体力学产生的力的摆布。“漏水管”的比喻不能解释为什么有些学生会一直从事数学领域的学习和研究，而更多的学生会选择离开，这个比喻也没有认识到在学习过程中当学生快要学不下去时竞争力和个人特性所能发挥的作用。这个比喻把所有的学生都归为毫无差别的“流体”，给教育者和政策制定者们留下了空间，让他们可以无视数学领域需要人性化的高等教育环境的问题。一个更有说服力的比喻可能是把学习比作一场旅行，意味着它有终点，而且会有也应该有不同的道路可以到达终点——高等数学研究。这个比喻喻示着学生能否学有所成要看学生个人，但同时也跟教育体制密切相关。这个比喻还可以很容易地解释为什么有些旅客享有特权可以获得更好的旅行装备，又或者为什么他们一路上遇到的阻碍更少些。

高等数学领域的女性人数随着学历层次的提高而逐步减少。虽然有超过一半的高校学生是女性，但近年来数学专业学士学位获得者中女性的占比只有近40%。一项关于本科生学习困难状况的研究表明，数学专业的学生遭遇学习困难的比例在保健专业以外的所有学科中排名最前。还有报告指出，数学专业本科生遭遇学习困难方面体现的男女差异现象非常明显，是差异最大的专业之一，女性放弃数学专业的比例要远高于男性。过去的十年里，数学专业女性研究生的比例约占专业研究生总人数的 30%。2007—2008 年度，数学专业博士学位获得者中女性占比 31%，而非裔美国人、印第安人还有拉丁美洲人加起来的比例只有 9%。虽然 2007—2008 学年数学专业女性的博士学位授予率达到十分之三，但被具有博士授予资格的数学院系聘用的女性（不分种族和民族）只占专业博士学位总人数的 26%。2007 年秋，数学专业的全职女性教员只占到教师总人数的 19%（因此女研究生都找不到几个可以作为榜样的女教师）。

数学专业女性人数降幅最大的情况出现在研究生阶段，也是本章重点讨论的内容。研究生的培育工作——就像各个阶段层次的学生培育工作一样——要求能够帮助学生掌握数学知识、从事数学实践并培养学生的专业归属感，其中最后一点在分析数学高等教育中体现的两性差异时最容易被忽略，但它可能正是最重要的一个因素。阻碍女性生成专业归属感的原因主要有两个：一个是院系自身的一些特性决定了女性学生会受到冷遇，还有就是关于研究生阶段数学专业学习的一些舆论导向，认为女性无法胜任高等数学的学习和研究。

数学专业的归属感

社会文化相关理论指出，学习就是要让学生掌握专业知识、参与专业实践、获得专业的认同感或归属感（Boaler, 2002）。这里的任何一个层面对于把学生培养成数学家都至关重要。美国数学专业研究生项目的主旨在于培养学生学习和研究数学的能力，近年来才慢慢意识到培养学生参与数学专业实践的重要性，并对此有所侧重，然而培养学生的专业归属感这一层面还没有引起足够的重视。

有人指出，如果要让学生从幼儿园到中学的 12 年教育获得平衡发展，培养学生对数学的专业归属感非常重要。有人针对研究生阶段的学习也提出了相似的主张，因为有研究表明，学生是否有恒心学习某一专业跟他们是否能融入院系，跟同学、教职员工等有良好互动密切相关。好几个专业的学生都指出，学生群体中应该有女性学生还有黑人学生，且数量应达到最佳平衡，这点非常重要。而相关研究表明，理科专业的女研究生往往感觉很孤单，甚至都会萌生自己是不是选错专业的想法，因为她们所在的院系都以男性为主。

一般提到数学家和数学专业的学生，人们就会联想到缺乏社会技能，除了数学就没什么兴趣爱好之类的。苏珊娜·达玛林（2000）对有关数学能力的言论进行了分析，得出结论：数学能力是大家判断他人是否是常人的一个依据，而那些数学天赋极强的人往往会被认定为非常人（p. 78）。而数学专业的女性不仅是女性，也是拥有数学天赋的人，所以不管是在女性群体中还是在数学专业人士群体中，她们两头不讨好，都被认为是群体中的“异类”。首先，她们的数学才能令她们成为常人眼中的“异类”。其次，因为大家一般都认为数学是男性的专属，所以学数学的女性往往会受数学家们的排斥，认为她们不属于自己的圈子。而如果这名女性是黑人或者做了妈妈的，情况就更复杂了，她们会遭到原本自己所属的任何一个群体的排斥。如果女性立志要学数学，就一定要做好承受这些排斥的心理准备，而且要想到可能会被数学领域的主流群体边缘化。

研究生阶段数学专业的女性所面临的阻碍

所有数学专业的学生在培养自己的专业归属感方面都会遭遇困难，但对于女性和一些具有民族、种族特性的学生来说，这一点会难上加难。研究生阶段数学专业的女性面对的困难主要有两种情况：第一种情况是数学专业研究生教育有其自身的特点，可能会让女性感觉自己遭到冷遇：跟老师关系不融洽或者完全缺乏沟通、无效的沟通方式和激烈竞争、对学科认识不充分、学习跟家庭责任相冲突。第二种情况是关于研究生阶段数学专业教育的舆论认为女性无法胜任这个阶段的专业学习和研究：关于自主性和独立性的理念、关于数学才能以及什么样的人适合学数学的认识、信心等。

跟老师关系不融洽或缺乏沟通

那些跟老师关系不太融洽或缺乏沟通的学生往往较难有效掌握专业知识、参与专业实践并培养起专业的归属感，而这些对于研究生阶段的学习都是至关重要的。学生在日常生活中如果有自己信服的人不时给予鼓励，对他们选择并且坚持研究生阶段的学习有着重要意义。男生和女生都认为家庭成员的鼓励和精神支持对于自己很重要。那些被当成同事、后辈对待的学生更有可能考研并完成研究生阶段的学习并获得学位，而如果学生感觉到自己被当成“孩子”看待，完成学位学习的可能性会比较低。但是实际情况是，几乎没有几位数学专业的研究生反映说他们的任课老师或导师给予过自己精神鼓励或支持，虽然对他们来说，只要有一丁点这样的鼓励，结果就会大不相同。

理科女生跟任课老师的关系普遍不是很融洽，女生在跟老师们的相处过程中可能会遭受性别歧视，这有多种表现形式，例如教授们不愿意招女学生；导师会很乐意跟男生分享自己的资源，但对女生就不会那么尽心尽力。还有女生不能像男生那样自由进出实验室或院系办公室，被当成了“隐形人”，而她们所做的贡献也得不到肯定。另外女生往往会成为公开场合性别歧视行为的对象，包括老师们会对她们作出一些骚扰行为，她们必须忍受老师们公开的歧视言论，还有教授们公开宣称女生没有男生聪明、有天赋，做事也不及男生专注。

无效的沟通方式和激烈竞争

虽然数学家们的工作大多需要合作完成，但有部分数学家觉得自己的工作充满了激烈竞争，表现为开会时针锋相对的紧张气氛，还有就是跟博导相处的过程中能深刻感受到“傲慢徇私、恃强凌弱等坏风气，需要顽强的毅力才能坚持下去”(Burton，2000，p. 4)。数学领域的沟通交流不是为了解释、阐明什么情况，而是为了给人留下深刻印象，让人听不明白才好，所以用词说话一般都比较生硬，像“我们声明”、“证据不充分”、“这点非常显而易见”、“众所周知”等常用语听来很有胁迫人的味道。而这种过于肯定、唯我独大的交流风格可能会让部分学生感觉很不舒服，尤其是女生。

桑德拉·基思 (1988)指出，数学专业的人写文章还有说话的风格都很果断，我认为什么是对的，什么是好的，会很直接地表达出来，很少会考虑读者和听众的感受。有研究表明，女性在对话中使用陈述句的频率要低于男性，如果研究结果属实的话，那很明显男性会比女性更容易接受数学领域的用语习惯。另外，基思指出，“数学领域的用语往往会糅杂不耐烦、心灰意冷、慷慨激辩等几种情绪，尤其是在说的时候。修辞意义上的'论辩'如果是在数学领域很容易就会演变成'唇枪舌剑',双方互辩"(p. 8)。而女性如果想把自己惯用的沟通方式搬到数学领域中来并让大家接受,基本上就是天方夜谭。因此,她们可能就会不符合老师们认为的数学专业研究生应该有的气质、风度,可能就会被认为能力不合格。

同伴之间的积极互动对于学生顺利完成研究生学习任务具有重要意义,但大家都能感觉到研究生学习压力大,竞争激烈,而正是这个原因导致部分学生选择放弃攻读研究生学位,而那些在读的也表示因为竞争激烈,对自己的研究生生活非常不满意。

对研究生阶段数学专业学习的认识不充分

有些学生之所以选择数学专业是因为数学是一门抽象的学科,但也有部分数理专业的学生抱怨自己的专业学习和研究太脱离实际,研究讨论的都不是一些有实际意义或跟实际相关的问题,跟自己原先的想法完全不一样。好几项相关研究都表明,学生选择放弃数理专业的最普遍的理由是他们感觉自己的专业学习和研究没有意义,脱离社会、民众还有自己的生活。

研究生阶段的数学专业学习主要侧重传统的理论性的内容,因此,"许多数学领域的研究者们缺乏研究实际问题所需要的知识储备……而数学专业的教育或多或少有点像炒冷饭,毕业后走向教学岗位的学生授课的内容和方式完全跟自己以前所经历的一般无二"(国家研究委员会, 1992, p. 15)。

数学专业的教学方法通常都非常抽象化,数学概念之间,或者数学领域以外的概念,又或者跟数学的"整体概念"都很少有甚至完全没有外在的关联性,有些学者认为,女性似乎要比男性更有兴趣去弄清楚概念之间的相互关系和作用,理科专业的女性比男性更有兴趣去研究科学概念和科学事实之间的相关性,而男性可能会对脱离相关背景分析数据更感兴趣。部分女性主义学者对数学领域脱离实际只重抽象的风气进行了抨击,比如,贝蒂·约翰斯顿 (1995)指出,数学领域重抽象的风气其实是现代工业社会的产物,因为工业社会奉行的理念就是不管有没有必要,都可以把东西进行拆分以便管理。她还进一步指出,数学专业的抽象风气体现了男性化的倾向,是否认数学这一学科具有社会属性的一种表现。

与家庭责任相冲突

无数研究都没有找到证据证明家庭负担会影响理科学生能否坚持读完研究生，加大研究生阶段的学习难度，会拖累研究人员做研究，从而导致产量不高。然而，这些研究在选样方面很可能有遭人诟病的地方，而且还存在一定的偏见。比如说，样本中的那些面临着学术生涯和家庭生活困难抉择的科学家可能已经脱离科学圈了，对他们的研究结果就不适用于那些继续留在科学领域工作的科学家，还有就是大多数关于科学研究成果产量的研究仅局限于将科学界的精英作为研究对象。这类研究大多研究的是家庭责任对科研成果产量是否有影响，但没有人研究科学家们的事业对他们作出结婚以及其他跟家庭有关的决定会产生怎样的影响。事实上，为了避免事业和家庭发生冲突必须作困难抉择的局面，有些科学家（尤其是女性）会决定一辈子单身或不要小孩，或者等到事业有成时再要小孩，又或者取消原本的打算，少要几个小孩等。作出这些决定的科学家大多来自自然科学领域，而社会科学领域则较少。

攻读博士学位时如果有家庭负担，往往完成博士学业的年限要大大延长，而且家庭负担带来的影响在女性身上体现得要比男性更明显，尤其是在自然科学和数学领域。已婚或有小孩的理科专业女研究生往往会被老师评价为对待学业态度不够认真、不可靠、不值得在她们身上投资；而如果换成已婚或有小孩的男性，就不会有这些评价。

为了能兼顾家庭，理科女性通常会选择在产业领域开创事业，而那些愿意从事学术工作的也往往会选择那些教学型的小学校，而不愿意去研究型的大学校。数理专业的学生有因为意识到无法平衡家庭和工作而选择放弃研究生学业的，其中有男性也有女性。但是对于女性学生来说，除了家庭和工作之间的冲突外，她们还要面临照看小孩和研究生学业之间的冲突，因为她们感觉自己无法在两方面都投入足够的时间和精力。数理专业的女性可能面临的这些冲突——专业领域外和专业领域内的生活之间的冲突——可能可以用来解释为什么数理专业的女研究生会比男研究生更不愿意结婚和要小孩。

相比男性，女性更有可能会为了追随配偶而牺牲自己的事业，也会更紧张研究生学业、终身聘任资格还有生育的时间性方面的问题。女老师成为女研究生们学习目标的原因可能不在于她们在事业上有多成功，而在于她们能够在事业成功的同时兼顾家庭。

有家庭负担的学生还要克服的一个障碍就是学业安排跟家庭生活相冲突，从而导致有些学生无法参加院系的活动。当然，如果院系比较通情达理，这部分的负面影响有些可以得到很大程度的缓解，比如说提供照看孩子的服务、允许这些学生非全日制学习、弹性确定学业任务的截止日期，对于已为父母的学生允许放慢学习进度、提供经济支持、弹性安排学业任务等。

独立性和自主性

大家一般都会认为数理专业女研究生的才华和能力都比不过男研究生，因此老师们可能会不拿她们当回事。其实，女性很小的时候起就具有良好的社交能力，渴望能够跟他人互动、获得他人的关注、巩固跟他人的关系，而不愿意成为独立自主的学习者，而这种表现在导师们看来——尤其是在像数学这种注重独立性和个体性的学科领域——可能就很不可取。因此，女研究生喜欢交流互动的行为可能跟男老师对数理专业学生应该独立自主的形象认定不一致，因而错误地认为她们比不上男研究生。

事实上，独立自主性对于理科专业的女性来说是一把双刃剑，因为必须要获得一定的支持或者累积起一定的归属感，学生才胆敢冒险犯规。如上文所指出的那样，男学生可能跟老师们相处融洽，因而有很多机会培养归属感。这种受认可的感觉是独立自主工作的前提条件。而女生因为跟老师的关系不那么融洽，所以会觉得独立行事更加困难。

关于数学才能和对什么样的人适合学数学的认识

数学家们往往都会强调“天赋”或“能力”的重要性，从而完全忽略自己的博士生头几年的专业发展，把指导看成是给学生们一个机会来看清或者证明自己是否拥有数学天赋。一些老师这么来描述自己的工作：感觉是在做好事，免得那些不具备完成数学专业研究生学业所需“必要条件”的学生浪费时间。这些认知给学生的专业学习制造了明显的障碍，因为他们只有先证明自己才能有机会参与有意义的数学实践活动。这种认知还构成了双重约束，因为它忽略了这样一个事实：参与有意义的数学实践活动可以提高学生的数学能力和学习技巧。

正是因为老师们对天赋如此看重，博士生教育的重心从培养学生成为数学家转到了挑出那些没有天赋能力的学生上来。而反过来，把能力（跟成绩或知识相对的一个概念）看成是学生能否学有所成的关键因素，又会影响到学生学习是否有积极性、能否有效运用学习策略，以及上课是否专心听讲等。虽然还没有人研究过成功的诸多因素对于研究生阶段学习的影响，但大概跟现有的研究过程差不多。

信　心

信心被认为是激励研究生完成学业的重要因素，也对学生的职业规划以及学生是否能坚持实现规划有重大影响。数学专业的学生需要相信自己有能力学好数学，只有这样才能孜孜不倦地攻克课程作业还有研究领域的一道道数学难题。

有研究表明，虽然男女生的学业成绩差异不大，但数理专业的男生要比女生更有自信。不过虽然一开始女生就比男生缺乏自信，但她们的自信更多还是在之后的研究生阶段的生活和学习中消磨殆尽的。

很多研究常常把自信和能力混为一谈，比如研究人员把自信定义成对能力的信心，然后往往会分析其跟社会性别的关系。但是，大多数研究在讨论自信心和能力的时候并没有对这二者给出明确的定义，也没有意识到对这二者的讨论其实含有社会性别偏向。有些研究对能力做了明确界定，指出有些学生被认为有天赋，不是因为有什么方法可以对天赋进行测量、定义，而是因为这些学生能够流畅地、毫无困难地完成某些实践行为，而这些实践行为跟学校预期的实践行为相一致。相类似的，如果有些研究生能够展现数学领域所看重的实践行为，就会被认为是有自信的表现，而如果研究生的表现跟普遍认可的表现不同——就像女性可能碰到的情况，就会被认为缺乏自信——在某些情况下，对能力缺乏信心。

要想为女性进入数学领域创造更多机会，令她们能够学有所成，必须力求把所有这些障碍的影响降到最低——女性遭遇的障碍比男性要严重得多，建立更多渠道让女性在数学领域找到归属感。

第二十八章　男性研究

罗伯特·希斯利

男性研究属于社会性别研究的范畴，专门研究男孩和男人的生活与经历。学者们结合理论和调查探讨了文化、社会、人际交往层面上身为男性的意义，批判地分析社会文化对男性身份的解读，以及在家庭、宗教、职场、政治、教育等社会领域男性受到的待遇等。教育范畴的男性研究的主要内容可能跟以下几个问题有关：男孩的学习行为和习惯是否真的跟女孩不同？为什么男性的学历层次会比女性低？怎样才能遏制校园里的男生欺凌行为，引导男生用其他的方式来证明自己的男性身份？

男性研究有时会被看成是女性研究或社会性别研究领域的一个分支，或者是跟女性研究和社会性别研究密切联系的一门学科，但事实上对男性研究的最合理定位是把它看成一门涵盖众多学科的跨学科研究，通过对其相关学科的研究分析来探讨我们对于男性身份的认识如何受到社会文化的影响同时反过来又会对社会文化产生怎样的影响。自20世纪70年代中期到80年代，美国高校众多院系开始开设专门研究男性和男性身份的课程，而“男性身份”这个词也开始有复数形式，表明男性身份的表现方式越来越具体、越来越丰富（注：“男性身份”的英文单词原本是个抽象名词，没有复数形式）。

跟女性研究情况相似，男性研究也根源于始于20世纪六七十年代的广大的男性运动，当时社会上兴起了一大批男性小团体，开始关注两性以及男性同性间的关系。虽然运动的早期参加者中很多人认为自己是女权主义者，捍卫女性维护权力，但也有一些团体对女权主义无动于衷，甚至反对女权主义。活跃在男性研究领域的人有部分是老师和在校学生，他们同时也是男性运动的活跃分子，通常比较激进，支持女权主义。还有就是从事男性研究的学者们，他们对男性运动进行深入研究，并且通过课堂和学术会议跟学生还有同行分享自己的研究结果。

但是男性研究的最大贡献在于它使得学生、教育者们以及其他相关人员开始对社会性别——尤其是男孩的需求——进行更多分析性的思考。传统观点认为，男性跟女性是不同的，在他们身上有一种共同的属性可以把他们跟女性化的行为和特征区别开来，正是受到这种观点的左右，过去对男性的角色定位就是他们爱好或者应该爱好运动和竞争，因此学校的课程设置和活动安排都会力图突显出这些"男性化"的特征，而剥夺了男孩参加不强调竞争和运动能力的活动的权利。如果男孩的举止行为跟大家心目中男性化的举止行为不符，就会遭到排斥。

男性研究学者们指出，这样的做法不仅没有认识到男性间的差异，而且在某种程度上对社会性别等级制起到了推波助澜的作用——认为某些男性化行为比其他行为更为重要。种种不良的社会现象——比如欺凌弱小、日益攀升的退学率、日益难堪的教育成果，还有学校暴力等，可能都跟这种对男性的社会化认知有关，这方面还缺乏相关研究。近年来的研究表明，美国和其他国家的男孩对教育(尤其是人文教育)越来越抵触，部分原因在于教育跟女性特征相关联。因此男性研究学者们发现，一方面学校等社会机构大力强化传统的男性角色定位，而另一方面社会却在为让男孩积极上学而努力。

男性运动的开端和发展

男性运动——包括男性研究——根源于西方文化史上的三大历史潮流：19 世纪末弗洛伊德领衔的心理分析运动、争取妇女选举权运动、始于 20 世纪 60 年代的第二波女权主义运动。

弗洛伊德和之后的精神分析学家们(比如卡伦·霍尼)质疑了社会对男女生物属性的解读。他们探讨了父母会对孩子的性别相关行为产生怎样的影响等问题，认为男孩对父亲怀有敌意、害怕性器官被割(跟母亲过于亲近)都是心理创伤的基础表现。虽然精神分析理论备受抨击和质疑，但弗洛伊德和他的追随者们却非常郑重地指出男性化和女性化的行为、特点不是固定不变的，相反，他们注意到男孩和女孩的行为表现会随着社会环境的改变而改变。在观察男孩的时候他们特别留意到了母子关系，觉察到母子分开非常重要，从而得出结论：如果男孩不和女性群体分开，会变得像女孩。

这些认识对教育产生了重要影响。男孩被要求接受“男性化”教育，接触“男性”圈子，而只要跟“女性化”的东西沾上边，就会被人看不起。因此，20 世纪初的时候涌现出了一大批美国童子军之类的组织。童子军组织的宗旨是培养男孩的“男子汉气概”，而这种男子汉气概是在诸如家庭和小学这种女性影响力较大的环境中培养不出来的。在这种环境下，教育不再是最重要的，比教育更重要的是孩子有机会可以在家和学校以外的地方进行冒险。

19 世纪末、20 世纪初兴起的争取妇女选举权运动在社会和政治层面上引发了大家对社会性别问题的关注，其辐射范围远远超过妇女的选举权问题。运动引发大家思考两性关系以及女性对于男性的依赖等问题，并且尖锐地提出了关于男人和男性含义方面的问题。归根结底，如果女性能够参与选举、对社会和政治事业发表自己的观点，那接下来怎么样——可以进入男子大学，可以从事社会层次较高的职业，甚至可以经济独立？这意味着大家可以对所有以男性为目标——旨在为男孩提供教育、帮助他们成长——的院校提出质疑。男性身份到底意味着什么（需要付出怎样的代价）？

20 世纪初，大家在回答这些问题时，往往都有一个前提性的认识，那就是男性拥有特殊才能，虽然这些才能不一定就比女性的优越，这种观点对教育有着深远影响。知识分子们还有政治领袖们一致认为男孩跟女孩有着本质区别，而学校的课程设置也反映了这一点：学校鼓励男孩和女孩学习适合各自社会性别的内容——男孩学木工，女孩学家政。20 世纪 60 年代女权运动兴起之前，大多数高校都更加青睐男生，而且男女培养方向也各不相同，男生的培养方向是传统认为适合男性的工作（女生的培养方向则是传统观念中适合女性的工作）。同一门课程的内容侧重同样可以体现出社会性别差异。比如说文学还有历史课本中的主角全是男性，他们敢于冒险，在战争中浴血奋战、英勇无畏，独立能干，而出现的女性角色则被刻画成依赖性强、只会做家务，形象非常单一，而其根源在于大家对于女性的传统认识，认为对书中的那个理想的女性形象（其实也就代表所有女性——

至少所有白人女性)的要求就是如此。

正如男性研究学者们后来所指出的,强调这些男性化的方式还会严重束缚大家对于男性以及男孩培养方式的认识。强调男生学的课程、接触的思想和思维方式等应该跟女生不同一方面限制了女性获得平等机会的权力,但另一方面也阻碍了男性对于被认定具有女性特征的事物的重要性作出正确判断。相关效应仍在持续:近年来关于男女专业选择的研究表明,男生大多看不上文学以及心理学和社会学等"软"科学,因为传统观念认为这些学科偏女性化,不太值得男生学,而他们选工程学和化学的很多,部分原因是这些学科属于"硬"科学。当然我们会毫不意外地发现"硬"科学领域的薪酬比"软"科学领域的要高。

在女性研究以及后来的男性研究发展起来前,没有人对上面所提到的关于男性的认识和看法提出异议。但是随着第二波女权主义运动中女权主义者们开始提出女性跟男性接受同等教育的主张,要求原本只对男性开放的院校和专业也对女性开放,并且呼吁广泛开展女性研究,20 世纪后半期美国的教育体制发生了巨大的变化。

还有一个变化——虽然不太明显——就是开始重视社会性别对于男性意义的研究。20 世纪 70 年代初,涌现出了众多大众刊物和学术论著,对社会上流行的关于男性的传统观念发起抨击。这些作者跟女权主义者们并肩作战,对关于男女差别的社会认知——认为男性天生拥有优于女性的才能,男性在多个层面上跟女性有着本质区别等——发出质问。第二波女权运动向男同胞传达了这样一个讯息:他们应该思考社会性别对他们生活的影响,对家庭和学校等机构区别社会性别的安排——这给男性和女性都带来了困扰——发起质问。

开始研究男性的学者们提出了这样的问题:男性特质以及围绕它而形成的认知是否真的只是假定性的认知(这些认知正因为社会变革而变得岌岌可危)。正如这些学者们开始注意到的那样,社会性别在男性的生活中就跟在女性的生活中一样有着不同的表现方式。他们发现男性与女性之间的差别并没有大家之前所想的那般大,倒是男性身份的表现方式——文化内部以及不同文化之间——比之前大家所认为的要复杂。

20 世纪七八十年代,出现了三大解析男性生活的派别,这三大派别解析男性生活的角度大不相同，有时甚至相互对立，但覆盖面非常广泛，直到现在男性运动或者至少男性研究领域里关于男性和男性特质的争论仍然属于其理论范畴。这三大派别分别为男权/父权派、神话诗学派、亲女权主义派。

男权拥护者认为男性饱受社会压迫，他们需要在日益追求物质的文化氛围中工作，承担起养家糊口的责任，就像“机器”一样，但作为父亲的他们却享受不到跟母亲一样的支持（比如说，离婚时孩子一般不会判给父亲）。有时这些拥护者们会对女性主义者表示强烈不满，认为女性问题并不比男性问题更重要，女性权力不应该优先于男性权力。20 世纪 90 年代，具有基督教背景的守约人组织掀起了一场运动，号召男性回归丈夫的传统身份，履行养家的传统职责。

神话诗学派之所以叫这个名字，是因为其运动领袖喜欢借助古代神话故事和原型（深刻的无意识的主题）剖析男性生活。支持这一派别的多为作家，还有自办研讨班的领导人，其中包括罗伯特·布莱和萨姆·基恩，他们认为男性身份跟女性身份有着本质的不同。虽然不像男权派那样有着明显的政治立场，但他们也认为男性是女性主义和失怙家庭及单身母亲家庭的受害者。他们强调男性需要常规化的相互扶持，需要“释放狂野的内心”，在男孩成长的过程中要给予他们引导。

第三个派别兴起的时间跟男性运动差不多，这一派别拥护女性主义，对男性权力持批判态度。这一派别的支持者们指出，虽然在特定文化中两性关系取决于两性间的权力失衡，但因为社会机构赋予某些男性群体以特权，同时贬低女性以及所有被认为具有女性特征的东西，导致男性也受到负面影响。起源于 20 世纪 70 年代的国家反对社会性别歧视男性组织——这个组织刚开始只是一个个非正式的反对社会性别歧视男性的零散团体——自 1975 年开始每年举行会议探讨男性和男性化问题，吸引了对这些问题感兴趣的各界人士，直到今天依然如此。

虽然这三大派别剖析男性生活的角度各不相同，但都对关于男性和社会性别的日益激烈的讨论有所裨益。正是在它们的影响下，成立了一大批由热心人士、知识分子还有实干家们组成的国家组织，推行的项目也是五花八门，有对男性进行干预停止其施暴行为的，有主张离婚后父亲多亲近孩子的，有为努力戒除黄瘾提供援助的，有宣传男性身体健康问题的，还有为终止贬低女性和歧视男同性恋行为作出各种努力的。

学术和专业领域的男性研究

跟男性运动一样，男性研究也是对女权运动以及根源于女权运动的侧重学术理论和研究的女性研究项目的响应。自 20 世纪 60 年代起，除了积极呼吁推行社会和政治改革以缩小男女之间的不平等，女性主义者还开始大力宣传进行关于社会性别的学术研究，因为在她们看来，“社会性别”是社会构成中的一个核心的人类属性，应该从多学科的角度进行研究。

相类似的，男性研究也把男性角色概念化，并以此作为众多学科领域研究的重点。以前都没有人对男性，尤其是特定时间段特别突出的男性特质作过研究。例如，校园枪击事件报道中通常都是说“孩子”、“学生”怎么怎么，却没有人从社会性别——尤其是男性——问题的角度进行分析报道，指出事件背后隐藏着的其实是具有男性特征的一系列模式化行为，比如男孩更有可能获得并使用枪支、更容易暴露在欺凌和暴力的环境中、情绪的自我意识比较差、不太愿意寻求帮助等。

随着高校开设男性研究课程，专著和论文纷纷出版发行，相关的文献资料日益丰富，极大地推动了男性研究的发展。早期讨论父权制和社会性别歧视对男性(也包括女性)负面影响的重要学术专著有德博拉・S.戴维和罗伯特・布兰农的《49%的多数:男性角色》(1976)、约瑟夫・柏莱克的《男性的神话》(1981)等。20 世纪 80 年代美国心理协会成立了男性研究部，如上文所提到的，这一时期关于男性研究的地方和全国性会议纷纷召开，吸引了社会各界人士，有来自新兴的家庭暴力干预领域的专家，有亲女性主义激进分子和学者，还有那些渴望改变生活，因而需要重新了解男性身份意义的个人。

哲学家哈里・布罗德 (1987)的《制造男人味》一书为理论阐述男性气质是社会规范和价值观——这种社会规范和价值观会随着时间与社会要求的变化而变化——的产物奠定了基础。对于男性而言，社会性别日益被视为一种社会建构行为，而这种建构行为是社会合力的产物，在这个过程中某些男性特质被理想化，甚至被当作是维持社会秩序的砝码。在歧视同性恋的文化中，男性为了让自己有“男人味”，必须在社会交往中明确表现出自己不认同同性恋。与此同时，男性如果公然跟女性调情以此来证明自己是某一类异性恋者(这种异性恋在女性中很普遍),则会受到鼓励和奖赏。相类似的,在重视竞争的文化中,学校会强调竞技体育,如果男性积极参与竞争以获取运动能力、经济或个人方面的利益会受到褒奖,而如果男孩缺乏竞争力——或者运动能力不强——则会遭到贬视。

20 世纪 90 年代,男性研究领域的研究成果更加推陈出新,涵盖了男性整体以及特定层面生活(如教育、体育、性取向、宗教、文学、媒体等)的理论和研究。1991 年成立的美国男性研究协会每年都主持召开学术研讨会,教授、在校学生、研究人员以及其他人士在会上进行论文交流。1997 年—2006 年,基梅尔和梅斯纳合编的《男人的生活》一书——这本选集通常都是大学里社会性别相关课程的必读书目——共修订了七版,而且每一版都增加了不少新的内容,这大概可以证明男性研究的成果资料在数量和质量上都有了飞速提升。此外,还有不少书和文章从种族、民族、社会阶层、年龄等层面讨论男性气质,表明男性研究已经成为一个重要的研究领域,帮助我们从不同的角度更深入地了解男性生活的多样性并对男性特质的概念及其作用作批判分析。男性研究课程往往也会引导学生对女性主义以及关乎社会性别对性特征和性身份影响的一些古怪理论提出质疑。

R.W.康奈尔的《男性气质》(1995)一书是男性研究领域一本里程碑式的著作,书中指出,所有男性特质中有某种特质是最具典型意义的,并对此进行了分析和归纳,而与之相对,女人也有“最典型的女性特质”。康奈尔认为,这种最典型的男性特质(对男性身份的最具指导性的认识和设定)具有排他性,颠覆了传统男性特质的相关问题。这一理论突破了关于男性特质的传统认识,指出男性特质并不呈线性单一而绝对,而是呈现阶梯性,在某种规范化的定义框架下,男人的“男性气质”有程度的不同。在新的理论和传统理论(认为男人要么“有男性气质”要么“没有”)的对抗中,学校开始认识到男性行为的复杂性。例如,在学校里,那些热衷参加以女生为主的活动的男生会被认为不如那些爱好只有男性才参加的体育活动的男生有男子气,可能会被同伴评价为“娘炮”、“古里古怪”、“有同性恋倾向”。不同的体育运动在体现男性气质方面也会有差异,有的体育运动会更男性化一点,而有的体育运动会比较不怎么男性化,比如足球和体操,因此男孩会不愿意参加那些“非男性化”的活动,而且还会贬低那些参加的同伴。一般学校领导、老师还有学生家长都会更看重那些最男性化的体育运动，即使可能只是无意识的行为。男性研究学家们剖析了这些行为背后的意义，提出了认识其影响的方法。

近来针对男孩和成年男性的研究以及提出的理论阐释在承认男女两性以及男性同性间存在生理差异的前提下继续强调男性特质是社会交涉的产物这一理论主张具有重要意义。社会和行为科学领域的男性研究学家们对男性暴力、性行为、男孩和成年男性的情绪自我意识以及男孩学习表现不佳和退学情况等课题进行了研究，与此同时，宗教研究、历史、文学、艺术和大众文化等领域的学者们开始对各自领域里男性特质的表现及男性的观点态度等进行批判性的研究。

男性研究学科的课程体系正在不断发展壮大，而且涉及学科领域也不断扩大——主要涉及社会科学领域，但跟人文科学的联系也日益紧密。此外，还有各项科研项目作为补充，这些项目包括研究文学作品或电影以及学校会议中男性特质表现的博士论文，以及关于男性研究或校园男性问题的研究项目等。好几所高校都已经制订了男性研究的发展纲领，比如明尼苏达州的圣约翰大学成立了男性领导才能和服务中心，主办了三次关于高校男性相关问题研究的重大会议；纽约州的霍巴特和威廉姆史密斯学院设立了男性研究的跨专业辅修专业，其他一些院校也正在筹划中。美国男性研究协会启动了一项方案，准备把男性研究课程大纲和所有相关资料进行搜集、整理然后挂到协会网站上，以促进更多院校开设更多有关男性研究的课程。

男性研究虽然是一门较新的学科，但促进了我们对于生物和社会因素如何影响男性生活以及男性特质认识的理解，让我们对男孩和成年男性的现实生活以及社会性别之于男性的影响有了新的认识。男性研究创造的知识成果对于教育者们实现有效教导所有社会性别学生的目标有着重大意义，现在如此，未来仍然如此。

第二十九章　多元文化教育

雷内·J.马丁

过去的40年里,对于什么是多元文化教育有很多不同的理解。但有证据表明多元文化教育的相关研究及(延伸而得)教育法多数忽略了社会性别,而只关注种族和民族性问题。事实上社会阶层、种族和社会性别三者呈现出复杂的相互交错的关系,可能正是因为其关系的错综复杂性,研究往往也会忽略社会阶层因素。在最有影响力的五种多元文化教育模式中,只有多元社会重建教育模式注意到社会阶层、种族和社会性别之间的相互交叉性,并以此作为理论核心,力图解释种族、社会阶层还有社会性别三者如何相互作用以构建制度化压迫的模式体系。

多元文化教育的五大模式

20世纪80年代,克里斯蒂娜·斯利特尔和卡尔·格兰特研究出一种分类法,梳理出了多元文化教育的五大模式。前四种模式都支持主流文化传播的理论,而第五种模式——多元文化社会重建模式——则立足于兼具思想批判性和解放性的理论,主张学校和社会机构的变革。社会公正的拥护者们以及思想解放的教育者们认为这会是一种有效的教育模式,可以消除社会性别歧视以及其他形式的社会不公现象。

斯利特尔和格兰特(1994)列出的第一种模式主要针对的是具有特殊文化背景的群体,这一模式主张教师应该帮助学生掌握融入主流文化所需的知识、技能、态度等方面的内容,适用于需要引导孩子树立自我民族文化意识或教学内容是关于历史边缘群体的场合,特别是当学校或班上有来自边缘群体的学生时。这一模式一方面鼓励学生们承认、接受自己的种族和民族属性，但同时又要求他们根据主流文化实现属性同化。批判家们指出，这一模式有导向问题，因为其暗示了主流的西方白人文化是核心文化，所有文化群体都要以其作为参照标准，向其靠拢，另外对这一模式的批评声音来自于这一模式没有考虑到社会阶层和社会性别等因素。

斯利特尔和格兰特梳理的所有模式中，至今仍大受欢迎的是人际关系模式。这一模式试图在有着不同种族和民族背景的学生间建立起一种融洽但又兼顾个人特点的关系，但这一模式同样忽略了社会性别方面的因素。这一模式的宗旨是用宽容的心和互动交流来消除敌意与对抗。有人会说女性和男性已经互动了上千年，但男女不平等的现象并没有因此而得到缓解。事实上，有证据表明男女间的关系尤其是性关系有时反而会加剧两性间的不平等，因为性关系会把男女一齐框束在传统的、时而不公平的社会关系中，从而很难去纠正甚至察觉到他们之间的不平等。

对这一模式的批评主要集中在模式没能引导学生批判性思考那些关于差异的分类是如何产生的，为什么有那么多群体遭到排斥和压迫。在这一模式中，种族和民族问题是第一位的，而社会性别和社会阶层是第二位的。男孩和女孩间的紧张关系被淡化了，它被认为只是成长过程的一种必然现象。因此，过去 20 年里研究者们的研究报告中反复提及的男孩骚扰女孩的现象遭到了无视，女孩接受了骚扰是正常的这一讯息，而男孩则形成了一种认识，即自己有权在校园环境中骚扰女孩。

另外，人际关系模式没有引导学生思考社会性别不平等所带来的伦理道德层面的暗示意味，也没有引导他们去观察男性处于优势地位时女性会受到怎样的伤害。这一模式还主张对于个体和群体差异我们只需要宽容对待而不需要认同接受。

单一群体研究模式（也叫民族增补模式）主要用来增进学生对历史性边缘群体的相关了解，其做法一般是在课程安排的某个时间或者一年中的某个时段（例如二月份被定为黑人历史月、三月份被定为女性历史月等）给学生介绍边缘群体中的相关人物。这一模式旨在让教育变得更加兼容并蓄，帮助学生了解学校如何通过沿袭教育传统中的定势思维来维护教育现状，从而消除人们对于教育是中立的这一认识的误解。此外，这一模式着意讨论诸如课程中没有女性成就相关内容等社会不公体系中的一些问题。有一个模式版本就是外围式地在课程中加入与女性相关的内容。例如，课程的某些环节会出现有关女性的内容，如科学课本中“科学领域中的女性”章节等。而这种外围式增加女性内容（在课本中或是在一年中某个时段）的做法其实暗示了女性并不是学科的重头，女性取得的成就全部压缩在一个章节里，而且往往还出现在课本的最后面，而许多老师可能因为时间关系从来都没能讲到课本最后，从而让情况变得更糟糕。民族增补模式贬低女性、女性生活以及女性所取得的成就，认为这些都是主流文化中的边缘内容，并且传达出这样的讯息：社会对于女性成就的认可度远比不上男性。

被称为多元文化教育的模式旨在通过课程改革加强知识库的信息储备，因此从表面上看会衍射出很多角度。这一模式试图把关于社会性别的公式化认知从课程资料中剔除出去，但收效甚微，这是因为这一模式没能认识到差异的错综复杂性。这一模式可能会在表面上承认女性取得的成绩，比如，学校会支持女生参加体育赛事，把她们赢得的奖杯陈列在橱窗里，但是，女生在使用运动设施、计划安排和庆祝胜利等方面获得的待遇都要比男性差。就算提到了女性生活和取得的成就，通常也是出于制造公平的目的，而不是真的有心这么做，而且往往打着让女性跟男性享受同等待遇的幌子。

这在国家妇女组织号召开展的“带着女儿上班”的运动中可以看出一二。原本学校可以引领舆论导向，指出许多职业现在仍然对女性紧闭大门或设置障碍让她们难以进入，也可以通过教育孩子、援引关于职业隔离和薪资差异的数据等措施来驳斥那些男孩也受到歧视的言论。但实际上，因为受到保守人士的阻挠——这些保守人士坚持称男孩也可以跟父母去上班，学校并没有发声表示抗议。虽然许多学校声称自己已经按斯利特尔和格兰特所要求的那样推行多元文化教育模式，但很明显这一模式并没有像希望的那样深入研究社会性别公平问题。

此外，多元文化模式也曾从主流文化的角度探讨问题，但却没有研究致使压迫问题更为严重的原因。大多数学校都视同性恋厌恶等话题为禁区，对相关内容完全避而不谈，但在学校的过道里还有操场上表达对同性恋厌恶的一些玩笑话不绝于耳，有不少学生表示自己经常玩像“打倒同性恋”之类的游戏。其实厌恶同性恋情结并不是孤立存在的，而是跟男尊女卑的社会传统观念紧密联系的，学校暴力事件跟这种情结有很大关系。

虽然有些持批判态度的教育者们指出，多元文化教育的有些模式实际上阻碍了学生全面深入了解社会性别平等问题，但主张多元文化和社会重建的教育模式，也叫多元文化社会重建主义（下文中以 MCSR 代替），被普遍认为是最有效的一种模式。MCSR 的理论基础包括思想解放理论、批判理论还有女性主义理论，有八大目标：(1) 把文化视为权力关系的产物；(2) 引导学生观察所处现实环境中的不平等现象，鼓励他们采取相应行动；(3) 指出文化和属性这两个概念具有复杂性和动态性；(4) 结合学生的背景、学习风格和生活经历组织课程；(5) 把学校当成实验室，帮助学生为积极参与民主社会做好准备；(6) 设立让学生充当变革者的课程；(7) 营造颂扬多样化背景的氛围；(8) 引导学生团结互助、开展合作学习策略。

MCSR 模式主张学生应该对社会现状发出声讨，力求改变现有的不平等现象，暗示了学生们不分社会性别、种族、民族等都有义务为了消除体制不平等而努力。这一模式指出，知识具有政治性，并不是绝对中立的，而学校就是抵制不公、改造社会的舞台。MCSR 模式就是依据这一信念，即知识压力能够促进师生交流，为他们挑战社会统治力量提供契机。更为重要的是，这一模式把文化看做是权力关系的产物，鼓励学生剖析社会权力结构，并与之对抗。模式还号召重组向对现有社会体制存有不满、意图革新的群体传播主流文化的社会机构。

MCSR 模式的支持者们坚决主张种族、社会性别还有阶级压迫之间有着错综复杂的联系。MCSR 其中一个模式就力图把遭受压迫的所有学生团结起来，这样就没有人会在意自己遭受的压迫是不是比他人的更重更惨。例如，黑人学生可能会认为关于种族主义（包括黑人奴隶）那段历史太惨了，比任何其他压迫都要惨，这时批判教育者们会介入，把学生的注意力从比较种族主义压迫和社会性别压迫哪个更重上面挪开，强调大家应该为了实现共同的目标团结起来：从根本上说，就是推翻一切压迫。如果遭受不同压迫的学生能够在这一共同目标的感召下团结起来，这个目标就成为大家所有人的目标，获得了实现目标的强大力量。

还有一个 MCSR 教育模式鼓励学生对社会压迫关系发出拷问,为建立一个更加公平、公正、民主的社会而奋斗。这一模式号召学生对现有的社会规范和价值体系进行反思。此外,这一模式把教室变成了学生建立新的社会秩序的实验阵地,强调进行批判对话、确立反霸权原则的重要意义,在唤起大家对所有历史边缘群体注意的同时,推进了革新传统权力和统治结构的可能化进程。

批判多元文化教育模式并不只重视社会改革,同时也提供了一种观察社会的方法,这一模式促进了学生严谨思维能力的培养和智力发展,鼓励他们对复杂而又相互依存的社会关系发出拷问,并积极寻求新的解决问题的方法,翻越社会樊篱。

作为思想解放工具的定位关系

定位关系指的是人们在社会中具有的种族、阶层和社会性别等身份以及社会文化对这些身份的定位及其所能赋予人们的权力。社会定位关系理论认为,人有不同的种族、阶层和社会性别身份,这些身份并不是人的根本身份,而是一种相对存在、复杂变化的定位性质的社会身份。因为所有定位都不是绝对公平的,所以这种定位关系代表的立场和观点都是有问题的,必须要予以纠正。如果学生对社会定位关系结构有很好的了解,就能够对其生活的合理性、个人身份建构、奖罚机制、权力关系、左右权力的道德伦理原则、常规教育和其他资源的可享性等问题发出声讨。

了解定位关系对于有效实践 MCSR 模式有着非常重要的意义,因为 MCSR 模式的教育理念就是发动老师和学生对其自身社会性别、阶级和社会性别身份的社会定位提出拷问。社会定位把人划分成不同的等级依据的不是人身上的内在身份,而是这些身份在不断变化着的社会关系网中所处的位置。MCSR 模式提出以下问题:如果身份定位相互排斥,会怎么样?如果出现多重定位,又会怎么样?不同身份定位相互作用,会出现什么样的紧张局面?

例如,许多年轻女性想要从事所谓的男性化的活动、职业或体育项目往往都会碰壁。有些女孩具有很高的运动天赋,但看着年纪也不算小了,被主流文化界定为未成年女性和成年女性临界的范畴，这种情况下会出现什么样的结果？女孩们的身体素质和运动天赋都很强，也肯吃苦，但她们中没几个人的心理素质好到能受得了社会对女孩踢足球、摔跤、打拳击、打冰上曲棍球的羞辱，情况又会怎么样？这场反抗社会性别压迫战役的结果如何很大程度上取决于社会文化对于男性和女性的认知规范。沃克丁(1990)指出，美国社会充满了臆想的关于男性和女性的社会认知，这些认知深深地植根于美国的社会文化中，人们对此视为理所当然，尤其是当他们成为权威社会机构(如学校和媒体)的组成部分或受其管制时。

同性恋厌恶其实也是一种社会性别压迫，而这种社会性别压迫被用作了阻止社会公正秩序建立的强大武器。对公平正义的追求被认为是对现状以及维持世界按现状发展的直接威胁，而在这个世界中，男性被赋予了至高无上的权力，享有丰富资源，并有权对这些资源进行统治和管理。为了阻挠女性声讨社会性别歧视问题，男性群体中有部分人生造出了一些极其可憎的用语，例如，称女性主义者为"女纳粹分子"，把女性追求解放的行为与世界历史上最令人发指的某个种族灭绝行为联系在一起。反女性主义者在宣传中反复、一致地把那些反抗传统的妇女说成是男人婆、同性恋、仇视男人的女人。与之相类似，美国社会中的男性也怕违反社会男性行为规范。因此，消除社会性别歧视的历史重任被压在了女性肩上。有些男性因为害怕自己会被当成同性恋，对凡是跟"妇女问题"沾边的都表示不屑一顾。事实上社会文化规范也对男性施加压力，要他们戴上杰克逊·卡茨所谓的"硬汉的面具"——一种超男人的人格，认为男性形象应该有着强健的体格和发达的肌肉、跟文化认知中的女性形象或具有女性特质的形象完全相反。伪化的男性形象就像非文字的行为准则，制约着男性行为，鼓励他们借助身体优势和权力凌驾于他人之上，以彰显男性气概。

定位关系还会促使我们思考如果出现多重定位，情况会怎么样？不同定位复杂的相互作用又会引发怎样的情况？种族主义、社会性别主义、精英主义之间是一种相互依存的关系，都会对基于种族、社会性别和阶级等身份定位而形成的社会歧视产生影响，这种歧视因为主要根源于文化成见、传统的各种社会偏见而变得合理化，往往表现为迷信和陈规化的认识，而这种迷信和陈规化的认识在维加看来会无意识地代代相传。身份定位的方式决定了我们是否能够获得权力，是否能够掌控自己的人生，是否能够实现人生目标。社会性别的定位一般都跟民族和社会阶层相结合。身为女性本身并不就意味着她会受到某种特别的对待。在美国社会中，一个有钱的非同性恋黑人女性跟一个贫穷的黑人女同性恋者会有着完全不同的社会待遇。

对定位关系的认知促使我们思考种族和社会性别之间的联系。作为美国社会中来自有色人种种群的一名女性，对她的身份定位会有怎样的碰撞？有色人种妇女，比方说黑人妇女，已经写下了大量的文献资料记录她们在生活中面临的压力，一方面她们感觉自己有义务捍卫黑人男性和自己一方而反对种族歧视，但另一方面，她们还要对抗自己生活中存在的社会性别歧视。MCSR 模式为我们提供了一个契机，让我们可以去观察、研究这些妇女们面临的压力和反应，从而帮助我们更好理解关于她们的复杂定位关系。

MCSR 模式的支持者们需要思考的问题之一就是如何才能最好地践行教育原则，有效地教导学生关于社会性别平等和社会公正性方面的问题。要做到这样真不是件容易的事。众多学者都著书讨论这样一个事实，即主流文化及其附属机构已经对学生们进行了洗脑。学生们进入课堂的时候就已经有了大量关于男性和女性的既定认识，依据社会性别角色的传统认知来划分其身份。批判性教育者们面临的一大任务就是设法利用学生们带到学校来的隐性知识，充分挖掘他们的聪明才智，一方面不迫使他们跟既得知识分割，另一方面引导他们挖掘既得知识跟所教知识的细微差别。

批判多元文化教育模式可以培养学生鉴别社会矛盾、思考如何改变现状的能力。这一模式鼓励学生思考以下问题：女性生活、工作、学习的文化环境是怎样的？女性成功的文化范例有哪些？如果我们想改变社会不平等的现状，会遇到哪些具有多重性且往往相互矛盾的身份定位的干扰？如果我们意识到自己缺乏坚定的信念，意识到世界上有很多事并不是那么绝对，意识到我们其实很脆弱，老师和学校可以做些什么来引导大家？

MCSR 模式也有风险，也会产生问题。因为学校的使命并不是声讨社会现状，正相反，是帮助维持社会现状，所以就带来了问题。标准化测试和诸如“不让任何一个孩子落后”等国家倡议的推行更是令那些原本致力于教育改革的教育人士深受打击。大多数师范院校并没有大范围地把课程内容和社会公正性问题相结合，大行其道的是那些因为表面化地关注了种族问题而彻底无视社会性别和社会阶层问题的无关课程。因为以上这些原因，许多老师登上讲台时对于全面讨论社会公正性问题，特别是社会性别公正性问题其实都没有做好充分准备。因为之前所讲的很多原因，社会性别还没有被视为一个独立存在的问题。如果大致了解一下讨论校园欺凌行为的师范课程可以发现，几乎没有课程认识到发生在校园里的欺凌弱小行为、骚扰行为、枪击事件等跟社会性别问题有关。此外，近来出现了不少文章专门分析男孩有没有被落在后面，但对女孩学习不好的现象却鲜有问津。最后，社会整体文化仍然允许甚至纵容各社会机构沿袭传统认知，实施社会性别歧视行为。而对于老师来说，他们缺乏动力推行对抗这些不公正行为的课程模式，这点可以得到相关研究的证明：研究表明，大多数学校并没有真正践行MCSR模式。虽然采用MCSR模式进行社会性别平等性方面的教育会有高风险，但必须指出，这一模式为教育者们提供了难得的契机来告诉世人在没有任何外界干扰的前提下男性和女性的真实生活会是什么样。因此，毫无疑问，采用这一模式用于多元文化教育可能的得益要大于其可能的风险。

第三十章　师范教育

佩吉·帕莱西尔

自美国开设师范教育专业以来，社会性别教育一直就是师范教育的核心理念。众多国家的大多数师范专业——尤其是针对中小学教育的师范专业——学生都是女性。然而，最新出版的由科克伦·史密斯、费曼·内姆塞、麦金太尔和德默斯等人编的《师范教育研究手册》(2008)一书中并没有专门的章节讨论社会性别问题，而只是讨论教师队伍构成的时候略微提到了社会性别。

在师范学科领域，社会性别一直都被视为是结构纲要、社会问题或社会身份，它也当得起这样的认知。作为结构纲要，社会性别是划分师范课程和研究课题的依据；作为社会问题，师范学科领域中的社会性别问题一直受到政治决策者们的关注，虽然他们的动机可能跟师范专业的社会性别导向并不一致，有时甚至是完全对立的。而在社会身份方面，社会性别被认为是社会建构层面的一个重要组成部分，而师范教育中的社会性别研究导向(批判导向、女性主义导向、后现代主义导向等)可以反映出社会建构的发展趋势。社会性别定位对于制订教育政策有着重要意义，而当下关于教育成果的政策讨论似乎也会对师范教育专业产生影响，其中包括教学和科研过程中的社会性别定位。

社会性别作为结构纲要

从功能主义角度来看，称之为学校的地方需要有称之为老师的人。美国公立教育制度没有推行之前，学校里的老师基本上都是男性，而女性一般都在家庭环境中施教。新英格兰早期的妇女会在自己家里开办“妇女学校”，在提供日托服务的同时指导孩子的启蒙阅读。而受过教育的年轻女性通常会给富裕家庭的孩子当家庭教师。但是在中小学校教书往往只是男性的一个跳板，他们一般教几年就会离开，转行从事牧师、律师、医生等更高尚的职业，或者到只对男孩开放的私立大学预科院校任职。

到了19世纪，出现了几大社会浪潮，合力改变了教学领域的这种格局，也改变了师范教育的格局。19世纪早期的时候，“共和母性”思想(认为母亲们是未来男性公民的启蒙教师，对于新共和国有着非常重要的意义)的拥护者们提出开办女子中学和女子大学，虽然有些人认为女性教育有着重要的自我内在价值，其理念跟母性共和理念并不相一致，也积极响应母性共和派人提出的开办女子学校的主张。因此，大批中产阶级女性开始接受高等的正规教育。

美国内战开始前，北方各州纷纷立法要求政府开办大众化小学，导致了对教师的需求量激增。战争西进过程中新并入的各州也积极效仿开办了公立学校。在任用受过教育的未婚女性的问题上，包括女性教育的拥护者，为女性教育出策出力的人士，还有各州负责教育的领导纷纷提出自己的看法：女老师应该就像完美的妈妈，纯真善良，给予孩子们温柔的呵护；她们留任的时间应该比男老师长，因为她们的工作机会非常少；最后，也有些人认为重要的一点就是具有自我奉献精神的女性不会过多抱怨教师薪水低、工作环境差，因此为新兴的公立学校提供了价格低廉而又服从性强的劳动力(Clifford, 1989; Spring, 2005)。

女子学校——例如特洛伊女校、蒙特霍利约克学院以及各所州立师范院校——都为年轻女性开设了师范教育类的课程。女老师不断取代男老师，到1860年，女性教师的人数已超过男性教师。当时，想教书的人一般都要去西部，可以选择的学校也比较少，除了新兴的思想比较前沿的学校，就是旨在“教化”印第安人的联邦或教会学校。而内战结束后，南方各州修改了宪法，实施种族隔离的公立学校制度，联邦政府资助开办黑人学校，因此北方各州的老师们(包括白人和黑人)开始前往南方任教。19世纪与20世纪之交，城市里的女老师们教会了成千上万名移民孩子说英语，使他们成为忠诚的美国公民。经历过这段历史的女性们说到对自己的认识，通常都认为自己不光是具有独立精神的冒险家，而且也是传教士——宗教、政治、社会层面上的传教士(Hoffman, 1981)。

然而,受过正规师范教育的女教师供不应求。各地出台的教师聘用政策表明,地方学校董事更青睐男教师或没有受过正规师范教育的求职者。许多学校提高工资待遇,改善工作环境,规定已婚妇女不得任教,但即便如此,仍然没有改变教师流动性强的局面。这些情况表明,教师仍然只是一项短期性的职业选择,不需要规范的预备教育。然而,正规的师范教育开始蓬勃发展,出现了众多私立和公立师范院校。历史性黑人院校(HBCUs,指1964年前成立的,旨在为黑人提供教育的高等院校)肩负着为内战后的种族隔离学校培养黑人教师的历史重任,这些学校不仅鼓励女性,也鼓励男性接受师范教育,走上教师岗位,因为受过教育的黑人男性执教的机会相比女性要少。部分州规定,只要拿到中学师范教育专业的毕业文凭就可以进入小学执教,而这些专业几乎都只招收女生。许多受聘时没有受过正规师范教育的老师后来会被安排参加暑期教师进修项目——多为地方师范院校开设——进修教育法。最终,美国各州立法规定,公立学校的教师必须接受过大学的正规师范教育(Clifford & Guthrie, 1988)。

另外一个影响师范教育的结构要素是小学、中学教师以及教师和学校管理者间的社会性别结构分布。早期的公立学校一般只包括小学,大都只有一间教室,所有学生不分年级,老师清一色的全是女性,直到19世纪末的时候公立中学才开始大量出现,任教的多为拥有相关专业学士学位的男性,薪水也比主要由女性构成的小学老师要高。自20世纪20年代开始,小学开始划分年级,学校的校长大多由女教师兼任。此后,各教育院校开始设立新的学校管理方面的研究生学位项目。随着校长的身份和职责越来越细化并且逐渐跟教师工作相脱钩,男性开始顶替女性坐上校长的位置。师范专业男性的职业规划一般就是教满州或地方政策规定的最低教书年限就离开教师岗位,走向管理领导岗位。

这些社会性别结构分布直到今天仍然对师范教育有着不小的影响。美国师范专业的学生绝大多数都是白人女性。种族隔离政策废除后,之前还能在黑人学校执教的黑人女性大多被迫走下教师岗位。现在,虽然HBCUs培养的黑人教师数量要多于主流白人院校,但其基数跟培养的白人教师数量相比仍然偏少。学前和小学教育师范专业的学生多数都是白人女性,而中学教育师范专业的学生有近三分之二为白人男性。传统上以男性为主导的中学学科(如数学、自然科学、社会科学等)以及农业教育等职业教育领域(虽然比例相当低)的师资队伍中也开始出现女性的身影。此外,白人女性是美国师范教育师资的主力军,虽然在许多国家师范专业的老师仍多为男性。

直到今天,仍然有不少人抨击师范教育,质疑专业基础扎实的老师是否需要教学法方面的培训。几十年里,批评家们对师范教育质量,包括师范学生和老师专业能力的质疑不绝于耳。他们的书和文章里没有直接提到社会性别,但有趣的是他们很少对传统以男性为主导的职业学校(如工程和法律)有同样的冷嘲热讽。有些批评家建议缩减正规师范教育规模,甚至完全取消,转而借助无序混乱的劳动力市场,让教师的选拔机制变得更加开放,他们还指出,这种开放的选拔机制可能会从社会性别还有民族结构上增加师资队伍的多样性。

欧洲还有南美国家在过去的一个世纪里也出现了男性教师向女性教师转变的趋势,尤其是小学教育领域,虽然引发转变的历史原因不尽相同,但都跟小学教育的普及有关——小学教育的普及导致了对低薪教师的需求日益上升。社会性别在师范教育的政治博弈中占有重要地位,而除德国、墨西哥、澳大利亚、斯里兰卡、阿根廷以外,其他所有国家的师范教育发展史都证明了这一点(Ginsburg & Lindsay, 1995)。

社会性别作为社会问题

当下关于美国教育的研究和评论往往一上来就指出甚至表示惋惜说,虽然美国学生群体的民族背景正变得日益丰富,但教师群体却基本上都是来自中产阶级的白人女性。此外,来自低收入黑人家庭的学生在国家标准化成绩测试中的表现往往不尽如人意,而这在当今的政治环境下被视为是学校和教师工作无能的重要表现。主张社会性别平等的学者指出,学校重男轻女会对女孩的成长产生不良影响,而有些人担心在老师基本上都是白人女性的学校里,男孩——尤其是黑人男孩是否能良好成长。而根据这一观点,师范教育专业中产阶级白人女性的比重是个问题,因为正是她们无法教好来自低收入家庭的黑人学生,所以才导致了黑人学生“成绩差”的结果,也是因为她们无法理解黑人男学生,所以才导致他们在学校里的违规违纪行为，而这些行为在零容忍的法律规范中有着越来越严重的后果。

从矛盾理论的角度来看，一个非常重要的问题是：学校是否会对某些学生群体的成长产生有利或不利影响？泰亚克和汉瑟特（1992）指出，过去两个世纪以来，美国教育批评家们对美国学校存在问题的概括就是"男孩问题"和"女孩问题"。"男孩问题"指的是女性教师不能理解男孩的心理和行为习惯，因而限制他们的体力活动和对"男性化"事物的兴趣爱好，试图让他们变得"女性化"。关于"女孩问题"，有一种已经淘汰的理解是学校过于看重女生的学习表现，导致她们生理上还有智力上都无法胜任妻子和母亲的角色，而较新的一种理解因为美国大学妇女协会（AAUW）1992年公布的一份报告而广为人知，认为学校歧视女孩，对她们的学业表现期望比较低，给予她们较少的关注，课程设置时抱有社会性别成见等。

这些社会性别冲突对于师范教育有几大影响。自20世纪70年代以来——特别是AAUW的报告之后——对于女孩问题的解决办法就是教师在有限的范围内在课程中纳入社会性别平等的相关内容，通常放在"多元文化教育"、"多样性"等大标题下面作为一个小点来讨论。现如今，师范专业的学生对于例如教材和语言中可能含有的社会性别歧视有了更深的了解。但是，如果想以后的老师们能够审视自己具有社会性别歧视倾向的假设性认识及在和男女学生交流的过程中无意流露出的偏向性行为——这也正是支持社会性别平等的学者们极力主张的——还需要对课程作更大范围的调整和修正。

20世纪初期，男孩问题带来了一系列课程改革，比如开设了手工和体育课，增加了课外体育锻炼等，旨在减少男生的辍学率。近年来，社会上响应增加教育领域男性教师比例的主张，重新又兴起了关于男孩问题的讨论。部分师范专业开始积极招收男性，特别是来自少数民族的男性。为有转换职业需要的人（如退役人员、原本从事数学/自然科学相关职业的人）开设的师范类培训项目可能会吸引那些想快点获得教师资格，而不愿意跟一群年轻女性一起耗上两年或者四年时光的男性。一旦某种职业被定性为"女性"职业，就被打上了耻辱的印记，会让从事这份职业的男性感觉自己的男子气、职业目标甚至连性取向都变得不确定起来。

如果可以查到的文献资料能够反映真实情况的话，那我们可以看到其他国家的师范教育对课程体系中的社会性别平等问题给予了一定的关注，但似乎并没有认为女老师会影响男学生的健康成长。美国人民曾经大肆诋毁女权运动和社会性别平等政策，这或许正是美国关于教育政策的争议中男孩问题重新复苏的一个原因。另外，美国的种族历史源远流长，因而师范教育的相关文献中会反复把师资队伍中白人女性教师比重过大当成是一个问题，而其他国家并没有相似的历史。

社会性别作为社会身份

从批判理论、女性主义理论以及后现代主义的理论角度出发，社会性别是师范专业学生的社会身份之一，同其他身份（如种族、民族、阶级、性取向、年龄、宗教信仰）错综复杂地相互交织。20 世纪 90 年代关于师范教育改革的一些主张呼吁对教师的教学行为以及教师的社会身份和信仰作更多反思。批判理论家和后现代主义理论家们对平等具有自由性的观点和多元文化运动都提出了质疑。在他们看来，师范专业的白人学生可能会对平等对待学生持积极态度，甚至会对学生群体可能出现的文化差异有所了解，但只有当他们批判性地审视自己"白人"的社会身份时，才能真正深刻地理解自己要在一个种族化的社会中践行教育工作会有多么复杂和难为。

社会身份具有多面性，所以审视种族身份——师范教育中最受关注的一个层面——的时候，必然也会牵涉社会性别（阶级、性取向等）身份，但是正如许多研究者指出的那样，要让师范专业的学生相信他们应该批判性地审视自己具有的多重社会身份和文化认知，会是非常困难的事。早期培养"肩负传教士般使命"教师的教育家们并没有要求学生质疑自己的社会身份和教学意向，或者硬逼他们摒弃关于民族同化、种族主义和文化繁衍的天真想法。师范教育的过程中往往会把具有非同性恋倾向的中产阶级年轻白人女性作为案例分析的对象，把她们视为拒绝自我审视和社会批判的一群人（虽然也有很多例外）。

持批判主义和女性主义观点的师范教育者们给师范教育研究带来了极大的

冲击，甚至可能超过了对教学实践的影响。关于这一点，我们可以在世界性的研究资料和美国本土以外的学者身上找到更多证据（参见 Britzman，2003；Evans，2002；Fischman，2000）。这些学者指出，师范教育者们应该帮助学生（不分男女）打破关于女性和男性的认识樊笼——认为女性应该自我牺牲、关爱他人，而男性要么高高在上、刻板教条，要么就是技术工人的形象；应该摆脱世俗对社会性别平等的狭隘理解，而把它同女性特质/男性特质、性特征、性取向等层面联系起来，以获得更具广度和深度的认识；希望通过对自我和社会的反思来推进师范教育改革。然而想要在师范院校保守世俗的文化氛围中实现师范教育课程的改革似乎是件不太可能的事。

未来方向

师范教育在好几个层面上正遭受政治压力，而这些压力可能会对师范教育学生群体和师范教育课程中有关社会性别的方面产生影响。第一个压力主要来源于提高师范生源层次和师范教育水平与推行周期较短、较少耗费资源的师范教育甚至放开教师准入门槛之间的矛盾。在美国，一直以来都有这样的观点，认为师范院校都是“王婆卖瓜、自卖自夸”，自我抬高自身价值，但实际上根本起不到应有的效果，这也催生了关于缩短师范教育周期的要求。如果教师准入门槛比较高，也就意味着必须要有正规化的师范教育，但如果教师准入门槛不高，与其他专业学科相比师范专业存在的必要性可能就没那么大，可能会使得师范院校减小规模，承担较少的使命，而且这么做同时还能吸引那些认为师范教育是女性专属的大学专业的男性。现在有些教育项目把目标对准黑人男性，通过不同的渠道培养他们成为教师，甚至还给他们付薪水让他们来学——这一做法可能会有很大的争议性。

另外一个重要的政策导向就是依据教育生产函数模型，对师范专业毕业生进行考核，把考核成绩作为师范教育专业评估的标准。在市场竞争模式下，那些被认为教育质量不高的学校和专业如果不能证明自己的毕业生具有知识竞争力，可能会被迫停止招生。这一政策导向带来的可能后果就是为了让学生在考试中获得更好的分数，师范教育课程会更加注重与考试相关的知识内容和能够有效提高考试成绩的教学实践，从而使得专业变得更加狭隘、固封。而如果师范教育课程变成这样，那就更不可能把多元文化主义、女性主义还有其他批判主义思想融入其中了。此外，师范教育的老师们也会发现自己的社会性别研究如想获得外界——尤其是联邦政府——的资助会难上加难，除非他们可以证明这些研究有助于提高成绩考核结果。

第三十一章　技术和计算机科学

罗纳德·E.安迪生

随着技术日新月异的发展，社会性别、技术和计算机科学之间的联系日益紧密。也许因为是新兴科学的原因，这一社会发展态势在技术和计算机科学领域呈现出了相当的不稳定性，而且这种趋势仍将持续。不仅信息技术产业发展经历起起落落，高校计算机专业报考人数和获得学位人数也是时多时少。

计算机科学(CS)并不是唯一跟技术挂钩的大学专业，也不是唯一的技术类职业，但却一直是联结高端技术产业和知识社会的最具代表性的专业学科。计算机科学代表了21世纪早期的技术领域这一事实让我们有理由去深入研究计算机科学领域的社会性别角色问题，以此来概括技术领域的全貌。我们不仅需要了解计算机的发展历史，尤其是跟女性相关的部分，还需要对其意义及可能带来变化的干扰因素进行分析。

社会性别和技术之间复杂的相互关系很大程度上源于技术发展太快这一特点。在美国，技术已经成为信息技术(IT)和信息通信技术(ICT)的代名词。虽然计算机是ICT最核心的部分，但它其实只是ICT的一个组成部分。不过具有讽刺意味的是，在美国以外的地方"技术"一词的使用更加狭义，以至于很多美国人都不知道ICT是什么意思。本文中的"技术"一词是美国人广义的那种用法。

人们关于技术领域中社会性别差异现象的讨论已经持续了近40年，但基本上没有人听。大约15年前，有人发明了"数码鸿沟"一词，一时间大家纷纷把注意力投向了薪酬、年龄和种族等方面，分析技术领域的巨大差距。有些人试图把"数码鸿沟运动"跟社会性别联系起来，而媒体还有其他一些人选择把注意力落到社会中的经济差距方面。

有些人听到说男性和女性使用互联网的情况差不多，就认为社会性别差异已经消失了。2005 年，美国教育部技术办公室的官方网站发表正式声明："计算机使用方面基本上已经不存在社会性别差异，因为男孩和女孩使用计算机的整体情况大致相同。"

这样的结论很显然是错误的，因为他们没有认识到人跟技术发生关系的方式多种多样，要了解技术领域是否存在社会性别差异，不光要看计算机使用的可能性以及单纯的计算机使用情况，还要看使用的质和量以及恰当性方面的问题；不光要看是不是有学习技术专业的机会，还要看对技术相关技能的掌握和理解情况；不光要看对不同技术应用的动机和偏好，还要看计算机科学专业和技术相关工作的录取聘用以及能否坚持学习、工作的情况。本文将借用目前为止所能找到的社会性别相关数据对所有的层面逐一进行分析。

计算机准入使用和技术使用层面体现的社会性别差异

计算机技术诞生后的前 35 年里，计算机使用主要是出于职业的需要。当时工程类职业基本上就是男性的天下，而计算机只有电气工程师才用。然后，随着公司和政府部门也开始需要进行大量的数据处理，它们需要录入数据的人，于是女性被抓来从事这些常规性的工作。最后它们又需要大量的电脑程序员，而对这些工作感兴趣的主要是男性。

当时，计算机的体积非常庞大，而且花费巨大，超过大多数人的承受范围；但是 20 世纪 70 年代末微型计算机——也就是后来所说的个人电脑(PC)横空出世，改变了一切。20 世纪 80 年代初，许多人把第一台电脑搬回了家，学校为教职员工和学生购买电脑，公司为独立工作的员工配备电脑。一时间，计算机应用不光跟职业相关，而且也跟教育、薪资还有个人喜好挂起钩来。

1984 年，美国人口普查发现，3 岁—17 岁的年龄段中，在家使用计算机的男孩占到 14%，但女孩只有 9%，而随着此后的十年间父母开始规划让家里的男孩以后从事"前途光明的计算机工作"，这一社会性别差距日益扩大。相比女儿，父母会更乐意给儿子购买电脑，而这种趋势一直延续至今，至少在美国是这样。

相比女孩，男孩不仅更有可能拥有计算机，而且使用计算机的时间也要长得多。男孩喜欢在电脑上编程，或者大玩特玩电脑游戏，但女孩一般出于实用性的目的才使用电脑，比如用电脑来学习、写东西等。有趣的是，15 年后，男女使用互联网的情况也体现出这样的社会性别差异。成年和未成年男性喜欢上网玩游戏或者处理一些技术性的事（比如下载软件），而成年和未成年女性喜欢上网做些实际的事，如上网查阅医疗信息等。

陈和韦尔曼（2003）两人对 20 世纪 90 年代到 21 世纪初八个国家关于互联网使用的统计数据进行分析，得出以下结论：这一时期，关于互联网使用方面体现出的社会性别差异，美国、英国、日本、中国等国的情况是社会性别差异“有所减少，但仍在延续”，墨西哥是“有所减少”，韩国是“延续或持平”，但有意思的是德国和意大利社会性别差异持续扩大，究其原因，可能跟这两个国家的社会性别观念有关，但也有可能跟这两个国家越来越多人开始使用掌上上网工具有关。

美国关于社会性别差异趋势的统计数据研究表明，在计算机的准入使用方面，成年男女间的社会性别差异随着时间而缩小，最后完全消除，但计算机使用时间方面（例如在线总时数测算），社会性别差异开始很小，但后来呈现日益扩大的趋势，而自 2000 年开始这一社会性别差异一直持续，很大部分原因是男性比女性喜欢玩在线游戏。

皮尤互联网和美国生活项目公布的报告表明，自 2009 年初以来，18 岁—24 岁的年龄段中 89％的美国人使用互联网，其中 50％的人每天都上网。男性上网多为浏览黄色网页、了解时事新闻，或者就是无目的性地上网，而女性上网常做的事为发邮件、查阅医疗或政府信息、遭遇暴力事件上网寻求帮助等，从中可以看出女性上网往往有比较明确的目标，上网做的事比较严肃正经，甚至可以说更为成熟。

皮尤互联网和美国生活项目的研究同时还发现，女性和男性都喜欢使用社交网站（如 Facebook 和 LinkedIn 等），这方面情况差不多，但十来岁的女性会比同年龄段的男性更喜欢加入社交网站。2009 年的研究表明，一般来说，女性使用社交网站的目的是为了增进跟故交的联系，而男性使用社交网站的目的是为了结识陌生人。

计算机科学管道

学生从中学到大学再到工作岗位的整个流程通常被称之为“管道”，虽然可能称之为“漏斗”更确切些，因为现在每一个阶段的难度大为增加，而能成功跨过每一个阶段的学生越来越少。如果我们侧重于比较计算机科学学位方面的男女差异情况来分析学生的受教育过程，最好称之为社会性别差异化的管道，因为在这一方面，一直都存在着明显的社会性别差异。

研究者们指出，25 年前获得计算机科学专业高等学位的男性比例远远超过女性，不仅如此，中学和大学选修计算机编程和计算机课的学生也呈现出男性一边倒的趋势。而更为常规的情况是，不太专业化的计算机课程呈现出的社会性别差异比较小，而且专业化程度越低，社会性别差异越小，这在很大程度上是因为这些课程的内容主要是创建和应用数据库等应用类的内容，而有务实精神的年轻女性往往会对这些更感兴趣。

计算机协会是计算机科学家们最主要的一个专业协会，20 世纪 80 年代的时候，协会开始举办大学生编程比赛，比赛直到现在仍受到大学男生们的追捧。但是，女生很少参加这些比赛。有人据此推断说男性的编程能力要高于女性，但一个更为合理的解释是女性对激烈的竞争以及赛后荣誉的兴趣度要比男性低。

美国计算机科学领域呈现出的社会性别差异趋势主要表现在七个方面。第一，计算机科学专业男女本科生的入学率和学位获得率都呈下降趋势，这跟 STEM（自然科学、技术、工程学和数学）专业领域的整体趋势相反——STEM 领域其他专业的入学率都呈上升趋势。有些人认为计算机专业学位不再吃香全怪网络泡沫，也有人怪外包业务的发达，但其实罪魁祸首可能还是在专业本身——计算机专业越来越偏理论化，而跟特定工作或实际应用的相关性越来越弱。一些高校里的计算机科学专业已经跟工程学合并。许多学生想报考计算机专业是因为想毕业后从事与计算机相关领域的工作，但专业合并后这方面的优势就没有了。

第二，计算机科学专业的入学率和学士学位获得率（不分男女）在过去的 30

年里呈现出相当不稳定的态势。为什么会出现这种情况？事实上，直到 1980 年计算机科学专业才变成热门专业，而自那以后学科的属性发生了很大变化。随着计算机科学专业越来越偏向理论，出现了许多学生尤其是女生辍学的现象。同时，21 世纪初的网络泡沫带给大家这么一个印象，那就是与计算机相关的工作已经因为工业萎缩、海外外包业务盛行而需求量大跌。

计算机科学专业学士学位获得率（不分男女）的整体走向是：1986 年达到峰值，随之下跌 30%，20 世纪 90 年代因为互联网的蓬勃发展而迅速回升，然后又是惨跌，2004 年重新站上峰值，自 2004 年以来呈缓慢下降趋势。其中三分之一的学位颁给了女性，其比例曲线大多数情况下都紧跟整体走向图的峰值，呈现出整体上升的趋势。然而，过去的 25 年间，女性获得计算机科学专业文科和理科学士学位的人数占女性获得学士学位总人数的比例从 36%降至 20%，大致相当于从原来的每三位女性中有一位获得学士学位变成每五位女性中有一位获得学士学位。

第三，两年制院校中计算机科学专业女性获得文科副学士学位（AA 学位）的比例在过去的 10—15 年的时间里出现了大幅下降。1996 年，获得 AA 学位的人中 40%为女性，而到 2006 年比例跌至只有 6%，意味着 2006 年计算机科学专业 AA 学位获得者有 94%都是男性。当然我们还需要进一步研究，弄清楚这一暴跌是否跟报告分类的变化、制度革新，还是跟学生的喜好有关。

第四，1996 年至 2006 年，计算机科学专业女性研究生入学率、博士和博士后人数有小幅下降，虽然 STEM 其他专业研究生项目女性入学率均呈上升趋势。这一时间段有一项统计数据显示出了令人振奋的变化趋势，就是博士学位方面。1996 年计算机专业博士学位获得者中女性占比仅为 15%，但 2006 年这一比例上升至 22%。

计算机科学专业女博士人数出现如此大的涨幅，部分是因为攻读博士学位的留学生很多。如果把获得计算机科学专业博士学位的非美国籍学生排除在外，那么其实 1996 年女性获得博士学位的比例是下降的，而到了 2006 年降幅更大。因此实际上就美国本土学生而言，在 1996 年—2006 年的十年间获得计算机科学专业博士学位的女性占比是下降的。

第五，约有 60%获得计算机科学专业博士学位的女性毕业后从事教学或科研工作，而60%获得计算机科学专业博士学位的男性毕业后进入产业领域就职。如果这一趋势持续，计算机科学专业研究生教师队伍将最终实现男女均等，但同时产业领域的高级计算机岗位将更是男性的天下。

第六，相比男性，女性需要自己承担计算机科学专业本科和研究生教育费用的情况更普遍。所以毫不意外地，女性把奖学金、研究资助还有实习作为唯一经济资助来源的情况也更多。正因为女性对于制度性资助的依赖，削减学生资助经费、压缩就业岗位等教育政策变化对于女性的伤害会更大。

第七，社会性别和种族这两个因素并不相互影响，也就是二者既不相互促进，也不相互排斥。例如，虽然计算机科学专业的少数民族学生辍学的情况相比其他民族背景的学生更为普遍，但辍学学生男女比例大致相等，这就证明了二者之间没有必然关联。

社区大学技术相关学科中的社会性别差异情况

社区大学学生中60%为女性，而理工类专业的学生也是女性居多，社区大学中理工类专业女生之所以比男生多，只是因为这些专业的培养目标是医疗领域的技术专业人才。这些“医疗技术”专业的学生80%都为女性，而被国家自然科学基金会划分为“工程学”的相关专业中女性占比仅为20%。攻读医疗技术专业的学生人数是攻读工程学专业学生的两倍之多。

社区大学里女生获得医疗技术专业学位的情况较为普遍，而男生获得工程学相关专业学位的情况更多，究其原因，主要是因为女性比男性更看重而且也更愿意实践对他人表示关爱友好的行为。很多年前，加州大学洛杉矶分校(UCLA)合作学院研究项目(CIRP)开始对刚入学的大一新生进行研究，采样规模非常大，而且追踪研究了多年，研究结果表明，在关爱他人的价值观方面男女存在明显的社会性别差异。

蒙克-特纳和巴巴(2007)认为，两年制大学的课程设置相比其他大学学制社会性别化倾向更明显，这是因为两年制大学的任务就是为相关职业培养专业人才，而许多职业一直以来都有着高度的社会性别专属性，典型的例子有牙医和土木工程师。

关于社会性别差异化过程的实证研究

为了找出计算机领域社会性别差异化过程背后的社会和心理成因，心理学家们进行了实证研究，让学生在电脑上玩一种类似于 Zork 冒险游戏之类的游戏。如果玩的时候房间里就一个人，女生的表现要比男生好得多，但如果房间里出现另外一个人，结果就会出现逆转。其他人的出现让女生的表现大打折扣，虽然那个人只是在房间的另一头做着完全不同的事情。

心理学家借用了焦虑和自信等概念来解释实验现象。他们指出，实验中的女生经历了“极大的焦虑”，因为她们认同关于女性做不好计算机相关任务这一传统观念。但是这些心理学家们没有考虑到还有其他可能的解释，比如：实验中的女生可能对电脑游戏不感兴趣了，她们可能会觉得出现在房间的那个人比电脑游戏更有意思；所以女生可能就会走神，心想那个人为什么会出现在房间，又或者女生们已经意识到实验的目的，所以故意表现得差一些，好让实验者开心点。

其实，电脑游戏不一定就是最佳的任务选择来帮助我们了解男女会对计算机相关工作作出怎样的反应。此外，实验结果也可能是社会阶层、种族等其他因素或社会性别合力作用的结果。例如，伯德和乔根森（2003）发现，工人家庭出身的男性对出于娱乐和工作目的的上网相比相同背景的女性更加抗拒。

减少社会性别歧视的干预

几十年来，国家科学基金会以及其他一些机构已经投入了上亿元用于资助项目，这些项目研究的内容是如何减少女性在追求技术类专业学位和职业的过程中遭遇到的阻碍。克劳威、惠特尼、西马德（2009）以及马蒂斯（2007）等人对这些干预措施进行了归纳、总结，他们的研究涵盖了从学前教育到研究生教育再到职场的各个阶段，归纳、总结的干预措施如果没有上百种，至少也有好几十种。但是虽然这方面的研究已经有了这么些研究项目，但是还远远不够，我们还需要做大量的研究才能对技术相关专业教育和职业领域存在的社会性别歧视行为真正构成威胁。

看起来计算机科学日益偏向理论而非应用的趋势已经驱逐了一大批学生，尤其是女性。两大最受欢迎的应用技术专业是医疗信息系统和信息技术，通常被称为计算机信息系统(CIS)。CIS课程一般开设在商学院或管理学院。许多大学已经把计算机科学和信息技术专业合并，希望能够借此兼顾专业的理论性和应用性。这类机制改革不能算作是干预社会性别歧视的措施，因为其目的不是为了促进社会性别平等，不过这么做倒是为我们指明了一条可行的路——通过教育机构的结构性改革为女性争取更多更好的机会。

技术领域的社会性别差异现象之于职场的含义

虽然有些跟技术相关的社会性别差异已经消失了，但跟社会性别相关的"数码鸿沟"现象仍然不少。有些人可能会把社会性别差异存在的原因归结为女性天性胆小、焦虑感强，但如果我们对相关数据作仔细的分析，可以发现社会性别差异化的成因主要在于职业和学校课程等体制性因素。另外，还有一些文化因素(如过分简单化地界定男女角色分工等)使得女性很难以平等的姿态参与与技术相关的机会。

2003年，UCLA的CIRP研究对美国所有四年制大学的大一学生提出了关于未来可能从事职业的问题，结果发现，有5.5%的男生选择"计算机编程员或分析员"，但只有0.5%的女生给出同样选择。另外，有3.6%的男生选择"计算机科学"为"可能职业"，而女生的比例只有0.4%。这表明，计算机科学领域呈现出巨大的性别差异，而且是大一新生的未来职业规划中性别差异趋势最大的一个领域。根据美国劳动部的统计数据，2002年IT从业人员中女性占比20%，而CIRP的研究表明，未来几年技术领域从业人员群体的社会性别差异还将进一步扩大。

美国四年制大学的毕业生中，获得计算机科学本科学位的男性人数是女性的四倍之多。因为计算机和互联网产业领域的工作都需要大学文凭，因此职场中的社会性别差异现象仍将一如既往地延续下去。此外，经济不景气的时候，"信息"

产业领域的女性受到的打击比男性要大，这由信息产业领域女性失业率更高可以看出。

从幼儿园到职场的整个过程中与技术相关领域的社会性别差异化现象具有重要的道德和政治含义，除此以外，具有重要含义的还有因为对女性劳动力没有“人尽其才”而导致的严重的劳动力不足的问题。美国出台了相关政策，鼓励海外外包业务或者海外计算机专业人员移民，以此来解决本国计算机专业人员短缺的问题，但是这些政策并没见多大成效（虽然这方面仍然存在争议）。事实上，更能全面解决问题，而且也可能是更为明智的一个办法是努力破除高等教育阶段计算机专业领域的社会性别差异化现象。

第三十二章　女性和社会性别研究

琼·C.鲁滨逊

迄今，女性研究已经存在近 40 年，历经好几代变迁。最新的一次变迁就是一些女性研究课题正式登堂入室，成为学科专业，并有了一个新的名称——社会性别研究，而且更加关注社会性别的构成和意义以及作为人类生活重要组成部分的性。

1970 年，首个女性研究专业在圣地亚哥大学(当时还是圣地亚哥州立学院)出现。那时全校只有一名女性研究专职教师，女性研究课程的任教老师多数都是外聘的其他院系的老师。1972 年，康奈尔大学也开设了女性研究专业，一般被认为是全美第二个女性研究专业。女性研究很快就发展成一个具有跨学科性质的专业学科，现在全美有超过 600 家院校都开设了女性研究专业，而在世界范围内，光 2006 年就新增加了 250 个女性研究专业、中心和系科。

设立女性研究专业的要求根源于 20 世纪 60 年代的妇女运动，对此可以找到不少文献记载。首批大学女性研究专业的成立是学术领域对发生在校园外面的女性主义运动的回应。女性开始想了解女性历史的相关内容，但没有人知道答案，学术领域的女性主义者(包括教师和学生)开始质疑为什么没有关于妇女的研究，于是女性研究专业应运而生。因为关于女性的历史一般都受到忽视，或者是包含在男性和社会历史之中，所以几乎没有相关已有知识，也没有书甚至相关课程帮助大家理解男女角色、历史和机会等如何受到社会性别、阶级、种族和权力等因素的制约。

大多数学校开设的首批女性研究课程涉及美国的妇女历史、女性文学研究等，或者以女性和某个领域结合的课程形式而存在，这些课程往往被冠以“女性和

________”的名称，而空格中的内容包容万象，例如宗教、艺术史、政治哲学等。这些课程挂靠在那些鲜明体现同时代女性主义潮流的专业学科下面，在校园里建立起不分等级的具有革新意义的学术组织模式，促进了社会知识建构和传播体系的改变。正如许多早期相关文献和文章指出的，女性研究的首要任务是探究女性的生活，剖析社会秩序如何制约、压迫女性。这些研究促使学校图书馆对妇女和社会性别相关资料进行搜集汇总，为当时尚属边缘地带的女性生活相关信息提供了较为系统的归纳和积累，提供研究场地和经费，促进了女性和社会性别的相关研究，并通过各种方式积极传播研究成果——这些方式包括创办学术刊物、督促学校和商业性出版社出版女性研究的专著和文章、建立覆盖面广泛的侧重女性研究及交叉学科领域所获取新知识的课程体系等(这点做得最到位)。因为没有受过专门培训的师资来从事女性研究方面的研究和教学，所以女性研究课程一开始只能挂靠在其他专业学科下面——在核心学科的研究和课程中穿插关于女性生活、创造发明和历史作用的相关内容和研究。

正如专注于女性的想法是对核心知识范畴文献的一个具有颠覆意义的补充，女性研究专业所创建的组织管理模式也为专业学科的管理开启了新的范式。20世纪六七十年代主流学科大都采用“老人”(指资历老的学者)决定一切的管理机制，但许多女性研究专业奉行女性主义主张的团结理念，推行无等级管理制度，学科专业、课程、巡回讲演等的管理并不是由相关领导人负责，而是由协作团体和指导委员会协同管理(直到今天往往也还是如此)。早期的时候，从秘书到图书管理员等人员都会协同从事研究和教学的老师作出关于课程、人才聘用和项目资助等方面的决定，而学生也会被邀请加入筹划委员会成为投票成员，与老师一起对女性研究的教育内容作出决定。

早期女性研究专业的孜孜以求收获了丰硕的果实——大批女性研究课程在人文和社会学科的土壤里开花结果，茁壮成长。学生和教师都感受到学习新的知识和换种全新的方式反思旧的思想、智慧带来的欣喜之情，并为之而振奋。但女性研究专业的发展之道并不是一帆风顺的。

核心课程有赖于大家甘心情愿的付出和努力才得以开展、维系。教师教学任务繁重，一方面课程越来越多，另一方面还要不断研究新的内容，收入却少得可怜。学生们义务帮工作的妈妈们照看小孩，好让她们参加倡议的活动。当时没有几个女性研究专业有权限聘用自己的师资，所以负责统筹和管理工作的人员不得不四处张罗，向其他专业借调老师过来上一二门课。财政预算也很少。因为没有经费，教职员工还有学生们都是自带午餐听讲座，而讲座也是免费的，关于讲座通知的复印、分发等工作也全是由筹划委员会的成员自己来做，甚至可怜到教职员工跟所隶属的系科"借"纸来贴补女性研究专业的用度，因为发给女性研究专业的用纸太少了。这些充分体现了大家的团结协作，而当时"集体意识"虽然受到激进政治分子的高度称道，但在学术领域并没有大力倡行，女性研究专业在这方面走在了时代的前列。

除了工作艰苦、地位低、资金匮乏之外，女性研究还面临着三大问题：一个是关于女性主义组织的性质问题，一个是关于女性研究——从事女性研究教学和科研的老师们——如何获取学术领域的合法地位的问题，还有一个是关于第二波女性主义浪潮核心力量的人口统计问题。

作为女性研究先行者的女性主义组织是建立在民主和无等级制的双重原则基础之上的。虽然许多女性团体奉行的无等级组织结构并不能完全套用到学术领域，但不少女性研究专业仍力图摒弃正规的权力结构模式。这样做最终也会产生矛盾，因为——正如女性主义理论家乔琳(乔·弗里曼)指出的那样——缺少正规的等级制度和民主管理，结果就是不能认识到被视为平等主体所隐含的权力等级。这种"无序结构统治"有时也就意味着大量时间浪费在了过程上，没有充足的时间对成果进行把控，或者意味着因为缺少等级结构，有些人或者有些群体的发号施令等同无效。无序结构模式和对领导机制的排斥影响到了女性研究团体的行动力，因为学术领域一般推行正规的自上而下的权力结构模式。有些女性研究专业因为不愿意遵循常规的领导制度而最终解体，而有些专业内部对于如何在维护女性主义集体意识和公开透明机制的前提下推行领导机制、增加专业的行动力等问题存在很大分歧。

早期女性研究专业的教师队伍中如果不是大多数，至少也有相当一部分的人都是没有获得终身聘任资格的年轻女性，其中大部分人都是在受过正规人文和自然科学专业教育的基础上要么自学成才，要么借助交叉学科的平台进入女性研究领域，从事相关教学和科研的，她们大都受聘于女性研究所挂靠的人文和社会科学院系。为了挣得立足之地，女性研究专业需要拥有自己优秀的师资力量，能够全心投入女性研究的教学和科研，然而因为女性研究专业一般无权聘用自己的老师，大部分老师仍不得不兼顾所在院系的教学和科研工作。

这些老师往往只能挤占常规工作以外的时间从事女性研究的教学和研究。如果年轻老师们想主攻女性研究，必须得向同事力证这么做的意义。女性研究专业的老师们面临的一项重大挑战就是要有办法出版关于女性的书或文章，而同时这些书或文章能够受到非女性研究方向同事们的认可，这在社会科学领域尤其如此，许多人文科学专业也不例外。一般来讲，人文和社会科学院系并不十分看重这些女性研究成果。许多助理教授不得不同时迎合来自主流学科和交叉学科两套不同的要求体系，而大多数情况下，为了能够顺利获得终身聘任资格，老师一般会选择放弃女性研究。

与此同时，负责女性研究管理和统筹的人员不得不绞尽脑汁思考对策，看怎么样一方面能争取老师过来上课，另一方面保证老师的女性研究工作能够获得应有的认可。要让女性研究专业的老师和管理人员获得合法地位，常规的办法就是女性研究专业拥有自己的师资力量。一些大学的做法是在现有的交叉学科的体系下配备女性研究的专业师资，另外一些院校的做法是把女性研究的专业师资挂在人文和社会科学等主流院系的名下，还有一些大学的做法是让女性研究独立成系，也有过把这三种形式结合起来的尝试。但是不管是哪种形式，其实都意味着女性研究的结构模式脱离了以自愿为基础的集体主义结构，而更接近于传统院系的正规的等级制度模式。

女性研究面对的第三个问题是如何扩大第二波女性主义运动的影响。美国的第二波女性主义运动促成了女性研究的兴起和发展。这一时期的女性主义有几个特点：认为解放不光是平等地位的解放，而且也是性的解放，但是发现公开讨论性、批评异性恋倾向仍会受到社会攻击；最为关注与白人中产阶级女性相关的问题；见证了在贝蒂·弗里丹和20世纪70年代女性运动的影响下女同性恋主义的诞生。虽然女性研究也会研究性的不同形式，把社会性别看做是一种性构成，但关于性的研究都是零散的。另外虽然女性研究项目、教师还有学生们也都研究种族、民族、阶层以及特权的各种表现形式，但这些研究主要都是以白人中产阶级美国人为对象的。

女性研究所面临的挑战之一就是要保证班级、课程、研究还有学科规划等层面富有开放性、包容性，兼具自我批判的精神。而围绕这些问题展开的讨论总是跟愤慨和愧疚感交织在一起。20 世纪 80 年代早中期，正是因为组织内部对这些根本问题的观点和意见分歧太大，国家女性研究协会甚至差点面临解散。但随着广泛深入的讨论，围绕种族、性、阶层、民族、宗教信仰、准入性及其他一些问题定期开展交流，最终女性研究制订出了相关的机制和流程，以保证女性研究领域的教学和研究不再只针对或者主要针对白人中产阶级女性。

一般说来，女性研究新的发展期始于 20 世纪 70 年代，一直持续到 20 世纪 80 年代中期。以上所讨论的过渡阶段面临的问题对于每个院校来说都很棘手，而且情况不尽相同。但是对于美国高校的大多数女性研究专业来说，20 世纪 80 年代中期到 90 年代中期的这段时期是巩固发展的时期，期间大家找到了关于体制结构、合法地位以及支持阵营等问题的答案。有些解决办法非常具有独特性，体现了相关教师和学生的性格特点、政治理念以及女性研究专业所隶属学术机构的政治倾向和组织结构的特点。

然而，到了 20 世纪 90 年代中期，新的问题出现了。第一批受过正规教育的女性研究学者开始受聘于各大女性研究的学科和院系。这些人多为女性，也有部分男性，他们本科阶段读的是女性研究专业，然后进入女性研究的交叉学科或人文和社会科学专业攻读女性研究方向的研究生学位。于是不可避免地出现了第一代自学成才、现在已获得终身聘任资格的女性研究"奠基人"和新一代受过正规女性研究教育的学者之间的矛盾。有人建议把女性研究专业化，成立女性研究系，只承认、聘用那些获得女性研究相关学位证书的人，甚至还有人建议——可能也是最有争议的一点——女性研究领域不适用女性主义的政治理论。于是年轻学者觉得有了充分的理由争取自己的合法地位，同时觉得完全没有必要再让那些建立在自愿基础上的第一批女性主义者留在学术领域。

20 世纪 90 年代末，一些女性研究专业变成了社会性别研究或女性和社会性别研究系，促成这一转变的还是政治导向。不过，这一时期起作用的政治导向是一种崭新的女性主义理论——这一女性主义支持美国的同性恋(包括女同性恋和男同性恋)、双性恋、跨性别运动,并且跟早期的女性主义运动不同,它不怕世人把它和性问题挂起钩来。事实上,有些女性研究拥护者们对社会性别研究提出批评,认为其把女性抛在了脑后,忽视了性研究和跨性研究对女性主义的依赖。但是也有人指出,社会性别既包括女性也包括男性,研究的是我们关于男性身份和女性身份的认识是如何形成的,而性行为以及可接受范围内的性的政治构成正是不少道德和行为约束的根源所在。

2006年,美国关于女性和社会性别的交叉学科数目超过600个,其中约有100多个定名为社会性别研究或女性和社会性别研究,或者女性主义、社会性别和性研究(这个最不常见)。那这些学科是不是只是名目不同,而实质内容相同呢?例如,2002年康奈尔大学把女性研究专业更名为"女性主义、社会性别和性研究专业",表明该专业将关注体现权力关系、具有不平等地位的社会性别与性之间的关系。20世纪90年代初,康奈尔大学第一个在女性研究专业下面开设女同性恋、双性恋和男同性恋研究副修专业。传统的女性研究专业——之所以取这个名称是为了突出传统课程体系中把女性边缘化成"他人"的本质——不管是从政治角度还是理论角度看都似乎不再恰如其分了。相类似的,20世纪90年代中期印第安纳大学也把女性研究改成了社会性别研究,旨在表明关于女性和社会性别的理论、知识已经有了很大变化,变得更为复杂了。

在组织结构层面上,女性研究和社会性别研究专业、系科仍然必须解决师资的更新换代问题。这十年中的最新趋势是维护专业教师队伍的稳定性——这些核心教师主要负责教学、人才招聘和政策决策、开设新的学位项目等。这些教师大多获得了交叉学科领域的博士学位,写过社会性别研究的相关论文,从事过社会性别、交叉性和跨国主义等相关课程的教学。而那些兼职老师——这些人大多为第一代自学成才的女性研究专业的老师们——有时会感觉自己受到新的女性/社会性别研究专业项目的排斥,但同时一个很明显的现象是他们中几乎没有人获得所在专业或系科的终身聘任资格。目前他们所受的风险要更小些,因为他们的主要阵地不在女性研究领域,但他们也想捍卫自己对女性研究阵地的"所有权",这是完全可以理解的。不同代老师之间关于所有权的矛盾在一些院系得到了缓和，因为这些院系正视第一代女性研究老师的归属问题，并力求让他们在新的专业体系中找到归属感。但在一些院校中，因为仇视变化（或保守派），或者因为排挤感到愤怒，一些陈年旧题又被搬上台面争论不休，阻碍了专业系科的发展。

而在世界上其他国家，女性研究向社会性别研究转变的过程并没有出现这么多的波折，许多社会性别研究专业很顺利地成立了。因为在北美和西欧以外的国家女性和社会性别研究起步较晚，所以一开始学者们因为跟北美和欧洲国家的大学有所接触、交流而积累了一定的知识和经验，避免走了弯路。不过，许多国家——尤其是那些还没有广泛接受女性主义的国家，在成立社会性别研究专业的时候虽然没有经历北美和欧洲等国遭遇的波折坎坷，却也出现了很多新的问题，其中包括要说服同伴女性和社会性别是值得研究的一个课题。但是，加拿大、澳大利亚还有中欧和西欧许多国家的社会性别和女性研究发展势头非常迅猛，这是因为相关学者及项目往往都能获得国家和超国家政府下属的女性主义机构的扶持、资助。

关于女性研究的舆论自然也换了风向。女性研究全盛期的时候，大家关注的焦点通常是父权制度和压迫，但现在大家关注的焦点变成了社会性别与其他分析要素和身份类别间的相互作用。不同的时间革命的形式也是不同的，如果乍一眼看去认为社会性别研究不再是女性主义运动的革命阵地，这是一种假象。自一开始，女性研究和社会性别研究的一个宗旨就是突出女性作为知识生产者、消费者的角色，把社会性别结构视为高校范围内一个实质存在且具有合法意义的主题内容。社会性别研究、女性主义研究还有性研究——不管其名目是什么——都是革命性的研究，旨在重新界定知识和权力结构。

第四部分　课外活动体系中的社会性别建构

综　述

课外活动有时也被称为辅助课程，指由学校或院系认可、管理或资助但不算学术课程组成部分的组织和活动。有些活动和组织——如各类学术性俱乐部、服务学习项目、学生会、校际体育比赛等通常以高等教育机构的名义成立，而这些以校方名义成立的组织中，有些(如妇女中心)主要由学生发起成立，而有些(如荣誉协会)由教师或校务管理人员发起成立。还有些活动和组织虽然受到其所在学校、院系的认可和管理，但学校和院系不给予其资助，其中包括男女学生联谊会以及较新的由学生发起成立的一些组织，它们开展学生活动需要支付给校方费用，而获得校方认可意味着它们可以使用学校教学楼和其他大楼用以集会，有时校方也会从它们所交的活动费中返还一部分作为经费支持，这种性质的组织通常都跟政治团体或宗教挂钩，因为很容易引起争议，所以学校会极力撇清自己，申明自己没有“资助”这些活动，只是允许这些组织可以在校园里存在、集会、宣传。

另外，还有一些活动和组织虽然积极争取但还没有获得校方的正式认可。通常争取同性恋、双性恋、跨性别者平等权利的团体都属于这类组织，但也有许多大学——如第三十三章(“LGBTQQIA 学生和教职员工可获得的校园资源与支持”)里所阐述的那样——正式承认这些组织，并提供资源和各类援助。不过也有一些学校里根本不存在这样的组织，或者它们只是被当成是同病相怜的人组成的团体，校方不给予任何形式的帮助。

现在被称为课外活动的学生俱乐部和活动大多由学生发起并组织成立，其历史可追溯到 18 世纪、19 世纪的美国，当时学生们希望参加一些活动能够让他们在紧张严肃的课程学习之余有放松身心的机会。因为课外活动不属于正式课程的范畴，因此也就没有来自老师和学校的管制——当时老师和校方跟学生起激烈冲突的情况时有发生。也有学生利用一些课外活动——辩论和讨论社团、文学杂志、戏剧演出、校刊等——来抨击学校的政策和做法，还有一些比较轻松的课外活动——如足球赛、回家度周末、舞会、“社交”活动等——成了学生快乐生活的源泉，让他们暂时摆脱学校和老师极力主张的好好学习的紧张氛围。

1890 年—1920 年的“进步时代”时期，大多数学校开始接受学生的课外俱乐部、活动和组织，而这种局面的形成得益于学生自治会的兴起。学校通过成立学生选举产生的自治团体，对学生的地位给予正式承认。当选的学生不一定是最优秀的学生，也不一定是最受老师器重的学生，而是那些在学生中最受欢迎，大家一致认为具有良好领导才能的学生。从校方的立场而言，成立学生自治会的目的不是要表彰身为学生会成员的这些学生，而是要搭建起与这些学生交流的平台，拉拢他们。学生会很少有实权制订关于学生校园生活的相关政策，但能就这些政策向校方管理层建言，也可以开设学生法庭以决定这些政策是否得以实施。进步时代的社会理念重视公民权利和服务意识，而随着时间的推移，学校一步步成功地借助学生会这个平台分散了学生的精力，避免了受到这些价值理念冲击的学生可能作出破坏性行为。

随着学生自治会的成立，许多院校——特别是那些规模较大的院校——设立了新的领导岗位(如教务长)，主要负责协助规划和统筹安排符合学校管理目标的学生活动。因为男女同校的现象越来越普遍，大多数学校校长发现有必要设立一个女性领导岗位来引导、保护女学生，帮助她们开展合适的活动。很多学校里从事这个岗位的女性没有教务长的头衔，而只是教务长的副手(教务长都是男性)。例如，有的学校会有一名男性担任的教务长，还有一名女性担任的女生副教务长，但是并没有男生副教务长一职，因为大家想当然认为教务长也就是统管男生事务的。那些一战前或者赋予女性选举权的美国宪法第十九条修正案通过之前就实行男女同校的学校通常还有一种做法是教务长/男生教务长负责统管男生组成的学生会，而女生副教务长负责女生组成的学生自治会——跟女生非学术活动相关的从属性质的学生自治会。最后，这些女生团体与男生学生自治会合并，虽然有些直到 20 世纪 60 年代第二波女性主义浪潮兴起后才走到这一步。

今天在美国的大学校园里，依稀仍能看见历史上学校对学生课外活动的管理模式：学校设有很大的学生事务办公室，或者是学生服务部，负责管理学生的住宿（包括兄弟会和姐妹会宿舍），协同学生会对大大小小、各式各样的学生俱乐部和组织进行资格审查及管理。学生会与其汇报工作的校方之间的关系在涉及校方审核学生会的议程及否决学生的投票决定和方案的权力方面往往也是矛盾四伏。

学生会与大家认为其所代表的学生群体之间也存在矛盾。有时，学生会会被认为只代表了一部分学生的利益，而忽略甚至违背了其他学生团体的利益，这时就会产生矛盾。还有的时候，学生们感觉学生会越来越没有自己的立场，而纯粹变成了学校管理层的听命者，这时也会产生矛盾。另外，因为学生会很少有实权，所以那些大家认为它们所代表的学生群体往往对它们不屑一顾，不予理睬，投票率越来越低，甚至都很难动员大家投入时间和精力参加学生会负责的许多活动。

因此，那些成天跟学生会打交道的校务人员往往发现自己的处境很尴尬，不得不寻求方法来帮助学生会变得更为强大。在当代关于学生会发展史以及更广泛意义上的课外活动的文献资料中我们可以读到关于招募会员小册子的相关内容，册子上特别强调了加入学生会的学生可以获得的奖励和好处。迄今，没有正式出版物对学生会招募新成员时的社会性别倾向做过分析，虽然早有研究者和媒体指出美国男女同校的学校学生会里女性的人数已经超过男性的人数。

当代大多数学校里有很多课外活动已经不再属于学生会和负责学生事务人员的管理范围，而是划归了体育运动系。跟授予学分和学位，负责培养体育老师、教练和体能教练的体育学系不同，体育运动系主要负责各类校际比赛，其辐射范围相当广，不仅在学校，就是在全国都很有影响力，因此其财政预算甚至比最大的学术性院系还要多，重点大学的足球或篮球首席教练的收入比学校的校长高都不是很稀罕的事。

不过虽然体育运动系影响力如此之大，但奇怪的是几乎找不到相关的研究去探讨大学竞技项目和相关的啦啦队队长、预备阵容以及精神俱乐部等因素对关于男性和女性的传统而教条式的观点走进校园会产生怎样的影响。相反，提到高等教育中的体育运动和社会性别，大多数人关注的焦点都在于 1972 年颁布的教育修正案第九条法案及为争取在校女性平等——或至少更多——参与学校体育运动的机会所做的努力(参见第四十八章第六部分)。

大家更多关注的是希腊字母社会兄弟会和姐妹会对某些深受组织成员以及组织以外的一些学生推崇艳羡的特定的男性化行为和女性化行为的模仿和效法。第三十四章(“兄弟会”)和第三十七章(“姐妹会”)讨论了这些组织的优势(包括历史上和现阶段)以及所经受的指责,事实上因为当代大学生——包括希腊圈子的那些人——入会比起前人有更明显的职业考虑(或被认为是这样),有些指责——例如指责学校的学术目标与兄弟会和姐妹会的社交、性、恋爱等目的之间相冲突,已经淡化了不少。但是,今天针对希腊兄弟会和姐妹会的诸多指责——例如捉弄入会新成员、聚会过多、酗酒、性暴力等——其根源在于传统的异性制度,在这个制度中,男性相互竞争,对女性进行严格审查,视她们为玩物,而同时鼓励女性依附于男性的价值判断,把自己打扮得花枝招展以博男人欢心。

男性和女性相互对立又互为补充的认知模式还深深扎根于美国军队以及许多美国院校推行的军训项目中,这些在第三十五章(“预备役军官训练营”)中会有详细阐述。那些所谓的军训项目可以培养身体健壮、作风强硬、有男子气概的领导者的说法生生把女性变成了局外人,尤其是那些不想抛弃自己身上“母性”化(很多女性都会表现得很有母爱)女性特质的女性。比如第二部分提到的军事院校,预备役军官训练营(ROTC)奖学金项目也对女性开放,但开放度还不够大,因为女性并不能建立起获得接纳和归属的感觉。

跟ROTC项目的情况不同,服务学习项目还没有对女性开放。相反,正如第三十六章(“服务性学习和行动主义”)所阐明的那样,大家在服务性学习体验目标的问题上存在分歧,尤其是女性群体内部。虽然大家一致认为服务性学习主要指的是学生贡献出自己的时间用以帮助校园里或当地社区的其他人,但关于这种志愿行为的性质,传统派和激进派存在严重分歧。传统派认为,参加服务性学习项目的女性(和男性)的工作性质就是延续志愿者协会、医疗中心、学校以及其他私人或公共机构所提供的服务,但是有些女性主义者认为(女性)学生要做的不是像20世纪中期上流社会妇女做慈善那样通过自己的志愿行为维持现状,而是要积极促进社会变革,实现美国社会中性别、种族和社会经济等各个层面的平等。然而,随着时间的推移,以前曾经被认为是过于激进的追求平等的行为——例如在摇摇欲坠的妇女收容所里组织活动、开展工作——变成了常规化的社会服务行为。而随着其常规化模式的确立和学校监管力度的不断加大，服务性学习活动几乎不再可能达到激进派渴望达到的目标，越来越多的学生把这种志愿行为当成一种获得技术和证书、积累社会关系的途径，好为将来的职业生涯打下基础。如果这种转变的辐射范围日益扩大，女性在一些学科和相关职业领域遭遇的不平等待遇和准入性问题很可能会在服务性学习活动中再次上演。

但是，令人感到诧异的是，有时女性想参加女性中心扶持的一些项目也会遭遇到准入性方面的问题。第三十八章（“女性中心”）对女性中心的历史、使命以及所面临的问题作了一个概括性的介绍，特别强调了这些中心为促进社会性别平等和女性团结所作出的努力，而这些目标尚未实现这一事实说明虽然大多数学校的女生人数已经超过男生，但我们仍然需要女性中心，同时也说明女性中心需要继续对其开展的活动和规划进行反思，以确保这些活动和规划涉及的范围更广。虽然对于女性中心而言，挑战把传统认定的模式化的女性属性认为是成为女性唯一或者最佳表现方式的观点固然重要，但同样重要的还有中心应该摆脱人们对它们只属于某些反传统女性的认识。通过强调其桥梁作用，女性中心可以把自己以及校园变成所有女性的家。

第三十三章　LGBTQQIA学生和教职员工可获得的校园资源与支持

克里斯琴·梅塞伊斯

美国高等教育的历史，就跟美国历史一样，充满了对男同性恋者、女同性恋者、双性恋者、跨性别者、酷儿、异议者、双性人（LGBTQQIA）以及同盟（LGBTQQIA）等群体的歧视，而这种歧视既有文化层面上的，也有制度层面上的。不过，LGBTQQIA群体和个人并不只有历史上备受压迫这一共同点，事实上这些群体有着丰富的社会形式、符号象征、庆祝仪式、艺术、娱乐、语言和文化，反映了这些群体一些内在的价值观。

近年来，美国大学在是否以及如何有效承认校园里存在的性取向、情感取向、社会性别身份以及社会性别表达等方面的文化多样性问题上的立场在不断变化。有些学校通过重新制订或者修订机构政策的方式对LGBTQQIA群体予以承认，这些政策不仅反对歧视，而且在遵循种族、民族、宗教信仰和社会性别等传统分类的基础上涵盖了“性取向、身份和偏好”等内容。效仿之前用以承认校园里其他弱势群体——如黑人和女性——的做法，学校成立了各式各样的作为辅助课程的LGBTQQIA项目，包括资源中心、宣传办公室、导师项目、健康资源以及众多不同的教育项目等。

开设的相关课程也日益增多，现在大家有很多机会从道德、政治还有制度层面上对呈现多样化的性取向和社会性别现象表示支持。许多学生事务和高等教育专业的研究生项目开设了与性和社会性别相关的课程，并在先前课程的基础上加入了关于性和与社会性别相关的内容。学术和专业组织专门为了LGBTQQIA群体举行会议、发表通讯稿和专业文章、召开政策讨论会等。此外，在高等教育领域以外，非营利性组织——国际层面的、国家层面的、地方层面的——日益相互合作，为 LGBTQQIA 群体提供高质量的教育和职业发展机会。

当代 LGBTQQIA 群体在文化、社会、语言层面上面临的挑战

跟过去——甚至就跟五到十年前相比，LGBTQQIA 群体在大学校园里的生存状况有了较大改善，他们获得了更多来自各方的支持，也有了更多的机会修读心仪的课程、参加辅助课程项目。美国许多达到上大学年龄的成年人都是在现代 LGBTQQIA 争取民权的运动中长大成人的。LGBTQQIA 群体争取权力的运动虽然仍未结束，仍在争取来自联邦和各州的涉及立法、司法和政府层面的支持，但已经成功地向学生、老师、校方以及校友们灌输了新的文化意识，让大家都知道他们的存在已经上升为国家领导人竞选过程中无法回避的一个问题。而在全国范围内漫延开来的这一政治和文化趋势为高等教育机构创造了千载难逢的机遇，让它们能够就一系列历史的争议性话题展开真诚的讨论，这种讨论虽然很难堪，但却有着极大的意义。

虽然理解 LGBTQQIA 群体，并与之友好共事的关键在于对具体的人要具体分析，但政治和文化动向也非常重要。社会上出现了各种从包容和排斥、身份发展、文化、多样性、平等等角度论证 LGBTQQIA 群体存在合理性的理论，加深了我们对于性/情感取向以及社会性别身份/表达等层面的理解。这些理论起着非常重要的作用，但与此同时学生还有教育者们必须学会并受到鼓励以实际行动回应 LGBTQQIA 群体的需要，这些行动可以是当地层面的，也可以是国家层面的，行动应该具有适时性，能够切身考虑到这一群体的需求，有时甚至可以是实验性质的，但态度必须是真诚的。树立并维系正确的道德和政治理念必须要从开展并维护正确的行为开始——或至少要回归到行为上。

美国大学已经开始采用一些常规的策略支持文化层面全面接纳 LGBTQQIA 群体：许多学校会开展庆祝和文化纪念活动，例如值得纪念的跨社会性别日、全国出柜日、同性恋文化节以及各式各样的毕业活动（LGBTQQIA 每个群体的毕业活动都不一样，但一般统称为“薰衣草毕业”活动）。这些文化活动至少能达到两个目的：一方面让 LGBTQQIA 群体感受到了世俗对他们的接纳，让他们找到依靠，

而另一方面也对更多还没有暴露自己性/情感取向和性别身份的人进行教育,鼓励他们勇敢地正视自己。

这些目的也能通过文化手段实现,比如语言。在提到因种族、阶层、性取向、残疾、宗教和其他信仰等因素而受到歧视的群体时使用接纳性的语言,并且在语言层面上显现出对目标群体的自我认识、团体意识以及社会批判等方面的考虑,这些都是真正接纳和支持这些群体的表现。很多人反对使用诸如 LGBTQQIA 之类的简称来指代目标群体,原因是这些说法过于复杂,而每个人的使用习惯可能都不太一样,有时甚至会冒出一些无法预知的用法,还有就是要记住这些更新很快的表达太麻烦了。而持反对意见的人认为:第一,这些简称表明我们可以应付这类复杂情况;第二,这些简称能够达到这样一个目的:表示尊重的具有探索性的用语可以帮助有些人实现自我肯定,因为这些人的自尊可能部分取决于一时的自我意志和自我称谓,比如那些仍在探究自己的身份和自我意识的人;最后,谨慎使用语言能够扩大自身的自我理解和知识获取。因此,如果能够谨慎使用跟性取向和社会性别相关的术语,承认不足,表现得谦卑有礼,我们就能发现新的方式来描述自己以及他人,而且这些描述会变得更加理性全面、符合实际。在探索跟性取向和社会性别相关的知识过程中,很重要的一点是在使用语言和术语时要非常谨慎小心——不仅是国家层面,而且在使用地方性方言的常用语时也是如此。

制度层面上的考虑:政策、过程和体制

学生、学校管理层还有教师都主张学校教育应该在合乎道德规范的前提下跟社会现实密切相关,为了实现这一目标,必须在政策和制度层面上有所跟进。美国几乎所有高等院校在阐述学校使命、前瞻目标和价值理念时都对此作出公开承诺,而这些指导原则某种程度上就是学校转变办学理念,以实现性和社会性别层面上平等的强有力的证据和基础。为了履行承诺,学校在拟定办学方针或基础规划以进一步关注 LGBTQQIA 群体时,需要确立全民开放的、适用性强的政策和程序,而这需要一代又一代人的努力探索。

为了履行对 LGBTQQIA 个人和群体的承诺,学校政策调整的最新动态

包括：

● 在非歧视性声明中加入“性/情感取向”和“社会性别认同/表达”等内容；

● 使用语言时避免那些具有排他性的和“色盲”倾向的语言(如“无论”、“不考虑”等词汇)，尽量使用情境设置式的语言(如“包括”、“考虑到”等词汇)。

● 制订通识教育要求，要求学生必须学习美国社会历史中有关差异、权力和歧视等的内容，关注受传统历史忽视的群体。

● 制订针对不同的性/情感取向和社会性别身份/表达方式的保健政策。

● 制订政策要求学校与公共机构和私营企业订立合同，以促使其对 LGBTQQIA 群体(包括雇员和非雇员)给予平等待遇。

● 欢迎跨性别学生在校寄宿，制订相关政策对申请人的要求根据实际情况予以回复，或者为其建立专门的住宿大楼和交流场所，以实现不同社会性别平等对待。

● 学校招聘时，除了不得因种族、社会性别、资历、残疾等因素有歧视行为外，还不得歧视有不同性/情感取向、社会性别认同/表达方式的人员。

● 在学校政策层面大力宣传对 LGBTQQIA 群体的支持，如校园安保、保健服务、住宿、教务政策等方面。

● 每年的专业发展规划应该特别针对积极承认性取向和社会性别多样化的行为、政策作出具体部署。

资源、服务和课外活动参与

20 世纪 90 年代初以来，美国高校开设了不少资源中心和专业办公室为 LGBTQQIA 群体提供支持和协助。这些中心和办公室提供各类项目、资源，具体取决于其成立时间的长短、资助机构的资助力度，以及在校学生人数等。通常，辐射范围广泛的资源中心多由几个经认真规划的项目发展而来，这些项目包括但不限于：为 LGBTQQI 群体提供安全场所、资源图书馆、职业/雇员协会等；向在校人员普及相关知识；为他们提供辅导；提供保健资源；引导他们积极参与课外活动和学术项目。

安全场所

安全场所可以是任何一个真实的场所,在这里每个人都感受到自己并不会因为自己的与众不同而受到排挤。许多学校在配备设施和工作场所以及配置工作人员时主要考虑的是多数或“特权”群体的需求,因此实际情况就是大多数大学校园对于有色人种学生、女性、残疾人士以及 LGBTQQIA 人士来说都还不能算是安全场所。安全场所应该能够为 LGBTQQIA 学生提供一个暂时的栖息地,能够让他们暂时摆脱不能让他们“真正做自己”的社会环境。说得更为具体一点,就是资源中心或项目应该提供休息场所,能够让 LGBTQQIA 学生在课间休息的时候有地方放松身心,跟同伴聊天、开展讨论和活动等。某种程度上来说,对于那些寻求来自社会的或主流或非主流支持的群体来说,安全场所就像是“家外之家”,让他们能够安心学习,参与社团活动,并作出成绩。此外,资源中心可能借助多功能场所开展各项活动(如电影展播、举办研讨会等),以增加这些安全场所的知名度和利用率。

资源图书馆

许多资源项目为学生和教职员工提供基本或全面的多媒体资料,其中大部分可以外借以为个人观摩或讲课用。资源图书馆里的资料一般包括文学类和非文学类书籍、期刊、电影以及其他多媒体资料。这些资源让 LGBTQQIA 学生有机会了解某一群体的相关知识,阅读反映群体生活常态的代表文学作品,查阅相关课题前沿研究的有关资料等。虽然大多数资源图书馆设在资源中心或学生社团,但也有一些设在学校中心图书馆,或者列在电子目录上,不管在校内还是校外都可以直接上网搜索浏览。

雇员和职业组织

LGBTQQIA 雇员组织也是校园生活的一个重要组成部分。这类组织可以为那些在升迁或获得终身聘任资格、渴望找到同伴和集体,或者在获取健康和其他信息等方面遭遇障碍的雇员提供帮助。这类组织多由相关领域出类拔萃的教职员工组成，这些人员的专业和工作背景非常广泛，涵盖了不同的领域，代表了积极向上的正面形象，从他们身上学生们可以认识到自己也具有获得成功的潜能。这些由导师、前辈和专业人员组成的积极健康的群体起到了榜样的作用，具有重要意义，而且这可能也是增加那些来自传统遭歧视群体的学生和教职员工的就学（业）率，或留住他们的最有效的方法之一。

联盟项目

通常校园中同性恋（包括男同性恋和女同性恋）和双性恋群体的感召支持对象是非同性恋者和非跨性别者，但可惜的是，虽然许多非同性恋和非跨性别团体有意表示支持，但却不知道该如何付诸实践，也没有太多资源供它们使用，甚至缺乏相关政策指导以促进它们自身的发展，帮助他人更好支持同性恋、双性恋和跨性别群体。而非同性恋和非跨性别教职员工通过参与联盟发展项目可以对校园文化氛围起到积极有效的影响。为了促进这一影响，联盟发展项目开展了一系列活动：

- 定期开办正规培训和团队组建项目，如"安全区培训"项目。
- 定期组织联盟和团体成员集会。
- 为办公室和个人工作区域配备印有"安全区"或"联盟"字样的贴纸或海报，以向公众宣告联盟实践承诺的决心和热情。
- 把支持网络数据库中登记的 LGBTQQIA 群体成员名单印刷成册。
- 根据各系的情况创建联盟发展资源、策略和培训项目。
- 向传统上难以进入的团体（如兄弟会、姐妹会、校际体育竞赛等）、学科专业（包括但不限于自然科学、技术、工程、农业、数学等）推广量身定做的培训和拓展项目。

同伴教育、演讲社和座谈项目

在许多校园里，群众性同伴教育的一个重要组成部分就是演讲社和座谈项目。有着不同背景的 LGBTQQIA 学生经过培训后到大学和当地社区普及关于性/情感取向、社会性别身份/表达、压迫和多样性的教育。学生们在讲述分享个人经历的过程中，一方面通过自己的切身经历和感悟教育了他人，另一方面锻炼了公共演讲和自我表达这些重要能力。这些项目还可以根据不同听众的需求而进行专门设计。演讲社成员会参观教室、宿舍、体育竞技项目、兄弟会和姐妹会会所、当地学校以及宗教组织，而如果听众是在校人员，还会经常开办讲习班。这些模式可以无一例外地说是同伴教育领域最有效的外延性教育模式，而且有着很强的可持续性。

导师项目

那些正在探索自我、寻求更清晰自我认识的学生往往需要来自他人的建议和支持，而且这些建议和支持应该具有组织性、保密性、连贯性。导师项目把准备出柜或正在探究自我身份的学生与相关学识更丰富、对其 LGBTQQIA 身份的自我认同感更强一些的个人联结起来，让学生感受到他人的支持，获得准确的信息，并有一个可靠的倾诉对象可以畅谈自己的顾虑和兴趣爱好等，从而帮助他们树立积极的人生态度以及“有所依”的意识。充当导师的人多为研究生、老师和校友们，他们都亲身经历过出柜带来的冲击，但最后重拾了自信，对自己的身份给予了认同，而他们之所以能当选为导师，往往是因为他们比较成熟，判断力强，对社会资源有着十分清楚的了解，而且乐于助人，愿意为 LGBTQQIA 群体作出自己的一份贡献。但要成为导师必须经过全面的培训，在落实导师和学生的一对一配对前，导师就需要十分清楚自己要做什么，并作出承诺。导师项目往往跟学校咨询和心理辅导项目合作，在此基础上，持牌心理专家和顾问为那些需要帮助的学生提供后续的支持和情况评估，帮助导师积极有效地回应学生的需求。

保健服务

许多学校专门为 LGBTQQIA 群体提供健康方面的服务和资源，这些项目有的会跟专业的医疗或学术机构合作，有的则是独立运行，主要内容包括提供关于性传播感染、生育、安全措施等方面的知识和建议。学校的咨询和心理辅导项目也会根据情况对有心理、情感方面问题的学生提供临时或长期的疏导，这些可能存在的问题包括焦虑情绪、与压力相关的一系列问题，到自我探索、协调来自家庭和同伴的压力、恋爱和亲密关系等。就像专业服务机构的服务人员一样，这些提供校园健康服务的人员只要有心坚持学习和摸索，就可以成为最根本的支持力量。大多数服务人员虽然自身的专业知识有限，但能保证提供可靠的知识和建议，所以应当鼓励学生多向他们咨询，因为他们能够投入足够的时间和精力了解学生的问题，给予他们支持，并给出中肯的建议。

学生组织和活动

LGBTQQIA学生通常十分渴望人际交往，尤其是跟志同道合的人。而学生组织和俱乐部会定期开展社交和文化活动，让学生们有机会遇见志趣相投的人，结交朋友，并且作出自我调整以满足彼此或自己的需要。学生团体组织的名目五花八门，往往有着明确的目的性和持续性，它们关注的焦点一般包括社会和文化参与、来自传统非主流群体的有色人种、妇女问题、策划主持庆祝等活动、激进主义和政治、职业和专业发展、教育及其外展等。而这些特定团体的兴起为学生提供了大量的机会，让他们能够进行人际交往，激发他们在表达力、目的性方面的创造力和多样性。

学位课程项目

以上所讲的辅助课程项目是激励LGBTQQIA群体获得成功的一个重要方面，而学位课程项目是另外一个重要方面。通过各种学位课程项目（如主修课和辅修课、证书项目、课程学习），学校能够培养学生批判性思维的能力，帮助学生树立为他人着想、遵守伦理规范的信念。这些学位课程项目名目繁多，如女性和社会性别研究、性学研究、酷儿理论研究、女同性恋、男同性恋、双性恋和跨性别研究，其中许多都具有高度的跨学科性。有关性/情感取向和社会性别身份/表达的概念、数据、研究以及文献严格意义上说不只局限于某一个特定的专业，也不局限于某一个学院，如人文、文科或社会科学类专业或学院。事实上，这些项目跨越了不同学科领域的课程和学位项目，给学生提供了一个全局性研究的良好契机。有些课程还可能把传统意义上互不关联的学位课程和辅助课程联系起来，比如开设大一实践探索课程就把知识层面的教育和经验层面的教育结合了起来。

能力、知识和经验

针对校园LGBTQQIA群体的服务和支持性项目的相关工作人员可能都有着不同的专业背景及生活经历。每个人学习差异的方式都是不同的，因为大家对差异、权力还有歧视的认识和理解可能有所不同。有些人可能是通过个人的亲身体会和纪实文献资料对性取向及社会性别形成了自己的理解，而有些可能是通过分析统计数据和研究资料，而对性取向和社会性别有了更深刻的理解，还有一部分人可能只是因为在与同伴合作完成社会活跃分子牵头的或促进社会变革的项目的过程中学会了对他人的经历进行阐述。LGBTQQIA群体要获得成功，关键的一条是在资源项目设计、知识储备以及实现平等的策略规划方面需要引入不同的学习方式和价值理念。

在资源、发展机遇、制度价值承诺、领导力都具备的前提下，剩下的一点就是个人或团体的选择和态度问题。个人和群体——包括学生、教师、管理层、校友等——必须批判性地评价自己的价值观和行为，然后在此基础上决定自己对LGBTQQIA群体所能给予支持的力度和范围。这些个人或团体的承诺取决于对他人尊严和给予他人尊重的重要性的认识，而这些人将成为制定有效制度和政策的依据和决定力量。

第三十四章　兄弟会

爱德华·G.惠普尔　基思·B.奥尼尔

北美高校中普遍存在的兄弟会是一种社会化的男性组织，组织成员志趣相投，有着共同的理念和价值观，视彼此为手足，宣誓对彼此还有团体忠贞不贰。这些团体一般都用希腊字母来命名，在学术、服务和领导力方面都有所追求，现在这些团体很大程度上已经变得社会化了，不管是就其本质还是宗旨来看。虽然同为社会性组织，但兄弟会同其他一些希腊字母组织有着很大的不同，后者——如文学社、荣誉组织和专业组织等——可能在组织的基本结构、根源、宗旨等方面跟兄弟会颇为相似，但今天的兄弟会已经独树一帜，成为高校男生获得社会归属感和集体感的一个最重要的渠道。

宣扬兄弟情义——植根于同胞手足意识中的互相扶持、重情重义的情怀——是兄弟会成立的初衷，并且随着兄弟会的发展而代代传承，发扬光大。因为许多兄弟会刚成立的时候属于学术和文学类社团，因此兄弟会的宗旨也包括学业方面的追求，希望成员彼此间相互激励、相互帮助，在学习上再接再厉。此外，兄弟会还践行"博爱"的理念，热衷开展社会服务活动，关注慈善事业和不幸群体。

除了上面提到的这些积极正面的方面，兄弟会的发展历史也有污点：18 世纪末、19 世纪初的时候发生过学生公然反抗学校和老师的暴力性事件，从而形成了兄弟会对抗学校和老师强权的传统风气。虽然这些暴力反抗最终都被学校镇压了下去，但学生对抗制度压迫的行为——通常的表现方式有恶作剧、争吵、仪式化的暴力行径、不服从命令、学术作弊、吸毒等——在各大校园仍然普遍存在。这些行为从过去到现在都不是兄弟会的专有行为，但其背后往往都有兄弟会的影子：所有合法还是非法的活动背后都有兄弟会在策划组织、呐喊助威，因为兄弟会把这些活动当成是有趣的义气之举，同时也是树立威望的契机。

意识到兄弟会犯罪和捣蛋行为所引发的严重后果以及当下兄弟会面临的其他一些问题，学生事务方面的专家以及一些老师开始评估是否有必要对兄弟会中本科生构成的分会给予更多关注，并对兄弟会高层进行强化训练。学校对兄弟会组织提出了新的规范和要求，特别是责任问题、领导力、多样性、制订学术和伦理标准，以及其他能够促进组织成员积极正面发展的策略等方面，要求它们回归本源，依据各自成立时所信奉的价值理念重新规范兄弟会的组织行为。现在经过整改后的兄弟会组织的宗旨就是聚合志趣相投的大学男生；立志继承组织的优良传统、信守组织历代传承下来的积极信条；佩戴组织徽章、参加传统的组织仪式活动；认真学习、树立受过良好教育的优雅绅士形象。但是，要真正实现这些目标面临很多障碍，其中之一就是要颠覆兄弟会组织在大家心目中的负面形象，杜绝其破坏性行为。

历史发展

美国第一批成立的高校都是规模不大的学院，其目的是为了培养牧师、教师、政治家等。因为学校的正规课程很无趣，而且缺乏社会自由，所以学生们开始创办属于自己的课外天地。他们成立了辩论社和文学俱乐部，有些院校还成立了一些“秘密”的学生社团，社会成员需要接受“宣誓”，然后才能“被引入”社团，接受创立者们定下的社团传统。这些社团往往沿袭古希腊哲学求知类学校的宗旨，但也有着各自鲜明的特色——如文学社、辩论社以及其他一些侧重学术的团体，而发展到后来，正是这些特色把这些社团完全区分开来。有时社团的训言或指导性的价值理念都是用希腊文表达，所以大家逐渐就用那些希腊文字的首字母来指代这些社团。长达几十年的时间里，这些首字母成了社团的昵称(后来成为了社团的正式名称)，帮助区分不同团体，而随着这些团体开始为其成员提供住宿，其性质日益变得社会化，而这就是当代兄弟会组织的雏形。

1776年，Phi Beta Kappa荣誉兄弟会在威廉与玛丽学院成立，开创了希腊字母组织的历史，其一些做法沿用至今，包括用希腊字母为团体命名；通过秘密的仪式和符号阐述社团信奉的价值理念、信仰;配有徽章,但一般只有新入会的成员佩戴。虽然现在的兄弟会组织在这些方面跟 Phi Beta Kappa 兄弟会很相像,但可以肯定地说前者不像后者那样强调做学问——Phi Beta Kappa 兄弟会接受新成员(其中也包括女性)的唯一依据就是学业成绩和其他学术表现。

过去的两个世纪里,美国大学生的生活已经不再局限于教室,而是有了很大的拓展。早期引领大家开拓生活的是由男性学生组成的团体,这些学生志趣相投,经常聚在一起讨论学习以及校园和社会事宜。团体成员因为深厚的友谊而走到一起,成立了兄弟会,身为兄弟会成员的他们往往有着相同的价值观、信仰以及看待事物的角度和方法。这些兄弟会组织有着悠久的历史,在美国高等教育发展史上占有重要的地位。

从古至今,兄弟会一直都是领导人诞生的摇篮,从中走出来的领导人既有国家层面上的,也有国际舞台上的,涵盖的领域包括政府、体育界、娱乐界以及其他一些公共领域。美国历任总统中只有两任不是兄弟会成员,还有 16 位副总统也有兄弟会背景。自 1900 年以来的内阁成员以及相当于内阁成员级别的政府高官中约有三分之二都是兄弟会成员,还有超过四分之三的美国参众两院议员,超过 85%的美国最高法院法官以及国家 50 强企业的首席执行官(CEO)也都是兄弟会成员。兄弟会成员的足迹遍布各地,而对于加入兄弟会的很多人来说兄弟会是他们领导才能的起源地,正是在兄弟会里他们的领导才能才得以激发和加强,为他们以后走上领导岗位打下了坚实基础。

兄弟会与姐妹会——也叫女性兄弟会——的渊源颇深。这些女性组织成立的时间要比 Phi Beta Kappa 兄弟会晚近一个世纪,而其成立的初衷是让女性获得男性的认可,并且在男女同校的校园里找到男性的同盟力量。虽然组织模式沿用了兄弟会(男性兄弟会)的那一套,但姐妹会在校园生活中也形成了自己的特色。无论是过去,还是现在,姐妹会都不太会像兄弟会那样反抗学校当权,也不太可能因为反社会或非法行为而受到关注。然而,在校园希腊群体中,姐妹会一直都跟兄弟会有着密切联系,是兄弟会的“手足”或“合作伙伴”。

当代组织、特点和活动

当代大学里的兄弟会组织是全国性或国际性组织，其成员组成包括在校本科生以及庞大的校友群体。所有兄弟会组织都有全国办公室和相应的组织体系，负责兄弟会的管理和运行，并且在各大院校都设有分会，经过官方认可的地方兄弟会组织受全国或国际兄弟会组织团队的管理和领导，共享资源，同时也受分会所在院校的管理和引导。

许多兄弟会组织在美国和加拿大都开设分会，使之成为真正意义上的国际性组织；但是，几乎没有兄弟会组织（即使有也很少）在北美以外的地区设立分会或分部。兄弟会一般每年都会组织全体性活动，如会议、暑期学院、培训班等，全国乃至全球范围内的成员（包括在校本科生以及校友）都会参加，这些活动给大家提供了互相交流和学习的机会，交流内容包括组织的仪式、价值观、学术成就以及领导等方面。这种持续性的关注成员成长的做法其实是种投资，对于组织的未来具有重要意义；为组织成员提供课堂以外的培训和教育有助于为组织以及社会培养未来的领导人才。这些活动既是对过去历史的回顾，也是对未来的展望，而无论是过去还是未来，大家都同心协力、守望相助。

当代大学校园里的兄弟会组织五花八门，在规模、组织宗旨和使命、成员的参与度、年龄以及性格等方面都存在较大差异。招纳在校学生的全国性和国际性兄弟会组织有 66 个，但基本上没有学校会囊括所有兄弟会组织的分会。事实上，较小的校园性希腊团体反而由众多分会组成，这些分会有意归属所在院校，成为其组成部分。分会在获得全国兄弟会组织授权予以成立之前必须要先获得学校的承认，学校往往宣称学校和分会之间是一种特殊的关系，并对双方的权利和责任范围作出明确规定。当然并不是所有的兄弟会都有全国或国际组织，有些兄弟会保持独立，或只局限于学校范围，以获得更多的掌控权，减少组织成本。

有些北美院校不允许在校园里成立兄弟会（或姐妹会）。而那些允许成立兄弟会（或姐妹会）的学校，一般规模中等或比较小的学校可能会有 5—20 家兄弟会组织，而一些较大的大学兄弟会分会数目甚至超过四五十家。这些组织都受其所在学校的联谊委员会管辖——联谊委员会由联谊会所在学校的分会成员组成，他们自愿加入委员会，依照一定的管理体系，对联谊会团体进行管理和领导。北美联谊会会议是一家国际性组织，负责对全美和加拿大的学校联谊委员会及兄弟会进行监督，制订相关标准。

兄弟会分会内部一般都设有负责人和管理委员会，他们按照分会的年度工作计划策划营销、招募、教育、社会、体育以及慈善活动。招募指的是邀请新成员了解兄弟会、加入分会的过程，而在“宣誓入会”这一过程中，分会会正式地向新成员介绍兄弟会的成立历史，使他们对兄弟会有更深入的了解。而分会策划参与的其他一系列项目、活动可以告诉我们各个分会的特色和强项，比如经常性的慈善募捐、参与与其他学生组织进行的体育竞赛、为成员及其他感兴趣的学生营造一种充满活力的社会氛围、为校园和希腊团体作出独有的贡献等。

而在住宿环境方面，希腊团体的宿舍楼往往集中在一块，或者挨得很近。“成排的希腊”房屋——每一排楼房属于某一个分会——占据了校园里很大的地方，兄弟会和姐妹会成员的宿舍彼此靠得很近，形成了一个互为邻里的真实可见的希腊社区。因为“同为希腊团体”，兄弟会和姐妹会之间往往会结下深厚友谊、保持友好关系，而各分会还会合作策划活动或共同承担慈善项目。而随着现如今兄弟会和姐妹会愈发需要打造组织的正面形象，组织庆祝仪式，为校园以及校园外的同伴树立榜样，这些团体间的合作关系将进一步加强。

部分学校的希腊团体成员间存在着一种友好竞争的关系，从而在校园里树立起关于团体的一种积极正面的形象。而联谊会间的体育竞赛、慈善募捐、校友会浮动装饰、居室美化以及其他竞赛等活动彰显了希腊团体的活力。这些活动都表达了通过社会建设“行善”（博爱）的精神，而这正是希腊人的根本价值理念。一般来讲，兄弟会及其成员的“善举”会让学校收益良多，但兄弟会及其成员的一些不良行为（虽然不多但影响比较大）也会让学校背上不少骂名。

可惜的是，兄弟会团体的某些特点——共同的兴趣和价值观、独幢独居、团体内部偶尔出现无人领导或管理的情形——往往会激发“集体思考”，从而作出不当的选择和决定。近几十年里，学校还有媒体都密切关注着兄弟会成员的酗酒、吸食毒品、欺凌新成员、学术作弊、性侵犯，以及其他构成犯罪或违背团体及其所属院校价值观和道德标准的行为。目前，最令校方伤脑筋的犯罪行为是欺凌新成员和酗酒，其次是一些挑衅和麻木不仁的行为。全美40个州都颁布了反对欺凌新入会成员的法律，有些法律甚至已颁布了近30年，但尽管如此，这种行为仍时有发生。研究表明，兄弟会成员比起非希腊团体的同伴来说更容易酗酒。这些犯罪和捣蛋行为使得兄弟会组织难以摆脱其负面形象，而那些意欲树立正面形象的分会往往不得不努力与因为其他分会的不良行为而形成的对整个兄弟会组织的偏见抗争。在这样的情况之下，有些学校大幅缩减兄弟会组织的规模，甚至予以全面取消，而不是积极协调不良行为造成的问题。但是，没有了校友和学校相关人员的正确引导、支持，兄弟会成员只能孤军奋战，独力应对（或错误应对）危机四伏的境况。

当代的兄弟会有些还背负着校园的"舞会场地"、放荡和犯罪行为的聚集地等污名，被认为不可能树立正面的榜样。那些支持兄弟会的人认为这些丑闻缠身的分会除了名称外，已经跟创立伊始的兄弟会没有任何相像的地方了，完全背离了兄弟会的宗旨和价值理念，而那些设在其他学校的受到价值驱动的分会也耻于与之共用相同的名称，认为它们不再配成为自己的手足同胞。于是兄弟会团体内外都遭受了严重的压力，在这种情况下，对所有学校的兄弟会组织进行强有力的内外领导和管理显得愈加迫切。

多样性、学术和伦理层面面临的挑战

今天的兄弟会正面临着转型为伦理教育性团体的压力，不仅需要考虑如何减少或杜绝犯罪和不良行为，还要考虑如何在组织的多样性、学习态度、伦理道德标准和期望等方面有所提高、改善。这些挑战和压力涉及方方面面，而且跟两个世纪前组织创办人面临的挑战和压力有很大不同，但如果能够成功应对，对于兄弟会的生死存亡，把兄弟会打造成学者、朋友、学习者和领导人的团体，具有十分重大的意义。

兄弟会长期面对的一项指责是它们具有高度的排外性，其成员组成不够多样化。虽然美国和加拿大自一开始就是多元文化社会，但这种多元文化的特性直到近年来才引起大家的日益关注，在这个大环境下，两国的高校也都面临着培养可以在多元文化环境中良好生活和工作的毕业生的社会需求。希腊领导人宣称，希腊的生活经历可以帮助学生接纳来自不同文化背景的人，但兄弟会成员的民族和种族构成相当单一。研究表明，参加过以多样性为主题的教育活动和项目的本科生比起没有参加类似活动和项目的同伴来说更能够接受文化的多样性。相类似的，有研究发现，那些旨在制止校园性骚扰和强奸行为的研讨会和培训项目会对敌视、侮辱女性的行为起到遏制作用。所以未来几年，兄弟会会一直面临多样性方面的挑战，它们需要更加有力地承诺并且能够真正接纳多样性。

兄弟会成员还面临着保持高度学术诚信、好好学习方面的压力。可能是因为住宿环境缺乏高度管理的缘故，兄弟会的寄宿成员往往都没有自习、认真完成作业或按时上课的习惯；还有一些成员不懂如何进行有效的时间管理，花在社交上的时间比花在学习上的要多得多。这种种原因决定了部分希腊团体的学生学习成绩差，作弊行为突出，完成学位的比率也比较低，因此也迫使相关国家机构以及学校和老师要紧盯兄弟会成员，研究更好的策略以充分发挥他们的学习潜力。虽然许多校园里也有兄弟会成员学习表现十分优秀的例子，但大家对一些兄弟会有没有真正尽心尽力去督促成员成为“男性中的学者”一直都持保留意见，而且这种情况还将持续下去。

然而，如果兄弟会想扭转大家对其的负面看法，转型为培养学者和学习者的学习型团体，必须要把认知能力（如批判性思维、理性思维、理解力等）的培养放在首位。可惜的是，研究表明，早期加入希腊团体可能会对学生的认知能力的发展产生负面影响，这主要是因为大一的生活会对学生的整个大学生活产生深远的影响。所谓“近朱者赤，近墨者黑”，环境越是不良，结果可能越糟糕。

如果兄弟会想成为良好的价值理念引导下的真正的学习型团体，全体成员互相友爱、情同手足，在学业和社会服务方面都有所追求，不仅需要提高其学术规范方面的标准，而且对于成员的行为也要有较高的道德约束。可惜的是，研究表明，兄弟会成员这一身份标签会对学生的伦理道德发展产生不良影响，因为兄弟会推行宣誓入会制教育，成员入会时宣誓誓死效忠社团，不管其所作所为是对抑或不对，而兄弟会的很多社会活动都没有表现出对他人、价值观和文化的应有尊重，在这样的环境中耳濡目染，自然会受到一些负面的影响。历史上有许多兄弟会组织都曾立下成员必须遵守的行为守则和道德标准。如果这些标准真正能够融入兄弟会成员的日常生活，那么兄弟会就能真正成为有效的注重伦理的学习型社团。兄弟会成员和组织之间必定能找到一个平衡点——双方都赞成的价值理念，成员承诺践行这些价值理念，这应该成为成员和组织共同的希冀、追求，而如果失去了这一目标，也就意味着丢掉了兄弟会文化遗产中的光辉一面以及组织成立的初衷。

第三十五章　预备役军官训练营(ROTC)

珍妮弗·M.席尔瓦

预备役军官训练营(ROTC)是一个针对在校大学生的军事训练项目,参加项目的学生毕业后将入军队服役成为军官,其中还有超过一半的学生可以获得美国国防部颁发的奖学金。目前,全美有超过1000所高校开设ROTC项目。虽然在常人看来,军队的使命和21世纪常规高等教育的使命是相互冲突的,但ROTC项目却把二者有机地结合了起来,实现了军队和高校的相互交叉、相互影响,尤其是在关于社会性别的假定认识、意识形态以及实际做法等层面。参加ROTC项目的学生从定义上讲既是美国公民,也是美国军队服役人员,其身份在高校和军队二者之间不断转换,因此他们所经历的一切也反映了高校和军队这两大国家机构对于男性及女性的认识,以及女性为协调其女性和军官这对看似矛盾的身份而作出的努力。大体来讲,这一协调过程更多体现了传统社会性别认识和安守社会性别本分文化意识的衍生而非颠覆。

校园里的ROTC项目

ROTC项目成立于1916年,美国参加第一次世界大战前夕,而自成立那天起,这个项目的招收对象一直都是高校学生,也因此成了高校与军队之间争议和冲突的矛头所向,尤其是在跟越战有关的那段历史时期。就跟美国军队的历史一样,ROTC项目的历史发展过程也经历了巨大的变化(参见Neiberg, 2000)。1980年,ROTC项目成了自愿性质的项目,参加项目的学生可以自愿选择毕业后是到军队服役还是不去,也不再强调项目的军队性质,学生跟军队人员的接触时间要求大幅缩减，而且在课程安排中增加了非军队教员所授的课程。而随着美国号召建立新的完全自愿的兵役制度，ROTC项目成了美国部队除海岸巡逻队（其没有ROTC培养项目）外各军种军官的最大培养基地。2004年，美国各军种军官中，ROTC项目的毕业生所占比例分别为陆军57％、空军42％、海军21％、海军陆战队12％，直接受命于美国国防部的现役军官合计达39％（美国国防部副部长办公室，2004）。20世纪50年代，ROTC项目招收的学生主要是来自东部私立学校和全国赠地院校的白人男性学生，但今天ROTC项目主要集中在美国南部和中西部地区的公立大学，尤其是那些毗邻重要军事部门的一些公立大学，同时招收对象也包括大量的女性和少数民族学生（Neiberg，2000）。而另一方面，文科类院校和常青藤联盟院校近年来越来越不认同把ROTC项目视为全日制学位项目，但这些学校的学生如想参加ROTC项目通常可以跨校报考。

ROTC项目既对军队负责，也对其所在的高校负责。ROTC项目的学生除了要达到所在院校的毕业要求外，还必须上军事类课程，参加体能训练，暑期要到训练营参加集训，为毕业后到军队服役做好准备。他们从学校毕业后就成为服役军官，并且至少要在军队服役四年，而那些申请特种技术的学生可能服务年限还要延长，例如，如果有学生想成为战斗机飞行员，训练期限需要多两年，服役期长达十年。

学生参加ROTC项目的原因可谓五花八门，许多是因为受学校奖学金的吸引，有些是因为出身军人家庭，还有些（但不算多数）希望能够在军队里干出一番事业。大多数学生都把军队看成是能够获得工作技能和资历的地方，而ROTC项目的招生材料中也极力渲染军官培训以及军队服役能够给学生带来的职业发展方面的帮助，比如领导才能发展和战略规划技能等。

军队和ROTC项目中的社会性别情况

无论是从数据上还是意识形态层面上看，军队都是绝对以男性为主导的一个地方：美国国防部2004年的统计数据表明，当年美国陆海空以及海军陆战队现役军官中女性所占比例分别为17％、18％、15％和6％（美国国防部副部长办公室，

2004)。而在意识形态层面上,珍妮·霍尔姆(1992)主要从保留军队事务男性化的文化导向与军队需要女性服役的现实需要之间的矛盾——尤其是1973年取消强制兵役制度之后——方面描述了女性服役的历史。这种矛盾体现在一方面军队明文规定作战部门不允许有女性——虽然现代军事体系中作战和非作战之间的界限已经日益变得模糊,而另一方面军队频频征收女兵,允许其在作战部门非正式服役(参见Francke, 1997,尤其是pp. 47—72,关于女性在作战部门的相关岗位服役但军方未予以正式承认的相关讨论)。虽然关于禁止空军和海军部队女兵参加飞行作战任务和登上战舰服役的法律早在20世纪90年代初就废除了,但空军和海军中许多最赫赫有名的特殊兵种仍然排斥女性,特别是女性不得成为海军海豹突击队成员,也不能成为伞兵,而潜水艇部门2012年以前都是清一色由男兵组成。这种排斥女性的做法导致的结果就是军队里的女性根本不可能登上最高岗位,而这种情况在美国军队各个部门都是如此。

虽然存在这些社会性别排斥的情况,其结果也不容辩驳,但当代的军队通常会把自己塑造成无视社会性别的机构的形象,宣称军队服役人员的身份只有一个,那就是士兵,没有男女之分,大家各凭本事吃饭。但是这种无视社会性别、只看个人能力的积极论调却在ROTC项目的许多做法面前被打了脸:ROTC项目——尤其是体能训练过程中——会着力强调男女差别,适用不同的体能标准(Fenner & de Young, 2001),这些不同的标准主要体现在引体向上、仰卧起坐、两英里长跑等三个项目上。1999年的时候,17岁—21岁年龄段的男性需要完成42个引体向上才算达标,而女性的达标数为19个;仰卧起坐方面不论男女的达标数都为53个;两英里跑项目男性必须在15′54″的时间内跑完全程算达标,而女性的达标时长足足多出三分钟。这些还只是达标成绩,成绩越往上标准就越严,性别差异也就越大。军队的其他部门所执行的标准差异较小,但同样存在不同的性别标准。军方对执行男女差异标准的解释是女性体能天生要比男性弱,而所执行的标准其实相对于其对应性别所需付出的努力来讲是等同的。然而,就像作战部门排斥女性的政策一样,不同性别不同对待的体能训练标准必然会一直把女性归类为差异性的一类群体,剥夺她们成为完整意义上的战士的机会。

而跟这种强调女性弱势地位的做法不同,军队里还有许多做法显得过于强势，给女性造成心理压迫感，特别是强调军队需要的士兵应该有着强健的体魄，顽强的意志，做事目标性强，积极进取，懂得运用武力、武器甚至死亡来赢取胜利。历史上有许多学者把军队看成是一个可能扭转传统社会性别观念的场所，认为军队所执行的就业机会平等的机制以及“无视社会性别”的政策会为女性提供一个平台，好让她们挣脱世俗加于她们身上的社会性别角色的桎梏（如：Fenner & deYoung，2001；Holm，1922）。此外，学者们还认为，女性参军对于其争取跟男性平等的权利是一个重要的契机，他们指出，军队是美国的一个核心机构，女性只有参与其中才能“实现作为公民的全部权利和义务”（Holm，1992，p.508）。甚至一直对军队及其做法颇有微词的批评家们也强调说，女性必须要在军队中获得发言权才能实现其公民身份。Elshtain（1995）指出，女性参军是解决女性“政治上仍然受到男性思维和处事方法牵制、为男性所代表”这一问题的一个可能的方法（p. 243）。那些主张女性积极参军的学者们都认为女兵这一概念本身就具有颠覆性，是对女性只能充当陪护者、需要男性保护这一本质主义论断的挑衅。

不过，恩洛（1983，2004）提出了不同的观点，她觉得女兵这个概念不仅没有起到颠覆传统的意义，反而是传统社会性别观念的沿袭和再现。恩洛认为，军队从根本上来讲是一个讲求父权制的机构，它建立在男性意识形态的基础上以实现其目标。她谴责了军队一方面为了利用女性而说出接纳女性的种种动听言论，而另一方面又对女性进入作战部门服役、登上军队的顶尖岗位设置障碍，其原因只是因为作战部门是牺牲和服役的最高象征，是只有男性才能享有的荣誉。恩洛专门对军队环境中的男性和女性身份的意义进行了阐释，指出军队允许女性存在，但其前提是这么做可以保证女性充当陪护人而男性充当勇士的传统文化理念得以延伸，而一旦超过这个界限女性就会遭到排斥。她还指出，作战部门排斥女性的政策规定其实是对男性工种和女性工种所作出的划分，促使军队男性把战争视为成就社会形态中男性存在的一个部分。在这层意义上，军队中女性的存在只是为了彰显社会性别差异，是传统社会性别观念的延续。

除了以上这些，还有大量的文献对军队排斥女性——以及女性化特点——的情况进行了阐述。在人际交往层面上，大量的研究（如：Francke，1997；Herbert，1998；Miller，1997）表明，军队里盛行男尊女卑的风气，性骚扰以及社会性别歧视等现象相当普遍。而在制度层面上,关于“士兵”这一概念的建构完全摒弃了传统的女性化模式。事实上,“士兵”这一概念的构成包括善于自我约束、坚定果敢、意志力强,而这些与传统对于女性的文化认知——充满母性、注重联系、懂得妥协——是截然不同的。这种差异产生了以下这些颇具严肃性的问题:女性是否可能真正融入主流军队文化,尤其是——正如欧文·戈夫曼(1959)、哈罗德·加芬克尔(1967)、朱迪思·巴特勒(1990)等一些主流理论学家所阐述的那样——在按文化认定的社会性别模式行事对于实现人的某个具有意义的身份具有重要意义的前提下。社会性别是构建个人身份的基石,是人获得自我意识和社会认可的前提条件。巴特勒解释说:“社会性别是在当今文化环境下实现个人‘人化’的一个有机组成部分;事实上我们会经常性地惩罚没有尽到跟其社会性别相对应本份的那些人。”(p. 178)

在一个认为男性可以成为士兵只因为他们是男性的体制中,女性的地位往往模糊不清,甚至还常规性地处于弱势(Miller, 1997)。赫伯特(1998)在其所做的关于军队女性如何作出与其社会性别相符的表现和行为的研究中指出,女兵们面临着双重桎梏:“既是女性又是士兵的双重身份”逼迫她们一方面要表现出传统文化认定的男性特征(如自我约束力强,坚忍自制),而另一方面需要与在她们身上烙下了泯灭不掉的社会性别印记的关于女性的文化认知作出妥协。在这种情况下,为了理解女性参加ROTC项目对于社会性别的启示,我们需要弄明白军队环境中的女性多大程度上可以在保留其女性特征的同时突破现存的女性认知的束缚。如果当前的文化环境(包括校园文化和军队文化)无法正确认识实现无社会性别化的可能性,那这个问题就会指向关于意义的文化体系的约束性、机构的局限性,以及文化传承和改变之间的矛盾等方面。

协调ROTC文化与传统女性文化之间的矛盾

笔者对陆海空ROTC项目所做的研究(参见Silva, 2008)证实了军队(以及ROTC项目)可以赐予女性力量,帮助女性解放天性这一观点。研究发现,ROTC项目中作为候补军官和海军准少尉(以下统称为“候补军官”)接受培训的女性把参加 ROTC 项目看成是一个可以让自己变得更强壮、自信果敢、掌握技能的好机会；她们非常兴奋地说到参加 ROTC 项目可以学习到武器方面的知识，进行地面导航操作，以后还能成为营队的领导，她们觉得所有这些都非常刺激，是一般女性难以实现的行为。她们还把 ROTC 项目当成是摆脱传统女性文化规范中一些消极因素的好机会——她们对传统女性文化规范的理解就是要求女性彼此竞争、拥有完美的身材，或者要故意表现得柔弱无能以吸引男性的注意。而 ROTC 项目为这些女性提供了一个机会，让她们可以对传统女性文化规范中束缚其发展的内容说“不”，尤其是跟学校在更广泛层面上倡导的文化氛围相比明显具有束缚性的那些内容，而学校倡导的文化在她们看来就是抬高标准以更好地激发女性吸引力，甚至要求她们达到一个无法实现的高度。

虽然大家认为 ROTC 项目对男女一视同仁，对于个人的成长和发展非常有帮助，但笔者研究中接触的女性还有男性候补军官们都觉得自己在 ROTC 项目训练过程中还是能感受到社会性别差异。女性学员们感觉自己需要不断证明自己可以做到，而许多男性学员则认为女性体能训练的标准相对定得比较低，虽然国防部对外宣传时并不承认这一点，甚至还作反向宣传。有些女性学员只有在自己能够达到男性标准时才会认为自己的表现“不错”，而如果自己或其他女性学员达不到男性标准，就会认为自己还有同伴太差劲(另参见 Abrams, 1993)。

男性、女性学员都会依照传统的男性和女性文化规范来区分哪些是男人该做的事，哪些是女人该做的事，他们会把男性行为和当兵联系在一起，认为这种联系是根本性的也是牢不可破的一种联系，而实际上这种联系往往是相对于女性行为而存在的。虽然女性学员感觉参加 ROTC 项目后自己充满了斗志，甚至敢于对抗传统女性文化规范，但没有一个人对男性和女性的社会文化建构提出质疑，而只是把这些认知归结为是对两性的自然性和生物性的概括过于僵化。布劳迪(2003, p. 23) 对军队男子气概的定义是：“一个甄别和区分的仪式化过程：我们是谁 VS 我们不是谁”，这个定义表明男性特质是相对于女性特质的一种存在；因而成为男性就是证明不是女性。笔者研究中接触的所有学员中除了一名学员以外，其余人都接受这种两分模式，一直视女性为“他者”，或者是缺乏男性力量和坚韧毅力的一种存在。

ROTC项目的男性学员评价最高的女性学员是那种恪守学校或世俗设定的社会性别本分的女性。因为这些男性把女性气质看成是女人自然流露出的一种东西，并且通过跟女性气质作比较来确认自己是男性，所以他们最欣赏那些最能体现社会性别差异特征的ROTC女性学员。这跟美国军方一直公开宣传的情况截然相反——美国军方一直宣称军队无视社会性别或对男女一视同仁。虽然官方一直强调军队里不分男女，但ROTC项目的学员们仍然非常看重男子气概，认为这是一种根本性的特质。因此可以说，ROTC项目男性学员对于女性同胞的评价既是对美国军方公开宣传标准的反驳，也是对暗地里执行的"优秀士兵"定义标准的驳斥。在这种情况下，女性要赢得男性同胞的尊重也就意味着要成为男性心目中的"优秀女性"形象而放弃成为"优秀士兵"。

此外，虽然女性认为ROTC项目可以让她们对传统女性文化规范作出引申甚至重新定义，但男性并没有认识到女性学员不断进行的协调社会性别认知的过程，他们仍然推崇传统女性文化。尽管大家对ROTC项目女性力图颠覆传统女性文化认知已经达成共识，但没有男性学员从更为宽泛的层面对社会性别进行反思，他们做的只是对身强力壮、能力出众的女性个体进行重新定义——有时夹杂着矛盾的情绪，甚至流露出褒奖之意，但通常都把这种女性个体视为非正常。而对于女性来说，既要拥护军队体制层面上公开宣扬的社会性别中立政策，又要迎合ROTC项目实际操作中重视男子气概的暗自做法，还要在与男性同胞的交往中表现出传统女性化的一面，实在是太难了。

然而这种困境并没有让笔者研究中接触的女性学员产生抵制传统女性文化规范的意识。相反，她们仍然把自己定义为女性，并对传统女性文化规范照单全收——富有吸引力、生性敏感、充满母性——认为这些是其生活意义的根本源泉。因为她们把女性特质看成是一种自然属性，所以力图在生活中表露出来，虽然她们清楚地知道这一属性跟军队的氛围格格不入。大多数女性发现，女性特质和她们认为作战甚至军队生涯所必需的那些特质是相矛盾的，而自己无法在二者之间达到平衡。换句话说，她们认识到女性特质跟军队的核心功能从根本上是相抵触的——但也从来没有怀疑过女性特质之于自身的重要意义和核心地位。而另一方面，她们又认为自己需要积极赋予自身一些有意义的属性，以对抗军队男性霸权。不过她们只关注个人层面的做法令她们看不清她们的行为可能累积而产生的效应:社会性别等级制度以及最终对男尊女卑模式的传承和沿袭。

有些媒体评论员还有公众都认为,女性参军会从根本上转变大家对社会性别的认知,但笔者的研究却对这一观点提出了质疑。一方面,笔者研究中所接触的参加 ROTC 项目的女性的确在许多方面颠覆了现存的关于男性和女性的社会观念。这些女性学员经历了一系列常规性的训练——包括在体能训练中练就了一身肌肉,成了所在营队的负责人,学会了拆装和熟练使用武器,能够完成各种高难度的躯体动作而让人完全无法把这些跟性感联系起来,她们的这些行为表现的确颠覆了女性是弱者、女性是被动的、女性是性感尤物等核心文化理念。然而,与此同时,笔者研究中的女性学员并没有认为或解释自己的这些行为表现是男性化的,是具有革命意义的,是对传统文化理念的颠覆。因此,她们参军入伍并不可能改变军队体制或具有更大受众面的传统社会性别认知。因为她们把男性和女性特质看成是个体所有的稳定的自然属性,也就不可能认识到自己在社会性别关系体系中所处的位置,而这种社会性别关系体系是建立在规范男女身份的强大文化理念的基础上的。研究中没有一名女性反对把自身的女性特质或者自己的女性身份作为其核心属性的基本构成。关于社会性别的植根意识深处的划分等级的思维逻辑——主要是指女性是哺育我们成长的看护人,而男性是坚毅的勇士这种意识——仍然根深蒂固,无从撼动。

第三十六章　服务性学习和行动主义

卡伦·博加

服务性学习与女性主义之间的关系很复杂，二者的深层哲学理念有着很大的不同，而不断变换的表述有时会掩盖掉这种差异。服务性学习通常也称为行动主义和体验式教育，泛指一切有序组织的传统课堂以外的学习经历。体验式教育可能还包括商务专业的学生在一家会计公司或女性研究专业的学生在一家激进的行动派团体中实习的经历。“实习”这个词通常指包含一定时间长度、涉及特定职业领域的体验式教育——往往是没有酬劳的工作。虽然参加实习可能会大大增加学生以后从事该职业的可能性，但部分学生可能会因为没有时间或难以放弃有报酬的工作而无法进行这种体验式的学习。

“服务性学习”这个表述往往用来指那种时间周期较短且不一定跟某一职业领域挂钩的体验式教育项目。这个表述对于有些怀有政治目的的人来说已经成了一个很有用的词，现在就有不少全国性组织（如校园契约组织）专门推广此类项目，并提供资助。在有些老师看来，服务性学习项目指的是一些传统的服务性项目，如到收容所里讲课、做志愿者等，还有些老师认为服务性学习项目也包括可能具有社会改良或倡议性质的一些项目。

因为定义难以统一，“服务性学习”成为了一个备受争议的概念，尤其是在那些更倾向于用行动主义这个表述、旨在颠覆传统的社会性别文化规范、改变社会结构的女性主义群体中。女性研究项目对于各种形式的体验式学习（包括服务性学习）表现出了极大的包容性，但女性主义导向的行动主义以及其他形式的体验式学习是否可能实现，取决于体制约束以及政治环境。

女性主义者对服务性学习项目表示不安

服务性学习是一个跟传统慈善事业相关的概念，但这个表述却令许多女性主义者感到惶惶不安。虽然慈善事业主张的仁爱之心贴合女性主义的部分理念，但女性主义者对于慈善抱有质疑的态度，因为在她们看来，慈善事业暗示了女性的从属地位，甚而是对不公平现状的一种舆论支持。在1973年的全国妇女组织(NOW)大会上，志愿工作专案小组通过了一项决议，倡议取消过去的“创可贴”式的服务性志愿工作模式，推行政治行动主义路线。这一决议表明，NOW认为以服务为导向的志愿工作是一种没有计划性的打补丁式的解决主要社会问题——其中大多数问题都是经济体制的反映，需要从根本上予以解决——的方式。而更为糟糕的是，倡导服务性志愿工作的政治力量都是现行体制的管理者，因此往往会极力阻挠社会变革的发生。

自1973年的会议之后，NOW修改了内部章程，取消了禁止服务性志愿工作的规定。虽然当时NOW所做的声明可能有点过于极端，但确实提出了若干重要问题，也反映了NOW对于一个吝啬小气政府的合理(同时也是富有先见之明)担忧——一个不够大气的政府会拒绝履行其对公民所担负的责任，对一些严重的社会问题不实行迫切所需的社会变革，而寄希望于一些缺乏宏观规划的志愿工作以粉饰太平。

那些极力主张取消禁止服务性志愿工作规定的NOW成员们认为禁止服务性志愿工作的做法其实忘记了非常重要的一点，那就是直接性的社会服务与宣扬社会变革之间其实是相辅相成的关系。NOW组织极力想拉拢的政治力量往往都是直接性社会服务的产物，而直接性的社会服务也可能会促使社会政治力量痛下决心，寻求从根本上解决社会问题的方法。

女性主义者对志愿工作(以及相对应的对服务性学习)所抱有的矛盾态度为我们提供了非常有利的角度来探讨现代女性主义思想中存在的矛盾和冲突。关于志愿工作的争论跟关于相异性/相同性的争论是密切关联的，而在过去长达150年的女性主义思想发展历史中，关于相异性/相同性的争论一直没有间断过。传统的服务性志愿工作可能更容易受到“文化女性主义者”或“相异性女性主义者”的青睐——这些女性主义者认为女性们具有不同的观点和考虑非常重要，强调女性的特殊属性，而那些认为男女根本上是相同的，在公共领域应该获得相同待遇因而强调平等地位之争的女性主义者们可能就会对志愿工作抱有质疑：这些“追求平等权利的女性主义者”可能会遵循个人主义的价值观，而文化女性主义者可能更倾向于共产主义社会的价值理念。

但颇具讽刺意味的是，一方面部分女性主义者对志愿工作的伦理观念大加鞭挞，而另一方面一种新型的志愿工作模式——职场的志愿工作——逐渐兴起，这种志愿工作模式很大程度上不再受到女性主义者的呵斥、责难，相反，女性主义组织往往对其鼓励、推行。这种新型的志愿工作模式其实跟美国历史上女性从事的传统慈善工作是一脉相承的。早期的时候，志愿者一般都是来自于富裕家庭的女性，而在当今社会，职场志愿工作的参与者主要是职业妇女，而且比较盛行于一些不太受捧的职业领域(如教书和社工)。对于许多从事教育和社会服务性工作的女性来说，她们在工作上实际投入的时间远比计算酬劳的工作时间要长得多，她们的工作其实就具有志愿性质。如果某位女性的工作同时也是她追求的事业，那么这种志愿性质会变得很难以察觉，这种性质的志愿者最典型的例子有女性研究项目的负责人和妇女倡议团体的负责人及办事人员。

什么是女性主义行动主义？如何才能实现？

关于行动主义和志愿工作之间的争论一直都是众多服务性学习/体验式教育课程反思的内容之一。NOW 鼓励女性主义行动主义(可大致理解为力图颠覆现存的社会性别文化规范的行为)而不主张传统志愿行为的做法获得了许多女性主义教育者的积极响应。然而，女性主义教育者们在行动主义的本质以及行动主义与传统志愿行为的意义分界线等问题上并没有达成一致。有些人认为，行动主义性质的志愿服务项目旨在帮助学生更深刻地理解女性主义相关问题，而有些人认为这类项目的宗旨应该是促进相关技能的发展，以促成宏大的女性主义运动。毫无疑问，许多女性主义教育者可能两种观点都拥护，但会根据课程的实际情况而有所侧重。介绍性课程可能更加侧重拓展学生对于女性主义相关问题的认识,而针对女性研究专业学生的高级研讨课可能会更加侧重分析加快女性主义进程可采取的策略。

有些女性主义教育者可能会把符合行动主义常规理解的项目归结为服务性学习项目,从而令问题变得更为复杂。变换不定的称谓表述以及使用“服务性学习”这一术语来表示行动主义的情况在近年来探讨服务性学习和行动主义以及服务性学习与学术领域的女性研究之间关系的论文著作中很是明显。纳普利斯和博加(2002)以及巴利埃特和赫弗南(2000)向我们展现了女性主义行动主义或服务性学习可能表示的多种含义。

一些女性主义教育者们发现,服务性学习这个用语——在跟慈善联系起来,而不涉及社会变革的前提下——用于实现政治目的时是个非常实用的词汇,比如说在他们申请一些行动项目的资助时,或者希望获得校方支持时。学术型的管理者(甚至是文科出身的一些管理者)一般不太乐意给会被学校董事会或当地政党领袖认为可能引起争议的项目提供资源支持,尤其是在公立学校依托于各州和地方政府资助的情况下。所以女性主义教育者们是否选择作出妥协取决于体制约束、当地的政治环境以及自身可能面临的风险等因素。

体制约束会对两个方面产生决定性影响,一个是女性主义教育者们可能获得的资源扶持,还有一个是可使用的语言。在同时有大量非专业学生一同上课的女性研究课堂上,学生们往往对女性主义尤其是行动主义非常抵触。此外,女性主义教育者们是否能获得社会的支持跟当地的政治氛围有很大关系,那些女性主义组织遍地开花的城市为女性主义教育者们提供了非常多的选择,通常这些城市的学校管理层都比较开明,一般都比较支持——或者至少不太打击——女性研究项目,乐见其付诸实践。但是如果离开波士顿-华盛顿等特大都市、太平洋沿海的一些大城市,还有南部和中西部的一些中心城市(如亚特兰大、奥斯丁、芝加哥、明尼阿波利斯—圣保罗等),女性主义项目可能获得的社会支持力度往往会随之下降。

除了诸如地理位置和政治环境等体制层面上的约束外,另外一个有力的约束因素就是时间。寄宿制学校可以为依托校园的女性研究项目创造机会,但在走读制学校就不行,因为走读制学校的学生每天还要赶着上班,回家履行家庭义务。

因此对于社区大学的老师来说，如何能把行动主义项目穿插到课程内容中去，是特别紧迫的一个问题，尤其是那些渴望能够在女性研究入门课程中尽可能多讲些内容的老师，因为他们知道这些课程可能是学生们一生中接触女性研究课程的唯一机会。留给他们的选择空间相比四年制大学中女性研究专业高级研讨课的老师们来说真可谓有天壤之别。

行动主义、服务性学习以及女性研究之间的关系

学科性的女性研究一直以来都特别欢迎各种形式的体验式教育。在许多女性研究实践者看来，女性研究和女性行动主义是相互交织、不可分割的。作为学科的女性研究是根据主旨内容、方法论以及教育法对自身作出界定的，而女性主义教育法的一个重要内容就是体验式教育，这在许多女性研究实践者看来甚至是女性主义教育法的核心所在。女性研究早期的时候，对于女性生活的学术研究以及女性主义运动之间有着密切联系这一点基本上没有人会表示质疑。

然而，随着女性研究变得制度化，开始出现女性研究与政治前程之间存在对抗、需要牺牲学术研究换取政治前程的担忧，甚至有些女性主义学者开始把女性行动主义视为可能会影响其职业发展的绊脚石。当然，公开宣扬支持行动主义会不会带来风险跟其自身所处的环境有着极大的关系。如果是社区大学的一名老师支持行动主义，可能会被盛赞是公民积极参政的表现而受到表彰，而如果是一名在顶尖学校的传统系科执教，希望能获得终身任教资格的女性主义学者，可能就需要担心自己参与行动主义项目会影响到职业生涯。所以说女性行动主义的结果是好是坏很明显取决于学校及其周边环境的政治氛围。

因为受到后现代主义理论的深刻影响，有些女性研究项目开始跟行动主义脱节。女性主义学者们开始撰写一些被有些学者认为是不知所谓的理论性文章，力图颠覆人们对女性研究领域的一些核心概念和内容的认识——比如说女性这个概念。他们指出，社会性别界限具有渗透性，“女性”其实并不是一个恒定的概念，到最后“女性”这个概念会彻底消失。这一理论转向与女性研究向社会性别研究的转变是相一致的。所以我们可以毫不意外地看到为了能够不被抓到小辫子，在

描述具有行动主义导向的教学策略时，有些女性主义教育者开始使用“服务性学习”或“体验式教育”等更具政治中立性的表述来代替“行动主义”。

有意思的是，女性主义教育者们开展的行动主义项目（通常具有服务性学习的特点）一般都不包括跟政治选举相关的内容。所有的服务性学习运动都贯穿这样一个理念，那就是政治是肮脏的交易。托比·沃克是为数不多的主张学生应该参与政治选举的服务性学习实践者之一，他在2000出版的著作中列举了无数服务性学习运动领袖的例子——如一家学生自治的全国服务机构的主任以及国家服务公司的政府官员，这些人把服务看得高于政治，在他们身上体现了——用沃克的话来说——“社会服务运动中存在的一种很有问题的趋势：政治是丑恶的”。很多关于女性基层行动主义的研究——如特玛·卡普兰（1997）的《为民主疯狂》和南希·纳普斯（1997）的《草根勇士》——也都表明，社会活跃分子对于参与政治选举表示怀疑，大家都认为“真正的”基层行动主义者必须要以超然的姿态远离政治选举这一是非圈。

不管是定义为服务性学习、体验式教育还是行动主义，大家一致认为这些活动本质上代表了强调劳动的一种教育模式，但可惜可获得的资源非常有限。女性研究实践者们一般都赞成有必要寻求更多的支持，以帮助他们在课程中融入体验式/服务性学习/行动主义的相关内容，这些支持可以表现为各种形式，如小班教学、提供助教等额外的教学资源、额外补偿（如增加酬劳或设立特定时间用于女性研究实践等）、在职称评定时认可这些工作等。这类想法对于很多老师来说都是乌托邦式的无法实现的空想，包括那些在教学经费紧张、根本无力承担额外财政支出的学校任教的老师，也包括那些在不愿意在职称评定时考虑体验式教育的顶尖学校任教的老师。不过纵观女性研究的历史，也有不少早期认为是空想的女性主义目标但现在至少已经是部分实现的情况。所以如果女性主义教育者们认定体验式/行动主义的教育模式，也必须寻求制度上对于这种教育模式的认同。

第三十七章　姐妹会

埃米·E.韦尔斯　德博拉·沃利

姐妹会是用希腊字母命名的志愿性组织，入会对象为渴望通过仪式洗礼、继承传统、相互分享沟通等方式找到归属感、培养健康的人格、传承文化的在校女生以及同性校友。姐妹会是在共济会和男性希腊组织（也称兄弟会）等秘密社团的启发下成立的，迄今在美国大学校园里已经存在了近 160 年，在本科生文化圈里有着重要的地位，目前其会员人数超过 400 万。

19 世纪中后期姐妹会刚兴起的时候只对在校女生开放，其初衷是为了在正规课程之外丰富大家的课外生活。随着男女同校制度的日益推进，姐妹会为处于男性主导环境中的成员赢得了显著的社会地位，为女生参与学生自治创造了良好的条件。其后随着时间的推移，姐妹会日益发展壮大，以满足成员各方面的需求，包括提供食宿、联谊相亲、督促成员好好学习、推荐进入校友成立的公司就业、分享就业资源等，并且帮助不同种族和民族背景的成员解决困难。

虽然有些姐妹会属于独立团体，而且只存在于某些校园中，但更多的姐妹会是独立于学校以外的拥有多重分会机构的全国性甚至是国际性组织，设有行政办公室，享有高达数百万美元的财政预算，设立有不受政府管辖的慈善基金会，其校友遍布五湖四海。与兄弟会一样，姐妹会也会获得学校方提供的土地和管理方面的特别支持，但是姐妹会和学校之间本质上是一种共生共栖的关系，也就是说它们之间相互依存，但不一定就互惠互利。例如，学校对希腊社团住房的一系列禁令以及规定这些希腊社团不得招收大一新生入会等政策表明，学校可能会干预姐妹会的发展及运作。而姐妹会成员欺凌弱小、酗酒以及不良吃喝等种种有案可查的劣习也表明有时姐妹会成员也会沉溺于某些恶习，这些可能会对个人及学校完成学业目标带来不良影响。

虽然姐妹会遍地开花，影响力很大，但却鲜有研究调查其对成员和社会以及对女性、男性教育可能带来的影响。拥护派声称姐妹会对成员的学习具有促进作用，能够激发学生参与社会活动的热情，提升学生对学校的忠诚度和荣誉感以及对大学生活的整体满意度，同时也积极促进了校友之间的资源共享。而反对派则认为姐妹会让学生变得举止轻佻，无心学习，养成不良习惯，而且过分强调女性容貌、仪态、传统女性角色等方面的内容，对于培养健全的女性人格是不利的。于是乎，学者、教育者、学生甚至是姐妹会成员纷纷就姐妹会的宗旨、价值理念、传统习俗等展开论战，而得出的关于姐妹会是否促进了学生课外生活健康发展的结论也是各执一词，难见一致。

历史和发展

虽然"姐妹会"一词从意思上讲可以用来指各类女性团体，但 1874 年的时候锡拉库扎大学一位拉丁语系教授创造了这个词用来指"Gamma Phi Beta"，这是首个女性自愿加入的组织，其对自身的定位是校园里的女生联谊组织。在此之前，姐妹会一直都是独立存在的秘密社团，并不以希腊字母命名，大家一般也把它们当成与兄弟会同性质的团体。1851 年和 1852 年位于佐治亚州梅肯市的卫斯理女子学院成立了秘密的文学社团 Adelphean 文学社和 Philomathean 文学社，被认为是姐妹会之鼻祖。世纪之交伊始，这两大社团就更名为 Alpha Delta Pi 联谊会和 Phi Mu 联谊会，并开始积极向各大高校扩张招募会员。

I.C.姐妹会是第一家全国性的姐妹会组织，也是第一家在其他学校开设分会的姐妹会，虽然没过多久它就被取消了。I.C.姐妹会 1867 年在伊利诺伊州的蒙茅斯学院成立，21 年后其成员发现使用希腊字母命名有极大的好处，于是改名为 Pi Beta Phi 联谊会。1870 年也就是 I.C.姐妹会成立三年后，Kappa Kappa Gamma 姐妹会也在蒙茅斯成立，同年 Kappa Alpha Theta 姐妹会在迪堡大学成立。有趣的是，Kappa Kappa Gamma 姐妹会和 Kappa Alpha Theta 姐妹会都有意按照男性团体的章程和规矩行事。

19 世纪、20 世纪之交，希腊字母姐妹会大规模兴起，表现出如下特点：涉及各色学校；凡是涉及种族、宗教、民族的事务都依照社会规范和歧视性规定行事；可以反映不同学科领域对女生的开放程度。姐妹会的成立模式表明，姐妹会具有跟风的特点——如果有既定团体引发竞争、提供可供效仿的模式，姐妹会往往会紧随其后、一拥而上，典型例子有位于弗吉尼亚州法姆威拉朗的沃德大学（当时为弗吉尼亚州立师范学院）在 1897 年—1898 年两年间成立了 Kappa Delta (1897)、Zeta Tau Alpha (1898)、Sigma Sigma Sigma (1898)三个姐妹会，还有 1921 年，位于密苏里州哥伦比亚市的斯蒂芬斯学院成立了 Kappa Delta Phi、Zeta Mu Epsilon、Theta Tau Epsilon 三个姐妹会。位于华盛顿特区的老牌黑人院校霍华德大学成立了三个主要（但不绝对）对美国黑人女性开放的姐妹会，分别是 Alpha Kappa Alpha (1908)、Delta Sigma Theta (1913)、Zeta Phi Beta (1920)。而对于犹太女性来说，在纽约市有三个姐妹会团体，分别是 Iota Alpha Pi (1903 年成立于亨特学院)、Alpha Epsilon Phi (1909 年成立于巴纳德学院)、Delta Phi Epsilon (1917 年成立于纽约大学华盛顿斯奎尔学院)。此外，还有涵盖各个学科领域的获得专业认可的女性社团，包括 Pi Kappa Sigma (1894，教育)、Nu Sigma Phi (1898，医学)、Kappa Beta Phi (1908，法律)、Phi Upsilon Omicron (1909，家政)、Gamma Epsilon Pi (1918，商务)等。

姐妹会之间为了争取“最优秀”女性会员存在激烈竞争，因此各自之间往往会达成非正式协议，这在早期的社会性姐妹会组织间尤为普遍。为了推动现存的协议能够正常实施，杜绝诸如同时加入多个姐妹会组织等现象发生，同时避开校方的干涉，1902 年，九大姐妹会的代表们齐聚一堂，成立了后来的全国泛希腊会议(NPC)。会议重申了其自治姐妹会会员需一致遵守的协议内容，并在此基础上确立了 NPC 的主要权责——对 26 家全国性和国际性姐妹会会员及负责各个学校希腊女子事务的地方泛希腊机构提供舆论和实际支持。1930 年成立的全国泛希腊委员会(NPHC)与之性质类似，也是一家宏观的管理性机构，旨在推进九大国际性黑人希腊字母组织——其中包括前面提到的成立于霍华德大学的三个历史性黑人姐妹会以及 1922 年成立于印第安纳州印第安纳波利斯的第四家历史性黑人姐妹会 Sigma Gamma Rho(1929 年在巴特勒大学设立分会而成为一家学院性的姐妹会组织)——所肩负的提升黑人社会地位的社会使命并为之提供支持和援助。

除了NPC和NPHC的附属姐妹会团体,还不断涌现出大量的地方姐妹会组织,以迎合因在校女性日益多样化的文化背景而产生的不同的文化需求。地方性姐妹会指某个校园中单独存在的一个分会组织,有的地方性姐妹会生命力旺盛,能够存续很长时间,而有的生命力很弱,转瞬即逝。地方性姐妹会组织的出现有的是因为学校禁止全国性的希腊组织出现垄断局面而加以干涉的结果,有的是因为已有的分会组织不接纳有着不同背景或特征的新会员。事实上,20世纪末兴盛发展的许多具有多元文化或民族性特点的团体都是以地方性组织起家并发展起来的,其中有支持亚裔的(如 Sigma Omicron Pi, 1930; Alpha Kappa Delta Pi, 1990),有支持拉丁裔的(如 Lambda Theta Alpha, 1975; Chi Upsilon Sigma, 1980),有支持黑人的(如 Alpha Pi Omega, 1994; Sigma Omicron Epsilon, 1997),有支持南亚人的(如 Sigma Sigma Rho, 1998; Kappa Phi Gamma, 1998),有支持穆斯林女性的(Gamma Gamma Chi, 2005),还有支持女同性恋、双性恋、跨性女性的(如 Gamma Rho Lambda, 2003)。此外,还有20多家多元文化背景的姐妹会成立,旨在通过成立多民族性和多种族性组织从而促进社会的多元文化认知(如 Mu Sigma Upsilon, 1981; Lambda Sigma Gamma, 1986; Theta Nu Xi, 1997),其中有些还成立了自己的全国应援机构,包括成立于1998年的全国拉丁美洲兄弟会组织协会和全国多元文化希腊委员会。

当代姐妹会的特点及争议

姐妹会往往会通过组织训言、信条、徽章、会歌、会花、口号、握手礼、手掌记号、会员昵称以及组织仪式等途径对内以及对外表明组织宗旨以及共同的信仰,这些代表组织的方式同时也反映了组织公开的历史以及基本意义上的(但也不是绝对的)每个团体信奉的基督教会教义,往往表达了对创始人的尊重和敬仰。因为希腊字母组织刚开始大都跟其他社会性联谊会团体一般无二,所以大致同期成立、宗旨相近且表面上无甚差别的姐妹会在组织标记和秉承信念方面有着极大的相似性。例如，许多NPC姐妹会都援引希腊和罗马神话，而NPHC姐妹会则从非洲的知识典故中获取灵感。新兴姐妹会往往反映了其公开力挺的大众文化的某些方面，比如有些姐妹会会使用“她史”、“womyn”（女权主义者生造出的woman的复数形式，以避免women一词中含有男人主义的-men）等词，以强调组织自创立以来一直信奉的以女性主义为中心的宗旨以及语言是一种社会性别构成的观点。另外，姐妹会还热衷慈善事业，每年全美的姐妹会成员为非营利性、服务性以及社区性组织义务服务的时间达上千小时，募集的款项数以百万计。

对于慈善工作的热忱，再加上围绕“姐妹情谊”和“理想的真正女人”等主题而开展的各种仪式活动和表现形式，使得姐妹会成为了俱乐部女性时期(19世纪中晚期到20世纪初期)的珍贵遗产——当时，公民性组织和文化俱乐部作为一种参与公共事务的方式，让因为工业化发展而摆脱了“家庭束缚”的新兴的中产阶级妇女找到了生活的目标。就跟新兴的中产阶级俱乐部女性受到参与公共事务方面的束缚一样，高校女性虽然相对地位较高，但在继续深造方面同样面临着来自法律和政策规定的诸多限制，即使她们能够进入高校就读，也仍然面临着很多限制条件，包括录取名额、不得选择某些课程或专业、不得参加学生管理和许多课外俱乐部等。此外，女性还面临着关于穿衣打扮、宵禁、日常活动、校园场地借用等严苛的行为守则方面的束缚。打一开始，这些生活富足但思想相对保守的高校女性就把姐妹会当成是参与学生管理的渠道，以此来对抗压迫性的束缚、获得自由。

对于脱离家庭开始独立的年轻高校女性而言，姐妹会是历来思想守旧、竞争性强、由男性掌管或以男性为中心的教育机制中的女性代表机构。在女子大学——同样要听从男性的命令，姐妹会为正在探索走向独立成年期的女性们提供了一个与老师和学校管理层合作共事的机会，而在男女同校的院校，除了这一点以外，姐妹会还会与富有竞争力、相对地位较高、其兴趣和活动（如体育运动、酗酒等）主宰学校课外活动的兄弟会结成联盟，从而帮助姐妹会成员跟校园里“最优秀”的男性牵线搭桥、结成连理。

在这种充满竞争且提倡异性恋的环境下，加入姐妹会让尚未完全步入成年的女性对于成年所必需的节制和应承担的责任有着清醒的认识，从而对自己的身份和性行为更加克制。因此，姐妹会成为了类聚和群分的场所，那些享有特权的成员可以在其所属希腊团体的公开保护下，在每个成员都是精挑细选或者完全封闭的圈子里与一些备受尊敬、意气相投的同伴们半私密地享受自由的生活。在校园或者地方环境中，这种竞争和排外的做法往往会演变成按社会性别区分的威望等级排序，所有的姐妹会和兄弟会都会与一个异性团体非正式结盟，两边成员无论是在外表、经济实力还是社会地位等方面都大致相当。因为能入会即表明在这个团体中占有一席之地，所以只需简单地表明自己属于哪个姐妹会，就可以让团体的其他成员暗自明白其在团体中的位置。也因此，参加某个姐妹会，尤其是一个“较上等”的姐妹会，往往意味着可以加入有名的俱乐部和初级联盟，可以找到“较上等”的同伴，在作出一些放纵行为时仍能获得名誉保护，同时也预示着将来能够事业有成、财源广进。

在典型的大学校园里，凡是想加入希腊集团的女性都可以找到适合自己的希腊组织，因此在招募会员的过程中，每一位想入会的成员都会被推荐给一个分会组织，至于能不能入会，成员和分会双方都有发言权，可以自由选择，但是历史性黑人希腊组织与其他具有民族性和多元文化性的团体的会员招募程序略有不同。通常来讲，不能入会的原因只是因为想入会的成员限制了自己的选择余地，只想加入按威望等级划分的希腊集团中层次最高的团体，而不愿意选择那些层次较低的团体。整体而言，姐妹会会通过相较其他社团更为严格的筛选程序，凭借其大多数成员表现出的有助于提升或至少保持姐妹会在当地社团组织体系中地位的社交能力和素质来赢得或保持自己在本科生文化圈中的人气地位。这些关于维护声誉的不成文规定同样也适用于入会成员；如果有会员生活过于放浪形骸，或者作出有损于团体名誉的行为，往往会受到察看、暂时取消会员资格以及开除出会等惩罚。

身为局外人的有些观察者对姐妹会成员把自己的组织描述成“姐妹情深”的组织，那些主要以黑人成员为主或具有民族性和多元文化性的姐妹会组织成员互称“姐妹”的行为深感不解。但要真正理解这种姐妹情怀，梳理高校环境中姐妹会对相对处于特权阶层的女性群体所起的作用，必须要结合女性高等教育的历史以及社会构建的本科生校园文化所产生的更广泛影响来看。对参与妇女俱乐部以及妇女选举权和权利运动的女性——特别是黑人女性来说，“姐妹情谊”指的是面对压迫大家同仇敌忾、一同抗争，表达了女性同心协力争取社会变革的立场。姐妹会的一些批评家——包括许多女权主义者——认为“姐妹情谊”这个用词对于姐妹会成员来说只是一纸空谈，特别是那些主要以白人成员为主的姐妹会，因为这些组织具有很强的排外性，而且其关注的内容无非就是为了男人争风吃醋、计较身份地位的高低而已。这些批评家们还指出，相比早期真正热心于社会公益事业的俱乐部女性，姐妹会对积极争取社会变革的呼声并不是很高。考虑到“姐妹情谊”这一表述在社会历史领域的使用，尤其是跟女性主义以及种族和阶级压迫反抗联系起来时，批评家认为使用“姐妹情谊”一词来形容社会性姐妹会成员之间的关系是不妥当的。不过，姐妹会成员之间——包括主要由白人组成的姐妹会白人成员之间——仍然喜欢使用这一表述，她们往往会用这一表述作为亲密友谊的代名词，认为她们所感受到的姐妹会组织内部的姐妹情谊是她们四年的大学时光中非常具有积极意义的——有时甚至是最具有积极意义的——一段经历。

对于亲密友谊的热切渴望以及赋予这种关系的超高价值判断可能也可以解释为什么姐妹会仍然受到大学本科女生的追捧，为什么之前受到姐妹会排挤的来自少数民族群体、文化、宗教信仰的女性会联合起来成立跟姐妹会相类似的团体，奉行相似的入会仪式，开展相似的活动，而不是另辟蹊径，成立不同的学生团体。对于具有少数民族背景的女性来说，姐妹会能够给予她们的不光是成员间的亲密友谊，而且还有在以白人学生为主的校园环境中与其他弱势群体建立起来的亲人般的密切关系。还有就是希望姐妹会成员能够齐心协力为有着不同性别、种族、民族和文化背景的其他成员获得更好的教育、经济、政治和社会地位及待遇而奋斗的想法也符合许多即将上大学、渴望加入姐妹会的女性的个人志向。从历史来看，这种对于地位提升的侧重可以把 NPHC 和 NPC 团体及其成员区别开来。例如，Delta Sigma Theta（现为 NPHC 成员）策划的首次公开行动就是参加 1913 年 3 月 13 日在华盛顿宾夕法尼亚大道举行的为争取妇女选举权的示威游行。黑人姐妹会与黑人兄弟会密切合作，积极组织活动，甚至包括为美国黑人权利委员会、联合黑人大学基金、全国城市联盟、全国有色人种进步协会等组织培养领导人。

跟 NPHC 隶属的姐妹会不同，NPC 所属的姐妹会一直都更为注重社交活动，其组织的慈善公益活动几乎跟个人全无关系，也不像 NPHC 姐妹会那样积极表现出要改变种族和社会性别现状、提升相关弱势群体社会地位的态度。因此甚至在女性的独立性大为加强、变得更有职业追求，而且在许多学术领域和高校中占比已经超过男性的今天，NPC 姐妹会仍然大受欢迎——与之相比，兄弟会的数目及受欢迎度呈现出不稳定的态势——实在让人诧异。加入姐妹会要符合严苛的要求(包括不菲的费用)，而且往往会受到姐妹会的一些潜在的负面影响，被人认为只看重诸如外表、受欢迎度、财富、声誉等一些肤浅或者跟社会地位相关的方面，那为什么当代的白人女性仍然积极想加入姐妹会？姐妹会之所以有如此大的吸引力，可能不光是因为对于亲密友谊的渴望，还因为组织秉承的理念与其所吸引的女性的价值观相一致。例如，有些研究表明，传统上并且迄今仍然以白人为主的姐妹会的成员一般政治上比较保守，排斥女性主义，在恋爱和婚姻观上持有传统的女性观点，而且在人际关系中也主张传统的以男性为主导的模式。

姐妹会大行其道，还有部分原因跟这样一个事实有关，即正如姐妹会反映了时代变迁，姐妹会同时也顺应时代潮流而变化。毫无疑问，全社会和姐妹会组织连同姐妹会所在的各大院校，对于女性学生的处事行为和态度比以前变得更为包容。今天的姐妹会不光有对过去传统的继承，而且会适应新成员的需求作出改变，以帮助她们在男性主导的学术圈获得坚持下去的动力，在父权制社会允许的范围内获得成功，而不会一味要求成员推翻父权制社会或者要求女性放弃为人妻、为人母。因此，即使是第一代有着不同文化背景的大学生也会觉得姐妹会对于实现自己的职业理想、实践个人成功的价值理念非常有帮助。也正因为此，除了围绕外表以及关于女性气质的一贯传统理念而展开的活动和实践行为外，姐妹会同样也重视成员们的学术表现和领导才能发展，会投入时间和资源对成员开展女性健康、学业、就业等方面的教育，其付出往往促进了成员们在学业上孜孜不倦、不断进取。虽然关于加入希腊组织可能带来影响的研究大多没有把姐妹会和兄弟会区分开来作单独研究，但研究者们发现，加入希腊组织能够产生积极的影响，极大加强成员们的集体归属感和参与感，促使他们好好学习，并且对于学校生活有更大的满足感。

在一个鼓励女性追求并且实现事业成功、家庭幸福双赢的社会中，姐妹会在帮助女性实现其富有浪漫色彩的人生目标方面起了很大的作用，一方面帮助她们从外貌和名誉等方面来精心打造其柔美的女性形象，实现对男性的吸引，另一方面又支持成员追求学业和事业。虽然多元文化背景的姐妹会的出现颠覆了大家对于姐妹会具有种族和民族排斥性的认知，但姐妹会组织的社会性别构建仍是常规的两性模式，比如姐妹会会称异性组织为“兄弟”团体，而有些姐妹会也会陷入欺凌新成员、酗酒等丑闻中。这些姐妹会内部以及组织之间存在的既促进又阻碍女性解放和成功的相互矛盾的情况表明，不能简单地说姐妹会有积极意义还是不良影响，同时也表明，有必要对姐妹会的宗旨、价值理念以及其对美国女性高等教育作出的贡献进行更多、更细致的研究。

第三十八章　女性中心

夏洛特·A.孔克尔

19世纪60年代末，随着大批反传统女性进入或回归大学校园，美国的各大高校开始兴建女性中心。最初，女性中心的职能只是提供信息咨询，帮助这些女性协调复读事宜，为提升学业提供辅导，此外，中心还经常为女性提供学业、职业规划、育儿等方面的问题咨询，帮助她们掌握简历准备和面试等就业方面的技巧。

随着19世纪70年代女性运动在全国蓬勃兴起，各大高校面临的兴建女性中心、扩大服务范围的压力与日俱增。很快女性中心成为大学校园里的女性服务组织，为所有年龄层的女性提供各类教育项目和援助服务，内容涉及反强奸、反暴力、性骚扰和性骚扰热线等。根源于女性运动的女性中心大多秉承女性主义的原则和理念，而且与学校的女性研究项目或院系关系密切。

今天，据戴维(2002)统计，全美约有超过440家女性中心(卡斯珀的统计是460家，2004a)为大学在校女性提供服务，以满足她们不同的需求，而与此同时，新的女性中心仍在不断兴建中(参见Davie书中的Kunkel一章，2002)。中心的组织形式五花八门，设立的宗旨也各不相同，有些中心运行状况良好，有些中心情况比较糟糕，它们面对的问题虽然大同小异，但并不全然一致，其安身发展之道也各不相同。

组织形式

兴建女性中心的大学五花八门，包罗万象：有公立的，也有私立的，还有社区大学；有文科类院校，也有科研性大学。大多数女性中心由学生或某个立志于此的教师、员工或社区居民牵头兴建，而他们兴建女性中心的缘由各不相同，有的可能只是因为规模比较大的大学里某个学院的管理层想把一幢新空出的大楼收归己用，于是就在楼里成立女性中心（参见 Davie 一书中的 Willinger 一章，2002）。

女性中心的资金来源也是各式各样，有些是学校自行解决，校方从学生学费中拨出部分款项用于女性中心，有些则靠外界赞助和私人捐款。有些中心就是学生组织，由学生负责管理，而有些设有全职的专业主管，提供管理方面的援助。有些中心几乎没有经营预算，而有些的经营预算可高达六位数（Kasper，2004b）。

女性中心的组织结构也是各不相同。许多中心都是自治机构，但也有些附属于学校其他人事机构或院系，如学生事务机构、后勤服务机构、多样性或民族性事务办公室、女性事务办公室、女性研究系或项目中心等（Kasper，2004b）。女性中心所占的空间范围也存在很大差异，有些独占整幢楼，而有些如果有条专属电话线就算走运了。

使　命

虽然有这样那样的差异，但大多数女性中心都视满足校园女性的需求为最核心的使命。孔克尔（1994）总结了其五大核心需求，并且在全美各地女性中心关于使命的陈述中一一得到了印证，这五大需求为安全、教育、支持和扶助、平等、社区。

关于安全，许多女性中心的核心业务就是通报性骚扰和性侵犯案件，为受害者提供咨询，因此相当于性骚扰和性侵犯相关政策的宣传媒介。晾衣绳项目、“让黑夜消失”游行、小心食物陷阱项目，还有最近的“阴道的自白”等演出都是女性中心策划或是受到女性中心大力支持的具有普遍意义的事件或行动。女性中心向全社会传达的非暴力理念可能有助于促进整个社会的积极改变，而不仅仅关注于受害者的事后疗伤（Allen，2001）。校园女性中心还援助了无数的地方性行动，这是每天都在发生的常规内容。

关于教育，有些人认为这一举措不应再作为女性中心的核心使命，特别是在积极开展了女性研究项目的校园里。但是这些观点忽略了这一事实，即女性中心通过引入课程等方式对提升女性的学识已经起了直接且积极的作用。许多女性中心都跟女性研究项目有联系,而中心组织讲座、研讨会、会议,甚至为女性提供奖学金,作为常规学位课程的补充,也是司空见惯的事。还有些女性中心会直接出面做工作,通过诸如课程改革项目和理科女生暑期培训项目等方式实现课程改革。布赖恩(2000)指出,女性中心理论联系实践的做法对于创立女性主义教育法具有非常重要的意义。她认为,女性中心扶持的那些行动性方案为女性研究和其他学术项目开展实习、举办研讨会和会议提供了绝佳的机会。卡斯珀(2004a)同样认为,校园女性中心为学术型社会工作者、教师和学生之间的相互交流提供了广阔的平台。她主张热衷社会工作的师生们应该积极参与校园女性中心的工作,以积累关于服务、社会、服务雇员、实习以及项目评估等方面的经验。

那些对女性中心持反对态度的人士则认为,女大学生需要特别支持和援助的时候已经过去了。在大多数校园里,女性已成为学生群体的主力军,校园里有许多办事处专门处理女生事务,对于女生需求的关注度与对男生需求的关注度是一样的,甚至还要更高。但是这些观点并没有认识到为女性提供服务和为女性提供最需要的服务是不一样的,而这恰恰非常重要。

学术圈仍然存在社会性别歧视现象,比如说认为女性不应该学数理科,适合女性的学科是基础教育等。女教师的薪资与男性相比仍然存在实际的差别。最近有位女学生在办公时间找教授请教问题,她们谈话期间,学生告诉教授她是自己遇到的第一位女教授,该名学生当时在读大二下学期,也就是说她应该已经上过近 18 门课了。学生的大学生活过半但还从来没碰到女教授,这真的没有问题吗?有非正式的调查发现,有些学生跟这名学生情况一样,也只碰到过一位女教授,还有其他几名学生说他们大学四年总共也就有两名女教授。这是 2006 年对一所文科类院校调查发现的情况。

该年这所院校的全职教师中女性占比 37%,如果全职、兼职一起算,女性占比为 43%,获得终身聘任资格的教师中女性为 33%,女性正教授仅有 17 人,占比 31%,最高管理层(共六人)中有两名女性,占比 33%,系主任(共 25 人)中女性仅有六人,占比 24%,而该校的学生近 60%都是女性。这些数据跟全国通报的数据是相一致的。美国大学教授协会报道指出,2008 年全美高校教师队伍中仅有

39％为女性，其平均薪资仅为男性教员的80.7％。

2008年，美国大学校园在教师人数以及薪酬方面仍然存在社会性别差异，男尊女卑和男性本位等观念仍然没有消除，性骚扰和性侵犯事件时有发生。有些人认为，女大学生相比大学以外的同伴遭遇性侵犯的风险更大。据估计，曾经有一年有近5％的女大学生遭受性侵犯，虽然大多数受害者都没有向学校通报。对于那些感到被孤立、没有受到应有的重视或处于周围人夹攻中的女性来说，女性中心可以是她们的避难所，还可以是教授她们知识、给予她们支持、庆贺她们成功的场所，在这里她们是核心，中心所做的一切都围绕她们展开，这就是为什么现在的大学校园仍然需要女性中心的理由。

女性中心还通过协调为女性提供的校园服务来声援女性，给予女性支持。许多大学里的女性中心是搭建在在校女大学生和社区女性之间的联系的桥梁、集中为她们提供服务的核心机构。虽然也有很多机构旨在为满足女性的特殊需求提供服务，例如女性事务办公室、女性委员会、骚扰事件处理办公室、针对流离失所家庭主妇的项目、女子学院等，但这些机构并不总是相互协调、相互配合的，甚至可能出现工作重叠的现象。例如，像学生健康服务中心、学生生活管理中心、娱乐或体育中心、多样性事务中心的服务范围可能都会涉及女大学生性健康的相关问题，这时女性中心可以充当协调人，把各个项目和提供服务的主体联系起来。事实上，如果女性中心并不重复或接管这些服务内容，而是能够在这些机构之间构建联系的纽带，帮助学生找到获取相应服务的渠道，可能会是中心所能发挥的最大作用。

对于女性的声援和支持也可以落实到旨在促进社会性别平等和女性团结的具体行动上。为了实现这些目标，女性中心广泛参与各种活动，包括校园和社区服务、科研、项目策划、创办刊物（如新闻通讯和工作文件）、为图书馆提供馆藏资料等，在制订关乎女性切身利益问题（如种族主义、憎恶同性恋、性侵犯、学业评定等）的相关校园政策时发挥重要作用。

许多校园里的女性中心相比女性研究项目或系科一般会更侧重于能够促进校园以及社会女性平等地位的具有社会行动力方面的内容。行动主义可能会受到校园女性中心的青睐，而一个还在努力争取合法地位的女性研究系可能就会排斥。从历史上看，许多女性研究项目为了让女性研究独立成系，拥有合法地位，一般都会摆出疏远行动主义的姿态。于是女性中心成了许多大学校园在行动上声援女性运动的有力力量。然而，把女性主义理念和知识与实践联系起来对于实现社会变革是至为关键的。帕克和弗里德曼（1999）在论著中迫切地指出，女性中心与女性研究紧密合作，这是历史的要求，也是新的时代提出的新的要求。

为女性的日常生活以及女性取得的成绩开展庆祝活动是女性中心可以从行动上实现的满足女大学生几大核心需求的做法之一。为了我们的女性先辈而庆祝，为了我们当代的女性而庆祝，这么做可以加深我们对古往今来女性所取得成就的了解，从而把所有女性团结和凝聚起来。为那些通常在规范课程中不见踪影的女性庆祝，可以弥补我们的教育盲点，促进更大范围的社会性别平等，为女大学生塑造模范人物从而带给她们力量，并宣扬她们对社会所作出的杰出贡献。

校园女性中心实例

校园女性中心的成功很大程度上归功于对自身有清晰的定位，有社会各界的支持和资助作为坚强后盾，并且能将女性和女性需求融入校园文化，成为全校上下努力实现的目标。最为成功的中心承诺不会让中心边缘化或者只成为某类弱势群体的庇护所，而是为且只为女性服务的机构。女性中心要在全校范围内广为宣传自己能够提供的所有服务内容，但成功的女性中心还必须成为大家心目中提到部分(而不是全部)服务项目就能想到的重要甚至是唯一的服务机构。

当然也有不少例外的大学校园女性中心成功的例子。爱荷华大学女性资源和行动中心、斯贝尔曼学院女性研究和资源中心、华盛顿州立大学女性资源中心、位于俄亥俄州的迈阿密大学女性中心、杜兰大学纽科姆学院女性研究中心这五家女性中心就很好地向我们展示了女性中心的不同类别以及获得成功的不同模式。

爱荷华大学女性资源和行动中心是中西部地区历史最悠久也是规模最大的女性中心之一，这家中心的特别之处在于其公然宣称中心的服务对象不仅包括在校女大学生，而且包括当地乃至全州的女性。中心设有顾问委员会，由 15—18 名成员组成，成员来源包括学校的学生和教师员工以及当地社区人员。中心通报其每年的服务人次过万，成员的离职率很低，而究其成功的原因，中心归结为是因为中心无论是在成员组成还是服务对象方面重视多样化，强调团队协作，鼓励坦率直接的沟通。

斯贝尔曼学院是一所老牌的黑人女子院校，早在1981年就成立了女性中心。其女性研究和资源中心负有三重使命：关于女性（尤其是非裔女性）研究的课程设置、社会拓展、黑人女性研究（参见 Davie 书中 Guy-Sheftall&Sanders 一章，2002）。该中心下设女性研究项目，取得了一系列的成果，包括主办一家期刊、多次召开全国性会议、多次获得项目资助、派出代表团参加国际会议等。这家中心的与众不同之处在于一来学术方面做得很出色，二来表现出明确的政治倾向——关注黑人女性机构和行动。

华盛顿州立大学女性资源中心的独特之处在于其成功开展了免费送夜间孤身女性回家的服务项目。2006年，中心在140个夜晚提供了送女性回家的服务，趟数达到7803次。这项服务不仅预防了女性可能遭受的性侵犯，而且也大大提高了中心在校园里的知名度。这项服务还为274名学生提供了参加司机和调度员培训及志愿服务的机会（Kasper，2004a）。这一服务项目可以说为我们提供了一个范例，它一方面保障了女性安全，另一方面对学生进行了教育，鼓励他们积极参与社会拓展和服务性学习，并付诸实践。这很明显是全校共同参与的一个过程。

迈阿密大学（俄亥俄州）的女性中心也有别于一般的女性中心，它从学生的角度出发考虑问题，而不是站在自身的角度策划项目。女性中心主管需要向学校四大校区独立汇报工作，并且获得四大校区的独立拨款，款项用于帮助前来向中心求助的有困难或有特殊需求的学生或团体，中心会根据他们的困难和问题研究、实施解决方案。换句话说，中心真正做到了以学生的需求为准绳。

杜兰大学纽科姆学院女性研究中心也值得一提，它为旨在提供“关于个人发展、专业意识和教育规划的机遇和项目”的资源型中心成功转型成旨在“创立并促进女性研究，促成女性研究课程发展”的科研型中心提供了典范。中心的名称更替表明了这一转型——中心1975年成立时名为纽科姆女性中心，1985年更名为纽科姆学院女性研究中心。目前中心作为一家科研机构正处于蓬勃发展之中，教师们积极参加科研活动，对于社会性别研究非常有兴趣（参见 Davie 书中的 Willinger 一章，2002）。

挑战和生存策略

虽然女性中心取得了一些令人瞩目的成功，但同时也还需要继续努力完成使命，最大限度地维护女大学生的利益。阻碍女性中心践行使命的头号障碍就是资金不足，因为招聘工作人员、策划组织活动等都需要经费支出。而随着教育经费削减，女性中心往往成为待宰的羔羊，首当其冲深受其害。这种威胁是真真切切的。有些中心就有过停业一年或两年后再开业的情况。

可见性、派系化以及优先化是女性中心面临的其他一些问题。可见性是决定女性中心成功的一个关键因素。中心要赢得大家的关注，一个方法就是大肆宣传——成为新闻热点，还有一个方法就是要出现在醒目的位置，让大家都看得见。有些女性中心的地理位置比较偏，而是否位于校园的中心地段是决定中心可见性的关键所在。中心的定位同样很重要。中心要成功，让大家都知道中心的存在是一方面，让大家都知道中心对所有女性持开放和欢迎的态度更为重要。比如说，如果积极的声音都来自于白人或中产阶级，中心要服务于黑人女性和来自工人阶级的女性就比较难为。如果中心在某些问题上采取对抗希腊人士的立场，可能就会令姐妹会成员疏而远之。

中心只有招纳来自不同背景的工作人员，建立各类女性群体联盟，才能充分发挥作用。这些联盟可以通过策划、组织受众广泛的项目以及针对不同校园女性群体的拓展项目而得到加强。甚至如果有人把中心当成是“女权主义机构”，都应该认为中心是不成功的。要扭转人们对女性中心的定势思维，必须要在强调中心对所有女性开放、关乎所有女性的基础上让中心成为众所周知、大家耳熟能详的组织。

女性中心还面临着派系化方面的问题。如果中心是纯粹的学生自治机构，那教职员工们可能就会认为自己不那么受欢迎，或者并不是潜在的服务对象。如果中心跟女性研究项目关系过于密切或者侧重科研，女性员工和社会人员可能就会觉得自己与中心格格不入。让身为工作人员的女性参与女性中心的组织策划通常是件很冒险的事。许多中心都遇到过种族主义和同性恋厌恶等方面的问题，就像历史上的美国女性运动曾经因为内部的种族主义和对同性恋的厌恶而备受压力的情况一样。女性中心必须要小心不再出现这些不平等的境况，而是直接通过政策导向和合理的人员安排来对抗可能存在的社会性别歧视、种族主义、厌恶同性恋和阶级主义倾向。目前，大家日益认识到让男性加入女性团体或运动可以有效消除可能存在的不平等情况，但对于女性组织来说，让男性加入还是一件特别有挑战性的事。

在目标实现和资源使用（包括时间）方面存在优先化倾向是许多女性中心面临的又一个问题，特别是那些具有明显利益竞争关系、内部各群体利益存在差异或者资源和工作人员都十分有限的女性中心。此外，卡斯珀（2004a）对女性中心汇报的问题作了分析，归纳出了以下三个方面的问题：态度冷漠、缺乏管理层面的支持、地域主义倾向。许多校园性的女性中心指出自己所面临的最大问题是大学生对于女性主义存在负面认识，反女性主义情绪比较强，而且学生普遍缺乏爱心。年轻女性对于众多女性所面临的问题还没有清醒的认识，可能会认为她们母亲一辈们掀起的“女性运动”已经解决了所有问题。

第五部分　社会性别化的教师和行政管理

综 述

无论是在美国还是其他许多国家，教育机构都存在从业男女人数不均等的特点。这种社会性别不平等的程度和性质很大程度上取决于职业地位、教育层次的不同。本书的第五部分主要论述了高等教育中的教师和管理岗位的工作，但即使是在同等教育层次的这两个工作岗位上，男性和女性仍然在工作类型、教育环境方面存在很大差别。在整个教育系统中，似乎可以公允地说，薪水最高，拥有最大自主权、权力和威望的教师以及管理岗位上的男性远远多于女性。相比之下，只有在薪水较少的学术岗位上，女性与男性的人数才比较接近平衡，甚至有时女性的人数多于男性。

美国大学教授协会(AAUP)曾发布过关于全美高等教育教师经济收入的年度报告。这些报告一致指出，教师的经济收入存在极大的性别差异——男性教师的收入一贯比女性教师多。正因为这类研究发现已属常态，所以最新的研究报告(www.aaup.org/AAUP/comm/rep /Z/ecstatreport08-09/default.hrm)都跳过薪酬差异而直接讨论决定薪酬的主要因素，进而集中探讨该决定因素中体现的社会性别差异。

有趣的是，虽然许多学校疾声高呼教师工资跟绩效直接挂钩，但 AAUP 却并没有试图评估绩效制度中存在的性别差异，而是把讨论重点放在学术地位的差异上。当然，有些人可能会说，学术地位的提升是基于绩效评定的，但这样的说法已经遭到了学术评估政策分析师们的怀疑(见第六部分第四十五章)。然而不管情况如何，AAUP 对关于绩效的争论选择视而不见，而只是简单地指出学术地位是教师薪酬预测过程中最重要的变量。

AAUP的报告还指出，虽然在过去十年中女性晋升终身正教授职级的可能性提高了，但不同类型教育机构的差异仍然很大，2008年—2009年晋升为终身正教授的女性数量仍然大大少于男性。这种社会性别差异在拥有博士授予权的大学最为明显，1995年—1996年这些大学里男女正教授比为7比1，2008年—2009年大约为4比1。在四年制大学和那些仅能授予硕士学位而不能授予博士学位的大学，正教授的男女比率1995—1996年度为4比1，2008—2009年度为2比1。在社区大学，正教授的男女比率1995—1996年度为2比1，2008—2009年度持平。AAUP报告的结论是，在教职晋升方面女性成功的比率加大了，但晋升中的实质性障碍依然存在。

富有讽刺意味的是，女性更有可能晋升为正教授的社区大学和四年制大学恰恰也是教师薪酬最低的机构。因此，虽然一个社区大学的终身女性专职助理教授比一个重点州立大学的终身女性专职助理教授更能获得公平的晋升机会，前者的薪酬也远不及后者，虽然从整个职业生涯来看，这种工资差距会显得更大，但也要比支付给终身教授与助理教授的工资和福利之间的差距要小，即使这两类教师（终身教授和助理教授）在同一机构、同一个部门工作，情况仍然如此。此外，兼职教师几乎领不到与全职教师比例相称的薪水或福利。女性比男性更容易从事兼职和助理教职的事实意味着，相比于男性，不仅她们的工资更低，学术晋升的机会也要低得多。

第三十九章（“学术生涯模式”）讨论的阻碍教师获得职业晋升和更高薪酬的因素可能是教师所受教育和聘用的学术领域。本书第三部分曾指出，一些领域（如计算机科学、工程和数学），无论是人数还是文化上，仍然是男性占主导地位。整体而言，与招收、聘用对象多为女性的人文、家庭和消费者科学以及教育等学科领域相比，计算机科学、工程和数学等学科领域的男性能获得更高的薪水。第三十九章还指出，学术界的薪酬和晋升严重受到大学日益趋强的创业性质的影响，这一观点与本书第一部分第一章中对学术资本主义的叙述类似。与教学能力和发表高质量科研论文的能力相比，能否成功地吸引来自政府机关、公共和私人基金会与企业的资助，能否为自己的发明和创新获得专利并刺激新的商业企业，正在成为评价教师更为重要的基础。而谈到吸引外部资金，人文学科和其他女性教师比例较高的系科根本无法跟科学家与工程师在校园内展开竞争。

即便在那些资源、机会、外部资金(与同一学校的其他学科相比)都极为充足的男性为主的学科中,女性教员晋升的困难仍然比男性教员大得多。本部分的各个章节提供了学科内部社会性别差异的三种主要原因:指导,家庭-工作冲突,以及高等教育(尤其是拥有博士授予权的大学)中的男性化文化。

关于指导,第三十九章指出,女性较少有机会接触到那些帮助本学科男性同伴获得成功的人际关系、赞助商和导师等资源。对学术女性——特别是在男性主导领域内的学术女性——给予指导具有潜在的重要意义,这一点已经得到普遍认可,类似美国国家科学基金会的组织正在寻求在科学、工程、技术领域招聘和挽留更多女性的可能,并愿意对旨在实现这些目标的指导项目给予资金支持。第四十三章(“对女性教员的指导”)将对这类项目进行概述并对其有效性进行评定。

很多人都写到了家庭-工作冲突,研究人员已经达成共识:一方面妇女已进入就业大军的队伍,从事起包括学术工作在内的职业,但与此同时,男性并没有承担起更多的育儿和料理家务的责任。有些人认为,同在学术领域就业的夫妻由于拥有更弹性的工作时间和更多的社会性别平等的思想,比起其他夫妇可能更能够而且愿意来纠正这种失衡,而第四十二章(“教师工作负荷”)给出了一个更加悲观的预测,作者引用了大量证据论证了从事学术工作的男性和女性现在比以往任何时候工作压力都更大的说法。获得任职和晋升必须满足的诸多要求使得学术男性越来越不愿意花更多的时间在家里帮忙。因此,家庭生活的重担会更重地持续落在女性肩上,这些负担对学术女性来说尤为严重,因为生育和早期养育子女负担最重的时候往往发生在职业要求最为繁重的时期。因为认识到了这个问题的严重性和普遍性,很多高等教育机构制订、执行了很多政策,以支持那些既想取得职业成功,同时也想成为好父母和好家庭成员的学术女性或学术男性。具体详见本书第六部分的最后一章。

除了家庭需求,学术女性往往还受到额外的与工作有关的要求,而这些额外要求她们的男性同事则可避免。第四十一章(“为研究生提供咨询和指导”)及第三十九章和第四十二章将提及这些要求和随之而来的压力。第四十一章也呼应了第四十二章中的核心主题——过度的学术负担和家庭之间的冲突,并提醒读者男性化学科文化及其他背景对建构研究生和导师之间相处经历的影响。

高等教育的男性化文化也是第四十章（“行政领导风格”）对学术领导分析的核心。不仅是高级管理人员更有可能是男性多于女性，男性也更可能适应竞争、权威的等级结构和强制力等男性化机构的标记特点，并使这些特点得以延续。尽管比起男性的个人领导风格更注重关系的公共领导风格更加受到一些女性管理者的青睐，第四十章却介绍了几个女性管理者无法作出支持和协作行为的原因。女性在顶级管理层面人数的不足使得即使是最成功的女性要想挑战男性化的认识和做法都会非常困难，即便不是完全不可能，因为这些认识和做法体现了其受聘机构的特点，已经为理事会、其他管理者及大多数教员所预期和接受。

第三十九章　学术生涯模式

玛丽·安·达诺威兹　林塞·J.阿甘斯

在过去的35年中，美国女性教师的人数已经大幅增加。根据美国国家教育统计中心(NCES)的统计，四年制大学的917000名教师中女性占到42%(美国教育部，2006)。然而，她们的职业生涯和担任的终极职务跟男性相比存在差异。在教师队伍中，女性与男性相比从事全职工作的可能性更低(55%比62%)，而且她们更可能从事非主流岗位(不能晋升终身教职)的工作，兼职岗位女性占比47%，而全职教职女性只占23%(美国教育部，2006)。全职终身教职的意义是相当大的：在职人员可以获得更高的工资和就业福利；影响研究规划和高校资源配置；引领学科领域的发展方向；决定大学的授课内容；选择并指导研究生。

研究型大学的研究生教育为他们的教师生涯做好了准备。博士生阶段的学习培养了他们的能力，影响到他们的研究成果产出，营建了他们的第一个关系网——这些都为日后的研究和教学生涯奠定了基础，从而引导他们进入相关学科或领域。为了能够晋升终身高级教职，获得实际利益和价值实现，达到制度化的教师职业最高标准，必须成功把住三道关口：聘用、任期评审和晋升，这三道关口也是学术生涯能否取得进步的关键(详见Glazer-Raymo2007年在索戈里亚的章节)。

教师岗位按照明确划分的职级顺序晋升，而对行政岗位的职级划分却不太明确。自20世纪70年代以来，中层管理职位成倍增加，但这些岗位和教师岗位以及高级管理岗位之间的关系界定不清。尽管女性在大学高层管理中的比重有所增加，但全国及世界各地担任大学校长的女性仍然是少数。与此相反，在校园管理较低的层面，特别是在那些为客户群体提供对外服务的位置上，却呈现出了显著的女性化趋势。

教师职业的社会性别差异

尽管女性获得学位的比例不断增加，不同领域里的就业状况却不同，这深刻地影响了女性的职业生涯。女性在以下学术领域非常少见：工程（10%）、自然科学（23%）和商业（27%）。她们在农业/家政（36%）、社会科学（36%）、艺术（37%）和人文（41%）领域所占比例较大。在健康科学领域，女性人数已经接近男性（48%），而在教育领域，大多数教职员是女性（58%）（美国教育部，2006）。

通过招聘的大门而踏上可能晋升终身教职的岗位就代表你已经进入了全职终身教授的职业生涯，通常这一过程是在博士毕业后，在生命和物理科学领域则要在获得博士后资格后，往往从最长七年试用期的助理教授岗开始。在许多领域，符合条件的女博士并没有按博士生的男女比例被录用进入可晋升终身教授的岗位工作。纳尔逊（2005）关于14个学科中排名前50的专业的研究显示，在女博士多于男博士的生物学领域女性教师仍然少于男性教师。女性在这些专业的比例介于45%（社会学）和17%（化学）之间。纳尔逊的研究进一步证实：非白人女性担任教职比例低的情况尤为严重，她们被雇用往往是为了装点门面，她们往往被视为是一种符号、一种代表，而不是个人（Beutel & Nelson，2006）。

第二道关口是任期审查。终身教职审查和晋升审查总是与机构的目标一致。通常会有一个对科研、教学、服务进行评估和加权的同行评审过程，其评审标准往往与机构最为看重的标准相一致。因此，在研究型大学，评价教师的主要标准是其出版物和所获资助的质量及数量，结果是要么教师被授予终身教职、晋升为副教授，要么合同终止。

在社会科学、科学和工程领域，相比男性，女性不太可能获得终身教职。1995年和2001年受聘于研究型大学（在至少15个学科中每年授予50个以上的博士学位）担任可能晋升终身教授教职的女性教师中，最终获得终身教职的女性占54.5%，而相应的，男性却占59.2%。在研究型大学无法获得终身教职的教师中，女性被调任非学术岗位的几率是男性的一半（8.5%比15.3%），并且相对于男性（0.6%），女性更容易失业（2.5%）（美国国家科学院，2006）。此外，女性更可能离开可以晋升终身教授的教职而成为兼职。

在研究型大学中，终身任职率大约为 50%或更高。虽然这一比率因学校而不同，也因研究领域而不同。具体到各个研究领域的分析表明，在物理科学领域，女性获得终身教职的可能性比男性低 1%—3%，在自然科学和工程学领域低 2%—4%，在社会科学领域则低 8%(Ginther & Kahn，2006)。

在某些领域，职业发展和任期审查的过程会因性别而有所不同。总体上，女性的晋升慢于男性。这种差别从早期就开始了，男性晋升和获得终身教职都早于女性。获得终身教职后，男性也会比女性更快地晋升到正教授。这些模式主要在研究机构显露端倪，如加州大学伯克利分校、麻省理工学院和杜克大学。加上种族因素，这些差异变得更加显著。根据美国国家科学院 2006 年的统计，在获得博士学位的 15 年内，非裔美国妇女晋升为正教授的可能比男性低几乎 10%。可能的解释是，女性晋升的门槛更高，她们可能会觉得自己条件不够，不敢申请晋升为正教授，还有就是她们有孩子。

由于女性相比于男性同行晋升的可能性更小，因此，女性想要晋升为正教授，面临的关口相比男性同行要显得更加不可逾越。虽然自 1972 年以来性别歧视在学术界一直是非法的，但教师职业各级岗位的女性都很少。根据 NCES 的统计，女性占助理教授总数的 36%、副教授的 31%、研究型大学正教授的 16%(美国教育部，2006)。这种模式显露出了男性与女性职业发展和职业体验上的不同，这种不同不仅使个别女性丧失职业发展机遇，也给机构在解决问题、提高经济效益的潜力等方面造成了莫大的损失(见 Sagaria&Agans 在横山的章节，2006)。

拥有终身教职的教师跳槽可能有多种原因，但不管是何学科领域，最重要的原因都关乎薪酬和晋升机会。在四年制院校，女教师相比于男性同行在咨询、教学工作量、福利、就业保障、薪酬等方面的满意度都要低，而这会影响到她们离职的意愿——真正离职的重要参考指标(Rosser，2004)。工程、生命科学、物理和社会科学领域的一项关于终身教职岗位人员离职原因的全国性调查证实了罗瑟研究中关于薪酬及晋升机会对男性和女性的重要性的结论。然而在不同的领域中，女性学者比男性学者更多地把工作条件、家庭和工作地点列为更换工作的理由(美国国家科学院，2006)。很多重要的研究、项目致力于提高认识和推动政策变化，以减少教师的工作和家庭生活之间的潜在冲突。女教师往往面临实现工作和家庭生活之间的理想平衡的挑战。虽然终身制压力很大，学术工作也永远不会终结，获得终身教职之前的时间段往往正是女性的生育年龄，这使那些想拥有或收养子女的女性陷入了额外的困境。虽然许多女性发现了自己的工作和家庭生活之间的互补关系，而对其他更多的女性来说情况要复杂得多。16 万加利福尼亚州教师的数据表明，女性教师结婚或拥有稳定两性关系的可能性比她们的男性同行更小；她们报告说，她们比男性同行获得更少的管理支持和机构支持；她们获得终身教职的几率也比男性少 38%（Mason & Goulden，2004）。虽然机构正日益认识到妇女所面临的多重挑战，高等教育在提供旨在聘用和留住更多女性教师的支持方面，仍然处于早期阶段。

教师职业的背景

经济、社会和政治力量正在使大学变得更加受企业和市场的驱动，从而为劳动力市场培养学生，并开展能带来经济利益的研究。在此背景下，机构的信誉、声誉、排名对应于竞争优势和经济实力。因此，一些高校在战略上对重点领域重新分配资金，通过重组减少成本；减少终身教职和专任教师；增加辅助、兼职教师。资金往往被重新分配到那些预计将有助于该机构增加外部科研经费和威望的系科。因此，财政紧缩政策和选择性的投资策略会重新规划资金流向，从女性教职工最多的人文、社会科学、教育等系科转向女性教职工很少的生命和物理科学、医药和工程等系科。因此，基金的战略性重新定向已经负面影响了女性（见 Sagaria & Van Horn 在索戈里亚的章节，2007），而且其影响程度远远超过其缩减幅度。一个系科的机构核心（及其资源）影响着教员的工作条件，这可能给男性和女性的职业生涯带来不同的影响。沃尔克、斯劳特和托马斯（2001）发现，系科对教师获得机构的资源有很大影响。拥有研究生学位授予权以及较大比例男性专职教师的系科往往会获得更多的资助和合同，并比那些拥有较多女性教师和女性兼职教师、从事本科教学和仅拥有本科学位授予权的系科得到更多的资源。

研究型大学里教师的学术生涯也非常依赖于提交同行评审的出版物、重要著作的产出率和认可度。此外，职业发展也有赖于学术审阅人的评判和推荐。然而，大量研究证明，这些判断可能是武断的，也可能与赞助以及关系网有关，而这些赞助和关系网往往对女性不利，因为她们在那些领域属于少数派。虽然现在女性的生产力在许多领域等同于男性(美国国家科学院，2006)，但女性仍然经历着细微的、往往不为人所察觉的性别偏见。这些偏见不仅来自男性，也来自女性，如果它们与非白人女性在白人主导的大学所受到的种族歧视交互作用，会产生更大的压迫性。

在许多领域、学科涌现出了很多女性领导人和顶尖学者，不管她们是来自于多数阵营还是少数阵营。更多的女性进入男性的工作圈，高校机构也在不断消除导致社会性别累积劣势的因素(Clark & Corcoran，1986)。一些小的偏好和细微的歧视如果累加起来，可以造成声望、权力和地位上的巨大差异。

行政职业

高等院校的转型，特别是向高度管理的企业组织的转型，导致了管理者及员工用人需求以及实际人数的显著增加。NCES 报告说，2005 年美国四年制高校中的 164656 名行政管理人员中女性占大约 51%(美国教育部，2006)。由于缺乏研究以及对工作团体、工作类型和工作级别的统一术语，描述行政职业是件非常复杂的事。资深职位或顶级职位是指机构的领导职位，如校长(首席行政官)，以及那些向这些职位报告工作而同时具有行政和金融权力并对机构的主体功能负责的人，如教务长(首席学术长)、副校长、首席财务官和首席学生事务长。在许多高校，这一水平可能还包括各学院的院长。中层职位包括各功能区的部门主管，包括发展部门(机构发展或集资)、校园生活、体育、校园规划、技术和评估单位的主管。接下来的工作组包括工作人员和设在机构各级别的专业技术职务。有些人，如律师，需要高度专业化的技能和知识，而另一些人，如学术咨询，需要更多的综合素质和技能。因此，行政职位的任前教育与其行政职位的功能直接相关。

行政人员的职业发展通过工作变动实现，往往需要借助机会结构、关系网、资助和指导等因素。中层和专业行政岗位通常从内部劳动力市场(组织内部)和当地劳动力市场，有时也会从国内和国际劳务市场招聘而来。而对高级行政职务以及需要高度专业化先进技能或丰富经验的职位候选人的选拔很可能要在全国范围内展开。

更多非白人女性、白人女性和非白人男性比白人男性更多地依赖于机会结构和机构内部的工作变动，以建构自己的职业生涯（Johnsrud & Rosser，2000）。虽然由于机构的个体差异巨大，关于机会结构几乎没有系统的信息，但由妇女委员会和多样性委员会提供的大学报告可能是有关校园氛围和机会结构较为可靠的来源。

塞格尔亚和约翰斯如德（1992）发现，公立研究型大学有意倾向非白人女性和男性以及白人女性的政策恰恰会对他们产生意想不到的不良后果，因为高级白人男性管理者有可能聘用和自己一样的个体。这一发现已经被很多其他研究所证实。通过描述一些女教务长的经历，莱夫利（2000）指出，如果一所大学的管理者及员工具有多样化的种族、民族和性别背景，并且高层管理者愿意承担招聘决策的风险时，女性可以从高级职位的内部招聘中获益良多。

如果通往某个职位的发展路径并不明确，而能力又必须在不同的岗位间进行推算，这时关系网络、资助者和导师就显得尤为重要。资助者和导师的重要性还体现在可以为爱徒创建新的岗位。对于为了满足不断变化的机构重点和需求而承担额外或新的责任的女性来说，这种策略特别能够促进其职业发展（Miner & Esler，1985）。

遴选委员会的主席们和负责招聘的人员是行政岗位晋升的关卡所在，他们更容易排除陌生人，而不是他们认识的，不会给他们带来风险、威胁或尴尬的人。因为遴选委员会倚重已知来源，根据个人喜好和偏见作出判断，因此黑人和白人女性以及黑人男性如果没有遴选委员会白人男性成员认识的支持者来支持他们，和白人男性相比就更容易被筛选出该职位的竞争（Sagaria，2002）。此外，契合——一种与遴选委员会一致并能和同事融洽相处的哲学、风格——是获得工作的重要标准。然而，白人男性不太可能认为黑人和白人女性还有黑人男性会跟自己是契合的人。因此，资助者或导师也许能减少或消除白人男性可能有的一个顾虑，这个顾虑就是女性的自信被认为是过于激进或好辩的，而这一顾虑往往阻碍了女性候选人被录用（Segaria，2002）。

搜索公司正日益成为高级行政职务晋升的关卡。提交给美国教育理事会的关于校长人选搜索的半数报告都显示搜索公司参与了这个过程。这些网络公司依靠转介和遍布全国各地的非正式网络来识别、推荐候选人。这一点对女性要比对白人男性更为不利,因为白人和非白人女性以及非白人男性往往与白人男性有不同的人际网络,而这些白人男性占据了绝大部分的高层职位。这一状况只有在更多的女性获得高级管理职位之后才有可能被改变(详见 Tuitt, Danowitz Sagaria 和 Viernes Sotello Turner 在斯玛特的章节,2007)。

新管理主义(Pritchard & Deem,1999)的盛行使得美国和英国高等教育管理岗位上的女性人数得到增长。例如,在 1966 年和 1991 年间加州大学后勤系统的岗位增长了 104%,比教学岗位的增长高了 2.5 倍(Gumport & Pusser,1995)。行政岗位及非教学专业岗位已经成为人数增长最快的岗位。这种趋势一直延续到现在并创建出了一个新的行政部门。随着高校变得更加企业化,为了降低成本和提高教师的回报率,在较低层次的高校管理层面出现了女性化的趋势。这些岗位主要跟问责、外部关系和客户服务相关,所以女性有望提出关于管理规范和监督教师活动的反对意见(Pritchard & Deem,1999)。

最值得注意的是女性向高级职位的发展。据 2007 年美国教育委员会的统计,目前美国的大学校长或首席执行长中女性占比 23%。虽然这种增长在最近几年已经放缓,并且与整个行政管理领域里的女性占比不相匹配,但 23%这一比值相比于 1986 年的大约 10%仍然是惊人的。无论如何,现在更多主要的研究型大学出现了女校长,包括布朗大学、哈佛大学、密歇根大学、密歇根州立大学、宾夕法尼亚州、普林斯顿大学和迈阿密大学,这一事实非常重要。虽然要成为校长有多种职业发展途径,但与她们的男性同行不同,大多数研究型大学的女校长都一直前行在从教员到系主任到院长到教务长再到校长的传统职业道路上。沿袭这条职业发展途径的女性已经能够在教务长的职位上就说服董事会她们是校长的潜在人选。随着越来越多的女性承担高级领导职务,关于领导能力的僵化思维正日益受到挑战,将开启新的关于高等教育领导的思维模式。这些女性领导人还通过建立人际网络打通更多关卡(Lively,2000),并提供赞助和指导,为当前和未来的女教师、管理人员和工作人员创造更多的就业机会。

第四十章　行政领导风格

玛格丽特·E.马登

与其他类型的组织一样，在教育领域，社会性别和情境特征相互作用，构建了随环境变化的社会性别差异模式。当社会性别差异很明显时，个人行为和集体行为则成为其特征。个人领导以任务为导向，有主见，具有较强的指令性；集体领导侧重于人际关系，给予他人支持，而不为寻求关注。领导风格层面社会性别差异的程度取决于学校的特点，比如关于社会性别的定势思维和歧视的流行；男性和女性在领导角色、下属角色中的比例分配；等级组织；强调刻板教条的男性任务；以及对强调强制力和竞争的男性化领导模式的历史依赖。在教育环境中，女性更喜欢的领导风格往往专注于组织和社会转型、合作和其他人的能力。即使在促进男性化领导模式的教育环境中，女性也策划出了应对的策略，使她们成为成功的领导者，促进各级教育层面上女性领导比重的上升，并改造教育机构和重塑领导的定义。

领导中的社会性别差异

教育环境中的领导风格存在社会性别差异吗？虽然在教育文献中有很多关于社会性别的学术研究，但鲜少涉及这个问题，偶有涉及这一问题的研究也多是传闻性的或定性的，仅依赖于非常小的样本。在更广泛的管理环境中来研究社会性别和领导是很有帮助的，因为它很清楚地证明了领导行为强烈地受到社会环境的影响；也就是说，在一些社交场合存在社会性别差异，而在另一些社交场合则不存在。在使用同样似是而非案例的情况下，社会科学家既可以得出领导风格缺乏社会性别差异的论点，也可以得出领导风格存在社会性别差异的论点。要理解这个明显矛盾的关键在于领导行为发生的背景。因此，与其纠缠于差异的程度，讨论与社会性别化的风格模式相关的情境特征将更有成效。

这些风格模式包括哪些？艾丽斯·H.伊格利和她的同事们使用个人、集体属性之间的区别来描述这些差异。个人领导行为包括对任务和存在问题的注重，有主见的讲话，对他人施加影响力，并呼吁关注个人领导自己；集体领导行为则包括对关系和人际交往问题的注重，试探性的讲话，支持他人，接受他人的指引，而不是追求对其个人的关注（Eagly & Johannesen-Schmidt，2001）。宣称描述了社会性别化领导风格的学术和非学术文献一般都建议对个人领导行为和集体领导行为加以区分，使用诸如任务导向和人际导向、参与和指导或民主和专制等术语。1999年，卡利和伊格利对多个关于领导行为的研究进行了回顾并发现：女性比男性更多表现出积极的社会行为和更倾向于同意他人，而男性则比女性更注重任务和更倾向于反对他人。

然而，这种区别不是二元维度的；相反，个人行为更多地是由交际参与者的地位而非其社会性别来定义的。相反，集体行为与社会性别有关。女性，尤其是在与其他女性进行交际时，参与集体行为更多。着眼于社会性别角色和组织角色互动的研究表明，相同领导角色的女性和男性，其行为的相似之处大于不同之处，所以有些社会性别差异可能是由男性和女性所占据的角色性别差异造成的。一个既定领导角色实施的非功能性的非正式行为，如办公室闲谈的话题，可能是最随性的，也最容易随着社会性别而改变。

社会性别化的领导方式的一个重要因素是关于女性和男性行为的定势思维所产生的影响。在行为等同的实验研究中，女性和男性领导者接受了不同的评估；那些使用直接的语言、反对他人、表现专制的女性，相比同样行为的男性，其获得的评价要更为负面。女性领导人似乎比男性领导人更容易受到性别定势思维的限制。因此，女性可能会发现自己在运用集体领导策略时往往会更有效，甚至可以内化教条式的社会性别期望和领导风格。这类因素会导向这样一个观点：领导角色和社会性别角色的一致性是领导者选择领导行为、他人评价其领导行为以及领导有效性的关键因素（Eagly & Carli，2007年）。因此，如果没有对相关情境变量的并行分析,研究女性和男性的领导风格是否不同的问题是没有意义的。

此外,强调男女是否有不同领导风格的问题可以鼓励那些概括并提炼关于男女社会性别差异的分析。与大多数的社会性别差异一样,女性和男性的行为有极大的重叠,且同一性别间的差异往往比不同性别间的差异还大。仅仅着眼于社会性别差异会使社会性别的二元论得以合法化——这种在许多关于教育领域领导力的文献中经常可以看到的二元论极大地简单化了社会性别角色,并断章取义地夸大了差异。

教育环境

影响社会性别和领导风格喜好相互作用程度的教育环境有哪些特点呢?虽然对于这种相互作用并没有多少受控制的实验证据,很多关于教育领导力的文献含蓄讨论了促进或减缓社会性别差异的环境变量。虽然本章的许多内容关注的是美国的高等教育,但相关作者所做的关于中小学校长和督学以及其他英语国家教育系统的描述也呈现出相似的特征。

与人类活动的大部分领域一样,从古至今男性就一直是各级教育的领导。20世纪初,高等教育中的女性领导者才在女子院校中出现或女性成为早期男女同校的学校的女学生院长。对不同时代女性领导人的采访证明,领导风格随不断变化的社会历史环境而改变。例如,在一项研究中,那些在大萧条和第二次世界大战期间成年的女性强调实现男女平等是教育的价值所在,她们往往采用男性化的领导模式(Astin 和 Leland,1993)。这些伴随 20 世纪 60 年代的民权运动、反越战运动和女权运动成年的女性,会较为关注教育和其他工作环境中的平等机会以及女性在学术和课程方面的参与机会。那些 20 世纪 90 年代被提升到领导地位的女性则把这些价值观拓展到了创造其他的领导模式上。

与人类活动的其他方面一样,教育在很大程度上也受到了社会性别歧视和僵化思维的影响。对社会性别僵化思维本质的研究工作对理解领导力的动态特点很有启发性。对圈外人的教条式认知往往会突出社交性和能力的特点,这引发了女性对具有社交能力的家庭主妇和有能力的职业女性之间的错误的二分法,仿佛社交能力和竞争力是相互排斥的(Goodwin & Fiske,2001)。这样的教条认知与其他环境因素相互作用。比如,在男性占主导地位的企业里工作的女性对遇到矛盾的预期比那些在性别平衡的单位里要多。高等教育中,领导职位越高,机构越出名,性别比例失衡现象就越明显,这表明女性要表现得有能力,需要比同龄男性承担更大的压力。挑战教条式的认知对于建立领导者的公信力可能是有必要的。因此很多人都经常向追求学术行政事业发展的女性提出建议:女性需要培养在财务、战略规划和研究方面的广泛的专业知识,以克服人们对女性弱点的刻板印象。此外,社会性别的僵化思维与其他定势思维相互作用。例如,社会性别种族成见常认为非裔妇女是具侵略性的和敌对的;亚裔、印第安人和西班牙裔妇女是依赖他人的和被动的。这些社会性别种族成见影响了已知的领导能力(妇女专责小组研究院,2000)。在一般情况下,女性被定型为不太可能表现出重要的领导行为。领导角色和女性角色之间的不协调造成了偏见,因而,男性相比于女性更容易获得机会而成为领导者。

教育的等级结构是另一个环境因素。无论是显性的还是隐性的,等级结构都假设了社会性别结构。等级结构是教育的特产。学校根据威望和声誉排名,学科地位因人而异,学费的多少等同于学校的价值,教师的工资都与学校的威信有关。虽然认为等级结构和男性价值观完全相关是一种简单化的思想,但传统的等级管理确实模仿了男性特质,极端的例子就是采取"军事模型"的形式来控制情感和关怀在组织中的作用(Hatcher, 2003)。女性主义作家往往注意到:当女职工,特别是女性领导者达到临界多数时,组织才会转而重视人的需求(Regan & Brooks, 1995)。尽管女性在教育的各个级别的人数增加了,女性管理者仍然是少数,而且在最负盛名的大学或岗位上占据最小的比例。随着学校采用商业模式,等级线性管理在很多领域中已经取代了学校管理,从而破坏了通过增加女性比例所推动的变革。

教育领域中的男性主导显而易见,因此常常被忽略,人们见怪不怪。然而,忽略男性主导使人们未能深入分析社会性别结构如何深植在教育组织之中。对领导有效性研究的大量分析证实了被感知的领导有效性和环境预期之间的关系。在高度男性化的环境,如军事组织中,当男下属占比越大,对女性领导人的评价越多由男性作出时,女性领导人就越被视为效率低下(Eagly &Carli,2007)。在高度男性化的组织里,男性占绝大多数,任务都被教条地定性为是男性化的,其主要目标是完成任务,等级制度和强制力也都在被反复强调(Yoder,2001)。男性化环境中的领导行为有赖于地位、自我推销、竞争和专制行为,所有这些出现在女性身上时则被认为是负面的。尽管有一些证据表明教育领域提供了比其他工作环境更多的机会,因为比起其他类型的组织,教育、政府以及社会服务领域中的女性被认为是较为有效率的,但是教育领域仍然在一定程度上沿袭了男性化的特点。例如,关于社区大学领导人的历史记载集中在少数"伟人"身上,这些"伟人"成就了这些学院在高等教育中的地位,而对他们的描述使用了诸如开拓者、先驱、运动员和军人等形象(Amey &Twombly,1993)。如果可以从这些比喻性表述中推断出领导的特点,那女性和少数族裔的领导风格就会被视为是有缺陷的,从而限制了她们获得领导职务。

社会性别在我们的文化中标志着地位,这使男性在那些地位具有决定性作用的情况下占有优势。试图改善自己地位的女性面临双重困境,因为女性的自我推销会适得其反。对自我成功保持谦虚态度的女性比适度进行自我推销的女性更受到认可。此外,即使女性已经获得了地位很高的职位,她们也必须表现出比同类的男性更强的能力才能获得认可。教育管理采用企业模型可能对女性更不利。解决财政和政治问题成为校长日益突出的任务。女子大学校长常常觉得为了获得董事会的信任,她们必须比男性更努力地工作,而她们失败之后能获得的第二次机会却更少(Brown, Van Ummersen, & Sturnick,2001)。非白人女性认为自己在这方面尤其处于劣势。

我们对社会性别与其他文化认同(如种族、性取向或残疾)之间的相互作用知之甚少。但社会性别连同这些身份特征跟地位之间无疑存在着复杂的相互作用。一些教育工作者认为,种族成见比人际关系处理中的社会性别期望更严重;其他人认为,性别歧视更突出;还有一些人认为,性别和种族的关系太错综复杂,辩论二者哪个更严重是没有意义的。所以我们还需要对这些极具显著特征的作用做大量的深入研究。

社会性别化的领导风格

尽管读者必须注意关于领导知识的这些复杂的多元互动和差距，但是我们确实建议采取与社会性别相关的领导模式来对领导作风进行分析，这种模式也许建立在与社会性别有关的价值观之上，又或者建立在理解社会性别化环境下什么是有效领导后作出的选择之上。

女性领导者往往明确地重视体制转型，并认为她们在学术管理上的持久化的最终成果应该是为子孙后代的女性和男性管理者创造更适宜的环境。女性领导者还承担了更广泛的社会变革。例如，非裔管理者常常把回馈社会和指导他人的义务挂在嘴边(例如，Miller & Vaughn，1997)。其他管理者专注于通过转变自己组织的文化或更广泛的社会观念的文化转型来转变领导的本质。社会价值不再只关注女性而变为明确反对种族主义、暴力和异性恋(Strachan，1999)。

女性管理者著作的另一个主题是理解权力关系的重要性(Strachan，1999)。为了取得成功，变更领导人，人们必须了解他们在组织中的位置和相应的权力。当认识到女性必须在政治上契合这些权力关系，女性学科带头人在改变游戏规则之前，对通过权力游戏而晋升的必要性常持模棱两可的态度。她们在认识到通过权力达到目标这一能力在关于领导能力的男性化定义中的作用的同时，对于是否应该对自己拥有这种能力感到高兴这一点也是模棱两可的(例如，Brown 等，2001)。除了在批评男性管理模式的同时发现要被其同化非常困难，女性主义管理者很少关注权力的获得，很少对著作权提出强烈的个人要求。但是，领导者必须了解他们组织的领导文化，因为高等教育中频繁出现的男性化环境就包括对于地位和通过专制行为体现的权力可以决定领导效用的假设(yoder，2001)。了解政治本质上就意味着了解全体或特定学术界的正式和非正式权力。调和对玩权力游戏的矛盾心理的一种方式就是把权力定义为影响结果的能力，而不是影响他人的能力。正如一位作家所比喻的：要扩大影响的美妙结果，而不是为权力设定固定的边界(Valverde，2003 年)。

这种矛盾的心理是许多女性领袖讨论的负担之一。机构改组常常遭到抵制，从而对女性管理人员产生压力，使她们被孤立，难以平衡工作和个人生活，产生自我怀疑，拒绝与制度妥协。幸运的是，女性教育工作者也提出了生存策略来启发管理者。例如，非裔女性管理者经常提及她们应付种族和性别歧视的具体战术，如强调自我认识和自我保健的重要性。她们忠告非裔教育者培养对自己的价值观、信念和能力的强烈意识，在短期战术需要妥协时采取切合长远目标的反思式领导（例如，Valverde，2003 年）。

另一个突出的主题是给情境下定义，而不是被情境所定义，强调生存依赖于对情境的意义解释以及行动。如果用编织、培育人际网络而不是使用军事比喻来形容领导，领导行为就成了一个创建、授权、协助、合作和教育的过程，而不是呈现个人化的特点（Amey & Twombly，1993）。女性常常试图阐明她们是如何怀着展示给他人新的领导模式这一明确目的来实现领导的。

女性领导者们报告说，她们的领导避免了简单化的二分法，听取了众多意见，这也正是女性领导的价值所在。不过，把领导决策定义为作出快速而坚定的决定的那些高级管理人员或董事会，可能会误解兼容并蓄的讨论；那些希望管理者能轻而易举地“搞定所有事情”的高级管理人员或董事会会不承认复杂的解决办法所需要的领导能力。这再一次导致了女性领导人面临的双重困境：爱发布指令、表现专制的女性领导人比起那些不爱发布指令和不专制的领导人更低效。

协作是女性领导风格的另一个重要组成部分，并一直被认为是女性领导的根本原则。协作是有效的，因为参与决策能令参与者满意，参与者也会感觉自己跟所产生的结果和计划息息相关。女性不仅比男性更多采用协同领导，而且对女性采用这种领导风格的预期比对男性的预期要大，而如果她们选择更加独裁的领导策略往往会事倍功半。虽然本研究的主要研究对象是女性领袖，我们还是得出了一个结论：女性的领导风格相比男性更温暖也更强调协作，而男性的领导风格则更多地以任务为取向。对女性领导风格在高等教育中的描述与上述结论是一致的（Eagly & Carli，2007）。例如，在采访中，女性管理人员强调与追随者的相互依存，强调社区服务方向，并强调创造信任、关怀、公平、客观、关注和眼界等条件的能力。女性管理人员所依赖的技能包括授权、团队建设、便利化，以及解决问题和承担风险的能力。在关系心理学的框架下，作者讨论了基于关联性而不是控制和支配的学术校长的领导。女性把自己的身份定位为相互依存的关系，并认为由需求决定而不是控制决定的相互关联的物质和社会实体组成了这个世界。

尽管有其价值，协作却不是一个关于领导问题的简单解决方案。如前所述，这可能限制了妇女被视为领导者的能力。女校长可能被误解、被边缘化，或者当她们选择与传统领导行为观点不同的策略时会被轻视，这无意中强化了把女性看成养育者的固化印象。在男性化的机构文化中，敌对的成员害怕坦率的后果可能会破坏合作，他们如此害怕，以至于领导者没有机会展示协作的好处。

期望女人永远具有协作性还使女性领导陷于两难的境地。女性担任校长的高校女性和男性教师认为他们的校长是不太协作的，而校长本人则认为自己是协作的。渴望协作性校长的女教师可能对校长领导下的情境约束抱有天真的期许。女性领导人可能带来的优势却因为她们有完全的自由，或可以控制决策等预期而蒙上阴影。女性校长敏锐地意识到了这一悖论。正如一位受访者说的，她们努力去辨认协作是否恰当，努力去区分何时决策的结果比过程更重要(Brown 等，2001)。例如，高校领导自己戏言，高度男性化的领导行为受到董事会或中央系统管理层的青睐，从而导致部分重要的选民对任何领导风格都不满意的情况。

女性如果来自于与其青睐的女权主义领导模式冲突的种族背景，则会遇到其他的两难境地。例如，美国原住民(Warner，1994)和萨摩亚教育领导人(Strachan，2003)报告说，尊重长辈——本族文化中的男性——有时会与女性赋权冲突，或使她们很难监管男性。女性有时也报告新的领导风格和无私的付出与母亲角色之间的混淆。因为母爱是不求回报的，所以女性领导人觉得她们的努力往往被认为是理所当然的，而不被视为领导能力的证明。因此，关爱行为可能会阻止他人的善良行为并降低对领导能力的认可。

协作并帮助其他人的愿望可能对女性造成职业发展障碍。这些女性认为，服务社会和其他类似她们的人非常重要，而在学术部门的服务并不一定能增强行政领导职务的前景。例如，在高等教育方面，在选择管理者时学术工作有时比行政经验更重要(Task Force on Women in Academe，2000)。

想要长时间站住脚并成为一个变革者，就必须对似是而非的价值观和认知提出挑战。不喜欢关于适当领导行为双重标准的女性往往会在以下选择中二选一，要么改变基于社会性别的有关领导行为的认知，要么改变对领导行为的概念，使其包括更多能够促进社会积极转变的行为。

因此，女性倾向于强调组织和社会转型，强调对权力机制和协作保持敏感的领导风格。教育背景下产生了以下悖论：要求女性与社会历史和教条式认知，与等级组织和男性化文化，以及地位与社会性别等身份特征相互作用进行谈判、交涉。尽管有这些限制，女性领导还是发展了应对这些期望的策略，并正在各级教育领导岗位渐进而稳步地取得进步与突破。

第四十一章　为研究生提供咨询和指导

桑德拉·阿克

咨询和指导这两个表述在推行研究生教育的国内和国家之间的使用方式不尽相同。在本章中，咨询和指导是同义词，都指把学生的研究工作（论文或学位论文）的责任分配给相对有经验的学者。虽然指导有时被用作咨询的又一个代名词，但它通常是指比咨询更加深刻、覆盖范围更广、更加理想化的关系。无论是咨询还是指导关系都存在于具有社会性别化的劳动分工、等级结构和期望的机构中。它们由权力、控制、定位、多样性和语境等元素构成，本章将对这些元素进行探讨。

尽管咨询只是研究生生活经历的一个方面，却是很重要的一条。在不同国家、机构、部门和学科的背景下，学生可以享受或多或少的资助，完成各种课程及考试要求，或单独或与研究小组一起工作。有时，会用“征途”来比喻研究生生活，它尤其被用在博士阶段的研究上，以表示穿越艰险而又未知的地域到达一个遥远的目标。虽然人们普遍认为，咨询是能否达成目标的一个关键性的要素，但是对于咨询有什么影响或应该如何做并没有很多共识。

什么是咨询的作用？

咨询的作用非常难以界定。虽然提供咨询的导师类似于老师，但老师与学生之间通常不存在导师和学生之间的这种基于某项工作而形成的长期关系，这项工作时间跨度长达数年，而且需要经其他学者审核。研究生的主要目标是产出类似书本的作品——建立在原创性研究基础上的论文。导师通常在学生的研究领域有一定的专业知识和权威，负责协助学生构思、计划、执行、撰写研究结果。除了师生描述，对这种关系的描述还有表达更加丰富多彩的术语，如主仆、师徒、父子等等。对导师的类比很多样化，有时被比作助产士，有时则被比作业务经理。所有这些描写都暗示导师有助于论文的产生，并引导学生发现学术界的秘密。助产士型导师会帮助学生产出内在已有的知识；业务经理型导师则会确保学生有计划和目标，以及实现这些目标的手段。

一些学者认为，论文的产出过程和导师跟学生的关系可以控制及预测。该模型可以被称为"技术理性"的监督方式，这种方式在很多政策文件和供学生与导师用的自助教科书中占有一席之地(评论文章见 Acker, Hill, & Black,1994; Kamler & Thomson,2008)，其最终的目标是增加学生完成"征途"的可能性。其他人则倾向于一种"协商秩序"的模式，强调参与者之间的相互协商和互动。这种模式认为，任何有关最佳实践的建议，都取决于现实生活中发生了什么，以及每个人把什么样的期望和理解推上台面。例如，并非所有学生都打算投身学术界，而导师普遍认为投身学术界是理想的目标，至少对卓越的学者来说投身学术界是理想的目标。又例如，如果一个学生想要得到导师的温情呵护，但导师则喜欢用极其专业的方式去挖掘学生的独立性，其结果是要么双方需要以某种方式进行协商，要么双方关系可能恶化。

关于女性所青睐的学习方式的一些研究文献提出，许多女学生最青睐培育型的导师风格。加拿大的一项研究发现，教育学院的女性学者努力满足许多女学生的期望，这些女学生想要与女导师一起工作并从女导师那儿获得高度的青睐和指导(Acker & Feuerverger,1996)。研究还表明，无论是哪种模式，如果只是因为他们缺乏很多其他体验来比较自己的情况，大部分学生对他们所获得的咨询还是满意的(虽然极小部分学生非常不满)。

知识与控制

思考督导过程的一种方式是把这一过程看做是表达权力或控制力的一个场所。作为一种"具有高度不确定性的实践行为"(Grant,2005)，督导所涉及的知识和权力元素是可以转换的，而不是稳定不变的。学生可能甚至不知道他们需要学习什么，正如学术生活的许多方面都心照不宣，“隐性课程”（Acker，2001）的一部分常常被“秘密传播”(Gardner，2007)。他们会受到法国理论家米歇尔·福柯称之为“学科技术”的影响。“学科技术”具体指最后期限、规则、形式、时间表、报告、考试等，这些内容的累积效应就是学生顺从或按照这些要求行事。此外，他们还需要学习构成学科文化的关于选题范围的种种惯例(例如，到底是写一本书还是写一篇期刊论文更好)。系科通过各种方式帮助研究生了解信息，其中包括入门情况介绍、讲习班和研讨会等，但导师在直接或通过实例来向自己的学生传达游戏规则方面处于一个关键的位置，只不过导师可能不知道学生对这些游戏规则毫无所知。

导师和学生构成的配对结构的特点还涉及权力关系。导师和学生之间存在代沟，虽然在一些专业领域，学生可能不比导师“年轻”并有象牙塔外已经积累的工作经验，但一般情况是：导师年长而学生年幼。社会性别也会衍生权力。鉴于男性的数量在学术领域，尤其是在高级职称和科学专业等方面占主导地位，因此更容易看到男性督管女性的现象，而不是反之。此外，导师还可以控制对学生具有影响的金融资源。

不过，一些学者认为，学生拥有的权力比他们正常实现的权力要大。如果配对与预期的权力机制不符——例如，如果导师是女性，学生是男性，或者学生比导师年长，或者导师(但不是学生)是少数族裔文化团体，一些调整，甚至有些冲突有可能发生(Acker，2001)。有些有明确目标的学生会发现自己在跟导师的交谈中居于主导地位。随着研究的进行，学生可能会比导师更早地知道具体的主题领域。在某些情况下，导师依靠学生完成研究小组工作的某个重要组成部分。更一般的情况是，学生的成功会为导师带来声誉；反之，不良的完成率或指导不力的传闻会对导师的声誉和平静坦然的心态造成一些伤害。

在沿袭传统成立监督委员会或实行联合督导的地方，导师的权力被削弱了。如果着意推行女性主义指导(Humble，Solomon，Allen，Blaisure，& Johnson，2006)，导师权力也可能被有意削弱，这非常类似于女性主义教学法。作为一种批判性的或解放性的教学法，女性主义教学法试图消除通常在教室和师生的上下位关系中存在的教师权威。亨布尔和她的同事(2006)指出,传统的指导与激进教学法并不十分兼容,因为前者的目的是使个体融入现有的环境,而不是创造变革的条件。女性主义指导的概念几乎仍处于未知阶段,可以进一步发展。

这是指导吗?

这一章的标题表明,提供咨询和指导是相辅相成的。在常见的用法中,指导的概念性更强,往往指对所指导学生事业和未来的长期投资,其远远超出写论文或完成博士学位这样的具体目标。同时,指导也成了一种顺应大势的革新,旨在帮助组织中的女性和少数族裔成员或声援弱势群体人士,以改善他们的生活机会。学生毕业后,特别是女性和少数族裔学生毕业后,有时被鼓励寻找导师来帮助他们实现事业上的成功。

然而,正如海伦·科伦(2003)所指出的,指导的想法弥漫着浪漫的神话气息和社会性别范式。虽然指导的原始模板可能是男性帮助男性,但目前占主导地位的模式是把女性无尽的关怀和自我牺牲等相关的美德纳入导师角色。在她的弱势青年指导研究项目中,科伦描述了两名年轻妇女之间的错误配对,从而陷入了导师接受和关心与受指导者冷漠之间的永久性循环。

对妇女和少数族裔学者的研究表明,指导过程中会出现并行下跌的趋势:学生、其他教师、导师自身,甚至更广泛的社会群体所期望导师承担的额外工作,与具有初级职称的导师需要投入大量心力做科研写论文、以确保自己位置的过程是同时发生的(Tierney & Bensimon,1996)。当教师队伍中女性或少数族裔教师的比例小于学生团体中女性或少数族裔学生时,问题就加剧了。例如,在加拿大的教育工作者中,女性约占正副教授(其中大部分持有终身教职,并有可能受允许指导论文)的42%,但却占博士研究生的70%(加拿大大学教师协会,2008,第12页、第27页)。如果学生试图与同一性别或种族群体的导师紧密联系,那么女性和少数族裔教师面临的压力数值点会增高,超负荷工作的可能性也会加大。比如罗梅罗(1997)采访女奇卡诺裔教师(在美国的墨西哥女性后裔)的报告表明,这些教师被高度孤立,她们因为学生和其他工作负担而难有闲余,对阶级、种族以及自己和教员多数派之间的社会性别差异有清醒的认识。

一对一关系如果经历很长时间，很容易使相互之间的关系变得紧张和情绪化，并呈现出依赖或欲望等令人不适的问题。最起码，关系双方必须协商边界问题。不是所有的边界问题都涉及性。例如，有时会出现学生产生的知识产权应该由谁享有的问题。

在考虑如何指导时，我们也应该提防过度概括，如假设同性导师与学生的配对总要好些。与此相反，一些文献暗示：女性导师拥有的可供学生支配使用的资源很少(部分原因是因为她们可能会在学术界资历较浅)。库尔茨-科斯特斯、赫姆基和乌尔库-斯坦纳(2006)的一项研究发现，在以男性为主的系科(如化学)中，女学生不想与女性教师一起工作，因为女学生发现女性教师太“被动”、不愿意成为家庭和工作结合的典范。

在实践中，意味着紧张和延伸关系的指导可能成功也可能失败。很少有学者能终身指导学生。当学生太多的时候，有的学生难免会失望。

定位结构、多样性和环境化

定位结构非常重要：一个人属于哪个团体，他在其所在的机构(和群体)中处于什么位置，影响了他所能获得的机遇和他的认知。有时候，研究生被描写成是可以身份互换的：“那个”研究生。然而，研究生群体日益多样化。40 多年前的情况有所不同：大部分学生是年轻的住在校园里的全日制学生，大部分都是男性中产阶级白人。然而许多社会趋势已经改变了这种现象。在一些地方，研究生人数急剧上升，而学生群体的构成也发生了变化。例如，在英国，全日制的研究生人数在 1970 年至 2000 年的 30 年间翻了两番多，而国际学生的比例从 13.7%上升至 41.1%(Chiang，2003，第 9—10 页)。虽然有些边缘化的少数人群(如，原住民学生、出身于工薪阶级或残疾的学生)的占比仍大大不足，学生现在已经呈现出更多样化的背景和特色。

女性仍集中在某些领域，如教育、卫生和社会工作，在其他如工程和计算机科学领域仍鲜见女性，但总体来说，她们的占比与过去相比在增加。在许多国家(包括美国和加拿大),硕士学位获得者中女性的比例已经占微弱多数,而在博士学位获得者中占比接近一半。

不同学科需要并能容纳不同的学习模式(Gardner,2008)。在实验室环境中工作的学生很可能会经常看到他们的导师,并很可能参与联合项目,而在图书馆做研究的学生(或者,越来越多在家进行研究的学生)或兼职的学生与导师接触的机会就较少。蒋(2003)把主要的模式分为"团队研究训练模式"和"个人研究训练模式",并分别用化学和教育两个学科对这两个模式进行阐释。无论哪种模式,一些学生可能会因为比别人表现好或者人际关系广而获得更好的定位。学者们似乎更乐意与和自己相似的人在一起,正是这一喜好使得过去大学里流行同性援助,从而确保了大学里男性统治的延续性。从这一观点引申可得出,学者们面对国际学生会表现出不适以及关于文化的固化思维。不过,导师和学生精密匹配是不可能的:社会性别本身并不能涵盖构成一个人身份的其他诸多特征(如年龄、阶级背景、宗教、种族、性取向等)(Valentine,2007)。另外,学生对指导风格、与导师亲近或保持距离的喜好及想要进行进一步学习和研究等原因,都可能呈现出巨大的个体差异。

能够参与教授的研究项目或有大量时间待在院系的学生,在获得重要的社交和指导体验上占有优势。相反,那些在外打工以供家用的学生、照顾孩子的单亲学生、需要照顾年老家属或需要花上几个小时往返于学校和家之间的学生可能不具备同样的优势。针对女学者的研究表明,她们往往违反生物钟来成就自己的事业;那些带孩子的女学者往往牺牲充足的睡眠,来满足基于没有家庭负担的男性模式而衍生出的对女学者的期望(Acker & Armenti,2004;Wolf-Wendel & Ward,2006)。虽然没有很多类似的针对女性研究生的研究,但许多相同的问题很可能同样存在。性别、阶级、种族、民族、残疾/非残疾,以及其他属性都会单独或共同影响研究生的经历。

记住导师和学生的配对并非建立在真空中是很重要的。前面已经提到特定学科文化和结构的影响力。许多机构的特点是相通的。机构和院系的地位、资源、规模、地点、文化和政策影响着研究生所能获得的机遇。例如,一些大学为导师提供培训或计算工作量,而另一些则没有。学生(尤其是在项目早期阶段的学生）可能无法完全理解影响他们经历的这些情境因素。

大学内部和外部的资助政策在营造研究生环境方面尤为重要（Acker & Haque，出版中）。20 世纪 80 年代，英国对社会科学基金委员会的一些做法进行了变革，使得高校能够为学生提供更多的科研训练，更好地对学生进行跟踪考查，并施加压力使学生及早完成研究（Leonard，2001）。资助政策可能导致社会性别差异化的结果。在 20 世纪 60 年代的美国，很多有名望的基金（事实上很多是大学）常规性地把女性排斥出奖学金获得者名单。

其他很多政策和做法也对研究生（特别是对女性研究生）有影响。同样是在 20 世纪 60 年代的美国，托儿设施几乎无人知晓，聘用政策公然歧视学术夫妻。虽然现在很多高校会提供儿童托管服务，但要能享受到可能很困难，做了父母的学生在产假或育儿假期间也可能会失去他们的大学资助。对夫妻公开的歧视（这种歧视主要针对夫妻中的女性）虽然有所下降，但给伴侣提供食宿仍然是大学的一个问题。从表面上看，大学已经取得了长足的进步，但现在，在学科的文化传统、女性外在责任方面的竞争和偏见的残留等方面的障碍却变得更加隐蔽了。

环境不仅影响个体机构，还影响劳动力市场状况、国家政策，甚至国际事务。随着更加开明的政策（如产假和育儿条款）的传播，学术工作（推而广之研究生的研究）已经由于全球趋势发生了改变。学者经常使用更少的资源，在相同的或更少的时间内做更多的工作。其成果也经过多次审核，不仅需要经过传统的同行评审过程评估研究出版的适用性，还由被一些人称之为“操演”的新模式来进行审核，这一新模式先认定成果已经达到一定水平，再由外部评估或年度审查报告公开显示出其已经达到的水平。大学被认为已经变得更像企业，并由强调底线和市场驱动优先的“高管”来管理。

虽然这种分析层次一开始似乎跟研究生和导师的经历相差甚远，但却具有重要的定型作用。招募国际学生要看他们带来的钱和关系；在一些国家，教师被期望到国外任教或找到发起创业活动的其他方式。研究生能否成功完成学位学习，是系科能否证明自己物有所值，从而获得更多资金的途径之一。更危险的是导师们分身乏术，已经越来越没有时间指导自己的学生。卡姆利和汤姆森（2008，第 509 页）曾质疑博士自助书籍的流行是否与导师没有时间指导博士生的事实有关。

对临时和兼职教师的依赖增加也意味着可指导学生的导师减少了。最终，学生们看到这些忙碌而分心的导师，就会质疑留在学术界还有什么吸引力可言。具有讽刺意味的结果可能还在后面：学生，包括女性，看着他们的导师，最终决定不跟他们一样从事学术研究。

第四十二章　教师工作负荷

萨拉·E.温斯洛-鲍　杰里·A.雅克斯

在各个层面，性别平等和教育的故事就是一个关于进步和瓶颈的故事。例如，在高等教育方面，在多数大学、研究生院的生源和学位获得者中女性占大多数，但她们较少作为教师进入大学和研究生院，特别是在自然科学和工程学等领域更为少见(Jacobs,1996)。这个故事的一个重要因素是期望教师作出高水平的职业承诺。虽然公众往往并不十分了解教师生活的性质和节奏，实际上却对教师职位要求过高。对这些职位的要求是普遍的。此外，对教师职位的要求往往在年轻教师生活中的生育和养育子女阶段更为密集。

本文讨论的数据来自1998年对高等院校教师的全国研究(NSOPF)，这一研究由美国教育部全国教育数据中心开展(2001)。本次调查旨在搜集有关教师和高等教育机构其他教学人员的信息，是目前关于高等院校教师的最全面的研究。这一横断面调查已经进行了三次，分别是1987—1988学年，1992—1993学年和1998—1999学年。本分析中，样本被限定为四年制高校的教师，他们认为自己的学术任务是他们的主要工作，他们也没有花大部分时间做行政管理工作。最终样本量为11162名教师，其中10092人为全职。1992年政府的同类调查的一些报告也被选择出来在此进行介绍。因为NSOPF没有征求教职员工的配偶信息，我们参考了1990年的人口普查中关于那些已婚夫妇中任何一方配偶为“高校教师”的信息，以填补这一空白。

教师的每周工作时间

时间是宝贵又无限的资源，个人必须对时间作出分配决定。朱丽叶·斯格尔在她1991年的《过度工作的美国人》一书中提出了这个问题，引起了公众的关注。她认为，经过一个世纪之久的衰退，工作时间在20世纪80年代开始增加。平均每周工作时间的延长是个人所面对的时间压力的主要来源。雅各布斯和格尔森(2004)发现，多元化的员工队伍一直伴随着工作时间的分歧，更多工作需要更长或更短的每周工作时间。这种不同工作的时间分化往往反映了阶级分化，其中，集中在管理者和专业工作者身上的工作时间变长，拥有普通教育文凭和职业证书工人的工作时间则变短。

学术教师的工作时间更明显地反映出这个格局。教授需要投入很长的时间完成工作。全职男教师报告说平均每周工作54.8小时；他们的女同行报告的工作时间几乎一样多(每周52.8小时)。虽然全职教师中相当一小部分的男性(34.4%)和女性(27.0%)做一些付费的咨询工作，但他们花在这些工作上的时间量是最小的(约每周5小时)。因此，大部分教师的工作时间用于自己的主要任务，外部咨询仅占其总工作量的一小部分。

教师的每周工作时间比大多数职业要多，甚至比其他可比的专业岗位都多。在2000年，受雇的男性平均每周工作43.1小时，男性专业人士或经理平均每周工作46.0小时，这还比教授整整少了九个小时(Jacobs & Gerson，2004)。女教授的工作时间相比女性其他工种的工作时间差额更大。2000年就业女性平均每周工作37.1小时，而女性专业人员和管理人员平均每周工作39.5小时。

此外，在学术界，每周工作时间超长是普遍存在的现象。上面所列的平均值清楚显示，50小时的每周工作时间是普遍的，大约三分之二的教师汇报他们每周工作这么长的时间。但是，60小时周工作时间也很常见，全职教师中，38.1%的男性受访者和32.5%的女性受访者报告他们每周工作至少60个小时。

在各种类型高校和各个专业技术职务级别中，长时间的工作时间非常普遍。不仅研究机构教师报告工作的时间最长：男性平均每周工作55.8小时，女性平均每周工作 54.0 小时，其他类型机构全职教师的平均每周工作时间也非常相似。例如，文科院校的男性全职教师每周工作 54.0 小时，他们的女同行为每周 53.4 小时。各类院校的男性和女性全职教师平均每周工作时间都高于 50 小时。同样的，所有职级的教师每周投入工作的时间都超过 50 小时。助理教授工作时间长，终身副教授和正教授也是这样。男性助理教授投入的时间比女性助理教授稍长（男性每周 55.8 小时，女性每周 53.5 小时）。对于男性来说，在获得终身教职后，每周工作时间有轻微的减少，减少了两个小时，只有再次晋升为正教授，周工作时间才会增加。对于女性来说，随着从助教晋升为副教授再晋升为正教授，每周工作时间稳步增长。那些每周工作 60 小时或以上的助理教授在工作时间上的社会性别差异稍大——43.2％的男性和 33.5％的女性每周工作 60 小时或以上。但工作时间长并不局限于那些担任终身教职岗位的教师，即使是讲师每周投入的工作时间也超过 50 小时。

从家庭的角度看工作时间

个人每周工作时间只是教师面临的时间危机中的一部分。近数十年来，美国的家庭结构发生了巨大变化，这对工作-家庭冲突的分析产生了深远的影响。在 1970 年有一半以上的已婚夫妇中一方是经济支柱，而另一方是家庭主妇，而到了 2000 年五分之三是双上班族夫妇。普查数据表明，在学术界，尤其是女教师的家庭，夫妇双方都是上班族非常普遍。一半已婚男教师（56.2％）的配偶有全职工作，而几乎所有的已婚女教师（88.5％）的配偶有全职工作。此外，有一小部分人的配偶同为教师，大部分人的配偶从事管理或专业性职业。女教师更可能与男教师结婚（18.2％比 12.5％），但两组的伴侣通常是专业人士或管理人员（女性教师 69.5％，男性教师 70.7％）。

这对面临工作-家庭冲突的学术教师意味着什么呢？雅各布斯和格尔森（2004）认为，在早期的工作中，为了充分了解美国男性和女性面临的时间危机，研究人员必须从家庭的角度审视工作时间。已婚教师的家庭周工作时间长：男教师平均为每周 84.1 小时，女教师每周 89.3 小时。有一小部分夫妇每周为带薪工作付出100小时以上的时间(男性25.4%,女性17.3%)。因此,因为大多数的教师(尤其是大多数女性教师)的配偶也为工作投入了许多时间,前文所述由于每周长时间工作所产生的压力就变得更大了。学术生涯是否有利于家庭?有人可能会认为答案是肯定的。教师们不必像其他许多职业一样打卡考勤,也不以小时为单位被密切监测。学术工作固有的控制措施和灵活性,使教师,特别是那些身为家长的教师,当孩子生病或当托儿安排不可避免地出错时可以亲自处理。然而,大部分这种兼容性依赖于一种隐含的假设,这种假设就是教师能等到获得终身教职后再要孩子。

等到获得终身教职后再生育的战略是非常有吸引力的,因为一个非终身教职助理教授所面临的压力和风险过去后,才会出现育儿需求最大的阶段。但显然这种策略取决于较早的获得终身教职。换句话说,“终身教职在先,孩子在后”的方法依赖于某种有序的、不间断的晋升过程顺序,在这个顺序中不管是男性还是女性必须在27岁或28岁获得博士学位(这建立在一个人在获得本科学位后立即或很快开始攻读研究生,并在五六年内完成研究生学业的假设之上),并在大约34岁获得终身教职。这提出了一个重要的实证问题:助理教授们一般多大年龄?如果想要完成这一晋升过程,助理教授的年龄应该在30岁出头。事实是这样吗?

男性助理教授的平均年龄为42.4岁;而女性助理教授的平均年龄稍大,为43.7岁。在某些领域(如教育和护理),助理教授的平均年龄比其他学科(如物理科学)更高。但在所有的学术领域,助理教授的平均年龄均超过37岁。因此,在学术界的各个领域是否要等到获得终身教职再要孩子是个十分艰巨的困境,数据表明,等到获得终身教职再开始创建家庭对大多数助理教授来讲都太老了。

为什么助理教授的实际年龄比有序晋升顺序所预期的要大呢?其中一个原因是教师往往要到30岁之后才能获得学位。获得学位的平均年龄是男性33.4岁,女性35.5岁。同样,在一些学术领域,如教育学术领域,教师取得学位的时间比在其他领域,如建筑和工程,要晚很多。然而,所有领域获得博士学位的平均年龄至少要30岁。如此一来,在所有学术领域,无论是拥有博士后或其他临时职位的在读研究生还是助理教授,都要面临在获得终身教职前结婚和生孩子的问题。

另一种对教师年龄结构不支持“终身教职在先,孩子在后”模式可能的解释是:教师在获得博士学位之前就成家了。虽然现有的横截面数据并不确切指向这种情况,我们仍然可以做一些关于这些数据的生命过程的推论。例如,女性在获得物理学博士学位时稍微比男性年轻一些(女性平均年龄 30.2 岁,男性 31.4 岁)。因此,这很可能是因为在这个领域几乎没有女性在获得博士学位前生孩子。在其他领域,如艺术与人文、教育、生物科学,女性获得博士学位要比她们的男性同行迟两年或两年以上。获得学位前就生育很可能是对这些差异的解释。

最后一种可能是,学者不直接从获得学位进展到终身教职。有关资料表明,助理教授担任本职的平均年限为刚好超过三年。这个数字也正在人们所预期获得终身教职必须等候的六七年的年限之内,但还有几年不清楚。换句话说,获得学位的年龄加上担任本职的年数不是受访者目前的年龄。如何解释这一现象?在生物学等领域,通常受访者会在另一个学院工作五年或五年以上,可能是在担任助理教授前做博士后研究。在诸如商业和社会科学的其他领域,担任助理教授前的年份要少得多。因此,助理教授的年龄往往是三十大几或四十出头这一事实往往是基于多重原因:包括三十岁出头才能获得博士学位,获得博士学位后又花数年时间做博士后或获得临时教职。总之,这些结果表明,“终身教职在先,孩子在后”战略对许多在学者而言不是一个可行的选择。对于许多教师来说,生养孩子最艰辛的年份恰恰是获得终身教职前要满足种种要求而前景并不确定的年份。

工作量、工作效率和满意度

我们如何看待教师的长工作时间呢,特别对许多教师来说,他们配偶的就业时间也很冗长同时又要求他们抚养孩子?这些工作时间是自我强加的?还是来自于机构和专业的期望?

乐观的看法可能会认为,在学术界这个环境中献身于工作是自我强加的。教授不打卡考勤,甚至在最教学密集型的院校,教授在课堂的时间很少超过 15 个小时。所以教师对时间的要求在某种意义上可以自由决定。此外,这种说法认为,教师热爱自己的工作,并深深地认同自己的专业角色。在这个意义上,学术界世俗地“号召”教师响应布莱尔-洛伊在 2003 年描述的“工作投入”模式。退休时不放弃自己的专业技术职称或与学院的隶属关系(比如"教授"简单地变成了"名誉教授"),只要自己的体力和精力够得上,许多教授一直努力工作到退休。所有这一切都可能在逻辑上导致以下结论:如果对一些人来说每周工作时间似乎过分长了,对教师来说并不过长,因为这是他们自己的选择。

与认为教师的工作时间是自我强加的观点相反,另一种观点是,教授们常常发现自己陷入了机构和专业对他们的期望中。换句话说,对做一个成功的学者意味着什么的规范性期望驱动许多教师投入过多的时间。而从机构需求的角度出发,学术界富有吸引力,这种观点强调了大量精英大学教师和普通大学教师面对的现实的挑战。

如果教授们每周工作时间长是由于"结构性制约因素"导致的,这些是什么结构,这些约束的来源是什么?对教师而言,成长的时间压力有四个主要来源。首先,高等教育的成本上升已经带来了新的公众监督,并呼吁把更多的重点放在教学上。虽然审查的来源可能因学院类型而不同(公立院校往往侧重于削减预算,私立院校则通过强调学生获得多少教师的关注而使增加学费合法化),在高等公共教育和私立院校,增加投入到教学上的时间数量和质量的压力已经十分明显。第二,对教学的日益重视引发了对科研生产力期望值的上升。这种任期审查制度,无论是形式还是内容,以前在精英学校人气最旺,现在已被高等教育的各级大学和院校采用。第三,跟信息经济相关联的技术变革已经大大增加了教师工作的时间要求和强度。虽然这种说法不能用 NSOPF 的数据进行评估,但传闻证据有力地表明,教师花了无数小时阅读和回复电子邮件,并经常被学生认为每天 24 个小时都是可用的。此外,计算机的使用还伴随着为教师提供的行政支持的减少。

最后,兼职就业在学术界的兴起增加了全职教师的压力。过去的 30 年中,兼职就业人数在学术界急剧上升,兼职教师薪水很低,只占全职教师薪水的一小部分。1999 年,有五分之二(42.5%)的高校教师受聘兼职,比之 1970 年的 21.9%有大幅增加(国家教育统计中心,2001)。兼职人数的增长以两种方式增加了对全职员工的压力。首先,全职岗位数量的减少使进入全职教师队伍的竞争更加激烈。此外,由于兼职人员很少被要求担任委员会的或其他的管理角色,兼职就业人数的增长意味着教师中的一小部分必须背负不断增加的行政责任。总之,强调结构性限制和规范性预期的视角表明，繁重的备课任务、无尽的委员会会议，看似无极限的研究生产力标准，以及无情的电子邮件流，使今天的教师工作比起上述自我强加观点所描述的理想化的学术界相去甚远。

这两种观点哪一个与数据更一致？尽管很显然，教师压倒性地报告对自己的工作满意(84.8%的男性和81.8%的全职女性报告对自己的工作非常或部分满意)，但他们也确实对工资、福利和工作量有着抱怨。通过专注于教授是否报告对他们的工作量不满，我们可以推断在多大程度上教师每周工作时间的长度是自我强加的、心甘情愿的选择。如果自我强加的观点是正确的，那么我们可以预期，那些工作时间最长的教师几乎没有任何关于工作量的投诉，因为这些教师热爱教学和研究，且对教学和研究永不满足。在另一方面，如果一个人的工作量很大程度上是由学院和专业要求(如增加课程负担和出版的期望)推动的，那么我们可能会发现很多教授对他们的工作不满。那么，关键的问题是对工作量的满意度是否与工作时间成正比？如果答案是肯定的话，那么工作时间最长的人可能并不是完全自愿地这么做。相反，工作模式可能是很多压力的结果，这些压力有的来自院校，有的来自其他教师所设置的规范性预期。一个关注工作时间和研究生产力之间关系的相关的问题是：较长周工作时间是否有助于成功出版、发表论文和专著等？如果是，这就解释了为什么教师在工作上花如此多的时间。

教师对工作量的不满随着工作时间的延长而增加。例如，三分之一(30.3%)每周工作时间少于50小时的女性教师报告对工作量不满，每周工作超过60小时的女性教师中，有五分之二(44.1%)报告不满。工作时间越长，有关工作量过大的相关投诉就越多，这一想法看似简单，实则否定了关于工作时间最长的人这样做只是出于对自己工作的热爱这一理念。那么如何解释过度工作为何在学术界如此普遍？数据清楚地表明，那些每周工作时间最长的教师可能出版、发表更多的专著和文章。每周工作超过50小时和不到50小时的教师之间的差异很大。然而，每周工作超过60小时的影响更为显著，而且似乎对女性尤为重要。如果科研产出在学术界是必不可少的，如果每周60小时的工作时间是成功出版、发表论文专著的关键，那么每周工作60小时或以上，实质上已成为学术工作的要求。

学术职位十分抢手，也非常令人满意，但它们的要求也很严格，对那些追求有意义的家庭生活的老师形成了巨大的挑战。这对于那些丈夫是非常繁忙的专业人士的已婚女性教师尤其如此。维护现有体系存在人才流失的风险,既有师资方面的"管道泄漏",也有对职业生涯追求的放弃。解决这些问题的第一个步骤是明白确实存在一个需要解决的问题。可以设计管理教师工作要求的政策(见 Jacobs,2004),但这种设计的前提是要先认识到需要对学术岗位的要求设定一些限制。

第四十三章　对女性教师的指导

吉尔·M.赫斯姆　杰奎琳·S.利特　珍妮·哈特　谢乐尔·安·塔克

“许多关于高校教师的研究表明，女性拥有的导师更少、面临较大的专业隔离、晋升速度较慢、比她们的男性同行更可能在获得终身教职前离开院校”(Wasburn，2007，第52页)。研究表明，对女性职业发展的阻碍是由偏见造成的，至少部分是如此。瓦利安(1998)指出，无意识的偏见是一个心理过程，这一心理过程认为男性是更高效、能干的专业人士和领导人。在偏见的合力作用下，体制结构在领导、组织结构、政策和规范等方面呈现社会性别差异。工作中的集体行为，如弘扬男子汉文化和男子汉气概等行为，在正式和非正式的互动中排挤女性(Martin，2001)。

关于女教师的研究表明，她们的满意度比男性低，女教师感觉在系科中被边缘化并常常被孤立，她们希望更多的女性教师担任领导和高级职位。教师隔离意味着晋升机会少、回报少、知名度小。此外，相比男性，女教师还报告更多地关注工作和生活的平衡、日益增多的服务责任、学生对于指导和非正式建议的请求、较大和介绍类的课程任务，以及缺乏担任领导的机会等问题。

院校复制优势系统的方式对女性造成了负面影响。甚至关于“典型”的教师生涯的概念也是建立在教师发展的社会性别模式基础上的(Hart & Litt，2010)。这些渗透进学术文化的过程意味着男性的职业生涯发展可以积累专业优势。学术带头人、女性教师和美国国家科学基金会的发展计划(ADVANCE Program)对这一问题的关注启发了对实际行动的呼吁，以解决个人和院校因素所带来的不同层次的优势。一个主要的干预就是发展针对女性学者的正式指导计划。

指导女性教师被认为可以解决无意识偏见、隔离和社会性别化组织等问题。

指导是由专业协会和特定的职业发展计划提供的[如高等教育资源服务(HERS)],这也是美国国家科学基金会发展计划(ADVANCE Program)的核心内容。然而,一些学者强调,指导只是更广泛的一揽子制度变革的一部分。在劳尔森和罗克(2009)关于教师指导计划的研究中,他们区分了个人目标(即职业技能和访问资源)、组织需要和系统性变化。组织需要包括被指导者对团队和合作的渴望,而系统性变化则包括制度的灵活性(如工作与生活计划)。结合三者(即指导、组织需要和系统性变化)可以找出最全面的方法来消除阻碍女性成功的障碍。

由于缺乏劳尔森和罗克(2009)推荐的那种体制变革,指导已成为高校解决女性地位问题的一个主要方式。本章将介绍这些计划背后的理由,提供不同模型的例子,分析女性职业成就的意义。这种讨论并不是对文献的正式检索,而是对指导女教师方面关键问题的摘要。鉴于许多文献集中关注四年制大学的终身教职/终身教职岗位教师,本章的重点也是对这些教师的指导计划。这并不是否定对其他类型院校(如社区大学)或教师(如辅助教师和其他非终身教职岗位教师)的关注。相反,这反映了文献中对某些类型的院校和教师的忽视。

指导的定义

"指导"这一术语被用来描述各种活动和项目。传统上,这一术语被用来描述一个"自上而下且一对一的关系,其中一个经验丰富的教师对新教师或处于早期职业生涯的教师的职业发展进行指导和支持"(Sorcinelli & Yun,2007,第 58 页)。最近,指导这一术语描述了一个"更广泛,更灵活的支持网络,其中没有一个人被期望拥有帮助别人避开职业生涯暗礁的专业知识"(Sorcinelli & Yun,2007,第 58 页)。

一些女性主义者批判传统观念把指导看做一个过程,其结果就是基于以男性为中心的教师模型复制"千篇一律",这种"千篇一律"疏远了所有个人和职业目标偏离成功标准模型的人。女性主义的指导方法则基于所涉及各方之间的相互关系。此外,这种方法的重点是赋权和挑战学术现状。因此,一个成功的指导关系要增强自尊,解决性别不平等,促进女性教师的留任(Benishek,Bieschlke,Park,

& Slattery,2004)。

虽然文献中对导师的品性和指导活动的范畴有一些共识,对指导却没有一致的定义(Zellers, Howard, & Barcic,2008)。本章的目的是把指导定义为一个依赖于协作来提供信息,依赖于指导和支持来改进表现、解决问题、提升网络及关系,并提高职业成功的一个互动的过程。

指导计划的目标

正如对指导的定义各不相同,与指导关系相关的目标也有很多。某些计划和参与者专注于具体的职业目标(例如,“获得终身教职与晋升”),而另一些则专注于个人目标(例如,“寻找工作与生活的平衡”)。我们坚定地支持一种做法,这种做法可以让参与者用自己的方式提升职业生涯,并认识到指导对个人和学院都有利。

个人通过社会资本获得和利用机构的资源,而社会资本取决于社会等级以及与他人的关系。人们的社会关系越广泛,越能获得他们需要的资源。指导促进了社会关系。然而,指导对男性和女性所起的作用不同。例如,女性教师报告,尽管她们需要被指导,但在获得指导方面却总是遇到更多的障碍(Gibson,2006)。院系文化也会影响女性是否能接受指导,她们如何体验指导关系,以及她们设想学业成功的可能性。

尽管遇到障碍,女性认为支持对她们的个人成功是必不可少的,并常常督促年轻的同事找到良好的指导关系(Gibson,2006)。这可能是因为接受了指导的教师往往能更顺畅地融入组织、增强职业满意度、晋升率较高,对院校和职业有更多实质性的贡献(Zellers 等,2008)。此外,被指导者会有更清晰的职业目标。一些论述指出,对于追求职业发展的男性和女性来说,指导对于职业和个人风格可能更显得“关系”化的女性比同类男性更为重要(Laursen & Rocque,2009)。

导师也受益于指导计划。例如,导师不仅能因为帮助其他教师成功而获得一种满足感,也能接触到新的关系网、思想和观点,这可以为导师自己的工作开创新的局面(Zellers 等,2008)。导师也可能获得对无意识偏见和性别化组织的知识,这反过来会对女性教师和院校有利。

指导计划通常假设为个人提供技能发展和关系网。然而,指导对院校也有利。最明显的是,这些计划能提高教师的生产力和满意度,这对于创建优秀的学术机构是必不可少的。如果院校有一个更加积极的工作文化和更多合作的关系,教师更多地投入院校的活动,院校拥有更广泛的视角,这些都会令该院校受益(Zellers 等,2008)。此外,院校知识的共享促进了对高等教育工作的理解,推动了更乐于接受变化、更开放地接受新的改良政策和做法的文化。

指导计划的类型

指导计划有许多不同的类型,从一对一的关系,到同侪指导,再到职业发展研讨会。在此范围内,很显然,一种类型不适合所有的计划,在制订计划时需要同时征求导师和被指导者的意见。建立在教师反馈基础上的计划很可能会比凭空制订并向教师宣布的计划更成功(Litt, Tucker, & Hermsen,2009)。

正式的指导计划似乎比非正式的计划能更好地满足女性。"传统的思想流派把指导看做一个自发的人类现象,其中任何正式管理流程的努力被认为是对这些关系所固有的化学效果或魔法的否定"(Zellers 等,2008,第 562 页)。关于指导来源于非正式关系的假设会给女性带来困扰,因为女性会觉得自己被排除在院系的非正式人际网络之外。非正式的指导也使得女性很难找到与她们经验相似的导师,而具有相似经验是女性希望导师身上具备的特征之一。此外,女性教师,特别是那些担任高级职位或领导角色的女教师数量很少,这导致这些教师会承担更多的指导责任。因此,正式的指导计划被视为是一种用来抵消校园中的女性缺乏正规指导的方式。

一对一指导

在一对一指导计划中,一个导师配对一个被指导者。导师一般具有高级技能或在被指导者想要通过指导关系解决的问题上富有经验。这类计划必须把重点放在建立学员和导师之间的良好配对上。某些计划启用正式的配对流程,配对的时候征求学员和导师的意见。理想的配对是其中的被指导者和导师在目标(见上文关于指导者目标的讨论)、兴趣和个性方面具有相似性。

在社会性别层面,一对一指导模式在形成师生合作伙伴关系时也必须考虑一些问题,包括跨性别指导配对的相关问题(家长式的意见、对工作与生活平衡的关注差异等)。然而,鉴于高级的女性教师和管理人员稀缺,指导关系的异性配对往往是必要的。

小组指导

小组指导为女性提供了几个好处。它具有“在白人占大多数的环境中,为女性、非白人和其他少数民族提供可以享受相同文化指导的潜力”(Zellers 等,2007,第 565 页)。此外,小组指导体现了更加女性主义的指导方法。最后,小组指导可以减轻女性因承担更多个人指导责任而产生的压力。

小组指导有多种形式。在同侪指导中,情况类似的教师(例如职级相同,有类似的担忧)举行会议,讨论彼此的问题。这些同侪指导的交谈可以让学员化身资源供彼此分享,同时也提供机会进行自由讨论和关系网络的搭建。这种指导对于孤立感很强的女性作用特别大,因为这种指导可以让她们与同样被孤立的老师以及关系网良好的老师都建立起更好的联系。另一种选择是让一组情况类似的教师与另一组教师碰面接受指导。这种形式是一对一指导和同侪指导的混合体。最后一个不同的安排是一个教师与一组教师见面并接受他们的指导。这种形式更类似于指导的“董事会”模式,其中一人从一系列代表不同专业领域的个人那里接受指导(de Janusz & Sullivan,2004)。这些形式只是指导计划中适用集体指导的多种选择的几个例子。

职业发展研讨会

指导也可以以职业发展研讨会的方式进行,尤其是那些允许参与者和推动者进行实质性讨论的职业发展研讨会。当讨论教师们广泛关注的问题时,如谈论工作与生活的平衡、领导、谈判、沟通和认可等话题时,研讨会特别有用。

其他指导方案

上面提及的这三种类型的指导方案(即一对一指导、小组指导和职业发展研讨会)只是一些机构内部提供正式指导计划的选择性方案。不同机构会由专业协会或/并通过网站致力于指导来实施指导。

针对不同级别教师的指导差异

虽然上面大部分的讨论可以适用于一般情况下的所有教师,但指导可以而且应该特别针对不同级别女教师的不同体验进行。

对青年女性教师而言,开始时指导往往是一种定向和社交体验。虽然指导应该贯穿整个职业生涯周期,但在她们刚进入校园时就对未获得终身教职的女性进行指导是必不可少的过程(Gibson,2006)。寻找正式和非正式的导师很困难。尽管男性教师可以成为青年女教师的导师,可以给她们提供很多有价值的指导,但一些女性已经关注起自己是否有能力与男导师就特定话题进行讨论的相关问题(吉布森,2006)。此外,女性在某些学科和某些机构的各类资深教师职位的比例较低,导致潜在的导师之间存在社会性别差距(即充当导师的资深女性教师人数太少)。当女教师寻求关于工作与家庭问题的指导意见和支持时,这一点是她们特别关注的。工作与家庭包括各个方面,但对于很多年轻女性而言,由于生物钟和终身教职的时间表互相重叠,养育孩子就成了她们首要关注的问题。由于高级女性教师的人数不多,小组指导或者多导师模式能够部分缓解对导师的需求。此外,佩鲁切特和珍妮奎尔特(2000)发现,拥有多个导师在科研方面最有成效,也能得到最多情感上的支持。他们还发现,在自己的职业生涯初期感觉科研产出量大、获得支持的教师一般会以同样的方式继续自己的职业生涯。

此外,作为社会性别化的组织(Acker,1990),高等教育可能会鼓励“随从式的”指导模式。随从式指导模式意味着导师应该帮助被指导者遵循某个特定的模式。这种模式的前提是一个男性模式,这个模式告诉我们教师应该是什么样的。然而,女性可能对被此类以男性为主的组织吸纳并不感兴趣,从而对这些指导教师的行为本质产生具有暗示性意义的理解。指导应该鼓励教师对什么是成功的职业生涯形成自己的见解。此外，单一的成功模式（社会性别化的模式）的前提是认为要求咨询或援助的教师过于依赖他人。这种想法可能使青年女性很难找到导师，因为她们可能已经因为自己的女性身份而遭受偏见，从而进一步扩大了女教师面临的挑战。所以，针对所有的青年教师创建指导文化是至关重要的。

女性副教授和正教授也许在指导方面面临的最大的挑战是在她们获得终身教职后缺乏所需资源，而与此同时，她们需要承担更多的服务责任。学院通过服务保障、减少课程、提供过渡资金、配备研究助理等方式，帮助青年教师获得终身教职、晋升副教授。然而，一旦获得终身教职，大部分的保障和支持性措施就取消了。虽然对男性和女性的正式支持都减弱了，但女性晋升为正教授的时间往往比男性要长（比如，在人文学科，参看现代语言协会，2009），女性正教授也不太可能成为学术带头人（Stout, Staiger, & Jennings, 2007）。

除了缺乏支持，资深教授还面临其他显著的问题。无论是照看新的婴儿、年龄较大的儿童，还是照顾老人，实现不同家庭身份而产生的期望衍生出了新的责任，履行这些责任即便不比年轻时更加耗时，至少也是程度相当。由于没有晋升和职业发展“时钟”的束缚，很少再有院系或制度层面支持可以因为家庭事务而休假的相关政策。导师可以在这个职业转型期支持女性，帮助她们履行不断变化的责任，同时又扩大她们的人际网络，并帮助她们获得认可。

指导计划的效力

虽然指导方案往往旨在解决个人和机构的特定需求，但目前尚不清楚它们是否成功地满足了这些需求。泽勒斯和她的同事（2008）指出，“最近的文献中关于指导计划成功因素的认定相对统一，但对于如何衡量正式指导计划‘成功’的认识却变得比先前更加模糊（第 578 页）”。因此，大家开始大量关注指导计划的最佳做法，而不太关注计划的总体效力。衡量指导计划成功的标准包括文献范围内指导计划参与者的客观职业结果（如晋升率）和参与者的主观经验（如归属感）（Zellers 等，2008）。

除了对总体指导计划的有效性讨论有限，文献对指导和正式指导计划中消极因素的讨论也很有限。然而，一些针对指导计划的质疑和批评指向了社会性别。例如，有对以下问题的讨论：(1)影响师生关系质量的跨性别师生关系；(2)通过指导使个人融入男性主导的性别权力结构；(3)认为指导具有补救性，因此，指导旨在纠正问题或讨论不足，这些问题和不足特别指向女性，因为无意识的性别偏见已经使人们认为，相比男性，女性的工作效力较差，不能全身心投入自己的工作，生产力较低，能力较弱。

我们需要做更多的实证研究来探讨有关教师指导的社会性别问题，研究在消除情感隔离和无意识的性别偏见方面指导计划的有效性。尽管有这些差距，文献确实给出了指导女性教师的一些观点。尽管对指导有不同的定义，对指导的传统描述仅限于一对一的师生关系，指导计划的新模式正在兴起，以满足女性的具体需求和关注点。虽然指导计划的目标提供的指导类型相差很大，但是有一点毋庸置疑，那就是指导计划可以为女性教师提供实现个人和职业目标所需的信息、指导和支持，同时也可以帮助院校改善学术氛围。

致　谢

本章基于美国国家科学基金会的资助项目(项目编号为 0618977)而完稿。本章的任何观点、发现和结论或推荐都是作者的观点，并不一定反映国家科学基金会的意见。

第六部分　社会性别和高等教育政策

综　述

政策是一个难以捉摸的概念。它主要是指对某些问题的行事意图的官方声明。本书中的政策可以被定义为对围绕社会性别和高等教育问题的行事意图的官方声明。但即使是这样，定义仍然模糊不清，除非对官方声明、行事意图和性别及高等教育问题等表述的概念都有所厘清。要厘清这些概念，最好阅读第六部分的所有章节以及本综述提到的本书中其他部分的相关章节。这些章节合力为社会性别和高等教育政策的性质提供了一个广泛而又细致的理解角度。每章的目的是独立的，但是，每一章都为特定社会性别政策、教育政策或决策组提供有价值的、专业的信息。

正如这些章节所示，官方声明是在制度上和组织上被制定并颁布的。虽然个人、团体、志愿者协会和校园委员会(如在第四十九章“大学妇女委员会和政策话语”中所述)可以并确实影响了政策，但他们不能发出政策的官方声明，除非他们有合法权力管辖教育事务。在美国拥有这种权力的包括联邦政府的三个部门、州政府和地方政府、各级教育官员，这些机构的官方政策声明可以采取各种形式，包括报告、法律、行政命令、法院判决、政府或机构的规定、教师和学生手册以及课程提纲。

其中一些声明，如1972年的教育修正案第九条法案禁止所有联邦资助的教育计划中存在社会性别歧视——对教育和社会性别相关处理作出了明确规定。第四十八章(“第九条法案和大学体育运动”)详细讨论了第九条法案及其对高校体育的影响，同时介绍了围绕这项立法产生的诸多争议。

其他两种声明也应认为是有关教育和社会性别的政策。其中一个是对所有机构中的社会性别歧视，而不仅仅是教育中的社会性别歧视进行概括的官方声明。主要的例子有：创造平等就业机会委员会的第10925号行政命令；1963年的同工同酬法案；1964年和1991年的民权法案；在工作场所平权运动法令中增加“性别”相关内容的第11375号行政命令等。这些命令和法律，加上像第九条法案那样专门处理教育和社会性别的法律，都常常被称为积极行动政策。第四十四章（“平权运动”）将对所有这些政策的历史和现状进行概述，这也表明美国法院在把总统和国会的行动纳入公共政策方面的重要作用。

第二种应该也算是教育和社会性别政策的声明是对教育政策的声明，这类政策声明不明确涉及社会性别，虽然它们可能会对社会性别产生重大影响。这类政策的例子包括被称为狄克逊诉亚拉巴马州教育委员会的1961年法院判决，这一判决赋予了公共高等教育机构的学生正当程序的权利，并终结了公立学院和大学作为学生监护人的权限。第四十七章（“学生的权利”）讨论了这一案件和随后的诉讼案件如何与平权行动和隐私立法相结合，增加了公立学校学生的权利，特别是女学生的权利，以及在较小程度上增加了民办高校学生的权利。

把官方政策声明定义成行事意图而不是行动，强调了一个事实，即政策可能会或可能不会导致有效的行动。政策不导致有效行动的其中一个原因是政策解释和执行的巨大复杂性。法律、行政命令或法院判决不是每个人都能以相同方式理解的明确的规则；不可能、不必也不会被每一个人所支持和遵守；也并不具有明确的、可预期的后果。对法律的模糊性的一个很好的阐释是：虽然第九条法案于1972年被颁布成为法律，但直到1975年，美国国会才给出具体意见，说明第九条法案应如何适用于中学和大学竞技；直到1976年卫生、教育和福利部（DHEW）才开始宣传相关准则和规定以促进该法案的实施，但与此同时这些准则并没有明确指出第九条法案适用于所有时间段和所有人。后来陆续出台了关于此法案的附加说明，分别由DHEW于1979年颁布；1988年由美国国会以民权恢复法案的形式颁布；1996年由教育部民权办公室（DOE）颁布。

许多解释、说明的出台都是因为受到了司法挑战的刺激，法院试图挑战DHEW以及1980年以后DOE是否正确地解释了该法；是否教育机构的所有项目都属于第九条法案所覆盖的范围还是只有那些获得联邦政府资金的项目才算；

男性和女性的运动项目是否是“隔离但平等”的;学校是否应该对依据第九条法案权利受到侵害的学生进行赔偿等等。虽然源于这些挑战的司法意见已经完全明确(实际上并没有),但在没有国会或行政措施的情况下,用法院的判决解释法律仍然会带来问题。大多数联邦法院作出的判决仅限于该法院的管辖范围,甚至会影响整个国家的最高法院的判决也仅限于类似诉讼的情况,这些事实导致了一个问题。例如,1954 年堪萨斯州托皮卡著名的布朗诉教育委员会案判决教育中的种族隔离为非法,但却并未视社会性别歧视为非法。

政策制定过程不仅仅涉及那些工作就是制定、解释和执行有关社会性别和教育规律的政府人员。该过程还涉及高校行政人员、教师、家长和学生。他们每个人对社会性别是什么、应该是什么、社会性别平等意味着什么、法律的真实意图是什么、他们应该在多大程度上严肃对待法律,法律对校园项目和实践将会有什么影响、应该有什么影响这些问题都有自己的理解。所涉及的众多参与者对这些问题不太可能达成高度的共识,特别是当相关政策有争议时,比如对社会性别政策的争议就是不可避免的。

虽然政策解释和执行的巨大复杂性常常妨碍有效的行动,但是复杂性和误解有时可以用来作为不采取行动的借口,这样做旨在掩盖对政策的故意抵制。在政策旨在通过增加先前弱势群体的资源,削弱以前占主导地位群体的相对优势,进行转移权力安排时,这种抵制特别容易出现。这种类型的政策包括旨在促进社会性别和其他形式的教育平等。正如第六部分的章节所阐释的,这样的政策已经挑战了,并将继续威胁白人男性的相对权力和优势。这些政策已经给予了女孩和妇女更多的机会,如果全面实施,将带来教育结构和程序方面更广泛的变化。对这些政策的反对来自政治和社会等级的各个层面,毫不奇怪,最强大的阻力往往来自于最高层面。例如,里根总统和他的内阁就曾经下令停止拨款以阻挠法律实施,这些法律是国会前几届会议通过的,而里根政府阻挠的原因就只是因为里根不同意。这些法律就包括民事权利法,如第九条法案,并不出乎意外的是,里根在任的最后几年,国会认为有必要忽略里根的否决而通过上面所提到的民权恢复法案。

对第九条法案等社会性别平等政策的官方抵制表明了政府对社会性别和教育主要问题的根本认识发生了逆转。因为妇女解放运动(现在被称为第二波女权主义浪潮)的影响,在20世纪60年代和70年代联邦政府接受了这样一种观点:社会性别和教育的主要问题与种族和教育的主要问题是相同的——即教育的不平等,特别是与白人男孩相比,女孩和少数族裔遭受的不平等待遇,并就此采取了行动。在社会性别不平等的大伞下,有一些具体问题已经不再存在,如高等教育中女性比例过低,但同时许多问题仍值得关注,如相较于男性,STEM领域女性的比例偏低(这已在第三部分做过论述),以及女性在学校遭受的性骚扰和暴力。关于高校女性遭受性骚扰和暴力的相关情况在第四十六章("性骚扰政策和应对")进行了介绍,其中还讨论了性骚扰对大学生和教师的影响,以及怎么采取不同的政策和做法以打击性骚扰,使高校成为给予女性支持的场所,而不是一个对女性充满敌意的环境。

为了公平起见,并为男孩和女孩提供等效的角色模型,第二波女权主义者也争取促进教师、中小学官员和高等教育所有学者和管理者之间的社会性别平等政策。特别是让更多的女性受聘担任学术和行政职务,并执教以男教师为主的教学科目,如科学和数学。和教师一样,教育管理者应该意识到他们对男性和女性不同的行为,并且以公平的方式对待和评价学生、男女教师,不受关于社会性别差异的教条式观点的约束。不幸的是,第四十五章("学术评估政策")明确指出,因为新古典经济学理论的缺陷,建立在此理论基础上的所谓对男女教师平等的奖励制度注定会失败。然而,社会性别平等一直是自由派女权主义者的目标,他们持续呼吁在更加公平的基础上推行绩效制度。而第四十五章则提供了一些其他的原则来指导评估。

美国才准备实施旨在消除校园及其他组织中社会性别和种族偏见的官方政策,就遇到了三种主要的阻力。首先是政策执行遭遇失败。正如前文对第九条法案的介绍所阐明的,如果阻力来自联邦政府的行政部门,阻力会非常强大。联邦政府的行政部门不仅负责在全国范围正式实施平等政策,而且有权调拨资金用于政策实施。如果总统和内阁成员不拨款给平等就业机会委员会和其他执法机构,许多学校官员就不会动用自己的资源用以平等行动计划,负责体育运动的主管们大多会继续或调转方向把大部分资源投给男性而不是女性的体育运动。

第二种反对社会性别平等政策的表现超越了被动的不执行和不资助等具体

行为，而是上升到了公然对这些政策表示敌意，并试图将这些政策连根拔除。以下几个章节，尤其是第四十四章和第四十八章，介绍了多个有此意图和举动的个人和团体。挑起法庭诉讼一直是那些反对平权行动者的惯用策略，而通过游说或选民倡议来改变州和联邦法律的做法近年来呈上升态势。

第三种也是最新的一种反对社会性别平等政策的做法就是声称人们已经不再需要这些政策。虽然涉及种族民族问题时，这种说法很难站住脚，但这种说法已经在围绕社会性别和高等教育展开的论辩中得到了越来越多的支持。为了支持这一说法，支持者指出：女性的入学率和毕业率已经超过男性；女学生和女教师进入了以前男性主导的领域；女性教师的级别有了大幅提高；较低管理层面上呈现女性化趋势；较高级别的教师和行政岗位上男女之间的差距正在缩小。虽然女性平权行动所取得的成功深刻而广泛，但第六部分的所有章节和其他部分的大部分章节明确指出，一些阻碍女性进步的障碍依然存在，这些障碍都不太可能通过个人的努力独自克服。我们继续需要强调女性权利的政策，说这些政策已经过时还为时过早。

不仅法律和组织章程规定负责执行政策任务的官员应当承担起继续贯彻平等及女性权利政策的责任，同时每一个相信这些目标并明白它们还没有被实现的个人都应当承担起贯彻这些政策的责任。众所周知，制定实施社会性别相关高等教育政策的主要动力来自于妇女解放运动（我们现在称之为第二波女权主义浪潮）的参与者。但人们还没有广泛认识到，在高等教育机构内部，往往是第四十九章所描述的女性委员会或类似于女性委员会的组织，呼吁、游说高校管理层成立委员会，并且践行他们代表女性所提出的建议。这些建议包括提高女性教师的工资、雇用更多的女性教师、工作人员获得家庭病假和家庭休假，并建立妇女中心的妇女研究项目。在许多学校，女学生和校友也给管理人员施压，促使管理者批准更适合女性的课程和课外活动，承认教师对女性教育的贡献，营造更安全的校园环境。这些努力和他们获得的许多成功让人们注意到：社会性别和教育政策不仅是官方制定然后由管理者自上而下执行的，同时也是政策倡议并且大家通过各种努力让这些学术领域的底层人物提出的政策倡议予以采纳的过程。

今天的许多校园里正在进行着一个重大的政策斗争，那就是为教师特别是女教师争取她们所需要的支持，如在生育和收养、抚养孩子和更广义上的工作-家庭冲突方面所需的支持。这些冲突让人崩溃，这在第五部分已做了讨论，尤其是第四十二章。第五十章（“工作-家庭冲突和政策”）会更加着重从政策的角度来看待这些矛盾。在描述了工作-家庭冲突的性质和来源后，第五十章介绍了一些已提出的（一些学校已制定的）减少工作-家庭冲突的政策。

事实上，很多学校把家庭友好政策放在政策议程的首位更具讽刺意味。尽管学校采取了一些措施力图使这些政策变得中性化——这些措施包括倡导家庭休假而非母亲休假，不论性别或婚姻状况对主要负责照顾孩子的一方暂停终身教职任期，甚至有时把妊娠与其他疾病一样对待——但大家几乎都认为这些政策的主要目的是为了使女性受益。女性必须独自经受孕期的痛苦，承担了照顾婴幼儿、儿童、患病的配偶和年迈的父母的主要责任。因此，女性最需要也最有可能利用家庭友好政策，并从中获益最多。因此采纳、落实、资助这些政策的斗争就演变成了一个呼吁重视女性作为母亲和家庭主妇的角色以及女性与男性不同的斗争。这是构建女性角色的另一种方式，有别于重视社会性别同一性和男女平等的自由女性主义核心思想，而自由女性主义正是本书中讨论的官方作出的多数关于社会性别和教育政策的理论基础。

我们开始看到越来越多的依据多元理论视角的政策分析和举措，这些政策和举措，比如家庭友好政策，更多的是基于差异性和多样性而不是同一性，更多的基于激进的、后结构主义的、马克思主义的和女权主义的复制理论而不是古典的或自由主义女权主义。例如，第四十五章批评了绩效评估系统，因为它们忽视了结构性弱势，假设全体教工在同一起跑线上竞争。

第四十九章表明，大学的女性委员会——虽然其本意是对女性表示最大的善意——经常使用话语把所有大学中的女性构建成男性主导领域中脆弱的圈外人。第四十五章和第四十九章呼吁改进决策过程，但要美国人在同一性和“客观”结果的框架外考虑公平和公正不是一件容易的事。正如第二部分和第四部分中关于军事院校和ROTC的章节所揭示的，要让美国人承认把男女体能训练的标准建立在男女同等表现的基础上是公平的比较容易，而要让美国人承认把体能训练标准建立在男女同等努力的基础上是公平的则比较难。

但是，值得怀疑的是，高等教育（或其他地方）社会性别公正和公平的目标可以达成的条件是：政策旨在实现它们认识到男女之间的某些基本差异，特别是生殖性方面的差异。激进的女权主义者一直认为，怀孕不应该被看做是一种疾病或类似的男性经历。母性也不应被视作与父性一样。有些与生殖相关的差异，比如怀孕，是生物性的差异，但其他一些差异，如把照顾幼儿的责任分配给女性而非男性，则深深植根于文化和历史传统。在这两种情况下，忽视这些差异的社会性别平等政策都不可能成功。只有当根深蒂固的差异被认识到并相应地制定政策，怀孕、育儿的学生才能享有与男子和其他女性平等的机会并继续完成她们的教育。第五十章明确指出，只有当她们的雇主采纳、资助、实施这样的政策，怀孕和育儿的教师和管理人员才能与男性和没有孩子的女性一样得到公允的评价。

想要使女性有充足的机会能够最大限度地享受高等教育的过程和成果，必须采取不仅考虑母亲职责、还考虑社会性别多重性和交叉性的政策。第四十九章指出，大学女性委员会往往基于理想的专业能力和领导力发展来撰写报告和提出政策建议，但这些专业能力和领导力可能只适合某些教授和管理者，从而使大学的其他女性觉得她们取得的成绩根本不值一提而感到这些报告和政策与己无关。这是对在20世纪60年代已经出现了的自由主义女性主义的精英主义倾向的批评，这一批评提请大家注意，在制定政策时需要考虑大学女性之间的差异以及大学男性之间的差异。第四部分讨论的针对LGBTQQI学生、教师和工作人员的政策和项目是往这个方向努力的重要措施，贯穿全书所有章节的对种族、民族和社会阶层的重视同样也是往这个方向努力的重要措施。

高等教育中社会性别相关政策的倡议者和制定者还需要考虑本书确定的高等教育中女性和男性的文化、结构位置的诸多不同。这些结构位置，如不同类型的大学、学术部门、课外组织、教师队伍和管理水平，给他们带来不同的权利、责任和权力。多年以来，大多数关注高等教育和社会性别的政策都主要集中在使女性提升到更权威的位置，这是一个把结构看成是理所当然的战略。毫不奇怪，从这些政策中受益最多的女性往往是受了最好的教育、学历层次最高的白人女性。也许现在是时候实施更多的政策，帮助目前最弱势的女性和男性降低他们所面临的权力差异或创建新的权力职位，从而改变现有的结构。

第四十四章　平权运动

朱迪思·格莱泽-雷莫

平权运动作为公共政策最初是一项联邦反歧视措施，以消除在少数族裔雇佣和就业上的偏见；社会性别歧视并不包含在其中。在 20 世纪 60 年代民权运动的高潮时期，政治领导人响应了社会政策活动家的呼吁，出台了会给少数族裔带来显著变化的法规、行政命令和其他法律。妇女权利活动家认为，这些变化是提出立法要求的机会，从而取缔歧视性政策，促进女性进入职场。在本章中，联邦法律和总统行政命令的简要历史摘要提供了一些背景，让大家了解平权行动作为公共政策的起源和发展。然后，我将集中介绍界定了高等教育招生中平权行动的意义的两项最高法院的判决——巴基案裁决和格鲁特尔案裁决，以及四项全州选民举措，这些举措正在重新定义这一政策对妇女和少数族裔的影响。最后，我会评估平权行动的成果，并指出在 21 世纪的第二个十年这一政策的支持者所面临的新旧挑战。

历史摘要

1961 年 3 月 6 日约翰·F.肯尼迪总统颁布了第 10925 号行政命令，创立了平等就业机会委员会；这个命令强制要求联邦政府资助项目的承包商“采取平权行动，以确保招聘和就业没有种族偏见”(Brunner，2008)。肯尼迪还于 1963 年签署了同酬法案，制定了全国第一个联邦法律，禁止“在同一机构内，对在需要基本相等的技能、努力和类似工作条件下工作的男性和女性实施基于性别的工资歧视”。他的继任者林登·约翰逊总统监督了 1964 年历史民权法案的制定，编纂了 1954

年最高法院关于托皮卡的布朗诉托皮卡教育局案(347 美国 483,1954)的裁决,废除了种族隔离制度。民权法案的两个部分对女性具有特别重要的意义:第六章重申平等的就业机会,并保证在接受联邦援助的任何计划或活动中,禁止种族或族裔歧视;第七条禁止基于种族、性别、宗教、肤色或民族起源的就业歧视,同时也创造了平等就业机会委员会(EEOC),负责解释和执行第七条。(平等就业机会委员会现在也负责《同工同酬法案》《就业法案中的年龄歧视》,以及《美国残疾人法案》等法律的执行)

次年,约翰逊总统发布另一个历史性文件:11246 号行政令,要求政府承包商在雇用少数族裔时"采取平权行动",并建立联邦合同合规项目办公室,以确保签署联邦合同的雇主遵守非歧视和平权行动的法律、法规。两年后,在妇女组织的压力下,约翰逊签署 11375 号行政命令,在工作场所妇女和少数族裔用工的平权行动法规中增加"性别"的相关内容。为寻求妇女和非裔美国选民的支持,1971 年尼克松总统指示劳工部发布修订的第 4 号令,要求联邦承包商根据机构分析显示的少数族群和妇女用工率低的情况制定平权行动计划,并采取善意目标(而不是配额)和制定时间表等方式以纠正任何缺陷。

20 世纪 70 年代是女性在高等教育领域取得突破的一个转折点。1972 年,综合性高等教育立法把第七章的平权行动扩大到覆盖所有的全职教师和专业工作人员,"把对平权行动方案的调查权和监督权指派给 EEOC,包括对妇女和少数族裔的善意用工情况",并把同工同酬法案延伸到专业和行政人员,要求各高校对校园内妇女和少数民族的用工情况作出统计分析,并采用确立目标和制订时间表等方式以实现公平招聘、晋升和计算薪酬。1972 年 10 月,政府向 2500 所签署了联邦合同的高校下达指令,强调了高校需要诚恳地切实履行合同约定。

也许对于女性,最重要的法律规定是 1972 年的教育修正案及其相关立法,特别是其第九条法案明文规定在中小学和大学教育阶段女性获得法律保护。修正案简明扼要地指出:"在美国,没有人会因为性别而在受联邦资助的任何教育计划或活动中被拒绝参与、剥夺受益,或遭受歧视。"第九条法案增加了一个平权行动的规定:"在无法证明教育项目或活动存在性别歧视的情况下,受歧视者可以采取平权行动,来克服导致特定性别有限参与的条件的影响。"

妇女权利活动家还对1991年乔治·H.W.布什总统签署的民权法案感兴趣。此法案坚持平权行动是“故意就业歧视”和“职场中的非法骚扰”的补救措施，把损失赔偿的权限范围从种族或国籍扩大到了包括性别和残疾在内，并允许强制对违规机构进行惩罚性赔偿。此法案的第二条创立了玻璃天花板委员会，以调查妇女和少数族裔在职场的发展是否存在人为障碍，并就消除这些人为障碍提出建议。该委员会发布了调查结果，并对全国最大几家公司的用工行为作出报告，从而促使这些公司作出反思，但没有多少证据表明这种做法带来了实质性的改变。

平权行动法律和法规的实施一直是一个渐进的过程：平权行动人员任命，成立妇女委员会（有关详细信息，请参阅 Glazer-Raymor，1999，第168—188页；2008年，第26—29页），发出集体诉讼。1982年平等权利修正案（ERA）未能进入美国宪法是女性主义者面临的一个主要的转折点。当时美国国会已经批准，并于1972年送交各州批准，但最后因为三州之差未能获得三分之二多数的州通过而以失败告终。继ERA的失败之后，草根运动开始淡出历史舞台，女学者把注意力转移到培养自己学科的女性主义学者和妇女研究项目与社会性别研究项目的发展上。

纵观20世纪80年代和90年代，政治风向转到了其他的社会政策问题上。罗纳德·里根政府（1981年至1988年）和乔治·H.W.布什政府（1989年至1992年）执政期间，保守派当上了联邦法院法官，反平权行动的政治运动日渐抬头。美国政府的智囊团，如美国传统基金会和个人权利中心（CIR）成立联盟并发行白皮书，声讨平权行动。其制定的两套策略包括：(1)对久负盛名的旗舰州立大学的招生政策提出法律诉讼；(2)在全州范围内发起选民倡议，要求从宪法上禁止各州公共机构和教育机构内的平权行动。

法院和平权行动

自从平权行动作为获取公平就业的指导原则以来，司法判决在重新定义和扩展其含义为公共政策的过程中起到了核心作用。虽然法院在决议过程中往往会屈服于教育机构，但最高法院的一系列裁决在建立平权行动政策的参数（或者时间表）时被作为重要的指标。在本节中，我将回顾对高等教育政策制定者产生重大影响的部分最高法院裁决，这些裁决保留了平权行动在宪法上的合法地位，但缩小了其可行性的标准。

巴基判决

1978 年，最高法院同意审理巴基诉美国加州大学董事会逆向歧视案(438 美 265，1978)。此案原告为白人男性工程师艾伦・巴基，他被加州大学戴维斯分校的医学院两次拒绝录取，而少数族裔考生得分较低却仍被录取。巴基声称，他遭到了种族歧视，宪法第十四修正案和 1964 年民权法案第六条的平等保护条款指出，接受联邦资助的项目不得有种族歧视。最高法院给出了六个独立的意见，而在种族划分方案的合宪性问题上意见分裂成 5 比 4，表明大家对这一问题并没有形成统一认识。法官刘易斯・鲍威尔投下了决定性的一票，而他的意见成了未来 25 年高等教育招生政策的试金石。鲍威尔反对招生中的固定配额，他说："在这样的招生计划中，除了个人才能、独特的工作或服务经验、领导潜力、成熟度、表现出来的热情、克服困难的经历，与穷人沟通的能力，或其他重要条件之外，种族或民族可能被视为个人申请文件中的加分因素。"在接下来的 25 年里，多样性理念成为高校修正招生政策、扩大少数族裔学生招生的模板，在一定程度上确立了其在无种族隔离史各州的强大效应。

克罗森和阿达兰德判决

最高法院认定的两项平权行动：里士满诉 J.A.克罗森有限公司案(488 美国 469，1989)和阿达兰德建筑公司诉佩纳案(515 美国 200，1995)强调了这一发展的不平衡。最高法院认为，由国家或地方的政府机构(克罗森案)和联邦机构(阿达兰德案)规定的所有种族划分必须坚持"严格审查"——即最高法院平等保护审查的最高标准。严格审查意味着平权行动方案现在就必须"细化，以满足令人信服的政府利益"，而且严格审查的原则将适用于各级政府，"无论是第十四修正案适用于州和地方政府，还是第五修正案的正当程序条款适用于联邦政府(Ancheta，2008 年 b，第 31 页)"。公共政策的脱节和性别划分(相对于种族划分)不是这个判决的一部分，根据法律规定，它将继续受到中间审查。

VMI 判决

美国弗吉尼亚军事学院(VMI)诉弗吉尼亚州一案中(518 美国 515,1996),最高法院裁决推翻了该学院只招男生的政策,就是这方面的证据。大法官露丝·巴德·金斯伯格在她的判决意见中,对现行的被"严格审查"的种族歧视案件使用了一个类比:她指出,VMI 裁决"提高了性别歧视的障碍,把性别标准从'中间审查'提高到了'高级中间的审查'"。"该 VMI 裁决在比尔·克林顿总统执政期间流传下来,克林顿总统在平权行动政策上承担了中间派立场。可以说明他中间派立场的是,在 1995 年 7 月,继阿达兰德的 5—4 判决后,克林顿发了一份备忘录,要求取消那些"(1)产生配额的任何平权行动计划;(2)产生对不合格个人有所偏好的任何平权行动计划;(3)造成逆向歧视的任何平权行动计划;或(4)即使平等机会的目的已经达到了却仍然继续的任何平权行动计划"(Brunner,2008,第 3 页)。

霍普伍德判决

同样是在 1995 年,谢里尔·霍普伍德和其他三名白人申请人被拒绝入学,因而质疑得克萨斯法学院的平权行动计划,声称合格的少数族裔学生只有少数被接受。1996 年 3 月 18 日,在霍普伍德诉得克萨斯州一案中(78 F.3d932,第五巡回法院,1996),第五巡回法院(得克萨斯州,路易斯安那州和密西西比州)终止了法学院的招生政策,并指出"教育的多样性并不符合国家的重大利益"。在这种情况下,最高法院拒绝听取移审令状,在 1997 年,种族中立的标准在得克萨斯州的州立大学开始生效,得克萨斯州创建了"前十分之一计划",按此计划,任何得克萨斯州高中毕业生只要在其高中班级位居前十分之一,就可以被任何大学录取(LaNoue & Marcus,2008,第 19 页)。2000 年,作为州长的"一个佛罗里达"计划的一部分,佛罗里达州也出台了高校招生的百分比计划,提出了结束该州平权行动的目标(Brunner,2008 年)。

格鲁特尔判决

2000 年—2001 年间,CIR 质疑种族表述的使用违反了第十四修正案和 1964

年民权法案的第六条。格拉茨诉博林杰案(539 美国 244,2003)质疑了密歇根大学本科招生政策的合法性,格鲁特尔诉博林杰案(539 美国 306,2003)则质疑了其法学院的录取政策。正如霍普伍德案中一样,两名白人妇女,珍妮弗·格拉茨和芭芭拉·格鲁特尔被选定为主原告。在同意审理这些案件时,最高法院在时隔 25 年后再次访问了巴基。2003 年,最高法院审理了这两个案件,分别作出了两个判决,后来被统称为格鲁特尔判决。投票结果是 5 比 4,仅以微弱优势坚持密歇根大学法学院的平权行动方案,指出"法学院实现多元化学生群体的意愿令人信服,并且以此作为其使命的核心"。在她的判决意见中,大法官桑德拉·戴·奥康纳重申了克罗森和阿达兰德案带来的启示,即政府的所有种族划分必须细化,以推进紧迫性的政府利益行为。在格拉茨一案中,法院以 6 比 3 驳回密歇根州录取少数族裔学生时加分的本科录取政策,因为这在大多数人看来违反了平等保护条款。

大法官奥康纳承认收到的来自企业、工会、专业协会以及军事和学术带头人的支持密歇根大学的全第三方意见书具有非常重要的意义,她声称"在平等保护条款下审查以种族为基础的政府行动时,背景很重要"。在高等教育的背景下,奥康纳对所有强调种族意识的招生计划使用"日落条款"和"终止点"这样的表述。奥康纳说,她期望"从现在起的 25 年之后,将不必再利用种族偏好"以实现多元化的学生群体。虽然巴基案已经过去 25 年,但对类似的问题一直争论不休,奥康纳法官的这一评论在教育机构内引起了深思。

格鲁特尔案判决最后推翻了霍普伍德案判决,导致平权行动在得克萨斯大学得以恢复。自 1970 以来,白人女性在高等教育取得了显著进展,部分原因就是制定了关于平权行动的法律和法规。然而,诉讼当事人在陈述诉讼的时候,很少提及社会性别,而倾向于使用色盲、性别中立、个人权利等修辞用语。法律诉讼提高了实践平权行动规定和多样性理念的风险;在这种具有争议的环境中,女性的声音因为要优先照顾竞争身份和利益集团而被无视了。

州选民倡议策略

正如在联邦法院CIR争论霍普伍德案一样，加利福尼亚州的领导层发起了反对平权行动政策的另一条攻击线。在1995年7月，发生"政治和经济冲突"的一年后，美国加州大学(UC)董事会批准了两项决议：SP－1决议在大学录取中取消种族和性别偏好(14比10批准)，SP－2决议在就业和承包中同样取消种族和性别偏好(15比10批准)(Pusser，2004，第1页)。这些决议预示着著名的研究型大学加州大学在招生、就业、承包等方面不再支持平权行动，有着"极其深远的影响，因为加州大学董事会是巴基案的被告，并编纂了高等教育中的平权行动政策"(Pusser，第1页)。

加州的209号提案

两位董事，州长皮特·威尔逊和非裔美国人业务主管沃德·康纳利，无论是在加州大学董事会投票方面，还是在为通过209号提案(禁止在加利福尼亚州所有公共机构中实施平权行动的选民倡议)而进行的运动中都领导着一个强大的联盟。这个提案宣布："在公共就业、公共教育或公共承包经营中，国家不得因为种族、性别、肤色、种族或民族出身对任何个人或团体产生歧视，或给予优惠。"阻止其通过成为宪法修正案的尝试没有成功，不过让提案生效推迟了一年，最终209号提案在1997年11月生效。

华盛顿州倡议Ⅰ－200

1998年，华盛顿州也成功策划了一次投票倡议——Ⅰ－200，要求取缔平权行动的法律地位，而仅作为宪法修正案存在。随着来自共和党保守派盟友的支持，加利福尼亚州209号提案运动的领导者沃德·康纳利组织了美国民权联盟——一个致力于让各州逐一终止平权行动的敌对利益集团。有感于高校校长曾经作出招生多样性的公开承诺，这些选民倡议旨在对此作出干预。他们威胁要利用女性和少数族裔问题制造分裂，例如，他们故意选择白人工薪阶层的女性在得克萨斯州和(随后)在密歇根州成为法庭案件的主角原告,有针对性地把她们的学历与那些少数族裔男性和女性对比,就是这一策略的应用(Glazer-Raymo,2008)。

密歇根州的 2 号提案

格鲁特尔案判决出来后,败诉一方立马作出快速回应。由于未能实现取消联邦政府平权行动合法性的司法判决这一目标,沃德·康纳利和其领导的美国民权联盟誓言要沿用州选民倡议的策略,并让格拉茨诉博林杰案中的原告珍妮弗·格拉茨当运动的联合主席。他们故意选择密歇根州实现这一目的。密歇根州民权倡议机构(MCRI)正在想方设法让 2 号提案通过。2 号提案是一项宪法修正案,其内容为取消该州公共机构的平权行动。该提案要求选民禁止公共机构和机构(包括密歇根州的公立学院和大学、社区学院和学区)使用平权行动方案。这些平权行动方案规定,"在公共就业、公共教育或公共承包经营中,国家不得因为种族、性别、肤色、种族或民族出身对任何个人或团体产生歧视,或给予优惠"(West-Faulcon,2009,第 1132 页,n45)。选民以 58%比 42%的大幅优势批准了这项提案——不仅让反平权行动的运动势头日涨,而且还可能吸引到资源用来支持其他州的投票倡议。与此同时,支持平权行动、融合和移民权利的联盟质疑 MCRI 的合宪性,因为 MCRI 违反了平等保护条款和联邦法规,特别是 1964 年民权法案的第六条和 1972 年的教育修正案第九条。然而,因为 MCRI 出台了一个免责声明,声称"它并不禁止那些为了确立或维系获得联邦项目所需资格而必须采取的行动,如果不具备资格会导致联邦减少对州拨款",地方法院判决"它巧妙地避免了冲突并以有利于联邦法律的方式一次性解决了冲突"[保卫平权行动联盟诉密歇根大学董事会案,539F .Supp.2d924(E.D.Mich.2008)]。事实上,每个州反平权行动的法律都包含一项条款,即"选择,应在联邦法律和美国宪法允许的'最大限度'上进行选择"(West-Faulcon,2009,第 1132 页,n48)。

超级星期二策略

在 MCRI 投票赢得声势后,康纳利和其追随者发起了在另外五个州进行投票倡议的请愿活动,这五个州包括:亚利桑那州、科罗拉多州、密苏里州、内布拉斯加州和俄克拉何马州。该策略作为一种争取保守派投票的手段，旨在把这一问题上升成为国家关注的焦点，因为其针对的是 2008 年 11 月的总统选举，其支持者称之为“超级星期二”。公民权利和政治性组织发誓反对这一战略，进一步揭示了这一论点的党派性质。

科罗拉多州的选民以 51%比 49%的微弱优势否决了第 46 条修正案。在白人选民占 91%的内布拉斯加州，424 号倡议以 58%比 42%获得通过，修正国家宪法以“取消种族和性别偏好”，在“就业、公共教育、公共承包中禁止基于种族或性别的配额和贴补计划”。但是，因为有反对人士指出，认定亚利桑那州、密苏里州和俄克拉何马州的请愿具备资格这一做法不合常规，导致这些倡议的支持者们无法参加所在州的投票。内布拉斯加州的官员预测，奖学金和其他财政援助计划或结构化推广方案可能会受到影响，因为它们启动了对现有方案和做法的评价。

对于女性来说，选票倡议的影响更为微妙：宪法或法律禁止平权行动的州政府机构不再觉得有必要提出平权行动计划；监督平等准则；提供奖励以鼓励部门、学校和学院招收女教师及专业工作人员；考虑在授予合同时考虑社会性别、种族或民族等背景。在加利福尼亚州，法规不断被修订或废除来取消对种族或性别的偏好，包括“大学预科拓展和准备方案、奖学金和助学金，以及专业培训计划”(Kaufmann，2007，第 5 页)。此外，美国加州跟随得克萨斯州和佛罗里达州的步伐，制定了“百分比计划”，要求“那些在高中毕业班排名达到特定百分比的学生进入州立大学就读”(第 7 页)。

评估平权行动的状态

平权运动始于 20 世纪 60 年代，而其发展一直受到支持阵营和反对阵营的密切关注。一些利益集团主张其合宪性。毫无疑问，它对于提高妇女和少数族裔在不同机构多个层面上的地位起了巨大的作用。法庭上继续在辩论着平权行动是否已经失去其原有的目的，并衍生出判例法作为未来判决的依据。依据格鲁特尔案的判决结果，再过 25 年就能在高等教育机构中实现平权行动，这意味着到 2028 年，坚持这样的政策可能会变得没有实际意义。

然而现实情况是，较保守的最高法院对最近诉案的裁决表明其无意倾向支持考虑种族（更含蓄地表明考虑性别和民族）。随着奥康纳的退休，法院的保守论调在 2007 年 6 月的联合裁决中显得很明显，在社区学院家长诉西雅图第一学区案（511 美国 701，2007）和梅雷迪思诉杰斐逊县委员会案中，这一裁决反对在自愿的学区一体化政策中考虑种族因素。首席大法官约翰·罗伯茨表示，多数对 5 比 4 判决的意见为：这两项计划未能达到“严格审查——法院在平等保护条款下用来评价政策的最严格的标准的审查”。平等保护条款要求对种族划分政策进行细化，以实现政府利益（Ancheta，2008a，第 301 页）。

政治层面

随着 2008 年 11 月在科罗拉多州的微弱劣势失利以及在其他三个州其支持者无法进行公投，选民州倡议策略势头有所削减。由于加利福尼亚州被认为是一个起领头羊作用的州，209 号提案的影响被记录在案，这些记录包括对旗舰机构招生以及在教师聘用和承包奖项方面的统计数据报告。在关于国家反平权行动的法律如何违反了 1964 年的民权法第六条的“不同影响”的规定的复审中，金伯利·韦斯特-福尔科（2009）提供了广泛的关于 209 号提案自其批准起的十年中的后果统计资料，其后果特别体现在少数族裔在美国加州的大学录取率出现下降。苏珊·考夫曼（2007）也报道了少数族裔在拓展方案中可获得的奖学金、助学金和赠款在减少，妇女和少数族裔获得招标合同的机会也在减少，“加州大学招聘的女性教师和有色人种教师数量在减少”（第 7 页）。其他禁止平权行动的州都有可能出现类似的逆转。

金伯利·克伦肖（2007）认为，密歇根州、加利福尼亚州和华盛顿州（现在大概还包括内布拉斯加州）“构成了新的后平权行动的先锋”，并指出“所有具有身份意识的政策构成了优惠待遇和歧视的形式”（第 1 页）。她的论点非常令人信服。她强调了一个事实，即“作为消除种族和性别意识的补救措施的 MCRI 运动，在它实际上代表的激进的干预方面，大部分已经被低估了”；与法官奥康纳提出的 25 年的论调相反，MCRI 运动已成功地终止了“由选民决定”的平权行动政策（第 3 页）。20 世纪 80 年代，对妇女权利的激烈反应导致了 ERA 的失败，之后，性别政策上平权行动的撤退一直在持续。另外三个州争取平权行动获准的多次尝试只在美国国会赢得了象征性的支持。人口普查局预测，到2050年，美国有色人种将占人口的50%以上。这些数据表明，我们需要做更多的工作，以抑制对平权行动支持的进一步侵蚀，而不是把平权行动仅仅作为“变化的调解人、一个校正者和障碍的去除者”(Crenshaw，2007，第8页)。

经济层面

越来越多的证据表明，2009年的经济衰退正在对公立和私立高等教育产生影响。预算冻结、捐助和收入减少等因素影响了政府对招生、就业和基建人口构成及收入多元化的承诺。学费成本不断走高，在一些私立大学，学费、住宿费和膳食的成本已超过每年5万美元。州预算削减也影响了公立学院和大学全职终身教授和专业岗位人员的聘用。学生贷款计划的不确定性和对失业、健康险、养老金福利计划削减的担忧使得大家关注的焦点从准入性和平等等问题转移到了经济生存的优胜劣汰上。多样性理由是否盛行仍有待确定，但是现在，女性被挑选出来为“新的社会性别差距”负责，即女性本科生和研究生的数量超过了男性本科生和研究生。2007年，全美共有1750万名学生接受高等教育，其中女性占本科生的57.2%，占研究生的59.8%(Glazer-Raymo，2008，第3页)。然而，同样令人不安的社会性别差距依然存在，那就是女性全职教师的任期率较低(只有47%，而男性的比例为70%)，跟女性在教师队伍中不断攀升的数量不成比例。通过评估1963年同工同酬法案的结果可以看出，女性的收入也比她们的男性同行少(根据妇女政策研究学会统计，女性和男性的收入比为77美分比1美元)。而在高等教育领域，在所有队伍和机构类型中，相比于女性教师，男性教师享受长期的5%到9%的工资优势(pp.8—9)。

社会政策层面

我们可以就机构等级制度中种族、社会性别、民族等因素如何与社会阶层相互作用作出有力的论断。关于平权行动的历史公共政策的数据显示，女性一直是一些规定的主要受益者。然而，历史记录告诉我们，情况非常错综复杂；学术权力结构仍然主要为白人和男性所把控；虽然越来越多的妇女被任命为高级职位，但在教师、行政、领导岗位上仍然存在社会性别和种族差异。作为美国第一位非裔总统，奥巴马已经表示了他对平权行动的支持；不过他也指出，他不希望自己两个年幼的女儿需要它的保护。自1978年的巴基案判决以来，多样性理念一直是平权行动的关键，虽然格鲁特尔案判决重申了高等教育中多样性的重要性，平权行动禁令却有相反的效果。实际情况可能是，如果没有平权行动，女性可能无法走上有一定地位的岗位，但仍然有大量的证据表明，要想根除其他阻碍女性登上职业发展——包括高等教育——顶峰的因素，第七条、第九条以及执行这些法律的规章制度给予妇女的保护是有必要的。

第四十五章　学术评估政策

桑德拉·哈丁

价值体现经常被视为学校内外招聘、任职、晋升和决策的客观依据。据说在美国高等教育的许多机构，价值体现也是确定教师个人薪金年度升幅的主要标准。有人认为，这是评价教师最公平的方式，因为它保证了最优秀和最聪明的教师将被晋升到机构的顶层，评估将不受赞成或反对特定个人或院系的某些群体评价者个人偏见的影响。因此，有人声称，立足于价值或绩效的评估体系作出重要人事决策，会有助于消除学校的社会性别不平等现象，比如女性和少数族裔一般只能从事较低层次的工作。

但是，要梳理清楚绩效的观念很麻烦，因为它是建立在新古典经济理论的角度上的，限制了个人对组织不平等的理解和应对。原则上，择优任命应该为女性在招聘、薪酬、晋升和决策方面提供更多的收益公平的结果，因为女性和其他少数族裔有机会被判定为同样优秀。然而，当整个群体存在结构性缺陷时，绩效原则的应用即便不是不可能的，也是困难的。如果我们从更加具有社会性的关于不平等的理论观点出发，就可以看出这种制度存在的缺陷，同时对所有玩家可以用同一绩效标准来判断的公平竞争环境是否真的存在发出质疑。

这些对新古典经济学理论框架的挑战提出了两种备选方案以替代目前高等教育中的绩效评价体系。最起码，绩效应该以更具包容性的方式来定义和测量，那样女性才有机会被判定为与她们的男性同行一样优秀。一个更为激进的反应是把“绩效”从我们的词汇中消除，寻求探讨高校环境中社会性别不平等的新途径。然而，可能发生的情况是，大学会把新古典经济理论的市场原则与绩效体系相结合，以确定谁能获得良好的评价。

新古典经济学和价值评价体系

新古典经济学源自亚当·史密斯(1776/1937)。根据这一理论,当市场和经济组织被允许自由和不受约束地进行竞争互动时,市场最具竞争力,企业组织运作最好。社会与个人相比,个人更为重要,我们可以称其为“原子化”的个人,他们会对某种特定产品或服务作出喜欢或不喜欢的独立选择。理论认为,个人作出选择时需要参考特定的标准,包括价格、质量、可获得性等,而那些能够令这些标准达到最佳组合的组织会“赢得”消费者的支持。要做到这一点,企业必须最大限度地提高效率;自由市场条件下效率最高的组织才能获胜。从这一理论视角来看,有些生产商获得的回报更高,这是完全合理的。

这个理论基于一系列简化的假设:比如信息完备、行动合理,以及能自由进入和退出市场。此外,它还依靠“看不见的手”来拨乱反正。这一理论的一个重要原则是,如果只凭借市场,市场自身的效率很高,也将会给社会带来最好的结果。

此外,这一理论观点结合个人主义和精英的概念来解释社会是如何运作的。根据这一角度,个人在市场上是理性、独立的,而且,就个人在社会中的位置而言,个人只有通过自己的才华和努力才能取得成功。这一世界观中,种族、民族、性别、社会阶层等因素与成功无关。相反,这个开放的社会制度假设,除了自身的优点,一个人在社会中的位置不受任何其他因素限制。最重要的是,任何人只要愿意并且能够足够努力就可以提高自己的社会等级。

从理论的角度来看,新古典经济学是乐观的,但也许过于乐观了。当然古典理论家亚当·史密斯预期在自由市场条件下会产生无穷无尽的财富。社会作为一个整体将受益于市场力量的自由流动带来的经济价值的螺旋式上升,这种市场力量的自由流动来源于市场需求得到满足,高效的业主变得更加富有,并与员工分享财富作为回报,从而形成更大的良性循环。这里有一个明确的判断,业主和工人的成功是建立在自己的价值体现基础上的,并依照各自的价值体现按比例得到回报。

新古典经济学已经成为大多数商学院倡导的主导范式,其多数主流学科都融入了新古典经济学的理念。总体而言,它也是西方的主导范式。但这并不意味着它是唯一的对经济和社会的解释,或者甚至是最好的解释,其他的解释也能令我们受到启发。

新古典经济学的替代理论

总体而言,这些不同理论是在应对新古典主义思想的过程中发展起来的。马克思是最早对史密斯的理论作出应对的。马克思在工业革命期间住在英国,他没有看到如史密斯乐观预测的财富的螺旋式上升。相反,他目睹了当时血汗工厂和“魔鬼工厂”中的恐怖和暴行。作为哲学家、革命家和社会科学家的马克思试图找出什么地方出了错:为什么史密斯的完全合理的理论没有导致集体富有和生活质量的普遍提高?

最后,马克思(1857—1858/1965,1867/1918)认为,生产系统本身以及自由市场或资本主义是问题的根源。因为只有一部分人享有所有权并控制生产资料,而其他人只有出卖自己的劳动,所以人们相互对抗。自由市场条件下,由于生产商试图成为行业里最有效率、反应最快的,所有者和管理者试图尽可能多地压榨职工,却给他们尽可能少的回报就是自然而然的。马克思认为,这不会长期起效,因为在这个系统中,工人不仅会成为不幸的人,而且他们再也买不起自己生产的产品;而如果没有大众消费市场,企业本身也就垮了。马克思认为,这是最终会导致该生产系统崩溃的资本主义的关键矛盾。此外,马克思认为,资本主义社会本质上是不平等的,原因就是资本家和劳动者这两个群体之间存在权力的差异。在他看来,当整个社会群体,尤其是劳动者开始处于劣势,精英也就不存在了。马克思认为,主张每个人都有平等的机会在社会体系中提高地位和积累财富简直是欺骗。

后来对商业、经济和社会的解释的理论发展都是对史密斯和马克思思想的回应。这些理论包括马克斯·韦伯和批判理论家的作品。尽管韦伯(1958a,1958b,1988)最有名的是他对正式组织,尤其是官僚主义的分析,以及他对为什么市场资本主义得到发展、何时何地得到发展的分析,但他也写了大量关于社会分层的文章，其中大部分与精英的概念相关。韦伯认为，社会是有等级划分的，人们居住在社会等级体系的不同位置取决于他们的经济地位（类似于马克思）、社会荣誉、社会地位和政治权力。向上层移动是可能的，但它不是一个简单的个人努力和辛勤工作的问题，大多数人基本停留在原处。社会体系中的位置主要取决于同组成员而非个人的努力。换句话说，决定人们在社会等级体系中位置的因素中，种族、民族、社会地位等和个人的价值体现同等重要。韦伯对职业群体特别感兴趣。他认为，职业群体不仅建立资本和财富关系（像马克思所言），而且还决定地位（声望）和权力。

韦伯有关精英概念论著的另一个主题是经济效率成为判定所有人类行为的主要标准。由于官僚主义——凭借其常规化的系统、文书和控制权力分层——在技术上是社会组织的最有效的形式，韦伯相信，它会取代所有其他形式。他预计，因为大官僚机构能够保障技术和经济效率，越来越多企业和教育将由这些大官僚机构运行。他很担心，一味地追求这个经济原则正在推动这一行动标准进入中心舞台。他最担心的是，最终，社会将只凭纯粹的经济合理性去判断社会行为和组织。事实上，他看到社会过于重视高效的经济标准以至于效率成为行为唯一的合法基础。在这些条件下，基于公平和正义的决策被认为是不理性的。韦伯的分析使他悲观地得出结论：人类被困在一个狭窄而扭曲的经济合理性的铁笼中，没有出路。

就像马克思和韦伯一样，所谓批判学派的理论家为社会组织的性质提供了重要见解。20 世纪 20 年代，学派的先行者们试图解释为什么尽管大部分西方世界生活在恶劣的条件下，工人却没有反抗去创造一个马克思曾乐观希望的新的社会。卢卡奇(1923/1971)认为，大多数人通过获取足够的食物和娱乐就能保持开心，而并不会寻求改变社会的基础。格拉姆斯西(1971)同样认为，人们已经接受了这样的观点：经济和社会本来就不平等并充满竞争，有些人比其他人富裕这是好的、正确的，他们比别人富裕只是他们的才华和艰苦工作带来的正当回报。根据这些理论，虽然整个群体在系统中处于不利地位，但即使处境再困难也没有人想去改变，因为这些人处在相同的位置，看不明白变化后的生活会怎样。格拉姆斯西称这种主宰我们的思想和行动、被视为理所当然的传统的想法为“文化霸权”。

批判学派的理论家,比如霍克海默和阿多诺(1947/1972)以及最近的哈贝曼斯(1984)研究起了文化霸权这个理念。特别是哈贝曼斯试图找出过度经济理性的世界观是如何受到挑战的,他的结论非常发人深省。哈贝曼斯认为,我们需要的是更多的理性,而不是更少。目前,我们只用经济学原理判断社会行动、解释组织性质和社会性别不平等。更具体地说,我们把经济效率作为判断社会行动的基础。对问题的答案,往往是经济效率越高越好。这是最重要的。但是,正如韦伯(1968)所说,有一些其他基础可以用来判断社会行动和社会组织恰切性的观念。这些其他的基础包括真理、真实和正确性(社会正义)。虽然哈贝曼斯(1984)认为社会需要更多的理性,但并非需要更多的狭窄的、扭曲的理性,后者只用目前西方思想中占主导地位的经济标准来判定行动。

虽然没有明确涉及价值评价体系,马克思、韦伯和批判学派的理论可以很容易地使人理解到,个人单靠个人的能力和行动(个人绩效表现)就能成为精英是不可能的,如果没有公平的竞争环境,也没有客观的支点。人们在社会经济层次中的位置有赖于他们的种族、民族、社会阶层、其他组成人员以及他们各自的价值。在这种情况下,判断“价值”是无稽之谈,因为不是所有的群体有平等的机会来体现自己的价值。在以某些所谓客观的择优标准为基础的决策制度中,非白人和穷人是处于劣势的。

女性主义理论

尽管马克思、韦伯和批判学派的理论家使得社会思想远离了强调竞争和个人价值的新古典经济学,但他们对社会分层和群体劣势的强调很少延伸至女性。从社会性别视角研究绩效制度的担子落到女性主义者的身上,但是在此过程中,有些人可能会比其他人更加抗拒绩效评估制度。

最有可能接受绩效评估制度以及其理论基础新古典主义经济理论的是自由主义女性主义者。自由主义女性主义者认为,女性在经济上落后于男性,是因为她们无法与男性一样享有同样的教育、培训和工作经验。而一旦阻碍她们前进的壁垒被拆除，一旦平等的机会结构被创建，男女就可以在公平竞争环境下竞争，因此有充分的理由相信，随着时间的推移，女性会变得像男性一样优秀并在经济上跟男性一样获得成功。为了支持他们的理论，自由主义女性主义者指出，在过去40年中，相对于男性，女性在教育程度、就业状况和工资方面都取得了进步。他们认为，如果女性还没有达到与男性同样的经济水平，解决的办法是通过个人的努力以增加她们的优势，具体手段包括：在学校学习更多的数学和科学课程，在大学选择工程等工作薪酬更高的专业，表现出更高的工作投入度，以及成为更加自信和有竞争力的人等等。

其他形式的女性主义理论则更容易抗拒绩效评估制度和其他个性化的解决方案来解决社会性别不平等问题。这些女性主义者并非把社会性别作为一个个体特征。相反，(他们认为)社会性别是我们社会的一个重要组织原则。对一些被称为马克思主义的女性主义者或社会主义女性主义者而言，在决定人们在组织和社会机构中的地位方面(有钱男人最高，贫困妇女最低)，社会性别和社会阶层同等重要或差不多同等重要。对其他被称为黑人女性主义者或多元文化女性主义者而言，在对地位作出判断时(白人最高，黑人或少数民族妇女最低)，社会性别和种族或民族一样重要。而对激进的女性主义者而言，社会性别是社会组织的最持久和最重要的基础，性别层次，比如父权，是建立在男尊女卑的基础上的。

与自由主义女性主义相反，所有这些后来的女性主义都有一个共同的概念，就是男性和女性之间的差异不是个体特征的差异，如价值表现，而是基于男性拥有决定人们(包括不那么强大的男性，尤其是所有女性)如何被评价和对待的霸权而导致的类别差异。男女的竞争环境远远谈不上公平。男性霸权控制游戏，制订游戏规则和计分规则。他们定义什么是优秀，什么不是优秀；这些定义被用于维护他们自己的权力，他们也不会心甘情愿放弃这个权力。一个个体的学术女性，如果她能够获得被霸权男性认可的所有能证明优秀的证书和成就，可能就会发现自己被给予了很高的地位。但她也很可能被认为是个非典型，甚至是男性化的。如果越来越多的女性开始获得那些证明优秀的证书和成就，她们可能会发现，优秀标准已经发生了变化，她们的成就被淡化，她们的男性同事的成就则越来越受重视。

尽管自由主义女性主义者对绩效评估制度更加支持，但他们与其他女性主义者同样认为，女性在大学和其他组织最高级别层次上比例偏低并不是简单的选择问题。有观点认为，女性选择家庭或家庭/事业或职业生涯，就是在对她们的职业生涯轨迹作出主动决策。此观点认为，许多妇女选择家庭，许多成功男士选择职业生涯，往往是因为妻子承担了家庭领域里的主要责任并牺牲自己家庭领域外的目标以支持丈夫的选择。然而，女性主义者和其他理论的观点表明，在许多情况下，这样的“选择”是一种幻觉。社会结构和预期强化了整体群组在社会中的位置。在这种情况下，妇女仍然主要负责社会生育的角色，而这严重限制了女性可能会作出的选择。虽然个别女性可能有一些选择——尤其是那些位居高职、有能力支付育儿和家庭援助的女性，或没有家庭的女性，或伴侣愿意牺牲自己家庭领域外目标为她服务的女性，一般的社会预期意味着大多数女性的选择是被严格限制的。她们必须在家庭和工作任务之间进行协商，即使她们正在寻求新的衡量标准以反对所谓客观的基于价值判断的标准时，仍然必须承担起家庭事务的主要责任。

绩效评估制度的替代选项

在考虑符合现状的替代选项时，废除目前的绩效评估制度的困难往往会被低估。一个方法是从根本上重新定义“绩效”，甚至把它从我们的词汇中删除，那样招聘和晋升决策才可以以其他为基础。这种方法需要大学重新评估当前的招聘和晋升标准，重新审视要确定什么人能胜任现有职务和职级到底需要什么标准。这个想法就是要建立能力的标准。这就意味着要挑战一些假设，例如，在只需要证明有一定科研能力时，出版物最多的候选人往往获胜。此外，连续性服务可能并不如服务的质量重要。一旦确立了一群有能力的候选人，招聘、任期、薪酬、晋升和决策等就可以建立在其他适当的、与工作有关的标准之上了。解决特定群体代表性不足的问题可能就需要一个这样的标准。这里的核心思想不是说要任命没有能力承接特定角色的个人，而是要准确地确定角色，然后根据其他相关标准在有能力的候选人中进行筛选。

另一种方法是把这个过程发挥得淋漓尽致。例如,如果女性在某一领域人数不足,这种方法可能会导致在第一轮只邀请女性(Bacchi,1993)。这种方法构成了直接而毫无歉意的平权行动,即在所有可能时,确保中高层职位中女性和少数族裔适当的参与水平。这些方法算是重新定义了价值判断还是扫除了这一概念,可以进行公开讨论。无论被贴上什么标签,只要不再倡导跟经济理性的主导霸权挂钩的精英理念,这样的方法就是明智的。那种认为仅仅依据价值或个人绩效按比例就可以作出公正、客观的判断或分配回报的观点,说好听点是幼稚的想法,说难听点则是一种欺骗。

其他替代观点鼓励对社会组织和不平等持更加广阔的视野,因为这些社会组织和不平等允许那些旨在提供公平结果的策略的实施。相比之下,按照目前的概念和应用,新古典经济假设和不确定的绩效概念对改善女性和其他少数民族的地位起了反作用。最近几年,并没有看到有基于不同视角的评估政策被采用,看到的反而是评估政策更加依赖于新古典经济学关于个人价值和市场竞争重要性的理论观点。在全球范围内,特别是在美国,市场考虑相比以前更大程度地影响了学者的工资。那些在被认为是高需求领域的学者有可能比那些在人数众多领域的学者享有更高的工资,而要想在自己的大学获得大幅加薪,最有把握的方式是给出一个其他可比性大学的可观的薪资报价。同时还要看资金筹措能力,谁能给自己的学校带来大量的研究经费,就能要求并获得高工资。这样的市场考虑对绩效评估体系产生着影响,因为它们让人越来越多地基于经济考虑去定义绩效。教师的价值越来越多地由获得的资金和可以得到的工资来定义。虽然绩效评估制度的拥护者会辩驳说,并没有什么门槛阻止女性学者得到资助,但从历史记录来看,我们很容易发现大额资助和高额工资较大可能出现在那些以男性为主的学术领域。再次,有证据表明,新古典主义经济理论倡导的价值和市场价值与改善女性及其他少数民族地位的目标之间有冲突。

第四十六章　性骚扰政策和应对

米歇尔·帕卢迪

玛格丽特·米德曾指出,在教育机构需要一个新的禁忌,这个禁忌需要教师和管理人员在把关怀作为核心的积极的价值基础上作出新的规范。把性骚扰作为禁忌的需要在大学一直存在,学生和教职员工对性骚扰的高发报告就是证明。直击骚扰问题核心的教育系统的适当政策,不仅需要一个明确的对骚扰定义、对行为的政策声明以及制定强制执行这些政策的法律,还需要各级校园管理的努力和支持以及对个人持续的培训,不仅允许而且鼓励投诉。想要成功就必须采取行动,来防止和预后性骚扰,并对全校师生员工作出关于性骚扰法律和心理问题方面的培训。当既有政策又有实施程序时,不仅校园将在任何法律诉讼中更占据主动,从人与人之间的关系的角度来看也会发现合作和尊重的环境对整个校园都有好处。

定义和立法

性骚扰在法律上被定义为在下列三种情况下向对方作出不受欢迎的性挑逗、性要求,其他与性有关的言语或肢体行为:(1)明示或暗示凡顺从者即可获得个人在工作或学术上的地位;(2)员工顺从或拒绝性骚扰行为会影响到是否雇用该员工或对该员工的学术决定;(3)性骚扰行为的目的或结果不合理地干涉员工的工作或学习表现或产生胁迫、敌对或侵犯性的工作或学习环境。

正如这些标准所表明的,法律定义描述的性骚扰情况有两种类型:回报性性骚扰和敌意环境性骚扰。回报性性骚扰涉及拥有组织能力的个人明示或暗示把学术或雇佣决定与行为同个人对不受欢迎的性挑逗的反应联系起来。例子包括一名教授对顺从其性要求的学生承诺给予奖励(例如,承诺给予一个更好的成绩或研究生院和就业的推荐信)或威胁未能顺从其性要求的学生(如,威胁不给该学生应得的成绩)。而当教室里或者其他区域(比如,生物实验室)的工作人员或同伴制造出一种恐吓、攻击或敌对的气氛,使学生不可能或很难学习时,教授也不可能或很难工作,就会发生敌意环境性骚扰。

这种法律定义确定了一个行为可能构成性骚扰的条件,但一般不给出具体事例。对性骚扰的实证定义源自男性和女性对他们的性骚扰经历的描述。例子包括不受欢迎的性关注,其中包括言语和非言语方面未经请求的意见、手势或对身体接触的企图(例如,一个教授试图触摸或亲吻学生或反复邀请学生外出),还包括性胁迫,其中包括与求职相关或教育相关的威胁或顺从性要求带来的好处(如一个系主任承诺只有当某个教员在性方面合作才投票支持她的晋升,如果她拒绝其性要求则威胁不支持她的晋升)(Fitzgerald, Gelfand, & Drasgow,1995)。权力反向性骚扰包括下属对上司的性骚扰,例如一个男生在进行妇女研究过程中对女教授实施性骚扰(DeSouza & Fansler,2003)。

因为美国法院认为性骚扰是性歧视的一种形式,所以它被包含在反歧视立法中,如 1972 年教育修正案第九条规定:“任何美国人不能因为性别被排除参与任何教育计划或接受联邦资助的活动,不能因为性别被拒绝获益或受到歧视。”对于员工而言,性骚扰被 1964 年民权法案第七条涵盖。第七条明确禁止雇主因雇员或未来雇员个人的种族、肤色、宗教、性别或国籍等因素在“补偿条款、条件或就业特权”上予以歧视,或“对雇用或解雇任何个人不作出答复或予以拒绝”。

为了有效、公正地处理性骚扰投诉,教育机构有必要制定符合第九条和第七条规定的明确的反性骚扰政策。民权办公室(OCR)和平等就业机会委员会(EEOC)强调,教育机构完全有义务制定强有力的政策,训练学生和员工禁止性骚扰,对所有性骚扰投诉进行全面调查,并对违反了校园政策声明的个人进行适当的纪律处分。第九条包括机构中的员工和学生,这些机构拥有教育计划和得到联邦财政资助的活动。第七条则保护非联邦财政资助接受者免受性骚扰。

和工作场所一样,校园里应保持“合理的谨慎”,以确保学生和教职员工处于无性骚扰和无报复的环境。这种“合理的谨慎”来源于最高法院裁决的法拉格诉博卡·拉顿案(524 美国 775,1988),它至少包括以下内容:有效的反性骚扰政策的建立和传播;一个有效的调查程序;就性骚扰的总体情况和具体学校的政策、程序提供培训。

大学生与教授受到性骚扰的发生率

在对大学生的第一次大规模的研究中,菲茨杰拉德和她的同事(1988)在两个重点州立大学对大约 2000 名女性进行了调查。一半的女性受访者报告经历过某种形式的性骚扰行为。其中大多数女性报告收到过教师性别歧视性的意见。第二大性骚扰行为是引诱行为,包括被教师邀请喝饮料和擦背,在外地参加学术会议时教授不请自来出现在她们的酒店房间。

更近的研究有希尔和席尔瓦的一项调查,他们(2005)公布了受大学妇女教育基金会美国协会委托对全国 2036 名本科生(1096 名女生和 940 名男生)的调查结果。研究发现,大约三分之一的学生报告遭受过身体骚扰,其中包括被触摸,被一把抓住,或者被迫做一些性活动。他们(2005)还报道说,虽然方式不同,男性和女性有同样的可能遭遇性骚扰。例如,女性更可能报告经历过亵渎性的言语和手势,而男性则报告体验同性恋言辞。此外,希尔和席尔瓦发现,男性比女性更可能实施骚扰行为。

性骚扰的发生似乎在某些学生群体中比其他人要高。例如,研究生比本科生更多地报告遭遇骚扰。其他报告性骚扰经历高于平均水平的群体包括:有色族裔女性,尤其是那些具有“象征性”地位的有色族裔女性;教师数量相对较少的小学院或小的学术部门的学生;男生占比较高的领域如工程领域中的女生;经济困难,上学同时还兼职或全职工作的学生;同性恋女性,她们被骚扰可能是同性恋恐惧症的一种表现;身体或心理残疾的学生;在宿舍担任住宿助理的女生;曾受到过性侵犯的女性;经验不足、优柔寡断、缺乏自信,或者被社会孤立的女性,可能会显得更易被攻击,从而吸引那些恐吓或强迫她们接受剥削关系的人(Woods & Buchanan,2008)。

同伴性骚扰也是大学生中常见的。女大学生经历的同伴性骚扰的主要形式包括同学的猥亵或亵渎言语。大学男生对中国籍女生的同伴性骚扰是师生性骚扰的两倍(Tang, Yik, Cheung, Choi, & Au, 1996)。

此外,权力反向性骚扰在高校十分普遍,特别是男学生对女教授的性骚扰。格劳尔霍兹(1989)指出,她的研究中约48%的女教授报告遭受男生的权力反向性骚扰,包括性别歧视的评论以及性攻击。类似的调查结果中女教授已报告了在几所大学中遭受来自同事和上司的性骚扰。

菲茨杰拉德和奥默罗德(1993)和伊利耶斯、豪泽曼、施沃乔和斯蒂巴(2003)认为,有理由估计,每两个女性中就有一个在其学业或工作生活中的某些时间点会被骚扰。这个比例表明,性骚扰是所有性受害形式中最普遍的。这一估计已经被无数的实证调查研究所支持,实证调查研究利用各种方法收集了世界各地包括澳大利亚、巴西、中国、意大利、以色列、巴基斯坦、波多黎各、瑞典和土耳其的性骚扰发生数据(见DeSouza & Solberg在Paludi & Paludi的章节,2003)。

发生与报告

关于大学生和教师的研究表示,尽管事实上他们报告经历过符合性骚扰的法律定义的行为,但他们并没有给自己的经历贴上性骚扰的标签。个人对性骚扰的反应可分为两类:关注内部的策略和关注外部的策略(Fitzgerald, Gold, & Brock, 1990)。内部策略试图管理与个人经历的行为相关联的个人情感和认知。对于关注内部的策略已假定以下的分类系统:

- 超然:个人大事化小。
- 否认:个人否认性骚扰行为,并试图忘记它们。
- 重新加标签:个人重新评估情况,认为威胁较少,并为对方的行为提供借口。
- 虚幻的控制:个人试图对遭受骚扰负责。
- 忍耐:个体忍受性骚扰行为,因为她要么不相信别人会帮助她,要么害怕打击报复。

关注外部的策略重点放在骚扰情况本身，包括向负责调查性骚扰投诉的个人或组织报告。这些策略包括：

- 回避：个人试图通过远离骚扰人以避免受骚扰的情况。
- 断言/对峙：个人拒绝性要约或社会要约或与骚扰者口头交锋。
- 寻求救助制度：个人报告性骚扰事件并书面投诉。
- 社会支持：个人寻求他人支持以验证自己对性骚扰行为的看法。
- 绥靖：个人企图逃避骚扰而不对抗，并试图安抚骚扰。

整体上，内部策略是最常见的反应。大多数受害者并不告诉骚扰者必须停止。通常情况下，骚扰者比受害者在身体上和组织上更强大，有时骚扰者的意图也尚不清楚。第一次或前几次骚扰事件常常被受害者忽视，当他们遇到恶劣的环境性骚扰时尤其如此。研究还表明，性骚扰的受害者害怕面临报复（Fitzgerald, Gold, & Brock, 1990; Hill & Silva, 2005）。拥有强烈自尊和持有平等的社会性别角色态度的学生和教师比那些拥有较低自尊和保持传统的社会性别角色态度的学生和教师更可能报告性骚扰事件。

研究表明，更可能对女性或男性实施性骚扰的男性正是那些强调男性的社会和性别优势并对别人的观点麻木不仁的人。女性也可能对男性实施性骚扰。但是，这种行为的可能性小，因为女性相对缺乏正式的权力，社会化也使在性方面敢于表达的女性以此为耻。大多数男性经历的性骚扰来自其他男性。男性可能不愿透露这一信息，因为对同性恋的担忧在美国社会仍然普遍存在。此外，对女同性恋、男同性恋和双性恋学生以及教职员工的性骚扰很普遍。

性骚扰对大学生和教师的影响

对大学生和教师的研究已经表明了性骚扰对个人影响极大。研究表明，性骚扰会产生与职业相关的结果，以及心理和生理的结果。例如，女性学生和教师报告，自己对待工作学习的态度变得不再那么积极，对自己的职业目标满意度下降。此外，女学生和教师还报告，在她们的学术和工作生涯中出现无助感和无力感，强大的恐惧反应，且动力降低。一些个人也报告发生头痛、睡眠障碍、进食障碍和胃肠功能紊乱等常见的对性骚扰的生理反应(见 Lundberg-Love & Marmion 在 Paludi & Paludi 的章节,2003; Willness,Steel, & Lee,2007)。

反对性骚扰的政策和过程

虽然反对性骚扰法律和政策的存在并不能保证性骚扰会被报告,但还是有相当多的证据表明,如果学生就读的院校广泛传播和执行禁止性骚扰的政策,他们就不太可能经历教授/学生的性骚扰和同伴性骚扰。政策本身并不能防止性骚扰,但是在政策的基础之上才能建立一种预防策略。

根据民权办公室(OCR)和平等就业机会委员会(EEOC)的反馈,一个全面消除骚扰的方法就是制定、宣传良好的书面政策,明确禁止骚扰。这些政策应考虑到以重要的法律因素来决定非法骚扰是否发生,是否应针对特定校园的需求进行调整。在性骚扰文献中被认定为完成了 OCR 的 EEOC 建议的有效政策声明必须包括以下因素:关于政策目的的声明;对骚扰的法律定义;骚扰行为的例子;关于性骚扰的影响的声明;关于学校应对投诉的责任的声明;关于申诉程序的保密性声明;关于制裁的声明;禁止报复,并建立制裁报复的声明;关于虚假投诉的声明;确定负责审理投诉的人员,公布他们的背景、电话号码和办公地点。

实施了所有这些措施的校园足以建立一种程序,来满足学生和教师的需要,并能在必要时在法庭上接受最终测试。如果政策的设计符合它可能被测试的标准,对政策的法院测试可能不会发生,因为在失控之前,在需要负担法律责任之前,其预防和处理问题的能力已经达到了。

一旦政策到位,它必须清楚地被传达,并定期沟通。OCR 和 EEOC 建议高级管理人员每年在校园显著位置发布政策声明。此外,政策声明应在学生、教师和员工手册中发布。传达政策声明的责任必须成为学校执行政策的权威人士的职位描述的一部分。同时建议学生和员工也签署一份声明,说明他们已经拿到了政策的副本,并了解了自己的权利和义务(Paludi & Paludi,2003)。

研究还表明,调查性骚扰投诉的程序必须考虑到所涉及的受害过程中的心理问题。这些问题包括无力感和孤立的个人的感受,社交网络模式的改变,以及希望获得对他们的个人和职业发展的控制。研究表明,参与调查过程的经历可以跟性骚扰本身一样导致情绪和身体的紧张。因此,重要的是不仅要建立几个支持系统还要能帮助投诉人及犯罪嫌疑人的处理投诉程序的过程。为达到这一目的,辅导员也可与调查者一同工作。

虽然各高校会制定符合其独特需要的投诉程序,OCR 和 EEOC 已经确定了三个适用于性骚扰调查的指导原则。第一个原则是,学校有义务通过对性骚扰备案使校园环境不受性骚扰和报复的困扰。第二个原则是,个人应被告知学校不会忽视任何性骚扰的投诉。第三个原则是,对性骚扰投诉的调查及时完成。

除了这些原则,OCR 和 EEOC 还为建立有效的申诉程序提供了一些“实际考虑”。这些考虑采取提问的方式,要求相关人员在对申诉程序提出不满的文档中给予回答:程序有多少步骤?每个步骤的时限是多少?谁可以代表受害方提起投诉?听证会是否是程序中的一部分?管理者是否要在所有情况下审查调查者判决,或只有当有人对判决提出上诉时才审查?

培训和其他教育计划

学校必须采取合理的措施来预防和终止学生、教师、管理人员、员工遭受性骚扰,措施之一就是促进关于性骚扰意识的培训课程。培训项目不仅涉及详细了解个人的权利、责任以及法律和学校的政策有什么要求。培训还需要处理个人对权力的假设性和错误性观点,以及对培训本身的焦虑。除非个人能参与有效的由教练指导的干预方案,否则对于女性、男性、性、权力的思维定势就不会受到质疑(Paludi & Paludi,2003)。

此外,关于性骚扰的培训课程必须向所有个人提供关于性骚扰的权利和责任的一个清晰的认识。培训还必须使个人学会区分哪些行为是性骚扰行为,哪些不是。培训课程还需向个人提供关于反性骚扰政策和调查程序的信息。最后,培训计划的目标是帮助个人利用校园程序来解决投诉。

研究表明,培训提高了对性骚扰的感知和报告,使得个人对性骚扰事件更为敏感,特别在使用案例分析的情况下。培训还有助于通过倾听、援助技能和传达信心等手段帮助性骚扰对象，并普及关于性骚扰的知识和改变人们对性骚扰的态度(见 Paludi& Paludi，2003)。

为了补充性骚扰意识的培训计划，文献中还建议了额外的学习方案。其中包括在新生和员工培训材料中添加关于性骚扰的信息；促进"性骚扰防治宣传周"和包括讲座、指导视频的讨论和戏剧在内的调度方案；对性骚扰每年进行报告；鼓励教师在课堂讨论性骚扰；鼓励学生以防止性骚扰为目的成立组织。

打击性骚扰的干预措施应该让学生参与旨在改变校园氛围的政策的制定，以促进学生之间的良性互动，这将有助于促进包容性和增强学生的能力。干预措施也应该向教师、管理人员、家长和所有的校园工作人员以及学生发出一个明确的信息，那就是性骚扰将受到零容忍。只有当整个校园被告知这些，成功的变革才可能发生。

通过民权办公室补救

OCR 强制执行 1972 年教育修正条例的第九条法案。当调查表明发生了违反第九条法案中的性骚扰，OCR 会给学校一个机会自觉纠正问题。如果学校拒不改正，OCR 将发起执法行动。

OCR 寻求的对骚扰的补救措施包括纠正和预防措施以让骚扰停止并尽量减少其复发的机会。具体包括对骚扰实施者发出忠告和进行惩罚，培训学生和工作人员辨别骚扰行为，并在被骚扰时或目睹骚扰时知道该如何做。其他的纠正和预防措施包括心理或其他咨询；补偿教育，以弥补在任何时间因缺乏教育计划而导致的骚扰；如果受到骚扰，可以调整学生的成绩或让他们有机会在无需额外付费的情况下重修课程。如果投诉人因为骚扰被迫离开学术课程，学校应报销因此产生的费用，或给予该生重新注册的机会。

通过平等就业机会委员会实施的补救措施

平等就业机会委员会强制执行第七条法案，禁止就业中的性骚扰以及基于性别、种族、宗教、年龄、国籍、怀孕和残疾的其他形式的就业歧视。第七条法案还禁止对性骚扰投诉人实施报复或其他被禁止的就业歧视形式。完成了组织规定的性骚扰程序的员工可以在被允许独立去法院前与 EEOC 一起提出书面诉讼。对于根据第七条法案被提起诉讼的个人,平等就业机会委员会必须向提出投诉的员工发出一封“起诉权利”信。该员工可在 90 天内在联邦或州法院提起民事诉讼。适用于就业中的性骚扰的补救措施包括以结束性骚扰并尽量减少其复发为目的的纠正措施,恢复因为性骚扰而失去的或被拒绝的工作,以及补偿性和惩罚性赔偿。

在大学校园里对学生和教师实行“合理的谨慎”将确保所有的个人都可以充分发挥其潜力。性骚扰不应再成为校园里隐匿的社会性别平等问题。

第四十七章　学生的权利

约翰·韦斯利·洛厄里

提到美国高等教育中学生权利的话题，很重要的一点是必须认识到，就读于公立高等教育机构和私立高等教育机构的大学生的权利有着根本不同。正如最高法院在廷克诉缅因州独立社区学区案中所说(393 美国 503，1969)，“你不可能认为，无论是学生还是教师(公共机构)在校舍的大门口就卸下了他们的宪法权利”。然而，私立高等教育机构却没有向学生提供宪法保障的权利的法律义务。法院将转而要求私立机构提供对学生承诺的各种制度文件，包括学生手册中的权利。除了宪法权利，公共机构还被希望向学生提供制度文件中规定的额外的权利。法院把这些文件作为机构和学生之间合同关系的基础。高等教育中学生的权利的另一个来源是联邦政府的立法，它规定了所有的联邦财政援助受助机构必须履行的义务。

从大学不受约束的权力到对学生的正当程序

美国高等教育历史的头 300 年中，高校被假定为对自己的学生拥有基本上不受约束的权力。1913 年，肯塔基州最高法院正式明确指出了这一将继续当道的延续了 50 年的法学理论。在戈特诉贝雷亚一案中(156 肯塔基州 376)，法院裁定，“考虑到学生的身体和道德发展以及心理训练”，高校主管部门可作为学生的监护人，也就是可以代替父母。因此，法院指出，“我们难以想象，为了实现这一目标，学校会不为政府制定规则或条例，不像父母那样让他们的学生有所提高”。法院对高校可以建立的“违法或违反公共政策”之外的规则设置了一些限制的规定。

这一判决之后的大约50年中，每一次有人挑战机构的权威，法院就以机构对学生的管教方式在宪法看来是合适的而拒绝受理。在此期间，多数机构执行的规则严格限制学生的行为，并通常对女生比对男生限制更多。在此期间常见的学院生活规则包括对女学生的宵禁（虽然对男学生的宵禁较少）、禁止在公共场所吸烟，着装规范和限制开车。

学生权利历史的转折点发生在1961年美国上诉法院第五巡回法庭对狄克逊诉亚拉巴马州教育委员会一案（294 F.292d150）的判决。此案是由亚拉巴马州对一组亚拉巴马州立大学黑人蒙哥马利学院（现为亚拉巴马州立大学）的学生作出纪律处分的结果而引起的。六名学生状告亚拉巴马州教育委员会在他们参与民权抗议活动后开除他们。这些学生们在蒙哥马利县法院的地下室隔离午餐柜台，以及在州议会大厦的台阶上参加了示威游行。在600多名学生参加的州议会大厦示威的第二天，州长约翰·帕特森召集州教育委员会会议，29名学生被政府认定为是这些民权抗议活动的“主要领袖”而受到了纪律处分。学生没有出席听证会。事实上，学生们甚至没有被告知委员会正在开会。州教育委员会依据州长的一面之辞，投票驱逐了九名学生，并使其他学生面临缓刑指控。亚拉巴马州的教育委员会主席特伦霍姆博士在3月4日或3月5日以信件方式告知了学生们这个处罚。

曾为罗莎·帕克斯辩护的蒙哥马利律师弗雷德·格雷代表六个被开除的学生向联邦法院提起诉讼，控告亚拉巴马州教育委员会侵犯了他们的受宪法保护的权利。州地方法院裁定维持州的处理意见。随后在法律辩护协会和有色人种全国教育基金协会，包括瑟古德·马歇尔和杰克·格林伯格的支持下，学生向美国上诉法院第五巡回法庭提起上诉。上诉法院裁定，当州对个人采取行动，宪法要求要有适当的程序并要求在开除税收支持大学的学生之前要有通知以及学生要有参加听证会的机会。法院指出，“对在校大学生的管教中，不涉及对公众构成危险或者危及国家安全的，教育委员会至少应该实施公正的基本原则，通知学生被处罚，并使学生有机会自我辩护”。

对狄克逊案法院裁决的意义是很难估量的。尽管美国最高法院没有参与狄克逊案的听证，但最高法院之后把这一裁决认定为公立高等教育中学生纪律领域的一个里程碑。狄克逊案已经过去 40 多年了，法院的判决仍然是关于公立高等教育学生正当程序的基础声明。公立高等教育中学生的正当程序权利的核心是：被告知处罚的权利和参加听证对指控进行辩护的机会。更广泛地说，狄克逊案是联邦法院第一次把美国宪法应用到公立高等教育机构和学生的法律关系中来。这一判决是建立在宪法第十四修正案的正当程序条款之上的。

随后的几年里，许多法院强化并扩大了狄克逊案判决中申明的权利，尽管法律解释存在差异，法院一般都给予学生权利可以听取指控证据，呈交证人提出的口头的或者至少书面的证词。但是，不同的法院往往得出不同的结论。最引人注目的是学生纪律处分程序中律师的权利。在加布里洛维兹诉纽曼案中[582 F.2d 100(第一巡回法院，1978)]，上诉法院第一巡回法庭得出的结论是，因为学生面临着来自同一事实而导致的刑事指控，在纪律聆讯期间，他有权获得他的律师的建议。然而，美国上诉法院第七巡回法庭在奥斯蒂恩诉亨利案[13 F.3d221，223(第七巡回法院，1993)]中认为，获得咨询的权利有可能极为有限。

除了正当程序的具体要求，最高法院还要求机构避免违宪的模糊规则。在康纳利诉通用建筑公司一案中(269 美国。385，1926)，法院指出，规则必须明确、具体，以保证人们不会被迫猜测它们的含义，其应用也不会不同。因为最高法院并没有直接提出公立高等教育机构学生应享有的权利，对正当程序的具体要求不像其他宪法法律领域中的一样清楚，不同司法管辖区的要求也可能略有不同。

然而，认识到不是学生与学校之间所有的纠纷都要求同一水平的正当程序是很重要的。最高法院对学生因学术理由被开除所需要的程序和学生因行为原因被开除所需要的程序作出了明确的区分。在密苏里大学董事会诉霍罗威茨一案中(435 美国 78，1978)，最高法院裁定，学生因学习表现差面临休学或开除需要被告知“教师不满意他的学术表现而且教师的决定是谨慎和经过深思熟虑的”。

其他宪法权利

除了宪法第十四修正案的正当程序条款下的权利，美国公立大学的学生也被授予第一和第四修正案及宪法第十四修正案的平等保护条款的权利。虽然不要求私立机构向学生提供宪法权利,私立机构仍被希望能确保学生享受该机构的合同中所描述的权利。根据宪法第一修正案,公立大学的学生有言论自由、新闻自由、集会自由和结社自由的权利。

使这些权利得以确立的很多案件发生在20世纪60年代和70年代初的学生抗议时期。例如,在希利诉詹姆斯一案中(408 美国 169,1972),法院指出,州立大学一样受宪法第一修正案保护,第一修正案对大学校园的保护和对社会大众的保护一样被强制。在宪法第一修正案的基础上,法院已经对公开论坛中的言论自由给予了最大的保护。虽然机构不能对学生的表达内容进行限制,但可以对学生抗议的合理时间、方式、地点进行限制。再后来,法院判决大学禁止或惩罚含有种族主义倾向或侮辱性言论的政策是无效的。在20世纪80年代末90年代初,法院推翻了一些机构(包括密歇根州立大学、威斯康星州立大学和乔治·梅森大学)的"仇恨言论法典"。"仇恨言论法典"就是那些禁止含有种族主义倾向或侮辱性的言论(特别是针对女性和有色人种学生的种族主义倾向或侮辱性言论)的大学政策。在更近的案例中,这样的政策即使从来没有被执行,也被法院判为无效,因为这些政策只要存在就会对言论自由产生"寒蝉效应"。这种案例和最高法院的判罚先例一起清楚地表明公立机构在合法限制学生言论方面的能力是极为有限的。但机构能够依照宪法惩罚由偏见或缺乏宽容而引发的行为。

虽然第一修正案并不包括关于协会的明确的权利,最高法院指出,这是隐含在第一修正案的权利中的。在前面引用的希利诉詹姆斯案的判决中,最高法院裁定,中央康涅狄格州立大学因为校长不赞同民主社团学生分会的意见而拒绝承认该学生分会,违反了宪法第一修正案。不过,法院也确认了教育机构可以名正言顺地拒绝承认学生组织的三种行为:第一,该学生组织拒绝遵守合理的校园规则;第二,该学生组织干扰教学;第三,该学生组织从事非法活动或煽动不法行动。在随后的案件中,法院的判决被扩大到要求机构授予学生团体获得机构资金和预留校园办公用房的权利,即便该学生团体的观点与机构相反也必须这样做。在罗森伯格诉弗吉尼亚州立大学校长和董事会一案中(515 美国 819,1995),最高法院裁定作出对学生组织拨款决定的机构必须在决策过程中持有中立的观点。当威斯康星州立大学的学生指控利用强制收取的学生活动经费来支持他们不同意的学生组织违反了宪法第一修正案时，最高法院回到了资助学生组织的问题上来。在评议委员会诉索思沃思一案中(529 美国 217，2000)，法院裁定只要分配活动经费时保持中立观点，强制收取学生活动经费并没有违反宪法第一修正案。

公立教育机构的学生也享有不受无理搜查和扣押的第四修正案的保护。但是，这些权利通常没有公民在自己家中所享有的权利那样广泛。限制学生的第四修正案权利的主要例外是教育机构有进行一定管理性搜查的权力。例如，机构可以出于保护健康和安全的目的合法进行搜查。搜查过程中发现的违反教育机构政策的行为可以作为纪律处分甚至刑事起诉的依据。如果搜查的目的是施行教育机构的政策，而不是刑事诉讼，法院还经常允许无证搜查。其他特殊情况还包括经过学生同意的搜查和在紧急情况下进行的搜查。和宪法的其他领域一样，这些限制并不适用于私立机构的行政主管部门，除非他们是在警方的要求下这样做。

反对歧视的权利

高等教育机构的学生还可以享受两种类型的保护，防止非法的歧视。首先，公立高校的学生部分地受宪法第十四修正案的平等保护条款的保护。布朗诉教育委员会案(347 美国 483，1954)判决在公立学校实施种族隔离是非法的，美国诉弗吉尼亚州案(518 美国 515，1996)下令弗吉尼亚军事学院和南卡罗来纳州西朵军校招收女生，在这两个案件中最高法院的判决基础就是第十四条修正案。

其次，接受联邦资助大学的学生也受一些联邦民权立法的保护。所有的公立大学，以及几乎所有的私立大学都接受联邦政府的财政援助，这些财政援助不仅包括联邦对该机构的直接援助，也包括由学生接受的任何联邦财政援助。目前只有少数私立高等教育机构不允许学生参加任何联邦财政援助计划。这些机构包括基督教大学(弗吉尼亚州)、鲍勃·琼斯大学(南卡罗来纳州)、格罗夫城市学院(宾夕法尼亚州)、希尔斯代尔学院(密歇根州)、帕特里克·亨利学院(弗吉尼亚州)和普林学院(伊利诺伊州)。在接受联邦资金的机构，与学生相关的联邦民权立法包括：

- 1964 年的民权法案第六条(42 USC § 2000d)："在合众国中，任何人都不应该因为其种族、肤色或民族而被禁止参与接受联邦资助的活动和项目，或被禁止享受联邦资助的项目所带来的好处，或者在联邦资助项目中受到歧视。”

● 1972年的教育修正案第九条(20 USC § 1681及以下)：“在合众国中，任何人都不应该因为性别的原因被排除禁止参与接受联邦资助的活动和项目，或被禁止享受联邦资助的项目所带来的好处，或者在联邦资助项目中受到歧视。”

● 1973年复健法第504条(29 USC § 794)：“在合众国中，任何残疾人都不应该仅仅因为其残疾，被禁止参与接受联邦资助的活动和项目，或被禁止享受由联邦资助的项目所带来的好处，或者在联邦资助项目中受到歧视。”

有关联邦民权立法的两个问题需要我们进行额外的考虑：平权行动和性骚扰。在2003年格拉茨诉博林杰案(539美国244)和格鲁特尔诉博林杰案(539美国306)的判决中，最高法院讨论了高等教育领域平权行动方案的合法性问题。格鲁特尔案中判决意见的拟写者奥康纳大法官强化了25年前鲍威尔法官对加州大学诉巴基案的判决(438 US265，1978)的影响力。奥康纳大法官裁定，宪法第十四修正案的平等保护条款并不禁止在招生时利用严格合乎规范的种族政策来实现多样化学生群体获得教育受益的目标，从而进一步实现社会的重大利益。然而，因为法院至今都没有阐明什么样的招生流程算是严格合乎规范的，所以格拉茨案和格鲁特尔案判决并没有完全解决相关的平权行动的法律问题。

1972年的教育修正案第九条解决的问题远远超出了招生的范围。法院已经把禁止性骚扰的保护从经济环境延伸到了教育领域。最高法院近年来涉及教育中性骚扰的裁决有两次，分别是吉布塞诉拉戈独立学区案(524美国274，1998)和戴维斯诉门罗县学区案(526美国629，1999)。虽然这两个案件涉及的是幼儿园和中小学，但该裁决也适用于高校。根据吉布塞裁决，高校可以对违反第九条法案的性骚扰进行金钱赔偿。为了成功地向教育机构申请性骚扰索赔，学生必须证明已经向有权采取行动的学校官员实际报告了性骚扰，而该官员故意冷漠对待其报告。戴维斯案裁决则扩展了吉布塞案裁决的范围，把学生对学生的性骚扰也纳入其中，指出这种性骚扰造成了一个充满敌意的环境，违反了第九条法案。但受害学生必须证明性骚扰足以严重、普遍、客观上具有攻击性，以至于剥夺了受害者享有由学校提供的教育机会或利益。除了诉讼，学生也可向美国教育部投诉学校违反第九条法案。虽然这种情况下学生不能获得金钱赔偿，但是教育部有权责令教育机构改变政策。

学生的隐私权

家庭教育权利和隐私法案(FERPA)是1974年美国国会通过的教育修正案的一部分。FERPA是由参议员詹姆斯·巴克利提案的这一重大立法的一项修正案。FERPA赋予父母和符合条件的学生有关教育记录的三个主要权利：(1)有权检查、审核并获得教育记录；(2)有权质疑教育记录的内容；(3)有权同意披露教育记录。从FERPA的定义就能看出其规定的权利是属于学生的，并与学生的年龄无关，这一点在高等教育阶段非常重要。这与中小学阶段不同，因为在中小学阶段中，其中规定的权利在学生18岁之前都是由父母代为行使的。

FERPA所涵盖的记录包括那些法律条文中的"教育记录"，其定义非常宽泛，包括所有由教育机构或学校保存的与学生相关的记录。有各种文件或记录被排除在教育记录之外，包括个人保管的记录、执法单位的记录、就业记录(不包括因为其学生身份而获得的就业)、某些医疗记录和校友记录等。学生可以要求查阅自己的教育记录，机构必须允许学生在有疑问时可以查阅教育记录，但一般不会提供复印件。

FERPA也普遍限制未经书面许可发布学生的教育记录。然而，自FERPA出台后，美国国会制定了众多的未经书面许可就可发布教育记录的例外情况。这些例外情况包括：

- 发布给具有合法教育权益的学校官员；
- 发布给美国国税局所规定的非独立学生的家长；
- 在健康或安全紧急情况下发布；
- 发布目录信息；
- 把法律诉讼的最终结果发布给暴力犯罪的受害者；
- 向21岁以下的学生家长发布关于违反机构的酒精政策或法律的信息；
- 当学生实施暴力犯罪时向公众发布该生违反纪律程序的最终结果的信息。

近年来，美国国会持续增加未经书面许可就可发布教育记录的例外情况。最高法院还裁定，学生不能使用 42 USC §1983 为依据对教育机构违反 FERPA 提出民事诉讼。法院规定由美国教育局负责 FERPA 修正案的执行（冈萨加大学诉 Doe 案，536 美国 273，2002）。

社会性别与学生权利

在美国，对高等教育领域的学生权利进行任何讨论都逃不开社会性别问题。在学校作为监护人的时代，男女学生都必须遵循严重制约其行为的纪律规定，但在涉及违规行为时没有重视学生的权利。但是，应该承认，女学生的行为往往受到更大的限制。狄克逊案的判决和其他 20 世纪 60 年代及 70 年代的学生纪律案件与更广泛的社会变革合力重塑了学生的校园生活。当所有的学生在校园里享受新的自由时，过去的限制可能会使这种变化更深刻地体现在女学生身上。

最近几年，关于学生权利的规章条例，用了两种不同的方式处理社会性别问题。有些明确以社会性别，尤其废除社会性别和其他形式的歧视作为核心。其他则声称在涉及全体学生的权利时不看社会性别而保持社会性别中立的规定。前者往往比后者更具争议性，这并不奇怪。例如，第九条法案自通过后，已经在校园、法院和国会引起了极大争议。直到今天，一些人仍然认为第九条法案无法实现女性在学校体育中的公平，而其他人则认为第九条法案为了给予女性不当的支持而取消了男性的运动奖学金和运动队是向男性强加逆向歧视的做法。

即使制度规定在设计时是社会性别中立的，在认知层面和践行过程中却不一定能做到社会性别中立。例如，行为守则可能没有提及社会性别，但学生违纪案件中男学生往往是违反学生行为准则的肇事者，而女学生往往是受害者，这就可能引起重要的社会性别问题。尽管到目前为止这还不是审理的最常见的校园案例，但受害者和施暴者都是学生的案件在指控学生的权利和被指控学生的权利之间造成了紧张关系。根据上述总结的司法案例，在处理学生违纪案件，包括学生对学生的性骚扰和人身攻击时，公立高等教育机构负有无视其社会性别构成，尊重群体双方权利的法律义务。

第四十八章　第九条法案和大学体育运动

辛西娅·法布里齐奥·佩拉克

在过去的30年中，美国参加学校体育运动的女性人数急剧增长（全国妇女法律中心，2002）。1971年，高中运动员中女生占7.4%，大学生运动员中女生占15%。到2000年，高中和大学中女性运动员占比为42%。2000年，有300万女生参加高中体育运动，15万女生参加高校体育运动。导致女生在高中体育中的参与率增加800%，在高校体育中的参与率增加400%的唯一一个可能的原因就是1972年的教育修正案第九条。第九条法案禁止教育领域的性别歧视，倡导机会均等。尽管学校的体育在社会性别平等方面取得了进步，相对于男性，妇女仍然没有在体育运动中享有平等或公平的机会。虽然第九条法案和体育运动中的社会性别平等得到了广泛的公众支持，在基于社会性别开展学校体育运动的背景下，男女分离仍然是不平等的（McDonagh & Pappano，2007）。本章重点介绍第九条法案和大学体育运动，讨论立法的开始和发展、法案的执行、法案受到的法律和政治挑战，以及高校体育运动中性别平等的现状。

第九条法案立法的开始与发展

在民权运动的成功基础上，20世纪60年代末和70年代初妇女权利活动家开始起草立法，以解决州对女性歧视的问题。教育中社会性别平等的倡导者们使用1964年的民权法案作为语言框架，提出了第九条法案的立法，其主要内容为在接受联邦资金的美国教育机构中禁止社会性别歧视。1972年，众议员伊迪思·格林和参议员伯奇·贝赫向国会提出第九条立法，在没有大张旗鼓也没有遭到争议的情况下，国会在同一年通过该法案成为法律(Suggs，2005)。1972年6月23日，尼克松总统签署教育修正案第九条成为法律。法案中部分写道："在合众国中，任何人都不应该因为性别的原因被禁止参与接受联邦资助的活动和项目，或被禁止享受由联邦资助的项目所带来的好处，或者在联邦资助项目中受到歧视。"(20 USC §1681及以下)

虽然第九条法案适用于所有类型的教育计划并讨论了性骚扰等诸多问题，但却迅速成为与体育运动社会性别平等有关的法律。国会辩论很少讨论反歧视法案是如何影响体育运动的。然而，1974年当卫生、教育和福利部(DHEW)起草第九条法案有关高校体育的具体规定时，出现了关于第九条法案将如何影响男性的大学体育运动的辩论。得克萨斯州参议员约翰·托尔提出一项第九条法案修正案，在判断是否遵守第九条法案时，免除产生收益的运动(例如，男子足球)。国会否决了托尔的修正案。纽约州参议员雅各布·贾维茨随后提出另一项修正案，为通过第九条法案关于校际比赛的具体规定扫清了道路。1975年，美国国会通过该修正案，福特总统签字同意使第九条法案成为法律。

第九条法案确立了以下内容：(1) 禁止在任何校际、俱乐部或校内体育运动中实施社会性别歧视行为；(2) 可以成立女子和男子的独立运动队，但是，如果运动项目只提供给一种性别的队伍，那么在这项运动不是身体接触性运动项目的前提下，被排除的性别必须被允许参加运动队的选拔；(3) 必须提供治疗和参与的平等机会，但对于女子队和男子队的相等支出不是强制性的。小学给予一年的时间遵守法规，中学和高等教育机构给予三年时间。目前，美国教育部门的民权办公室(OCR)监督第九条法案的遵守、投诉和违规情况。OCR对第九条法案的评估建立在项目的基础上。对于违规的最终惩罚是对学校取消联邦财政援助。迄今为止，还没有机构因为违规被取消联邦拨款。

1979年，美国卫生、教育和福利部(DHEW)出台文件，"政策解读：第九条法案和校际体育运动"，对第九条法案的规定作了进一步的发展。这一文件确立了对第九条法案依法执行情况作三方检验的基础。1996年，OCR出台文件"校际体育政策指导解析：三方检验"，具体阐明了依法执行的要求。根据这些政策声明，联邦资助院校在体育运动中的社会性别平等基于三个方面：参与、奖学金和体育项目的其他好处。在参与方面，高等院校可以灵活地选择三个方面中的任何一个方面遵守第九条法案，这被称为“三方检验”。一所学校符合参与要求的第一种方式是展示女性和男性学生在参与校际体育运动项目的数量上与他们在学校本科的招生大幅相称。这一方式被称为“实质性比例”，并要求对比女性和男性的运动机会以及女性和男性的全日制本科生的比率。一所学校是否能够达到第九条法案参与要求的第二种方式是证明学校从过去到现在采取了实际行动，针对比例较低的性别扩展体育运动项目，并且这一做法还将持续下去。一个机构达到第九条法案参与要求的第三种方式是证明体育运动部门能够充分且有效地容纳比例较低性别的兴趣和能力。

OCR 对一个机构选择哪种方式遵守第九条的参与法规没有倾向性意见，但事实是，第一种“实质性比例”方式被认为是一个遵守第九条法案的“安全港”(美国教育部，2003)。在 20 世纪 90 年代，法院多次裁定，如果一个机构符合第一种实质性比例的方式，该机构基本就可以免于诉讼或者被民权办公室记录投诉(Suggs，2003)。法院还援引正负 3 到 5 个百分点这一数字为准绳，以确定一个学校是否向女生和男生提供合乎比例的机会参与体育运动。根据美国总审计局(2000)的报告，从 1994 年到 1998 年，OCR 审查了 74 个涉及第九条参与投诉的案件。其中，28.4％(21 所学校)以第一种方式遵守第九条，其余学校以另外两种方式遵守第九条。

在奖学金方面，第九条法案要求教育机构确保向女性和男性学生运动员提供的体育奖学金与男生和女生参与体育运动的百分比大致相同。如果女性运动员在该机构占 42％，那么女性必须获得由体育部门颁发的约 42％的奖学金。在体育项目的其他福利方面，一个机构必须保证向女性和男性运动员公平地提供以下内容：(1) 设备和用品；(2) 运动计划表和训练时间；(3) 旅游津贴和每日津贴；(4) 获得辅导；(5) 教练；(6) 更衣室；(7) 有竞争力的训练设备；(8) 医疗和培训设施及服务；(9) 宣传和推广活动；(10) 招募学生运动员；(11) 支持服务。

执法、争议和法律诉讼

第九条法案制定以来，已经有过很多轮激烈的辩论来争论应该如何执行第九条法案(Staurowsky 1995,1996;Suggs 2005)。20 世纪 70 年代后期 DHEW 起草第九条法案的体育运动法规时,仅为女性提供少量体育项目的全国大学生体育协会(NCAA)表示反对。国会保守党议员,如参议员杰西·赫尔姆斯也试图阻挠第九条法案的执行。尽管如此,该法案对女性参与体育运动的积极效果立竿见影。甚至在 1978 年三年的宽限期结束之前,女性运动的成长就已经突飞猛进。学校聘请女教练,增加女性运动队,并把现有的女性校内体育课程转换成大学代表队项目。这些变化反映出当时美国妇女运动的发展,也促成了其发展。

然而,到了 20 世纪 80 年代初,寻求女性在体育运动方面平等机会的进程放缓了。1980 年里根总统当选后,出现了对民权法律和所取得成果的强烈的对抗性反应。同年,美国教育部成立,OCR 开始监督第九条法案的执行。在 80 年代中期,对女性校际运动的控制权从女性占主导的女性校际体育运动协会转移到了男性主导的 NCAA,虽然这一转移掀起了一场直达美国最高法院的司法论战,但这一转移还是发生了。另一个女性运动社会性别平等方面的重大挫折是 1984 年的格罗夫城市学院诉贝尔案(465 美国 555)。在这一关键案例中,里根政府认为,只有直接接受联邦资助的高等教育机构中的实体才需要遵守第九条法案的规定。美国最高法院最后对此表示同意,裁决把体育部门从第九条法案的规定中排除了出去。第九条法案立刻失去了在体育运动领域的权力。

由于政治和经济环境在 20 世纪 80 年代末开始发生改变,尽管里根总统一票否决,国会还是通过了 1987 年的民权恢复法案,恢复了第九条法案在体育运动领域的权力。1988 年通过的民权恢复法案明确规定,所有接受联邦资助的学校提供并支持的项目必须符合第九条法案的规定。体育部门不再被排除在第九条法案之外。1990 年 OCR 发布了第九条法案调查手册,以便学校评估对第九条规定的遵守程度。这一调查手册表明了第九条法案的政治和法律地位的转变。随着第九条法案的恢复,女选手抓住时机利用法院的力量强制学校遵守第九条法案。在 1992 年,最关键的一个第九条法案案例,富兰克林诉格威内特县公立学校案(503 美国 60)被提交到美国最高法院。该案中一个高中生指控她学校的一名教练对她实施性骚扰,学校官员调查清楚了此骚扰事件,但没有采取行动去阻止它。在判决中,最高法院第一次裁定,原告起诉机构违反第九条法案可以因涉嫌经确认的故意的性别歧视寻求经济赔偿。这一判决立即使第九条法案获得了更大的执法杠杆作用。忽视了该法案的学校被告知在第九条法案相关案件中法院可以给予经济处罚。(此后)学校更加注意,运动员也开始要求自己的权利。

在学校解散女子运动队以应对资金短缺的情况下,女运动员把目光转向法院的策略特别成功。简单地威胁会发起诉讼也是女性在体育运动上获得更多机会和资源的有效策略(Pelak,2002)。20世纪90年代第九条法案最重要的胜利是对布朗大学的集体诉讼,该申请于1992年提交,最高法院在1997年对其进行审理。案件始于布朗大学放弃了女子体操和女排的大学代表队项目。布朗案辩论的焦点是三方测试是否合理和女学生在体育运动中所占比例与学校男女生比例相当是否恰当等问题。布朗大学的律师声称,男性对运动更感兴趣,因此向男学生提供更多参与运动的机会是适当的。最高法院不同意该观点并拒绝审理布朗案。于是上诉法院第一巡回法庭裁决布朗大学违反了关于公平参与的三方测试的所有三个方面,布朗大学被迫恢复女子体操队和女子排球队(Haworth,1997)。

这是一个具有象征意义的重要的第九条法案相关案件,因为布朗大学花了数百万美元打这场官司,大量的团体和机构都签名支持布朗大学,其中包括60所高校、众多的大学教练协会、各种运动和高等教育协会、美国摔跤协会、美国游泳协会、美国水球协会、48名众议员和一名参议员。最终,布朗大学的管理机构和许多其他第九条法案的反对者败诉。法院的裁决明确提出,女性不喜欢参加竞技体育的定势化思维在世纪之交不应该再是一个有效论据。

20世纪90年代也还有新的立法鼓励加强第九条法案的依法执行情况。1994年,美国国会通过了田径披露法案(EADA),要求参与任何联邦学生财政援助计划并有校际体育项目的男女同校的机构,对竞技项目的某些信息披露年度报告。EADA要求体育部门除了报告招募预算、奖学金、教练的工资和其他费用外,还要报告男女运动队的花名册。这些数据被证明有利于强调在高校体育运动中一直以来都存在的社会性别不平等现象,并有利于帮助教育机构变得更负责任。全国妇女法律中心已对许多第九条法案相关案件提起了诉讼,并为第九条法案的强制执行做了大量游说。该中心采用了EADA的数据对在体育部门中存在性别失衡问题的机构的投诉进行整理记录。20世纪90年代,克林顿政府也表现出对执行

第九条法案的大力支持。1993 年,时任民权教育助理部长的诺尔玛·埃蒂一直致力于加强第九条法案的强制执行。正如上面提到的,1996 年 OCR 发布了一个政策指导文件,非常严谨地阐析了被称为三方测试的关于公平参与机会的法规。

随着 20 世纪 90 年代第九条法案诉讼案例和执行的成功,强烈的对抗性反应出现了。第九条法案的反对者声称,社会性别平等法规伤害了男性的运动,而法院采用的三方测试是非法的。男摔跤选手和其支持者认为,男子摔跤项目和其他非收益性的男子体育项目被取消的原因就是第九条法案,并组织领导了抵制第九条法案的运动。2002 年,全国摔跤教练协会和第九条法案的其他反对者提起联邦诉讼,指控美国教育部并挑战第九条法案的法规和政策。最高法院拒绝审理该案后,摔跤选手和其他第九条法案规定的反对者在布什政府找到了同情他们的人。2002 年,罗德里克·佩奇——乔治·W.布什总统的新教育部秘书——召集了体育运动机会委员会,该委员会的成立似乎是想让大家看到体育运动的机会正在扩张,应该确保公平对待所有的运动员。但妇女权利社团对这一委员会感到非常愤怒,认为该委员会正努力破坏第九条法案的执行并强化了男性在体育运动领域的统治。该委员会的诉讼程序充满了剑拔弩张的紧张气氛,观察家声称,该委员会的辩论中很少涉及女性在体育运动领域仍然面临着的不公平现象(Suggs,2005)。在为期六个月的诉讼结束后,委员会向美国教育部长提交了一份报告。委员会成员和妇女运动的倡导者唐娜·德·瓦罗纳和朱莉·福迪坚决不同意该报告并提交了少数报告,敦促教育部门加强第九条法案的执法。一年后,OCR 发布第九条法案解释文件,文件没有对现有的第九条法案规定作出任何更改,但强调了三方测试的灵活性并且不鼓励学校为了符合第九条法案的规定而取消运动队的做法。

实证证据表明,把男子摔跤队规模的缩减归咎于第九条法案的规定简直是无稽之谈(全国妇女法律中心,2002)。1984 年至 1988 年期间由于格罗夫城市学院案,第九条法案并不适用于体育部门,可当时 NCAA 男子摔跤项目的数量减少了 55 个,从 289 个跌至 234 个。由于此期间第九条法案并不生效,就不能把摔跤项目的减少归咎于社会性别平等立法。相比之下,1988 年到 2000 年的 12 年间,第九条法案适用于体育部门,男子摔跤项目的数量同样减少了。如果说第九条法案是导致摔跤项目规模缩减的原因,12 年间减少的摔跤项目就应该比之前的四年间减少得更多。此外，在同一时期，女子体操也遭遇了大幅下滑。1982 年至 2000 年属于 NCAA 的女子体操项目的 179 个中的 90 个被取消，差不多是现有项目数量的一半。

学校决定放弃运动队有许多原因，其中包括对特定的运动失去兴趣、责任方面的考虑、保持男性化旗舰运动(如足球)的预算支配地位等。尽管摔跤教练和其他第九条法案的反对者声称队伍减少，但有证据表明，从 1981 年到 1998 年间，男子运动队的总数在增加，男性也更多地参与了校际体育项目(全国妇女法律中心，2002)。虽然某些男子运动如摔跤有所下降，但其他男子运动，如棒球、赛艇、美式足球、曲棍球和英式足球却都增加了。同样，一些女子运动如曲棍球和体操等也有所下降，而其他女子运动如冰球和英式足球也增加了。把摔跤或其他非创收性男子运动项目的减少归咎于第九条法案是错误的，也导致了女子运动项目与男子运动项目之间的无益的对抗(Staurowsky，1996)。第九条法案的反对者不着眼于高调的男子足球、篮球项目中臃肿的支出和膨胀的参与率，而是把仍然没有享受到学校公平体育机会的女运动员作为替罪羊。

最近的美国最高法院关于第九条法案对高校体育运动有重要意义的判决是杰克逊诉伯明翰教育委员会案(544 美国 167，2005)。该案件中一名亚拉巴马州高中老师/教练向他的上司抱怨学校女子运动中劣质的设施和资源，之后不久即被解雇。在 2005 年的判决中，最高法院确立了个人，包括教练和老师们，如果因为抗议歧视而被打击报复，就有权利根据第九条法案采取行动。此外，法院裁定，因反对性别歧视而被打击报复的男性受第九条法案保护，就像女性受到第九条法案保护一样。这一裁决证明了禁止教育性别歧视的日益制度化。

对第九条法案依法执行规定的最新变化于 2005 年由教育部颁布，事先没有征求公众意见的通知或机会。在“对校际体育运动政策指导的进一步解释：三方测试中的第三部分”这一文件中，教育部确立了一个新的方法以便院校证明符合三方测试的第三个部分(美国教育部，2005)。该文件让学校用电子邮件的方式对学生进行调查，衡量学生的体育兴趣程度，以此暗示学校在体育运动方面完全尊重在体育运动中比例偏低的女性的兴趣和能力。本条规定仍然错误地假设，女性不像男性那样有更大的兴趣参加运动。教育领域社会性别平等的倡导者谴责新规在第九条法案中埋下了法律漏洞(妇女和女童国家教育联盟,2008)。在现实中,新规定可能会回过头来攻击那些试图阻止女性在大学体育运动中享有平等机会的人。首先,与中学体育运动相比,参与大学体育运动的机会更少,这表明,比起实际容纳的学生,总是会有更多的女性大学生对大学体育运动感兴趣并有熟练参与的能力。其次,公众对体育活动中的社会性别平等——至少原则上——的高度支持和清醒认识表明,妇女运动的校园倡导者可以有效地组织活动,鼓励女学生不管自己是否有兴趣参与运动,都应为她们的集体利益而"投票"。因此,一个机构希望通过对学生的电子邮件调查以表明自己遵守第九条法案的规定,实际上可能为妇女权利的倡导者创造了政治机会并教育学校的社团:学校现在仍然存有社会性别不平等的问题。然而,新规是一个提醒,提醒大学体育运动中的社会性别平等问题仍然具有高度争议性。

在促进学校范围内的体育运动实现社会性别平等方面,有的州采取了行动,有的则未能采取行动。至少有20个州已经通过立法或准备立法以促进体育运动中的社会性别平等。一些州还以减免学费的方式为女子运动员提供经济援助,并出资建设女子体育运动设施。1998年,顺应州法律的规定,全国妇女组织与美国加州州立大学协商作出庭外和解,该法律要求立即采取措施推进体育运动中的社会性别平等。但是,州与州之间在遵守第九条法案方面有着重大的区别。研究发现,比起其他州的学校,南部各州的学校提供给女生参与体育运动的机会少了许多。东北和西部各州教育机构给女性提供了全国最公平的竞技机会。最近的一项研究表明,70%的美国南部高校用体现性别歧视的名字来为他们的女子运动队命名,这种做法与南部高校中女性参与体育运动机会相对较低有关(Pelak,2008)。与高中阶段的体育协会不同,强大的NCAA不必遵守第九条法案或宪法的相关规定。在全国大学生体育协会诉史密斯一案中(525美国459,1999),最高法院认为,因为NCAA接受来自联邦政府资助的公立学校的资助,所以不必遵守第九条法案。不过,这个判决引起了关于其他全国性体育协会是否应该遵守第九条法案的法律争论。虽然目前NCAA尚不必遵守第九条法案,但该协会有意向鼓励协会成员遵守第九条法案。1991年,NCAA发布了关于其成员组织的具有里程碑意义的社会性别平等情况研究,研究发现,校队运动员中女性只占30%,

NCAA 成员学校的女队只获得了 23％的体育部门的运营预算。

虽然 NCAA 并非第九条法案的永久支持者，但在 20 世纪 90 年代，NCAA 关于第九条法案的行动和言论却变得更加积极。作为对 1991 年社会性别平等研究结果的回应，NCAA 于 1993 年成立了社会性别平等工作组。工作组持续追踪 NCAA 成员学校的社会性别不平等现象，并成为一个促进学校实现社会性别平等的重要机构。20 世纪 90 年代，NCAA 采取的一个进步性措施是要求其成员学校必须开展性别平等的自我研究，并成为其周期性认证过程的一部分。此外，当 OCR 发布了第九条法案的解释文件，即允许利用本科生的互联网调查来衡量女性在体育运动方面的兴趣之后，NCAA 出来反对新政策的解释，因为 NCAA 与妇女权利倡导者一样认为，互联网调查可以被用来抵消第九条法案执行所取得的进步。这些表现，还有其他努力鼓励 NCAA 成员学校采取积极措施以提高女性参与体育运动机会的举动，也表明了 NCAA 愿意遵守第九条法案的日益积极的态度。

第九条在大学体育运动中的现状

尽管在以教育为基础的体育运动方面实现社会性别平等已经取得了进展，女性仍然没有获得公平的机会、资源和关注。女学生在全国各地大学的百分比在提高，但体育部门发现，在体育运动中却越来越难以达到相同的性别比例。2003 年—2004 年，大学生中女性超过 57％，但只有 42％的大学生运动员是女性。女大学生运动员的比例似乎停滞在了 42％。即使在世纪之交，男子运动队与女子运动队的财政支出，比如奖学金和团队的预算仍远远不平等。虽然在过去 35 年中，体育领域中的性别关系发生了巨大变化，但许多工作仍有待完成。现在对于完全瓦解男性在体育运动领域的统治仍会遭遇阻力，还有很多人持有在体育运动领域男孩和男人应该比女孩和妇女得到更多机会的教条式认识，凡此种种表明，教育中的公平机会只有通过不断的斗争才能得以实现。

第四十九章　大学妇女委员会和政策话语

伊丽莎白·J.阿伦　莉萨·普卢姆·哈伦

大学妇女委员会已经存在了超过 40 年，并且在揭露高等教育中的社会性别不平等和调整策略以纠正这些不公平方面起到了重要作用。因此，这些委员会通常被视为是社会变革的女性主义代言人。但是，当政策话语分析被用来分析妇女委员会的报告时(见 Allan，1999，2003，2008)，有证据显示，这些报告可以通过例如塑造或再现女性作为弱势外人的形象损害妇女委员会的目标。鉴于这些证据，读者应该考虑他们作为教育工作者、学生和领导角色时自身的话语倾向，妇女委员会成员应该要警惕自身主体地位的形成，这一行为可能最终会阻止或妨碍其既定目标的实现。

大学妇女委员会和妇女地位

自从 1968 年成立以来，无数的大学妇女委员会作出了报告，这些报告成为记录女性地位、条件和立场以及在特定情况下提出政策建议的基准。妇女委员会被“概念化在了一个自由女权主义的框架内”，并普遍为以下三个目的服务：(1) 展示促进女性地位提高的行政支持；(2) 使女性在学校拥有集体话语权；(3) 成为女性关注问题的代言组织(Glazer，1997，第 66 页)。委员会经常解决的问题包括：妇女在各个机构领域的代表性；性骚扰；课程中的女性内容；校园安全；与产假和家庭照顾相关的人事政策；报酬公平；晋升和任期方面的性别歧视；以及高层管理和领导职务中的女性缺位。

委员会的报告显示了通常由大学校长任命的委员会委员、学生和教师长达几个月甚至几年的协同工作(Blum,1991;TenElshof,1973)。通常情况下,一个妇女委员会在某个校园成立的起源可以追溯到女性基层组织的压力以及第11246号行政命令和第九条法案制裁的威胁(TenElshof,1973)。因此不难发现,大学妇女委员会可以直接向大学的平权行动办公室或机会均等办公室报告工作。然而,大多数情况下,它们是得到正式承认的调查委员会,直接向该机构的总裁、教务长或管理委员会报告。这些委员会的工作一般是总结、强调女性的地位和给出政策、建议以促进机构内的性别平等。

有时,委员会的报告也会催化后续的研究。例如,在20世纪70年代初,鲁宾逊(1973)回顾了由全美大学妇女委员会作出的125项报告的调查结果,结论是在高等教育中存在对女性的歧视。20世纪90年代初产生了更多的委员会报告,这些新报告与20年前报告之间的对比屡见不鲜。例如,1991年10月,《高等教育纪事报》援引新证据表明女性在学术界仍面临敌对的环境(Blum,1991),并指出20世纪90年代的许多调查委员会的报告的调查结果与20世纪70年代的结论几乎相同。

《高等教育纪事报》的报告发布近十年后,一项关于麻省理工学院(MIT)女性教师地位的研究促使MIT教师协会会长写道,"从该报告得出的主要结论是,20世纪90年代的社会性别歧视是微妙的但却是普遍存在的"(麻省理工学院,1999,第3页)。瓦利恩强调了这一发现(1999),并报告说"这些数据表明,学术界的女性基本上不被重视。即便科研成果情况一致,女性还是挣得比男性少,实现任期速度也比男性长"(第248—249页)。作为麻省理工学院对关于女性地位的职工报告的后续行动,2004年《高等教育纪事报》的一篇文章声称,就职于重要研究型大学的女性往往在一种"有毒的氛围"中工作(Wilson,2004,第A8页)。2006年11月,《高等教育内部》报道,美国约翰霍普金斯大学认可大学委员会2006年关于女性地位的调查结果,内容包括社会性别倾向、女性的关注以及教师的工作与生活的平衡(Thacker,2006,第1页)。《高等教育纪事报》2007年的一篇文章呼应了北达科他州立大学的类似的担忧,称高校中的"旋转门"已经使"女性越来越少,特别是在顶层更少"(Wilson,2007,第A6页)。2008年,《纪事报》报道拉特格斯的女教师和研究生指控该校的政治科学系对女性抱有"偏见和敌意"(Moser,2008,

第 A14 页)。

委员会的工作及相关的学术研究帮我们描绘了实现社会性别平等方面所取得的成果以及仍长期存在的问题。比如,总体而言,女性获得博士学位的速度与男性大致相同或高于男性,但男性成为终身教授的人数要超过女性,而且整个队伍中男性教授的工资一直比女性教授高(Bradburn & Sikora,2003;全国教育统计中心,2004,2005; Knapp 等,2004)。在回答这个问题和其他与“气候”有关的女性问题时,Wilson(2004)指出,许多学术女性都对此感到惊讶,因为她们“认为,性别不平等早被甩在她们身后了”(第 A8 页)。斯达·斯考切波——政府以及哈佛大学社会学讲座教授说,“我觉得自己像身处一个时间隧道。这是一个很有 20 世纪 70 年代感觉的东西,我们认为我们早已经克服了它”(引自 Wilson,2004,第A8 页)。

尽管女性在学术领域的招聘、代表性和薪水方面取得了一些进步,性别差异却继续困扰着高等教育。在最近的一份报告中,美国大学教授协会指出,对女性晋升到高级教师队伍的实质性阻碍继续存在着,只有在社区学院女性与男性才能在最高学术行列实现平等(2009,第 27 页)。因此,即使在今天仍然存在不公平,大学妇女委员会的报告也会继续把高等教育领域一直存在的性别/社会性别平等问题的信息传播给学者和广大市民。

大学妇女委员会的诞生

大学妇女委员会在大学的正式结构和政策中工作,同时又反对大学的正式结构和政策,所以占据了天生矛盾的位置。因为通常妇女委员会是由大学里的行政官员建立的,所以妇女委员会是大学正式治理结构的一部分;因此委员会可以向行政层级正式报告。然而,它们工作的首要重点是解决女性在学术界的地位,包括该机构对女性的处理、女性地位的贬值和对女性歧视的担忧。因此,妇女委员会同样被赋予了反对体制现状的使命。大学妇女委员会建立的方式和它们在大学里占据的矛盾的位置使它们有别于高等教育领域其他类型的以妇女为重点群体的机构。

一般来说，一所大学的妇女委员会的主要任务是评估妇女的地位和提出改进建议。这通常是通过政策报告完成的，传统上，政策报告包括对女性进入大学和机构内各个领域的数据、女性在大学担任领导的数据、女性晋升和任期率以及工资统计数据的汇编。政策报告还谈到了与“大环境”相关的问题，包括幼儿和家庭的休假顾虑、性骚扰、安全性，以及女性在课程中的代表性(Glazer，1997，Glazer-Raymo，1999；Moore & Sagaria，1993；Robinson，1973，TenElshof，1973)。

关于大学妇女委员会的研究

尽管大学妇女委员会提交报告已经超过了30年的历史，并成为了大学中女性对决策过程施加影响的重要途径，但高等教育的历史记载和管理研究在很大程度上还是忽略了这些团体。金斯伯格和普兰克(1995)指出，“委员会的多重用途使它们成为了政策产生和决策过程中的一个组成部分”(第4页)。当研究集中到大学妇女委员会时，它们经常被人从女性主义的视角用案例研究的方法来审视，它们被视为一个变革战略、一场运动，或女性的政治战略(Rossi & Calderwood，1973；Rosenberg，1982；Stewart，1980)。最近，委员会成为了下列研究的重点：与女性在美国大学掌权相关的研究(Moore & Sagaria，1993)，美国高等教育中的平权行动的政策(Glazer，1997)，在南非大学的社会性别平等政策(Walker，1997)，以及加拿大教育机构中的社会性别平等政策(deCastell & Bryson，1997)。

尽管关于妇女委员会的学术研究采用不同的办法，但大多数研究采用案例研究方法和借鉴观察及访谈资料得出研究结果。这些研究主要是描述性的，并提供了关于妇女委员会作为倡导高等教育体制变革的政策群体的组织和功能的见解。艾伦的研究(1999，2003，2008)的不同之处在于，她分析妇女委员会的报告，以检查它们所占用的话语如何塑造或再现特定的图像，构建高等教育政策制定背景下的妇女地位。与艾伦的做法相反的是德卡斯特尔和布赖森(1997)的研究，他们采用后结构主义观点描述了“制度化公平政策的自相矛盾的后果”(第85页)。这一后果可能实际上被不加批判地接受的概念所破坏了，这些概念包括可以进行排他性假设的公平性。因此，他们认为，参与公平政策制定的人都需要实质性的廓清概念和采取策略。艾伦的研究结果强调了德卡斯特尔和布赖森的观点:女权主义者需要找到办法去战略性干预话语资料的生产,以避免使“名义上的女权主义议程”服从于“有序地、霸权地被控制的机构改革”(第100页)。

政策话语分析和妇女地位

妇女委员会的报告之所以成为政策话语分析的重点,是因为在过去的50年中它们是妇女在大学阐述自己关注的问题,并提出旨在提高其在这些机构中地位的建议的主要手段。由于妇女委员会的报告是用来把思想传播给大众的,它们传达出的图像可能会在塑造对自我和其他人的看法方面产生深远的影响。

几十年来,一个强大的记录社会性别不平等现象和揭露这一问题背后隐藏的态度、信念、行为和社会制度的方法就是研究。艾伦之所以想到对妇女委员会报告作话语分析,源自其是一名女性主义者。她对于通过审视和研究工作来强化高等教育领域妇女政策制定的努力很感兴趣。虽然这项研究成果可能对委员会的努力持批判性意见,但如果把研究看做是对委员会工作的责难,那么就是一场误会了。与此相反,妇女委员会的工作促成了许多政策变化,使得校园内对于社会性别平等问题有了更清醒的认识,而这些已经令许多女性受益。不过,艾伦的研究揭示了妇女委员会会用强化社会性别传统观念的方式来对抗社会变革与平等中的女性利益。

在这里简单介绍的研究结果都来自于妇女委员会的报告以及从四所美国公立赠地研究性大学搜集而来的跨度达25年的支持数据(Allan,1999,2003,2008)。除150个间接来源,研究样本包括21份“官方报告”,内容涵盖调查数据、报纸文章、会议议程、委员会成员之间的信件和备忘录、期刊文章以及妇女委员会在准备官方报告过程中使用的初步研究报告。

弱势的女人

所有的研究报告中,在大学工作和学习的女性往往都被描绘成“害怕的”“胆怯的”“有风险的”“落后的”和“处于危险之中”。艾伦声称,这些特性是通过不幸和依赖的话语而形成的，并且受到主流女性化话语结构的影响，这种话语结构建构了女性行为的主流文化规范，这些女性行为规范是“自然的”女性化的结果(Coates，1996；Mills，1992)。

女性化话语强化了白人、中产阶级，以及异性恋关于女人“应该”如何行为的规范。因此，这一话语结构支持性别歧视、异性恋和种族主义(Smith，1990)，并通过让女性接受自己对男性的依赖塑造女人气质的方式，强化男性统治和异性恋(Coates，1996；Mills，1992)。不幸的是，主流话语是非常强大的，它们往往使其他方式黯然失色或者陷入沉默，它们抵制替代性的话语，使其他的描述问题的可能性变得更加难以确定。然而，单一策略中存在多种话语结构互相竞争(Foucault，1976/1978；Weedon，1997)。例如，妇女委员会的报告被普遍认为是一个通过女性主义者的话语赋予妇女权力的策略，从而体现了反对父权制的立场，然而，艾伦关于妇女委员会研究报告(1999，2003，2008)的调查结果显示，这些报告也可以强化使女性失去权势的话语。

不幸和依赖的话语在女性化主流话语的支持下，产生(或重新产生)了一个主体位置，在这个主体位置上，女性是脆弱的并依赖于(通常以男性为主的)大学管理层为她们提供并保证的安全。女性的安全性“问题”在妇女委员会的报告中是一个被重申了的主题。当然，安全是一个公平的问题。然而，对问题的清晰阐述一般依赖于女性化的主导话语。为了建立那种安全并使安全引起合法的关注，女性通常在报告中被描绘成是脆弱的。这种话语使脆弱的女性成为男性愤怒、侵犯和暴力的可怕的对象或潜在的对象。这种做法往往会把问题看做是女性对安全的担忧(即女性的苦恼)，而不是暴力本身。因为它专注于女性保持(无法保持)安全的能力，这种不幸的话语结构支撑了女性特征的主流构建。

局外的女性

妇女委员会的报告经常从准入的角度来描述实现公平的可能性，它们所依赖的话语往往是量化的论述。报告对比了女性与男性在大学各个领域的人数，提出在大学的重要领域女性人数不足，从而敦促通过让更多女性担任职务、参与更多女性被边缘化或排除在外的活动来提高女性的地位。这些陈述说明了准入的主流话语的作用是为局外女性生成(或重新生成)主体地位。简单地说,这些报告在呼吁女性成为局内人的过程中把女性建构成了局外人。强调女性进入内部、获得不同的更好的职位以进入其校园文化,恰恰使女性成了局外人。

局外人的主体地位是通过准入的话语实现的。这种准入的话语制造了女性作为乞求者的主要形象。女性作为乞求者,急切地寻找机会被允许进入以前男性主导的领域并参与以前明示或暗示排挤她们的活动。可具有讽刺意味的是,这种定位削弱了女性充分参与的预期目标,与此同时强化了男性权力的结构和文化统治地位,因为在这个过程中女性是通过向男性权力不断提出诉求而不是通过创建或依赖其他结构的方式来实现准入的。

杰出的女性

虽然准入的话语使女性成为局外人,专业的话语强调通过专业发展、领导力和职业培训完善个人,从而塑造了机构内女性的特点。这种话语建立了一个信念,即认为所有女性都会从个别妇女的职业/事业发展中受益。

职业妇女主体地位的体现在女性群体中(重新)产生了不公平。在委员会的报告和其他关于社会性别平等的倡议中,女性往往被视为一个集体,所有的人都正在或者都应该努力使自己进步和发展。有些妇女会发现,她们的自我意识与话语是一致的,例如,她们可能把自己看成是有成就的学者和管理人员,或者感到各委员会报告中划定的政策问题和解决方案在自己身上得到了验证。然而,由于大多数在大学工作的女性不是教师或管理人员,她们很可能会以一种明显不同的方式与话语联系起来。经验不足的女性与通过主导话语构成的职业妇女不同,她们被定位为有缺陷的,并接受通过增加教育、培训和专业发展可以纠正她们的"缺陷"这一信息。

渴望拥有事业、成为领导者,并从事专业发展的女性被定位为不仅改善她们自己的生活也要改善所有女性的生活。具有讽刺意味的是,话语在专业化所有女性,使她们千篇一律的同时,在女性之间造成了差异。例如,专业性的话语(重新)产生对领导的特定观点。这种观点使"领袖"符合精英地位,并认为和专业人士一样领导也需要专门的培训。从这个意义上说,领导并没有被描绘成拥有对于女性来说很自然的特征或品质，这些特征和品质女性无法在日常生活的过程中学习到。因此，委员会报告的话语暗示，因为缺乏做好充分准备来成为合乎主流定义的“领导者”的女性，有些女性缺乏（或至少部分缺乏）女性领导的角色模型。

教师/职业理想的形成在大学背景下似乎是不言而喻的——毕竟，大学是一个旨在促进学习和为专业人士提供培训的学术机构。事实上，正是这种可预测性展示了专业化话语的正当力量。专业化话语支持成就和成功的特别版本，这些特别版本被认为是理所当然的或被接受为是“正常”的。正因为如此，这些关于成功的版本不再被看做是许多可能的视角之中的一个选择。话语的主导地位——以及大家理所当然地认为这种话语结构是“好”的——让人很难看到成绩或领导的含义是如何使自我意识与这些特定含义不一致的女性失去力量的。当委员会政策报告旨在加强和改进在高等教育领域工作和学习的女性的地位时，这一点尤其令人反感。

逆向思维：话语的影响和大学妇女委员会

这里强调的研究如何更有效地作用于实践呢？波尔在1994年告诫我们说，“解释和制定政策的过程中有真正的斗争，但这些斗争都是在一个移动的话语框架之内的，这个话语框架对政策的解释和制定的可能性及概率进行了阐明和限制”（第23页）。在铭记这一告诫的同时，我们为提高大学妇女委员会和类似政策相关群体的实践提供以下建议：(1) 促进对委员会参与者之间的话语政策的认识和理解；(2) 分析政策报告的话语框架，包括政策的沉默和固有的对政策问题和解决方案的假设；(3) 在政策制定过程中，研究在阐明政策问题和建议时所使用的话语可能产生的影响；(4) 考虑政策报告中对问题和解决方案的阐明如何帮助构建特定的女性形象。作为识别和分析话语影响的战略，这些建议旨在寻找到关于解决大学女性的话题和忧虑的替代性的、更有效的方式。

第五十章　工作-家庭冲突和政策

雷切尔·E.海尔

当个人生活中的工作角色和家庭角色的竞争性需求无法被满足时，就造成了工作-家庭冲突。外界通常认为，教授的工作环境独特，可以缓解显著的工作-家庭冲突：教授在家进行部分工作，暑假可以脱离常规的教学工作得到休息，并比一般的工人有更多灵活的时间安排。然而，正是因为这些特点，导致教师面临着明显的工作-家庭冲突。虽然教师的现场工作时间比其他工作短，但研究要求、课外打分、备课以及必须本人到场的晚间和周末事务都蚕食了教授的个人及家庭义务。

在高等教育方面，对兼职和非终身教职教师的日益依赖，使教学工作的社会性别区分更加复杂。终身教职的教师职位的社会性别为"男"，而被边缘化的教学岗位的社会性别为"女"。也就是说，一个已经或可能获得终身教职的教师往往呈现出"男性"定位，这个定位中工作比家庭责任重要；出于家庭责任无法献身终身教职岗位的教师被认为有一个"女性"定位，他们重视家庭多过重视工作。在某种程度上，这些教学岗位呈现出的社会性别文化导向导致了个人工作-家庭冲突的不同来源。

教师们经常从个人或家庭层面找到解决工作-家庭冲突的方案，但工作与家庭平衡问题的"私人化"性质忽略了通过机构对工作-家庭冲突作出应对从而在学术界实现更广泛的文化变革的可能性。社会性别观念和对具体的教育工作角色的社会性别解释对教师所经历的工作-家庭冲突有着重要的影响。虽然个人和家庭层面的调和可以有效缓解工作-家庭冲突，但如果想从根本上取得持久变化，需要对工作和社会性别的基本概念在更大层面上进行重新定义。

工作-家庭冲突的来源

在其最根本的层面上，工作-家庭冲突源于作为劳动者和家庭成员两种生活角色之间的冲突。当工作要求影响家庭生活（W→F 冲突），或者当家庭需要干扰一个人的工作表现（F→W 冲突）时，冲突的具体事例就发生了。工作-家庭冲突还发生在心理层面上，心理层面的工作-家庭冲突则源于关于社会性别、角色平衡的个体和文化理念。

美国人往往认为个人是根据社会层次结构来理解和实现其身份角色的，女性尤其不可能同样完成家庭和工作的角色。因为文化认可的男性“养家糊口”的家庭角色与他的工作角色是一致的，所以男性可以避开一些心理困扰，而女性面对“养育”这一家庭角色与她的工作角色冲突时往往会面临这种心理困扰。在行动和思想上，女性比男性更容易相信她们必须优先选择工作或家庭，而不能兼顾。出于这个原因，女性通常认为自己在具体情况下能作出的选择要么是“选择家庭优先于工作”，要么是“选择工作优先于家庭”，这使女性陷入痛苦中。

认为各人根据社会层次结构确定身份角色并履行其职责的文化理念，使人们以为一个有意识地强调一个角色优先于另一个角色的个人会经历较少的工作-家庭冲突。然而，这种想法忽略了角色层次和社会性别限制的文化规定在何种程度上提前限制了这样的选择。这些有意识地选择优先考虑家庭或工作义务的人，是把他们的选择建立在一个文化背景之上的，这个文化背景认为，当一个女人试图在工作和家庭两个角色上同时成功时就总是会导致工作-家庭冲突。尽管一些女性明确地拒绝充当家庭或工作角色可能会较少经历工作-家庭冲突，但在心理层面上她们也不能幸免于这种冲突。

高校教师的工作-家庭冲突

高等教育中严格的职业等级划分在工作与家庭之间形成了显著的紧张关系。标准的男性职业生涯路径是研究生毕业，然后得到一个定期从助理教授晋升为副教授再晋升为正教授的终身职位的工作。担任助理教授的那些年对年轻教授来说压力最大，因为他们要努力证明自己配得上该职位。对于女教授而言，获得终身职位前的那些年刚好与黄金生育年龄相重合，这就会导致她们面临调整生命期限安排以适应这种男性导向模式的问题。

在过去的几十年中，越来越多的女性获得了博士学位并开始学术生涯，这样，男性和女性助理教授比例大致相等，但是，在副教授和正教授级别上女性与男性比例的差距表明，女性比男性更少获得终身任期（West & Curtis，2006）。社会性别偏见和家长的角色影响到女性在学术界获得成功的能力。沃尔芬格、梅森和古尔登（2008）发现，已婚女性或者家有六岁以下儿童的女性明显不太可能获得终身教职。有孩子的已婚女性和单身无子女同行之间的这种差距在后来的职业道路上让位于与家庭状况无关的社会性别差异：沃尔芬格和她的同事发现，男性和女性获得终身教职和成为正教授的不同速率不能参照婚姻及是否有孩子来解释。

教师工作职业生涯模式的严格等级划分导致一种非常不能容忍中断就业的工作文化。正因为如此，在特别需要照顾孩子的时期暂时离开学术界基本上是不可能的，然而在学术界以外的领域这种做法却很常见。学术就业市场竞争压力大，导致暂时中止学术工作会面临更多问题：研究生感到需要尽快获得一个终身教职，因为他们知道在毕业几年后自己获得终身教职的能力将开始下降。而尚未获终身教职的教师们知道，如果离开教职去照顾孩子，自己可能永远不会再重新获得一份教职。

对终身教职岗位的职业期望，削减了教授们减免工作义务的可能性，学术生涯也给他们是否能成功地平衡工作和家庭带来新的挑战。由于终身教职学术职位的稀缺性，许多学者在远离原籍的地方生活和工作，从而不能在育儿方面获得实质性的持续支持。远离原籍不仅给自身带来很多问题，也为在父母最后的日子里负责照顾他们的教授增添了麻烦。其他显著影响了学术界就职人数的工作与家庭冲突来自于同一个家庭里夫妻双方都从事学术领域的事业而难以平衡的情况，这可能会导致夫妻一年中分居数月，配偶一方承受失业压力，或双方都承受职业压力。

兼职和非终身教职的教师则面临不同的挑战。被称为讲师、教员或助手的多为女性(West & Curtis,2006),与教授相比,她们获得的工作保障和薪水都较少(通常情况下是显著的少)。许多女性之所以愿意在这些被边缘化的学术岗位任职,是因为在这里照顾家庭的意愿和行为较少与学术生涯发展模式互相冲突。这样的女性既包括那些由于家庭原因没有取得博士学位的女性,也包括那些拥有博士学位,但相比职业发展认为家庭更加重要或因为履行家庭义务而无法追求职业发展的女性。这些女性愿意从事工资和层次较低的非终身教职类工作,而不愿意从事终身教职岗位的工作,虽然这有时被称作是一种自由选择,但实际上是一种文化意识的反映,这种文化意识认为女性而不是男性会"选择"工作优先于家庭或家庭优先于工作。

个人层面的工作-家庭冲突解决方案

很多人从个人和家庭层面应对工作-家庭冲突,而不从文化的层次对社会性别、工作和家庭角色之间的关系作出重新界定。无论在个人或家庭层面上,这些私人化策略的目标要么是减轻工作对家庭生活的侵害,要么是减少家庭对工作的入侵。对前者的研究一直专注于双职工夫妇的总体人数,而对后者的研究大多集中在学术群体的人数上。

贝克尔和莫恩(1999)报道,为保护家人免受工作的侵犯,大多数双职工夫妇在家庭层面采取缩减的战略去避免来自两个职业生涯的高压。他们确定了三个具体的策略:一是对参与工作进行限制;二是实行"一个工作,一个事业"的婚姻(通常男人有事业,女人有"工作");三是进行权衡,在不同的时间段决定是以丈夫还是以妻子的工作为重。

因为获得终身教职前教授的压力非常大,而且无论出于何种原因在退出学术界后重返终身教职岗位都非常难,这些策略在学术界不太有用,也正因为此,对有孩子的女助理教授来说,努力减少 F→W 冲突尤为重要。芬克尔和奥尔斯汪(1996)的研究对初级职称女教师对于为了获得终身教职而限制 F→W 冲突是否必要的认知进行了量化分析。他们对 124 个女助理教授的样本进行了量化,结果显示,有 30%的人决定不生孩子,另外 49%的人选择推迟生育,研究中有 40%的受试者认为“生养孩子太耗时”，是获得终身教职的一个严重障碍，82%的女性子样本中，女性至少有一个六岁以下的孩子。

女助理教授拒绝生育或推迟生育的决定——在要求女性只能在工作和家庭中二选一的文化背景下作出的“自由选择”——是一个明显的“回避偏见”的例子。“回避偏见”就是为了获得职业肯定而着意减少家庭生活对工作表面或实际干扰的一种行为(Drago，Crouter，Wardell，& Willits，2001)。在获得终身教职前有了孩子的女学者经常试图隐藏她们的母亲身份以限制 F→W 冲突。这样的努力包括尝试定时受孕，以保证夏季分娩，从而避免学术学期的中断。更成问题的是家庭友好政策，包括带薪育儿假、灵活工作时间、暂停一年教职等，在高校并没有得到充分利用。尽管研究一再证明，男性和女性教授们对这种政策给予了广泛的支持，其实际使用率却表明广大符合条件的教师并不要求享用这些政策。

研究人员认为，学术家长没有充分利用家庭友好政策是因为虽然机构层面的政策支持他们，但当系科层面对他们作出任职决定时，他们仍然可能受到惩罚。像广义文化一样，助理教授的同事们可能会认为工作与家庭的平衡只是一个零和游戏，这样一个选择工作或家庭的“方向”必然意味着注意力在另一个领域的相对不足。在这个模型管辖的工作场所，任何一种家庭友好政策的使用将被视为是缺乏学术严肃性的信号。

这些平衡工作和家庭需求的私人策略，经常为个人提供在多个生活角色中成功的满意体验。然而，用私人解决方案解决根植于文化和意识形态的问题的难度在于，为了达到工作与家庭的平衡，个人作出一系列的自由选择来接近问题的方式忽略了无形的文化力量对于可能选择方法的限制。与个人和家庭层面的解决方式不同，根本性的变化需要更广泛的公众解决问题的方法。

减少学术领域工作-家庭冲突的政策

虽然很多关于工作与家庭调和政策的讨论主张应该由政府出台这些政策，但与非学术性的职业生涯相比，教师工作的独特特点和职业发展要求高校落实政策，解决教职工在兼顾家庭和工作时面临着的特殊挑战。从 20 世纪 90 年代初期持续到现在，高校管理者已经实施了越来越多的家庭友好政策，包括产假政策、暂停教职、工作分享、配偶就业援助和其他政策。有关育儿假期和暂停教职的政策备受青睐，对工作-家庭冲突感兴趣的研究人员和教师活动家正在寻求政策变化，希望有朝一日学术界愿意对那些寻求家庭和工作平衡的人敞开大门。

在他们的关于工作与家庭调和政策的分析中，珍妮特·C.戈尼克和马西娅·K.迈耶斯(2003)讨论了探亲假、限制每周工作时间和育儿等政策的话题。他们的构想以欧洲国家处理工作-家庭冲突的方式为模型，在很大程度上依赖于政府的领导。政府实行这些政策，将满足行政人员和其他高等教育领域非教学岗位人员的需求，但如果要解决教师的需求，则需要对这些政策作出调整。此外，还需要制定能够转变文化观念的政策，以促进家庭友好政策的使用。

探亲假政策

在美国，自1993年家庭与医疗休假法案(FMLA)通过以来，符合条件的员工在12个月内有资格获得长达12周的无薪留职假期，用来照顾新生儿、新收养的孩子或生病的家庭成员。此类以全年无休、周工作时长达40小时的工作为依据制定的法律需要加以调整，以满足教师的需求，因为教师的教学职责主要集中在10周长或16周长的学期，学期开始和结束日期都是固定的。想要和FMLA的要求保持一致，高校就需要调整政策，更现实地解决教师的实际工作时间表。

学术领域以外的关于工作与生活调和政策的研究已经证明，如果是带薪休假而不是无薪休假，员工更愿意享受FMLA允许的休假。而在学术领域，教师更愿意接受以10周长或16周长学期为单位的休假，而不是FMLA规定的任意指定的12个星期的假期，因为这可能会导致教授在学期开始的两周上课，再用12周的时间来照顾新生儿，然后在学期的最后两周返回到学校上课。特别是对于教授高级专业课程的教师来说，这样的情况不仅荒谬而且也不可行，因为很难找到一个合格的教师来代替教授12周的课程。目前，一些领先推行工作与家庭调和政策方案的高校正在实施允许整个季度或整个学期休假的育儿政策。

教师工作周策略

欧洲国家已经通过减少标准工作周工作小时的政策，并实行对工作时间或加班时间限制的方法来缩短每周工作时间。如果这样的政策在美国被通过，虽然在法律上只会影响到受薪工人的每周工作时间，但是很可能会引起观念上的文化变迁，从而减少受薪雇员的每周工作时间。缺乏这样的对每周工作时间观念的文化变迁，在学者周工作时间极长的情况下(男性平均每周工作 54.8 小时，普通女性教员每周工作 52.8 小时；见温斯洛-鲍和雅克斯的本书第五部分)，对学术界必须进行政策干预以缩短学术领域的每周工作时间。

对允许成为父母的教师暂停任期的想法似乎是没有争议的，但这个想法在历史上曾经引起争议的事实和其长期以来的低利用率表明，对教师一直都顾忌采用家庭友好政策会对职业发展产生负面影响。1974 年，美国大学教授协会(AAUP)妇女学术职业地位委员会建议，教师可以因为孩子出生或收养孩子要求暂停任期一年，但条件是教师从大学得到的这一延长休假是无薪的。只有在 2001 年 AAUP 改变了这个立场，当时，“关于家庭责任和学术工作原则的声明”建议新为人父(母)的教师无论是否需要请假，都被给予为期一年的暂停任期。2001 年的建议产生的效果是：减少了那些继续全职教学工作的新父母的每周工作时间。暂停任期政策的低利用率导致日前很多高校自动停止任期，而不再要求教师提出申请。

然而一些形式的暂停任期政策正在学术领域变得越来越常见，限制学术工作时间政策的下一个前沿领域涉及兼职任期工作合法化，并减少所有的教员而不只是父母教员的每周工作时间。例如，认识到养育孩子需要付出的时间大大长于一年的暂停任期时间，罗伯特·德拉戈和琼·威廉斯(2000)提出设立任期减半的教授职位，这一建议允许为人父母的教师在获得终身教职前只需完成一半任期，最多工作 12 年。但是，杰里·A.雅克斯(2004)认为，这样的政策变化由于专门着眼于教师与儿童的工作-家庭冲突，忽略了问题的根源：对教授付出的时间要求越来越高。在他看来，创造兼职任期(他怀疑该兼职任期将几乎完全由女性填满)会再度导致机构中的社会性别不平等，并且暂停任期由于给了有孩子的教师更多的时间来“迎头赶上”，会使人忽视这样一个事实：有些院系的终身任职资格是那些对工作-家庭平衡有着合理认识的教师所无法达到的。雅克斯的观点是，想要解决工作-家庭冲突的根本问题，就必须改变政策，来限制所有教授的每周工作时间，而不是仅仅限制那些有孩子的教授的每周工作时间。

育儿政策和项目

由于教师的不同寻常的时间安排需要，高校为教师提供育儿服务或对教师的育儿付出给予补贴，使学术领域的父母从中受益。大多数育儿服务提供者根据典型的每周工作 40 小时的工人的需求调整自己的时间和政策，这给从事学术工作的父母带来了潜在的问题。学术领域的工作时间表经常发生变化：(1) 每个学期不同，有时还包括晚上和周末上课；(2) 学期内期末考试周的时间安排会有变化；(3) 学年与假期时间表不同，在假期一些父母可能希望能多陪陪孩子。育儿服务提供者要求父母的时间安排大到全年、小到每天全都一样，这就无法满足教师需要的弹性安排。

高校应对这些潜在问题的方式可以是通过提供校园日托服务来满足学生和身为教师的父母双方相似的时间表需求。结合其他家庭友好政策，提供经济实惠的育儿方案可以帮助招聘教师并吸引他们留职留任。

推动文化变迁的政策

工作-家庭冲突方面有效的文化变迁需要文化的干预，以改变决策者对工作与家庭平衡的态度。鉴于学术领域和非学术领域家庭友好政策的低使用率，旨在推动文化变迁的政策已经出现。瑞典提供了一个有用的例子说明了理想(体现在政策上)和现实之间的差距。尽管瑞典设计了旨在最大限度促进女性就业和男性承担育儿责任的平等主义政策，但大多数离职承担育儿任务的是女性；男性生怕被认为工作态度不认真而不愿意因为家庭休假。在一项重点关注北欧国家家庭友好政策对学术领域工作社会性别不平等效果的研究中，奥德丽·迈耶和派维·蒂卡(2008)比较了芬兰和瑞典与美国学术女性的状况，结果发现，女性学者在美国和北欧国家处境相同。该研究表明，仅仅通过政策想要均衡社会性别比例失衡的问题是很困难的。

如果我们对工作的理解不能转变为承认承担育儿责任的女性和男性是宝贵而有效的工作者，就不可能有根本的变化。为了加速这种变化，一些人试图以文化干预的手段促进工作与家庭的平衡。西纳蒙和里奇(2005)在中小学工作环境中采取的文化干预手段可以作为高校领域类似干预措施的借鉴与参考。在他们的计划中，西纳蒙和里奇使用了双管齐下的办法来缓解工作-家庭冲突，一个侧重于学校的管理人员(如校长和管理层)，另一个侧重于教师高风险的工作-家庭冲突(例如刚成为父母的新手教师)。对于这两个目标人群，干预重点放在改变双方的态度和行为上。对于管理者，其中包含敏感性培训，以提高管理人员对教育工作者的工作-家庭冲突的理解，以及工作技能培训，以便管理人员从家庭友好管理的角度有效地处理工作-家庭冲突。

在高等教育领域，在院系层面推行这样的文化干预措施对改变为人家长的教师面对的学术领域环境是至关重要的，因为有时对青年教师的任期决策起到最重要作用的是院系同事，而不是管理层。但即便是在家庭友好政策执行的领军大学里，上一段中所描述的敏感性培训举措也没有经常使用，这一事实表明，管理者应该使用具体的措施跟进此类举措，以转变能实际决定年轻教师职业命运的资深教授的态度。